Strukturanalyse zum Umgang mit Geld aus verhaltenstheoretischer Sicht

KÖLNER ARBEITEN ZUR WIRTSCHAFTSPSYCHOLOGIE

Herausgegeben von Gerd Wiendieck

Band 7

PETER LANG

Frankfurt am Main · Bern · New York · Paris

Matthias Fank

Strukturanalyse zum Umgang mit Geld aus verhaltenstheoretischer Sicht

PETER LANG

Frankfurt am Main · Bern · New York · Paris

Die Deutsche Bibliothek - CIP-Einheitsaufnahme

Fank, Matthias:

Strukturanalyse zum Umgang mit Geld aus
verhaltenstheoretischer Sicht / Matthias Fank. - Frankfurt am
Main ; Bern ; New York ; Paris : Lang, 1992
   (Kölner Arbeiten zur Wirtschaftspsychologie ; Bd. 7)
   Zugl.: Köln, Univ., Diss., 1991
   ISBN 3-631-44428-1

NE: GT

D 38
ISSN 0935-4107
ISBN 3-631-44428-1

© Verlag Peter Lang GmbH, Frankfurt am Main 1992
Alle Rechte vorbehalten.

Printed in Germany 1 2 3 4 6 7

Strukturanalyse zum
Umgang mit Geld
aus verhaltenstheoretischer Sicht

Inauguraldissertation
zur
Erlangung des Doktorgrades
der
Wirtschafts- und Sozialwissenschaftlichen Fakultät
der
Universität Köln

1991

vorgelegt
von
Diplom-Kaufmann Matthias Fank

aus
München

Referent: Prof. Dr. G. Wiendieck
Korreferent: Prof. Dr. G. Wiswede
Tag der Promotion: 11.07.1991

KÖLNER ARBEITEN ZUR WIRTSCHAFTSPSYCHOLOGIE

Unter diesem Titel werden in loser Folge Forschungsarbeiten zur Diskussion gestellt, die aktuelle Themen der Wirtschaftspsychologie aufgreifen und zu theoretisch wie praktisch bereichernden Ergebnissen führen. Die Arbeiten beziehen sich überwiegend auf arbeits- und organisationspsychologische, aber auch auf markt- und konsumpsychologische Fragestellungen.

Trotz unterschiedlicher Themen ist ihnen eine Skepsis gegenüber allzu pragmatischen, gleichsam handlungsanweisenden Befunden gemeinsam, aber auch eine Abneigung gegenüber einer praxisfernen Wissenschaftskonzeption.

Die Arbeiten sind überwiegend empirische Studien, wobei je nach Zielsetzung und Fragestellung unterschiedliche Methoden der Datengewinnung und -interpretation genutzt werden, jedoch stets in einer Weise, daß eine theoriegeleitete Diskussion möglich wird, bei der die Verantwortlichkeit des Sozialforschers in dem sensiblen Feld ökonomischer Verwertungsinteressen bewußt bleibt.

Vorwort

Die Entwicklung des Geldes ist eng mit der ökonomischen Entwicklung der Gesellschaften verbunden. Ohne die Austausch- und Regulationsfunktion des Geldes ist eine moderne Volkswirtschaft kaum vorstellbar. Es wäre sicherlich nicht abwegig, vielleicht despektierlich, die von Adam Smith beschworene "unsichtbare Hand des Marktes" als geldzählenden Daumen und Zeigefinger abzubilden.

Auf dem Hintergrund der dominanten Bedeutung des Geldes für die wirtschaftliche Entwicklung der Völker und der Menschen fällt der Mangel an verhaltenswissenschaftlichen Studien zum Umgang mit Geld besonders krass ins Auge. Vermutlich ließ das Konzept des "homo oeconomicus" wenig Raum für eine psychologische Betrachtung, die nicht dem Axiom des rational nutzenmaximierenden Menschen verbunden war. Zumindest gab es nur wenige Ansätze, die den Hinweisen so bedeutender Nationalökonomen wie Günter Schölders folgten und eine psychologisch fundierte Theorie des Umgang mit Geld entwickelten.

Die Arbeit von Matthias Fank ist ein nützlicher Baustein zu einer solchen "Psychologie des Geldverhaltens". Auf dem Hintergrund der vielfältigen Studien zur Verhaltenseffizienz, die aus der von Brengelmann geleiteten psychologischen Abteilung des Max-Planck-Institutes, München, hervorgegangen sind, entwickelt Matthias Fank ein standardisiertes Meßintrument zur quantitativen Erfassung der psychologischen Strukturen des Geldverhaltens.

Diese aufwendig konstruierte und analysierte Skala eignet sich dank ihrer leichten Anwendbarkeit und Auswertbarkeit hervorragend für den Einsatz in der Umfrageforschung. Die erste Bewährungsprobe des Instruments bei einer Stichprobe von Bankkunden belegt nicht nur die gute diagnostische Qualität der Skala, sondern zeigt überdies, daß der Umgang mit Geld ein integraler Bereich der Lebensführung ist, der offensichtlich stärker als bislang angenommen durch stabile Persönlichkeitsfaktoren beeinflußt wird und einen wesentlichen, wenn auch nicht zentralen Anteil am subjektiv empfundenen Lebenserfolg hat.

Gerd Wiendieck

Danksagung

Die vorliegende Arbeit enstammt den Forschungen von Prof. J. C. Brengelmann am Max-Planck Institut für Psychiatrie, Psychologische Abteilung, in München.

Mein besonderer Dank gilt Prof. J. C. Brengelmann, der mich im Vorfeld sowie begleitend mit kritischen Kommentaren und Anregungen unterstützte und mich vor Irrwegen und Irrtümern bewahrte.

Herrn Prof. G. Wiendieck danke ich sehr für die Bereitschaft, die externe Betreuung der Arbeit zu übernehmen.

Meiner Kollegin Petra Bernatzeder danke ich für Verbesserungsvorschläge und das Lesen von Entwürfen und Manuskripten. Sie hat mir in kritischen Zeiten Mut zum Durchhalten gegeben.

Wesentlichen Anteil an den Schreib- und Grafikarbeiten hatten Beate Kasperzetz und Ralf Schmalriede. Torsten Städler danke ich für die Betreuung der statistischen Auswertung.

Den zahlreichen Probanden und den Mitarbeitern der beteiligten Banken danke ich für die bereitwillige Mitarbeit an diesem Forschungsprojekt.

München, im April 1991

Seite

Seite

Seite

I. Umgang mit Geld aus verhaltenstheoretischer Sicht

Der Umgang mit Geld ist für jeden heute eine Selbstverständlichkeit. Alle Welt hat täglich mit Geld zu tun, die meisten Zahlen, die niedergeschrieben werden, sind Geldbeträge (vgl. SEUB 1979). Kaum jemand kann darauf verzichten, Geld zu verdienen, um seinen Lebensunterhalt und den seiner Familie sicherzustellen und für das Alter oder eventuelle Unglücksfälle vorzusorgen.

Wie wir alle wissen, kann man mit Geld Schulden bezahlen, Verbindlichkeiten begleichen. Man legt dem Bäcker drei Mark auf die Theke und kann den Kuchen mitnehmen; die Sache ist erledigt (vgl. SEUB 1979). Überall, wo Menschen, die persönlich nichts miteinander zu tun haben wollen, sich etwas beschaffen wollen, was sie brauchen, etwas loswerden wollen, was sie nicht brauchen können, ist Geld eine bequeme Einrichtung, um miteinander in Austausch zu treten. Demzufolge befindet sich jeder in der Situation, daß er mit Geld haushalten und wirtschaften muß.

Die Menschen haben sich ein großartiges Rechen- und Austauschsystem geschaffen. Wenig wissen wir über die verschiedene Typen von Menschen im Umgang mit Geld, deren Motivation, deren Risikoneigung und was sie beeinflußt. Im Anlageverhalten zum Beispiel konkretisiert sich eine Fülle menschlichen Verhaltens, sicherlich primär ökonomisches Verhalten. Es kann aber ebenso durch Lust am Spiel oder der Suche nach gesellschaftlicher Macht und sozialem Status motiviert sein, für deren Einflüsse es bislang keine ausgereifte Konzepte und Erklärungen gibt. Die psychischen Faktoren, die das menschliche Verhalten beim Umgang mit Geld bestimmen, meßbar zu machen wäre ein großer Schritt nach vorne in dem bislang nur wenig erforschten Bereich der Psychologie. Ein kleiner Schritt in diese Richtung stellt die folgende Studie dar. In einer Vorstudie (siehe Teil II, Kapitel 2) wurde versucht, den Umgang mit Geld auf breiter inhaltlicher Basis zu erfassen. Die Aufgabe der Hauptstudie und zugleich Grundlage dieser Arbeit besteht darin,

übergreifende Strukturen zu erkunden und in Beziehung zu bereits bestehenden Testverfahren zu setzen. Aufgrund mangelnder Theorien oder empirischen Studien besitzt die Untersuchung lediglich einen "Hypothesen-Fin-
dungs-Charakter". Die Untersuchung orientiert sich dabei an den allgemeinen
Grundlagen der Verhaltenstheorie. Aufgrund der Tatsache, daß Menschen
unterschiedlich mit ihrem Geld haushalten und wirtschaften bzw. darin unterschiedlich gut sind, nimmt der Begriff "persönliche Verhaltenseffektivität" von
BRENGELMANN (1986, 1989, 1990) eine Schlüsselstellung im theoretischen
Rahmen ein.

Die theoretische Abhandlung läßt sich in zwei Bereiche gliedern und beginnt
mit der Psychologie des Geldes. Über die Definition des Geldes, seine Ent-
stehungsgeschichte und Wandlung im Laufe der Zeit soll aufgezeigt werden,
daß der Umgang mit Geld viele verschiedene Bereiche der Psychologie an-
spricht.

Das zweite Kapitel, allgemeinpychologische und verhaltenstheoretische
Aspekte, greift die verschiedenen psychologischen Ansatzpunkte auf, die das
Verhalten im Umgang mit Geld erklären sollen. Im ersten Schritt wird aufgezeigt, inwieweit allgemeine Motivationsansätze einen Beitrag zur Erklärung
des Verhaltens im Umgang mit Geld leisten können.
Das Handeln, hinter dem die Motivation steht, ist im Geldbereich häufig mit
einem gewissen Maß an Risiko (z. B. sein Geld beim Spielen zu verlieren
oder falsch zu investieren) verbunden. Über verschiedene Risikoansätze wird
im zweiten Schritt berichtet.
Der Umgang mit Geld unterliegt Kontrollmechanismen, die Inhalt des dritten
Punktes sind. Ein besonderer Schwerpunkt wird dabei auf die Selbstkontrolle
gelegt. Selbstkontrolle ist auch ein wesentlicher Bestandteil der Theorie von
Brengelmann zur "persönlichen Verhaltenseffektivität", über die im vierten
Punkt berichtet wird. Zwei wichtige Begriffe bezüglich der persönlichen Verhaltenseffektivität sind dabei die "Erfolgsorientierung" und "Streß".

1. Psychologie des Geldes

1.1 Geld und seine Entstehung

Ist man auf der Suche nach dem Ursprung des Geldes, stößt man meistens auf die Konventionstheorie des Geldes (vgl. SCHMÖLDERS 1966). Die Konventionstheorie sieht das Wesen des Geldes in einer vernunftbedingten Vereinbarung der am Tauschverkehr beteiligten Partner, vom Naturaltausch allgemein zur Verwendung eines bestimmten "Zwischentauschgutes" überzugehen, das von seinen Inhabern als generelles Tauschmittel gegen andere Güter hingegeben werden kann.

Aristoteles umschreibt in seiner "Politik" den Ursprung des Geldes wie folgt:

> "Da nämlich die Aushilfe immer weitläufiger wurde, indem eingeführt war, woran man Mangel, und ausgeführt ward, woran man Überfluß hatte, so wurde man notwendig auf den Gebrauch des Geldes geführt, zumal da sich nicht jedes Naturalbedürfnis leicht transportieren läßt. Man kann daher für den Tauschhandel darin miteinander überein, aus dem Gebiete der auch in sich nützlich verwendbaren Dinge etwas zu geben und anzunehmen, das den Vorteil eines leichthandlichen Gebrauches für das Leben hätte, wie Silber und Eisen und anderes derart mehr, bei dem man zuerst einfach Größe und Gewicht bestimmte und es zuletzt auch mit einem Prägezeichenversah, damit man sich das Abwägen ersparte, denn das Prägezeichen sollte die bestimmte Qualität angeben." (Aristoteles, Politik. Übersetzt und erleichtert. von Carl STAHR und Adolf STAHR, 2. Aufl., Berlin 1885-1887, S.297f.)

Nicht nur für Aristoteles, auch andere wie zum Beispiel HAWTREY (1926) oder ORESMIUS (1937), definieren das Geld als Zwischentauschgut, das von Menschenhand geschaffen wurde.

Geld im Sinne von Tauschmittel tritt im Deutschen seit dem 14. Jahrhundert in Erscheinung, setzt sich aber erst im 16. Jahrhundert durch. Das Wort Geld ist verwandt mit dem Begriff "gelten", was früher soviel wie "zurückzahlen" bzw. "entschädigen" hieß. In althochdeutscher Sprache beinhaltet Geld soviel wie Vergeltung, aber auch Zahlung, Lohn und Abgabe (vgl. MEHLER, HAIBLE 1989).

Zieht man die Völkerpsychologie zu Rate, so zeigt sich, daß der Geldge-
brauch, zwar nicht im wirtschaftlichen, wohl aber im gesellschaftlichen Sinne
als Mittel der Kommunikation und der sozialen Rangordnung verstanden
werden kann (vgl. LAUM 1924).

Insbesondere GERLOFF (1948) hat überzeugend nachgewiesen, daß der Ursprung des Geldes nicht in der Suche nach einem allgemeinen Tauschmittel
liegen könne. Die Entstehung des Geldes sei vielmehr auf andere Wurzeln
zurückzuführen, die bei Betrachtung ethnologischer und kulturgeschichtlichen
Materials deutlicher werden. Der Trieb, sich zu schmücken und sich dadurch
von anderen Artgenossen hervorzuheben, ist eines der ursprünglichsten und
zugleich stärksten Bedürfnisse des Menschen. In der Völkerkunde ist keine
Stufe der menschlichen Entwicklung bekannt, in der es kein Schmuckbedürf-
nis gegeben hat.

Dieser Prozeß der sozialen Differenzierung kann nur anhand eines Maßstabes erfolgen. Natürliche Maßstäbe, wie z. B. Alter, können, wenn sie eine
gewisse Gruppengröße überschreiten, nicht aufrecht erhalten werden. Speziell Menschen, die aufgrund ihres natürlichen Maßstabes benachteiligt sind,
suchen nach neuen Differenzierungsmöglichkeiten. Dies können die äußere
Erscheinung, Bildung, Stellung, Leistung oder der materielle Besitz sein (vgl.
REMPLEIN 1954).

Innerhalb dieser allgemein anerkannten Wert-, Rang-, und Statussymbole ist
der Ursprung des Geldes zu suchen. Einen Geldcharakter erhalten jedoch
nur Gegenstände, die allgemein begehrt, übertragbar und sichtbare Statussymbole darstellen (vgl. SCHMÖLDERS 1966).

Die Frage nach der Entstehung des Geldes hängt somit sehr stark von der
Abgrenzung dessen ab, was als Geld bezeichnet wird. Wichtig für die psychologische Untersuchung zum Umgang mit Geld ist, daß man sich nicht nur
auf die Tauschmittelfunktion des Geldes oder auf die Münzen allein beschränkt, sondern alle Funktionen und Erscheinungsformen des Geldes ein-
bezieht.

1.2. Entwicklungsstufen des Geldes

Die Völkerpsychologie bietet eine mögliche Beschreibung der Entwicklungsstufen des Geldes (vgl. GERLOFF 1948), in denen sich seine Weiterentwicklung vermutlich vollzogen hat, wenn man sie mit den heute vorkommenden
Primitivkulturen anderer Stufen vergleicht. Eine Bindung der einzelnen Etap-
pen an Jahreszahlen ist nicht möglich, da heute noch sehr primitive und noch
nicht voll ausgebildete Geldformen in verschiedenen Gesellschaften existieren.

Ausgehend vom Ursprung des Geldes gibt es nach GERLOFF (1948) im wesentlichen drei Entwicklungsstufen. Diese sind:

- Stufe I: Magisch-mythisch bedingte Geldsubstanz
    a) Primitive Räume (Bsp.: Muschel-, Ring,- Feder-, Perlen- und Matten-
    geld)
    b) Bauernkulturen im indogermanischen Bereich (Viehgeld, Axtgeld,
    Metallgeld, z.B. in Ringform)

- Stufe II: Stoffwertbedingte Geldsubstanz
    a) Babylonien und Ägypten (Gewichtseinheiten Silber, Scheckelwäh-
    rung)
    b) Griechenland (gestempelte Goldbarren, Münzen aus Silber und
    Gold)
    c) Rom (rechtliche Ordnung des Geldwesens, Kupfermünzen, Münzen
    mit aufgeprägter Wertzahl)
    d) Reiche der Völkerwanderung (Übernahme des römischen Münzsy-
    stems)
    e) Franken und Karoliner (Silberwährung, Karlspfund)
    f) Mittelalter (Barrengeld, Hacksilber, Groschen, Gulden, Taler)
    g) Neuzeit (Münzordnungen, Scheidemünzen, Kipper und Wipper)

- Stufe III: Funktionsbedingte Geldsubstanz
    a) China (Gerätegeld, Zeichengeld)
    b) Abendland (Papiergeld, Buchgeld)

In der ersten Stufe besteht die Funktion des Geldes im Hortgeld. Zu dieser Zeit wurde dem Geld etwas Magisch-Mythisches zugesprochen, während die zweite Stufe dadurch gekennzeichnet ist, daß von nun an das Gewicht des Edelmetalls die Substanz des Geldes bestimmt. Das Geld mußte seinen wahren Wert widerspiegeln. SIMMEL (1989, S.158) drückt diese Entwicklung wie folgt aus:

> "Der Schmuck spielt im modernen Kulturleben absolut nicht die soziale Rolle, die wir mit Staunen in den ethnologischen, aber auch noch in mittelalterlichen Berichten finden. Man kann sagen, daß der Wert des Geldes immer mehr von seinem terminus a quo auf seinen terminus ad quem übergeht, und daß das Metallgeld, in bezug auf die psychologische Vergleichgültigung seines Materialwertes, mit dem Papiergeld auf einer Stufe steht."
> (aus SIMMEL 1989, S.158)

In der dritten Entwicklungsstufe verlor der Geldstoff seine Bedeutung. Mit der Entstehung von Papier- und Buchgeld entwickelt sich das Zeichengeld zur bloßen Funktion, mit dessen Erfüllung heute das Wesen des Geldes gleichgesetzt wird (vgl. GEBHART 1949).

Einen Grund für die Lösung des Geldes von seinem Substanzwert ist, daß das Geldsubstrat keinen eigenen, neben seiner Geldfunktion noch gültigen Wert haben darf. Denn hätte es einen solchen, könnte es auch von jenem "Machthaber" begehrt werden, nicht wegen seines Geldes, sondern um seines anderweitigen, nämlich substanziellen Wertes wegen (vgl. SIMMEL 1989). Den Wert, den das Geld im Laufe seiner Entwicklung erworben hat, hat es als Tauschmittel erworben. Die Funktion des Geldes als Tauschmittel ist die Voraussetzung, daß Geld auch die Funktion als Aufbewahrungs und Transportmittel ausüben kann (vgl. JARCHOW 1984). Je mehr die Tauschfunktion des Geldes durch ein abstraktes Zeichengeld erfüllt wird, desto mehr muß es vor einem Mißbrauch geschützt werden (vgl. SIMMEL 1989). Demnach muß die Tausch- und Meßfunktion des Geldes an ein bestimmtes Quantum gebunden werden. Man spricht in diesem Zusammenhang auch häufig von der Seltenheit des Geldes, den es sicherzustellen gilt. Denn ohne eine feste Bindung des Geldes an eine Substanz, deren Vermehrung begrenzt ist, ist man vor Mißbrauch nicht geschützt. SIMMEL (1989 S.196) drückt dies wie folgt aus:

> "- Nach solchen Analogien mag sich das Verhältnis zwischen dem substanziellen Eigenwert des Geldes und seinem bloß funktionellen und symbolischen Wesen entwickeln: immer mehr ersetzt das zweite den ersten, während irgendein Maß dieses ersten noch immer vorhanden sein muß, weil bei absoluter Vollendung dieser Entwicklung auch der Funktions- und Symbolcharakter des Geldes seinen Halt und seine zweckmäßige Bedeutung einbüßen würde."
> (aus SIMMEL 1989, S.196)

In der Volkswirtschaftslehre finden sich einige Konzepte zur Bestimmung der Geldmenge. Das Geldvolumen der Wirtschaft (kurz: die Geldmenge) wird ermittelt als der Gesamtbestand, der sich im Nichtbankensektor befindlichen Noten und Münzen (Bargeldumlauf) und Sichteinlagen ohne Zentralbankeinlagen öffentlicher Haushalte niederschlägt (vgl. JARCHOW 1984). Diese Größe wird als M1 bezeichnet. Neben M1 finden noch andere Geldmengenkonzepte Verwendung, nämlich M2 (M1 plus Termineinlagen mit Befristung bis zu vier Jahren) und M3 (M2 plus Spareinlagen mit gesetzlicher Kündigungsfrist) (vgl. JARCHOW 1984).

Die Vermehrung und Versorgung einer Volkswirtschaft mit Geld erfolgt in der Bundesrepublik Deutschland im wesentlichen über die Zentralbank. Das Angebot an Zentralbankgeld bildet die Basis sowohl für die Geldversorgung einer Volkswirtschaft als auch für die Kreditvergabe der Geschäftsbanken (vgl. JARCHOW 1984).

Die Zentralbank bringt aufgrund ihrer gesetzlichen Monopolstellung Bargeld in Umlauf. Die Notwendigkeit eines staatlichen Monopols für die Emission gesetzlicher Zahlungsmittel galt seit Beginn dieses Jahrhunderts als unabdingbar für die Funktionsfähigkeit des modernen Geldwesens (vgl. SIEBKE, THIEME 1948). Begründet wurde es damit, daß das privatwirtschaftlich organisierte Geldwesen jede von der Nachfrage gewünschte Geldmenge anbieten und demnach die Inflationsgeschwindigkeit erhöhen würde.

Über Aufgaben, Eigenschaften und Theorien des Geldes unterrichtet die folgende Systematik nach RECKTENWALD (1983).

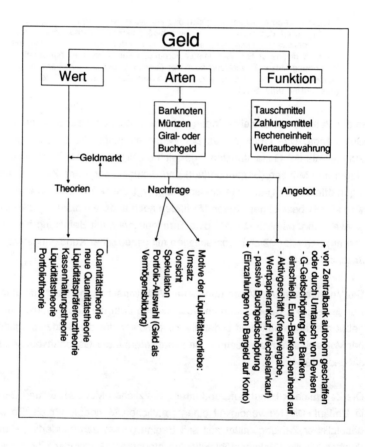

Abb.1:   **Aufgaben und Eigenschaften des Geldes (aus Reckten-wald 1983, S.199)**

Dieser kurze Abriß über die Entwicklung des Geldes vom Magisch-Mythi-
schen bis hin zur funktionsbedingten Geldsubstanz, zeigt wie wichtig das
Geld für das Leben der Menschen geworden ist bzw. welchen Einfluß das
Geld auf das menschliche Leben nimmt, indem alles in Geld meßbar und fast
alles mit Geld zu haben ist. Zusammenfassend läßt sich mit SIMMEL (1989
S.231) feststellen:

> "... daß ein Geld um so wertvoller sein kann, je wertloser es ist - weil gerade
> seine substanzielle Wertlosigkeit es zu gewissen funktionellen Diensten ge-
> schickt macht, die seinen Wert nun fast unbegrenzt heben können."
> (aus SIMMEL 1989, S.231)

1.3. Die Wandlung vom Einleger zum Anleger

Das Geld besitzt eine Doppelrolle, zum einen mißt es die Wertverhältnisse
der auszutauschenden Waren, andererseits wird es selbst zu einer messenden Größe. Das Geld mißt sich selbst wiederum an den Gütern, die seinen
Gegenwert darstellen und am Geld selbst. Denn Geld kann selbst mit Geld
bezahlt werden, was als das reine Geldgeschäft bezeichnet wird (vgl. SIMMEL
1989). Ein Beispiel dafür sind die zinsbaren Anleihen, oder auch die Tatsache, daß das Geld des einen Landes zum Wertmesser des Geldes eines anderen Landes wird.

Neben der Möglichkeit, Geld mit Geld zu bezahlen, kann mit Geld Geld ver-
mehrt werden. Durch die Entwicklung des Geldes als Tauschmittel und aufgrund seiner Eigenschaft als Aufbewahrungsmittel ist es möglich, den Akt
des Kaufens und des Verkaufens zeitlich zu trennen. Diese zeitliche Verzö-
gerung ermöglicht den Verleih von Geld. Während im Mittelalter überwiegend
aus religiösen Gründen das Zinsnehmen für die Geldleihe verboten war, ist
dies heutzutage eine Selbstverständlichkeit. Dieses Verbot galt im Mitterlalter
nicht für Juden, da sie stamm- bzw. religionsfremd waren. Ein Statut aus Os-
nabrück um 1300 erlaubte den Juden wöchentlich einen Pfennig von der
Mark Zinsen zu nehmen (vgl. SIMMEL 1989). Die Bedenken des Mittelalters

gegen das Zinsnehmen liegen darin begründet, daß das Geld viel starrer, substanzieller, den Dingen geschlossener gegenüber stand.

Die Möglichkeiten, Geld gewinnbringend anzulegen, haben sich inzwischen zu einem fast unüberschaubaren Markt fortentwickelt.

In den einfachen volkswirtschaftlichen Modellen bestehen für die Wirtschaftssubjekte Möglichkeiten, ihr Geld, das sie einnehmen gegen Konsumgüter zu tauschen, in Bargeld zu halten oder gewinnbringend anzulegen (vgl. BÖVENTER 1980). Ein neuerer Ansatz in der Volkswirtschaftslehre ist die PortfolioTheorie, die aus dem Bereich der Geldnachfrage kommt und auf den Nobelpreisträger Tobin zurück geht. Die Portfolio-Theorie entstand aus der Verfeinerung der von Keynes begründeten Spekulationskasse (vgl BERG, CASSEL 1985). Hierbei wird unter der Berücksichtigung von Ertrag und Risiko eine optimale Vermögensstruktur abgeleitet. Die vielfältigen Vermögensformen wie Bargeld, Bankdepositen, festverzinsliche Wertpapiere, Aktien, Sachvermögen, bieten dem Anleger entweder einen relativ hohen aber zugleich auch unsicheren oder einen vergleichsweise niedrigen, dafür aber sicheren Ertrag (vgl. RECKTENWALD 1983; BERG, CASSEL 1985).

Personen exisitieren zumeist als numerische Größen in den volkswirtschaftlichen Modellen, kaum jedoch als Persönlichkeiten, Charaktere, Träger von Wünschen, Vorstellungen, Erwartungen und Gefühlen.

Seit Mitte der sechziger Jahre vollzieht eine Mehrheit der Einleger eine Wandlung. Von sich überwiegend passiv verhaltenden Zubringern von Geldmitteln entdecken die Einleger die Möglichkeit der Einflußnahme auf die Bedingungen ihrer Anlage. Mit dem wachsenden Bewußtsein der Handlungsmöglichkeiten wandeln sich die Ein-leger zu An-legern (vgl. MÜHLBAUER 1988). Der Einleger erscheint als passiver zurückhaltender Bankkunde und der Anleger als fordernder aktiver Bankkunde.

Den Einlegern wurde bewußt, daß es weitaus mehr Möglichkeiten gab, mehr für ihr Geld zu erhalten als den verordneten Sparzins. Desweiteren wurde ih-

nen klar, daß sie mit ihren Banken eigentlich mehr Vertrags- als Abhängig-
keitsverhältnisse eingehen sollten. Die Vertragsverhältnisse sollten den Banken jedoch nicht nur Pflichten auferlegen (vgl. LINHARDT 1963).

Die Wandlung vom Einleger zum Anleger vollzieht sich zu dem Zeitpunkt,
wenn Einleger beginnen, ihre Beziehung zu den Banken zu reflektieren und
im Gefolge aktiv zu gestalten.

Ursachen dieser Wandlung von Einlegern zu Anlegern finden sich in den gei-
stigen, politisch-gesellschaftlichen und wirtschaftlichen Lebensbedingungen
(vgl. MÜHLBAUER 1988).

Versucht man den Einleger zu charakterisieren, so könnte man ihn als einen
geduldigen und zurückhaltenden Menschen beschreiben, der für jede Information und Hilfe dankbar ist. Diese Passivität wurde sehr stark durch das
einseitige Vertragsverhältnis zwischen institutionellen Anbietern von Anlagemöglichkeiten und Einlegern bestimmt. Der Anleger kennzeichnet sich
eher als eine aktiv fordernde Person. Der Anleger ist deutlich besser darüber
informiert, welche Anlagemöglichkeiten es gibt, sein Geld gewinnbringend
anzulegen. Der Anleger zeigt sich als eine selbstbewußt handelnde Persönlichkeit, auf die sich die Banken einzustellen haben. Indem sich Anleger ihrer
Möglichkeiten bewußt werden, sehen sich Banken gezwungen, auf verän-
derte Situationen zu reagieren. HAHN (1987, S.56) kommentiert dies wie folgt:

> "Die wesentlichen Mängel sind gönnerhafte Herablassung der oft jungen Mitar-
> beiter als Mixtum compositum von vergeblich klassischem Bankbeamten und
> modernen Disco-Barkeeper, fehlendes Einfühlungsvermögen, Interessenlosig-
> keit und Kultivierung der Computer-Diktatur, verpackt in die Schnoddrigkeit, ja
> zuweilen Lümmelhaftigkeit mancher Informatiker. Nicht wenige Kunden müssen
> den Eindruck haben, sie seien Verkäufer ihrer Ersparnisse in einem Land der
> Zentralverwaltungswirtschaft."
> (aus Hahn 1987, S.56)

Aufgrund der Veränderung vom Einleger zum Anleger wird der Erfolg der
einzelnen Banken bei ihrem Kundenkreis sehr stark davon abhängen, inwieweit es den Banken gelingt, die Motivationsstrukturen für das Verhalten die-

ser Schichten aufzudecken und aus diesen Erkenntnissen heraus eine kundengerechte Anlagepolitik zu entwickeln (vgl. CRAMER 1970). Neuere Veröffentlichungen in Fachzeitschriften der Banken berichten über diese Veränderungen, auf die die Banken reagieren müssen. Ansätze oder empirische Studien sind dem Autor bislang nicht bekannt (vgl. KUHN 1985; HENTSCHEL 1984; SPANIER 1987).

1.4. Umgang mit Geld als Gegenstand psychologischer Forschung

Theoretische Modelle der Volkswirtschaftslehre verwenden zur Erklärung von Ergebnissen eines wirtschaftlich relevanten Verhaltens zum Beispiel Nachfrage, Preis, Löhne, Zinsen und Investitionen (vgl. BÖVENTER 1980). Andere Einflußgrößen, die auf das Verhalten der Wirtschaftssubjekte Einfluß ausüben, werden als nicht relevant oder als exogen vorgegeben behandelt. Wenn aber reale Verhaltensweisen der Wirtschaftssubjekte beschrieben oder prognostiziert werden sollen, zeigt sich immer mehr, daß gerade die psychologischen Faktoren des wirtschaftlichen Verhaltens an besonderer Bedeutung gewinnen. SCHMÖLDERS (1966, S.9) begründet dies wie folgt:

> "Je weiter sich die moderne Industriegesellschaft von der 'klassischen Wirtschaft des Mangels' in die Richtung auf eine 'Wirtschaft des Überflusses' hin entfernt, desto geringer wird der Anteil der wirtschaftlich relevanten Entscheidungen, die sich mit in Geld ausgedrückten rationalen Kosten- Nutzenerwägungen allein hinreichend erklären lassen, desto mehr treten bei der Deutung des ökonomischen Verhaltens dagegen die genannten 'Imponderabilien' in den Vordergrund."
> (aus SCHMÖLDERS 1966, S.9)

Speziell die Geldtheorie der Volkswirtschaftslehre ist ein Gebiet, in dem die Psychologie gute Hilfestellung leisten könnte. Geld bietet ein unermäßliches Feld unterschiedlichen Verhaltens, denn es ist ein Mittel, daß der Masse der Individuen dient und daß auf dem Vertrauen beruht. (vgl. BLAUDIN 1954). Die Anerkennung des Geldes als ein allgemeingültiges Wertversprechen, als Tausch- und Zahlungsmittel und als gültiger Wertmaßstab einer ganzen Volkswirtschaft ist ohne die Zuhilfenahme psychologischer Kategorien kaum zu erklären und zu verstehen. Aber auch der Umgang mit eigenen oder fremden Geld gehorcht weniger den ökonomischen Gesetzmäßigkeiten als den psychologischen Gegebenheiten.

Ein Ort, an dem dies sehr deutlich wird, ist die Börse. Häufig können Kursschwankungen an der Börse aufgrund ökonomischer Daten nicht erklärt werden. Immer häufiger werden diese aus psychologischer Sicht betrachtet. Ein aktuelles Beispiel stellt der Börsencrash vom Oktober 1987 dar. Eine eindeutig auf ökonomische Daten zurückzuführende Begründung gibt es nicht. Es wurden verschiedentlich Versuche unternommen, den Börsencrash aus psychologischer Sicht zu betrachten. Einen Einstieg in die Börsenpsychologie bildet das kürzlich erschienene Buch von MAAS und WEIBLER (1990).

Die Psychologie hat sich bisher für diese Probleme nicht interessiert, ja sie weitgehend überhaupt nicht zur Kenntnis genommen. Bahnbrechende Pionierarbeit leisteten die Arbeiten von SCHMÖLDERS (1966) und KATONA (1960). Im Mittelpunkt ihrer Arbeiten stehen Fragen, wie finanzwirtschftliche Herkunft, Aspekte des Spar-, Inflations- sowie des Konsumverhaltens (vgl. WISWEDE 1991). SCHMÖLDERS (1965, S.46) begründet die Vernachlässigung dieses Gebietes der Psychologie wie folgt:

"... dem Psychologen fehlt aber, worauf PH. Lersch hingewiesen hat, in der Regel die Kenntnis der ökonomischen Zusammenhänge, die ihn befähigen würde, die psychologischen Probleme des Wirtschaftslebens zu erkennen."
(aus SCHMÖLDERS 1965, S.46)

So bleibt es bei der Psychologie, von der DALTON (1948, S.17, (Übersetzt von SCHMÖLDERS)) sagt:

"Der Sozialökonom blickt voller Hoffnung auf den Psychologen. Aber dieser neigt dazu, sich mit steinernem Blick und ausdruckslosem Gesicht abzuwenden und von anderen Fragen zu sprechen, beispielsweise von der unzureichenden psychologischen Grundlegung der modernen Wirtschaftstheorie."
(aus SCHMÖLDERS 1966, S.17)

Die Definition des Geldes (Punkt 1.1.) und seine Entwicklungsstufen (Punkt 1.2.) sollten aufzeigen, daß Geld nicht nur ein Tauschmittel ist. Möglicher-

weise bedeutet Geld für einige Menschen nur ein Tauschmittel, andere sehen in ihm zum Beispiel ein Statussymbol oder Sicherheit, womit jeder
Mensch auf seine Art und Weise lernen muß umzugehen. Geld gewinnbringend anzulegen ist eine spezielle Form im Umgang mit Geld, zu dem bereits
erste psychologische Untersuchungsergebnisse vorliegen (siehe Teil II
2.1.3.). Die Banken haben inzwischen festgestellt, daß sich ihre Kunden
durch unterschiedliche Wünsche, Bedürfnisse und Verhaltensweisen beim
Geldanlegen auszeichnen, die es zu erkennen und zu berücksichtigen gilt.
Das Ziel dieser Studie ist es, auf einer inhaltlich breit angelegten Studie zu
Umgang mit Geld unter Einbeziehung des Anlageverhaltens die Strukturen
empirisch zu erkunden. Bevor über die empirischen Ergebnisse berichtet
wird, werden zunächst einige Theorien dargelegt die vor der Strukturanalyse
diskutiert und zum Teil in der Studie berücksichtigt wurden. Diese Studie
kann sicherlich nicht alle, sondern nur einen Teil möglicher Verhaltensweisen
im Umgang mit Geld aufgreifen.

2.   Allgemeinpsychologische und verhaltenstheoretische Aspekte

2.1.   Allgemeine motivationale Aspekte

2.1.1.   Einleitung und Definition relevanter Begriffe

Eines der wichtigsten Forschungsfelder der Psychologie überhaupt ist sicherlich die Motivation (vgl. THOMAE 1965; HECKHAUSEN 1980). Dies überrascht nicht besonders, denn versucht man, das menschliche Verhalten zu erklären, beschreiben und zu prognostizieren, stößt man unweigerlich auf die Frage nach dem "Warum" des Verhaltens. Die Motivationspsychologie beschäftigt sich jedoch nur mit jenen Aktivitäten, die das Verfolgen von angestrebten Zielen erkennen lassen und unter diesem Gesichtspunkt eine Einheit bilden. Unter Aktivitäten fallen nicht nur vielerlei Arten von Handlungen oder Mitteilungen, auch Erleben, geistige Aktivitäten in Form von Wahrnehmungen, Gedanken und Vorstellungen gehören dazu (vgl. HECKHAUSEN 1980). HECKHAUSEN (1980) führt grundlegende Fragestellungen der Forschung auf:

- Inwieweit ist es gerechtfertigt, verschiedene Aktivitätseinheiten einer gemeinsamen Klasse von Zielen zuzuordnen und gegen andere Klassen von Zielen abzugrenzen ?
- Wie entwickelt sich solch eine Zielklasse im Lebenslauf des einzelnen und welche individuellen Unterschiede gibt es ?
- Warum wird unter bestimmten Situationsgegebenheiten eine bestimmte und keine andere Aktivität gewählt und mit bestimmter Intensität und Zeitdauer verfolgt ?

Ein Blick in die relevante Literatur der Motivationsforschung (vgl. ATKINSON 1964; MADSEN 1974; COFER, APPLEY. 1964; BROWN 1961; WEINER 1972; HECKHAUSEN 1980) zeigt, daß die Begriffe Motivation und Motiv unscharf und inkonsistent verwendet werden. Einige Psychologen halten die Motivationspsychologie für zentral und fruchtbar für die Erklärung und Vorhersage von Verhalten (vgl. HECKHAUSEN 1980) und andere Forscher halten sie für irreführend oder entbehrlich. Insbesondere frühe Behavioristen neigen dazu, Begriffe, wie "Antrieb", "Instinkt" oder "Motiv" als unwissenschaftlich abzulehnen (vgl. HOLT 1931). Des besseren Verständnisses wegen werden im folgenden einige Definitionen von Motivation und Motiv aufgeführt:

- Nach HECKHAUSEN (1980) beinhaltet der Begriff Motivation den Prozeß, der zwischen verschiedenen Handlungsmöglichkeiten auswählt, das Handeln steuert, auf die Erreichung motiv-spezifischer Zielzustände gerichtet ist und auf dem Wege dahin in Gang hält. Kurz gesagt: Motivation soll die Zielgerichtetheit des Handelns erklären.

- Motivation ist dabei zunächst nur ein Begriff, der für nichts steht als für das, was es zu erklären gilt. Eine Verhaltensfolge ist auf ein bestimmtes Ziel gerichtet, das je nach den gegebenen Umständen auf den verschiedensten Wegen zu erreichen versucht wird.

- Motivation wird als Sammelbezeichnung für Erklärungen von Wenn-Dann-Beziehungen verwendet, die zwischen vorauslaufenden Bedingungen und nachfolgenden Wirkungen erklärend vermittelt.

- RÜTTINGER, V.ROSENSTIEL, MOLT (1974) konkretisieren Motivation und gehen davon aus, daß Motivation dann entsteht, wenn eine Person Anregungsbedingungen in der umgebenden Situation wahrnimmt, die dazu geeignet sind, die verschiedenen Motive so zu erklären, daß dadurch Verhalten ausgelöst wird.

Die Motivation erklärt somit die Richtung, die Stärke und die zeitliche Dauer des individuellen Verhaltens, wenn man Fähigkeiten, Fertigkeiten, Aufgabenverständnis und Einflüsse aus der objektiven Umgebung konstant hält (vgl. V.ROSENSTIEL 1980; WISWEDE 1991).

Der Wille, mit der Vielfalt menschlicher Verhaltensweisen umzugehen, läßt nach ordnenden Merkmalen suchen. Verschiedene Beweggründe können gleiche Verhaltensweisen bedingen, verschiedene Verhaltensweisen können sich auf nur einen Beweggrund zurückführen lassen (vgl. GRAUMANN 1969). Die Zusammenfassung gleicher Verhaltensziele soll als Motivation bezeichnet werden. Durch ihre interpersonelle und transkulturelle Gültigkeit erhalten solche Zusammenfassungen (Motivationen) ihre Aussagekraft. So können wir zum Beispiel alle denkbaren Leistungsziele menschlicher Verhaltensweisen unter dem Begriff "Leistungsmotivation" zusammenfassen. Andere Motivationsklassen sind Macht, Erfolg, Anerkennung, Zuwendung, Neugier-Aktivität (vgl. BUCK 1976; TOMAN 1954).

Nach HECKHAUSEN (1980) umfaßt Motivation die Frage nach dem Ziel, der Intensität und Hartnäckigkeit menschlichen Verhaltens. Anstelle des Motivationsbegriffs sind in der Literatur verschiedene alternative Bezeichnungen anzutreffen wie: Trieb, Drang, Wunsch, Bedürfnis, Strebung, Wille, Beweggrund, Intention, Lust usw. Sie bringen jeweils mehr den energetischen, aktivierenden oder aber den steuernden Aspekt zum Ausdruck.

In Abgrenzung zur Motivation ist nach HECKHAUSEN (1980) das Motiv

- ein hypothetisches Konstrukt zur Erklärung individueller Unterschiede unter sonst gleichen Bedingungen.

Der Begriff Motiv bezeichnet dabei eine zeitlich relativ überdauernde psychische Disposition. Die Motive werden im Zuge der Sozialisation in der Person entwickelt und bilden in ihr ein relativ stabiles kognitives, affektives und wertgerichtetes Teilsystem (vgl. v. ROSENSTIEL 1980; SCHIEFELE 1974; ähnlich RÜTTINGER et al. 1974; MILLER, GALANTER, PRIBRAM 1970; ATKINSON 1957; KROEBER-RIEL 1975).

Unter Motiv soll die Verhaltensbereitschaft eines Menschen verstanden werden. Motive sind in diesem Sinne nicht aktualisiert (vgl. RÜTTINGER et al. 1974). Obwohl Motive Abstraktionen sind, sind sie "wirklich" in dem Sinne, daß sie erfahrbare Zustände und Prozesse hervorrufen bzw. beeinflussen (vgl. POPPER, ECCLES 1982).

Die Motive als Verhaltensdispositionen sind Abstraktionen der Potentialitäten (Anlagen und Fähigkeiten) eines Menschen. Motive werden vom einzelnen als Gefühl, Wunsch oder Affekt (situativ übersteigertes Gefühl) erlebt. Es lassen sich angeborene und erlernte Motive, wie zum Beispiel Hunger und Durst, unterscheiden.

Die Motivation als zielgerichtetes Verhalten eines Menschen, auch die des Anlegers, wird begrifflich und inhaltlich von dessen Verhaltensbereitschaft (Motiv) abgesetzt. Motivation und Motiv (Aktion und Beweggrund) müssen sich in ihrem prozeßhaften Verbindungsstück, der Umsetzung des Motivs in Verhalten bezüglich ihres geistig-psychischen Gehaltes nicht immer entsprechen.

Die Motivation in der Leistungserbringung muß in ihrer zeitlichen und energetischen Dimension nicht einem ebenso dauerhaften und starken Leistungsmotiv entsprechen. Das Motiv, entgeltlicher Existenzsicherung bei der Leistungserbringung, kann einen ganz erheblichen Anteil der zielgerichteten Leistungs-Aktivität (Motivation) darstellen. In einem anderen Falle muß die einem Mitmenschen gewährte Hilfestellung (Motivation) nicht der Zuneigung zu eben diesem Menschen entspringen (Motiv der Nächstenliebe), sondern sie kann durchaus Ausfluß erfolgsorientierter Überlegungen sein, weil der Empfänger der Hilfe beispielsweise wichtige Funktionen im Gemeinleben wahrnimmt.

Die Antworten auf motivationspsychologische Wozu-Fragen folgen im Grunde einer einfachen Logik. Betrachtet man Handlungen oder ihre Ergebnisse als Wirkungen, so können deren Ursachen im einfachsten Fall entweder in der "Situation" oder in der "Person" des Handelnden liegen. Natürlich stellen diese beiden Ursachen Extrempunkte dar und treten in der Realität meistens in Mischform auf.

2.1.2. Inhaltstheorien versus Prozeßtheorien

Eine Möglichkeit die bereits bestehenden Motivationstheorien zu klassifizieren stellen die beiden Konzepte Inhaltstheorien und Prozeßtheorien dar (vgl. CAMPBELL 1976 und v. ROSENSTIEL 1980).

Eng damit verknüpft sind die beiden Begriffe "Erwartung" und "Valenz" die bereits Anfang der dreißiger Jahre von Tolman und Lewin in der Psychologie eingeführt wurden.

Die Inhaltstheorien entstehen in Anlehnung an den Begriff "Valenz". Es geht dabei um die Ziele, die der Mensch anstrebt. Derartige Ansätze, in denen vor allem Aussagen zur Art, Anzahl und Bedeutsamkeit von Anreizen gemacht werden, zählen zu den Inhaltstheorien. Vertreter dieser Theorien sind MASLOW (1943, 1954), ALDERFER (1969, 1972), HERZBERG, MAUSNER, SNYDERMAN (1959).

Maslow entwickelte seine Grundgedanken als klinischer Psychologe. Das zentrale Bedürfnis ist nach seinem Modell in dem Bedürfnis nach Selbstverwirklichung zu sehen (vgl. MASLOW 1977). Das Bedürfnis nach Selbstverwirklichung bezeichnet er als Wachstumsmotiv, dem er sogenannte Defizitmotive gegenüberstellt. Diese Defizitmotive sind dadurch gekennzeichnet, daß bei ihrer Nichterfüllung Krankheit entsteht und bei ihrer Erfüllung Krankheit vermieden wird (vgl. MASLOW 1977). Defizitmotive in diesem Sinne sind physiologische Bedürfnisse (wie z. B. Hunger und Durst), Sicherheitsmotive (wie z. B. Schutz und Vorsorge), soziale Motive (wie z. B. Kontakt und Liebe) und Ich-Motive (wie z. B. Anerkennung und Status) (vgl. MASLOW 1977). Die eigentliche Kernaussage Maslows besteht in der Annahme einer hierarchischen Beziehung der Motive zueinander, die bislang in empirischen Studien nicht belegt werden konnte (vgl. v. ROSENSTIEL 1975; WISWEDE 1991).

Der Grundgedanke der Prozeßtheorien, in denen der Bgeriff "Erwartung"
(angenommene Wahrscheinlichkeit) im Vordegrund steht, läßt sich wie folgt
beschreiben: Das konkrete Ziel des Verhaltens ist weitgehend unbestimmt;
das Individuum strebt jedoch danach, den subjektiv erwarteten Nutzen zu
maximieren. Der Schwerpunkt der Untersuchungen liegt auf dem Appetenz-
verhalten (vgl. v. ROSENSTIEL 1980), das heißt dem Prozeß, der sich in der
Vorbereitung oder im Zuge motivierten Verhaltens im Individuum abspielt.
v.ROSENSTIEL (1980) führt folgende mögliche Fragestellungen auf, die in den
Prozeßtheorien verfolgt werden:

-    Werden im Zuge der Zielbestimmung des Verhaltens die Werte verschie-
     dener Ziele mit den subjektiven Wahrscheinlichkeiten der Zielerreichung
     in Verbindung gesetzt?

-    Oder führt es weiter, Werte, Instrumentalitätswahrnehmungen und sub-
     jektive Wahrscheinlichkeiten zu kombinieren?

Es interessiert also der Weg, nicht das konkrete Ziel. Zu dieser Kategorie
zählen die Ansätze von VROOM (1964) und HECKHAUSEN (1965).

Ein Ansatz in dem Ziel und Weg gleichermaßen berücksichtigt ist die Theorie
der Leistungsmotivation. Leistungsmotivation bezeichnet das Streben, die eigene Tüchtigkeit in all jenen Tätigkeiten zu steigern, in denen man einen
Gütemaßstab für verbindlich hält (vgl. HECKHAUSEN 1980).

Die meisten Definitionen der Leistungsmotivation bauen auf der Definition
von MCCLELLAND (1965) auf. Demnach ist die Leistungsmotivation interperso-
nell unterschiedlich ausgeprägt, wobei die Motivation als Furcht vor Mißerfolg
oder als Hoffen auf Erfolg erlebt werden kann. Erfolgsmotiv und Mißerfolgs-
motiv sind in der Regel nicht rein ausgeprägt, sondern gemischt (vgl. HECK-
HAUSEN 1980).

Beide Motive sind zentrale Faktoren der Leistungsmotivation, die sich im Zu-
sammenspiel mit subjektiven Erwartungsparametern, Anreizwerten der Situation und dem individuellen Anspruchsniveau ergibt. Das Verhältnis der
Motive des Erfolgsuchens und des Mißerfolgsvermeidens zueinander bestimmen schließlich, ob jemand als Erfolgsmotivierter oder als Mißerfolgs-
meider eingestuft wird, was eine Reihe von Konsequenzen für das Leistungsverhalten impliziert (vgl. ATKINSON 1964).

Eine Erweiterung erhielt die Theorie der Leistungsmotivation durch attributi-
onstheoretische Beiträge. Es konnte festgestellt werden, daß Hochlei-
stungsmotivierte im Erfolgsfall internale Kausalfaktoren wie Begabung und
Anstrengung im Mißerfolgsfall variable internale und externale Faktoren wie
Anstrengung und Zufall präferieren. Personen mit niedriger Leistungsmotivation suchen die Ursachen ihres Erfolges stärker in externalen instabilen Kausalfaktoren wie Aufgabenschwierigkeit, während Mißerfolg auf internale sta-
bilere Faktoren wie Begabung zurückgeführt werden (vgl. WEINER, KUKLA
1970; WEINER, HECKHAUSEN, MEYER, COOK 1972; MEYER 1973).

Durch diese unterschiedlichen kognitiven Verarbeitungsprozesse wird auch
erklärbar, warum Erfolgsmotivierte Aufgaben mittleren Schwierigkeitsgrades
bevorzugen, wohingegen Mißerfolgsvermeider leichte oder ganz schwere
Aufgaben bevorzugen (vgl. MEYER 1973; MEYER, HECKHAUSEN 1974)

Der Ansatz von Maslow, speziell die persönliche Selbstverwirklichung und
den der Leistungsmotivation wurden speziell herausgegriffen, da beide Theorien Begriffe beinhalten, die im Zusammenhang mit der "persönlichen Verhaltenseffektivität", speziell der Skala Erfolgsorientierung (vgl. BRENGELMANN
1990), werden (siehe Punkt 2.4. in diesem Teil) erneut diskutiert.

Inwieweit diese allgemeinen Theorien einen Beitrag im Bereich Umgang mit
Geld leisten können, wird im folgenden Punkt behandelt.

2.1.3. Umgang mit Geld unter motivationaler Perspektive

Ist es das Ziel den Umgang mit Geld in seiner ganzen Fülle zu verstehen und erklären, kann auf Motivationstheorien nicht verzichtet werden. Der einleitende Abschnitt hat gezeigt, daß Motivation als eine Art Sammelbezeichnung von Wenn-Dann Beziehungen verstanden werden kann (vgl. HECKHAUSEN 1980) und von dem Begriff Motiv als Verhaltensbereitschaft eines Menschen abzugrenzen ist (RÜTTINGER et al. 1974). Hierbei lassen sich angeborene und angelernte Motive unterscheiden. Im Umgang mit Geld haben wir es sicherlich mit beiden Arten von Motiven zu tun.

Desweiteren wurde aufgezeigt, daß Motivation und Motiv nicht unbedingt übereinstimmen müssen, was sich übertragen auf den Geldbereich an folgendem einfachen Beispiel verdeutlichen läßt.

Der Kunde, der beim Betreten einer Bank beobachtet wird, kann im Sinn haben, Geld- bzw. Kapitalangelegenheiten regeln zu wollen. Er kann aber genauso gut beabsichtigen, dort einen Bekannten zu treffen oder einen ihm werten Angestellten der Bank zu sehen. Die Verhaltensweisen der Bankkunden als solche sagen also noch nichts über deren Motive aus.

Aus der Vielzahl möglicher Motivationstheorien, denen in diesem Zusammenhang eine Bedeutung zukommen kann und die zur Erhellung der Forschungsfrage möglicherweise einen Beitrag leisten können, wurden zwei Ansätze ausgewählt. Wie bereits erwänt, werden diese beiden Konzepte im Zusammenhang mit persönlicher Verhaltenseffektivität (Punkt 2.4.) erneut aufgegriffen.

Eine eigenständige Motivationstheorie im Umgang mit Geld existiert nicht. Möchte man eine spezielle Motivationstheorie dazu entwickeln, so sollte sie imstande sein, die inhaltliche Ausrichtung des geldbezogenen Verhaltens sowie Intensität und Zeitdauer des Verhaltens zu erklären.

Der Gewinn stellt bei der Geldanlage sicherlich kein geeignetes Kriterium für die Motivation dar, da dieses Ergebnis noch von anderen Bedingungen - z.B.

Fähigkeiten, Merkmalen der Situation - abhängt. Die Stärke der Motivation, Geldrisiken einzugehen, hängt im wesentlichen von zwei Variablen ab:

a) der Valenz (dem Wert) des Handlungsergebnisses sowie

b) der Erwartung (angenommene Wahrscheinlichkeit), daß auf dieses Verhalten hin das jeweilige Ergebnis auch eintritt.

Einschlägige Untersuchungsergebnisse über die Motivation im Umgang mit Geld gibt es bislang ebenfalls nicht. Pionierarbeit im englischen Sprachraum hat das Institut of Social Research, angeregt durch KATONA (1975), in den fünfziger und sechziger Jahren geleistet. Im deutschen Sprachraum war es SCHMÖLDERS (1966), der in Zusammenarbeit mit dom Allensbacher Institut in den sechziger Jahren Untersuchungen zum Thema Umgang mit Geld durchgeführt hat.

In diesen Schriften finden sich Ansätze, die die eigenständige Motivation des Sparverhaltens herausstellen. Eines der Ergebnisse ist, daß das Anlageverhalten zwischen verschiedenen Kulturen differiert. So zeigte sich, daß die Anlage von Erspartem in Aktien in den privaten Haushalten der USA verbreiteter ist als in der Bundesrepublik Deutschland. Auch zwischen den sozialen Schichten konnten Differenzen festgestellt werden. Bei besser verdienende Menschen ist die Anlage in Aktien deutlich häufiger vorzufinden. KATONA (1975) stellte des weiteren fest, daß in einem Zeitraum von 12 Monaten weniger als 12% der Aktienbesitzer Veränderungen in ihren Depots vornahmen. Es erscheint nahezu unmöglich, Aussagen zum Verhalten von Anlegern zu machen, wenn nur 12% der Probanden in einem Jahr tatsächlich mit ihren Aktien handeln.

Begibt man sich auf die Suche nach Beweggründen, ist es der erste Schritt zu erkunden, welche Ziele mit dem konkreten Handeln angestrebt werden. Mögliche Ziele wären dann zum Beispiel die Gewinnabsicht, Substanzerhaltung oder die Spekulationslust, um nur einige wenige zu nennen. Gelingt es, die verschiedenen Motive des Anlageverhaltens zu erfassen, wäre in einem zweiten Schritt zu untersuchen, inwieweit eine Typenbildung auf der Basis von psychologischen Grundhaltungen möglich ist.

Eine Typenbildung von Geldanlegern wurde zum Beispiel von FESTL (1982) durchgeführt. Er teilt die Anleger im wesentlichen in zwei Gruppen ein. Die erste und zugleich stärkste Gruppe bilden die konservativ orientierten Anleger. Sie machen in der Gruppe der Anleger einen Anteil von 60% aus. Die zweite Gruppe nennt er die spekulativen Anleger, die 20% der Anleger ausmachen. Die restlichen 20% stellen sogenannte Mischtypen dar. Die konservativ orientierten Anleger weiter zu differenzieren, wäre sicherlich sinnvoll, da sie 60% der Anleger umfassen. Innerhalb der konservativ orientierten Anleger lassen sich sicherlich verschiedene Beweggründe ermitteln, die eine feinere Differenzierung ermöglicht. Die Typenbildung orientiert sich dabei stark auf die reine Geldanlage und nicht auf den generellen Umgang mit Geld, der Gegenstand dieser Untersuchung ist.

Eine weitere Typenbildung, die sich nur auf die Geldanlage bezieht, stammt von MÜHLBAUER (1988). Er verknüpfte die Verhaltensweisen und Handlungsmuster von Anlegern mit deren Motiven, und erhielt das Existenzorientierte-, Sozialisationsorientierte- und das Identitätsorientierte-Anleger-Motiv.

Das Existenzorientierte-Anleger-Motiv bezeichnet im wesentlichen die Für- und Vorsorge für sich und die Familie. Dies wird dadurch bestimmt, daß die physischen Grundbedürfnisse zu einem wesentlichen Teil durch Hortung und Anlage von Geldmitteln und nicht mehr durch direkte Bevorratung befriedigt werden. Die Anlage solcher Mittel ist ihrer Natur nach meist kurzfristig orientiert.

Das Streben nach Mitgliedschaft in einer Gemeinschaft ist für den Menschen eine unabdingbare Voraussetzung seiner Existenz. Das Einbringen seiner Erfahrung, seiner Praxis der Lebensbewältigung, seiner Ansichten, seiner Gedanken und die Aufnahme derselben anderer Mitglieder der Gemeinschaft ermöglichen ihm eine sinnvolle Zielrichtung. Diese Zielrichtung bezeichnet er als das Sozialisationsorientierte-Anleger-Motiv. Die Gemeinschaft vermittelt

also Verhaltensmuster, so entdecken Anleger in Wertpapierclubs ihre eigenen Motive, aktivieren sie und vollziehen notwendige Wandlungsprozesse in
ihren Denk- und Handlungsweisen. Auch die Anerkennung und Zuwendung
können in diesem Zusammenhang als treibende Kraft wirken.

Das Identitätsorientierte-Anleger-Motiv wird durch das Erfolgsstreben und
Leistungsverhalten bestimmt. Erfolg und Leistung als Motiv werden in dem
Sinne unterschieden, daß die Motivation zum Erfolg überwiegend ergebniso-
rientiert ist, während die Motivation zur Leistung in erster Linie einsatzorien-
tiert ist. Allerdings behält auch bei der Leistung das Ergebnis einen besonderen Beurteilungswert.

Wie die Aufteilung in die drei Motivklassen zustande gekommen ist und welche Kriterien dabei zugrundegelegt wurden, ist aus der Schrift nicht direkt
ableitbar. Auch deren empirische Überprüfung ist nicht stringent genug, um
diesen Ansatz übernehmen zu können.

2.2. "Risiko" als Forschungsgegenstand

Risiko als Gegenstand psychologischer Forschung ist in verschiedenster Weise untersucht worden, so in der Sozialpsychologie, Persönlichkeitspsychologie, Arbeitspsychologie und Ökopsychologie (vgl. ROHRMANN 1990). Der Begriff "Risiko" findet auch zum Beispiel in der Ökonomie oder Mathematik seine Berücksichtigung und erfordert demzufolge einen interdisziplinären Untersuchungsansatz, dessen Kern die Risiko-Analyse ist (vgl. ROHRMANN 1990).

Ein Schwerpunkt der Arbeitspsychologie liegt in der Untersuchung von Gefahren am Arbeitsplatz und deren Wahrnehmung. Zwar hat die Sicherheitstechnik viele Gefahren beseitigt oder die Menschen vor ihnen abgesichert, jedoch bleibt immer noch eine mehr oder weniger große Restgefährdung bestehen (vgl. HOYOS, KELLER, KANNHEISER 1977). Nach HOYOS (1980) hat die handelnde Person im wesentlichen drei Möglichkeiten, die Konfrontation mit Gefahren unter Kontrolle zu halten.

-   Sie steuert die Gefahrenkognition, indem sie auf Erfahrungswerte zurückgreift und/oder die für eine Entscheidung erforderlichen Informationen sucht, die für bestimmte Gefährdungen typisch sind.

-   Die Person steuert die Gefährdung, indem sie unter Abwägen der Anreize und des Risikos und durch Vergleiche mit einem Sollwert ein Gefährdungsniveau akzeptiert.

-   Sie kontrolliert die möglichen Folgen einer Gefahrenexposition, nämlich das Eintreten von Personen- oder Sachschäden, indem sie Vorsorgemaßnahmen ergreift, wie zum Beispiel Schutzausrüstungen tragen, Versicherungen abschließen (vgl. HOYOS 1980, S.534).

Die Ökopsychologie beschäftigt sich demgegenüber zum Beispiel mit natürlichen und technischen Umweltrisiken. Ein besonderes Gewicht haben dabei Berichte über Unglücks- und Störfälle beim Betrieb komplexer technischer Systeme (z.B. Tschernobyl, Herald of free Enterprise) (vgl. KLUWE 1990; PERROW 1989).

Besondere Aufmerksamkeit widmet die sozialpsychologische Forschung dem Risikoverhalten bei Gruppenentscheidungen. Bevor die Ergebnisse von STONERS (1961) bekannt wurden, nahm man an, daß Gruppenentscheidungen bei gleichberechtigten Gruppenmitgliedern der Durchschnittsmeinung ihrer Mitglieder entsprechen. Allenfalls gab es zufallsbedingt Abweichungen, dies wurde durch die Beobachtungen gestützt (vgl. KOGAN, WALLACH 1967).

Die Untersuchungen von STONERS (1961) ergaben, daß Gruppenmitglieder im Rahmen einer Gruppenentscheidung eher bereit sind, sich für Alternativen mit höherem Risiko auszusprechen als (im Durchschnitt) bei vorangegangenen Einzelentscheidungen angesichts des gleichen Satzes von Entscheidungsproblemen. Dieser Risikoschub wurde als "risky shift" bezeichnet (vgl. KOGAN, WALLACH, BERN 1962)

Auf der Grundlage des Risikoschubes konzentriert sich das Interesse der Sozialpsychologen auf Erklärungsansätze. Es wurden zum Beispiel kulturvergleichende Studien durchgeführt (vgl. BARON et al. 1971) oder es wurde der Risikoschub in Abhängigkeit von Geschlecht, Homogenität und Anzahl der Mitglieder einer Gruppe untersucht (vgl. GUTTENTAG, FREED 1971). Risikoschub als Funktion des Gruppendrucks untersuchte CECIL et al. (1970).

Nachdem Zweifel an der Allgemeinheit des Risikoschubes geäußert wurden (vgl. BROWN 1965) kamen Erklärungsansätze auf, die auch einen Vorsichtsschub einschlossen (vgl. WITTE 1971). Man spricht nicht mehr von "Risikoschub" (risky shift), sondern von "Risikoverschiebung" (risk-shift) oder von Wahlverschiebung (choice-shift) (vgl. SCHROEDER 1973).

Die meisten dieser Untersuchungen dazu wurden im Labor durchgeführt und häufig bezüglich der Übertragbarkeit auf reale Situationen angezweifelt (vgl. SPECTOR, COHEM, PENNER 1976; YINON, SHOHAM, LEWIS 1974; CLEMENT, SULLIVAN 1970).

Die Persönlichkeitspsychologie beschäftigt sich mit der Frage, inwieweit das Risikoverhalten ein Persönlichkeitsmerkmal ist. Über das Risikoverhalten aus differentialpsychologischer Sicht wird in diesem Teil unter Punkt 2.2.2. berichtet.

Die Entscheidungstheorie stellt einen Ansatz dar, der sich keiner der traditionellen, mit bestimmten Gegenstandsbereichen befaßten, wissenschaftlichen Disziplinen exklusiv zuordnen läßt. Die Theorien, Modelle, Methoden und Techniken, wie auch die Befunde empirischer Untersuchungen, die sich unter dem Begriff Entscheidungstheorie zusammenfassen lassen, sind vielmehr in verschiedensten Wissenschaftsbereichen entwickelt worden. Demnach läßt sich die Entscheidungstheorie als interdisziplinärer Ansatz auffassen (vgl. KUPSCH 1973).

In der Fachliteratur wird der Begriff "Risiko" allgemein als die Wahrscheinlichkeit des Auftretens von Mißerfolgen, Schäden, Verlusten, Verletzungen, Todesfällen, kurzum die Wahrscheinlichkeit von negativen Folgen bestimmter Ereignisse bezeichnet.
Aus Sicht der Entscheidungstheorie definiert KUPSCH (1973, S.50) den Begriff "Risiko" wie folgt:

> "Der Begriff kennzeichnet ganz allgemein eine Verlustgefahr." Diese Definition vereinigt unterschiedliche Tatbestände, je nachdem, in welcher Form die Verlustkomponente des Risikos konkretisiert wird."
> (KUPSCH 1973, S.50)

BRENGELMANN (1988b) als Verhaltenstheoretiker und Persönlichkeitsforscher definiert "Risiko" wie folgt:

> "Risiko ist ein Verhalten, mit dessen Hilfe etwas von Wert in Verlustgefahr gebracht wird." (BRENGELMANN 1988b, S.1)

Sowohl die Definition von Kupsch als auch die von Brengelmann sind sehr weit gefaßt. Sie vereinigen jedoch sehr unterschiedliche Tatbestände. Demnach steht bei Brengelmann die Verhaltenskomponente und bei Kupsch das Ergebnis des Risikos im Vordergrund. Diese Verhaltenskomponenten beziehen sich im vorliegenden Zusammenhang auf die Durchführung einer risikoreichen Geldanlage, die den Verlust der eingesetzten Geldmittel zur Folge haben kann. Die Definition beinhaltet aber auch ein Risikoverhalten wie das Drachenfliegen, das möglicherweise mit einem Unfall endet. Wenn im Gegensatz dazu bei der Definition von Kupsch (1973) das Ergebnis im Vordergrund steht, entspricht dies den Inhalten und Zielen der Entscheidungstheorie, die keine Prozeß- oder Verhaltenskomponenten berücksichtigen.

2.2.1. "Risiko" in der Entscheidungstheorie

Die Betrachtung des menschlichen Entscheidungsverhaltens hat ihren Ursprung in den Wirtschaftswissenschaften. Die Analyse des sogenannten Rationalprinzips bildete schon immer die Grundlage der mikroökonomischen Therorien (vgl. KIRSCH 1977; SZYPERSIK, WIELAND 1974). Diesem Prinzip folgend versucht ein rational handelnder Mensch (genannt Homo Oeconomicus) seine Ressourcen so zu verwenden und auf die verschiedenen Verwendungsmöglichkeiten zu verteilen, daß ein maximaler Zweckerfolg oder Nutzen erreicht wird (vgl. LEE 1977). Die Entscheidungstheorie geht von den Begriffen "Alternativen", "Ergebnisse" und "Umweltsituation" aus (vgl. GÄFGEN 1968). Die Alternativen beschreiben Verhaltensweisen, die unter Kontrolle des Entscheidungssubjektes stehen und von ihm beeinflußt werden können. Von dem Entscheidungssubjekt nicht beeinflußbar sind die Umweltsituationen. Hierbei werden jeder Alternative je nach Eintreten der Umweltsituation Ergebnisse zugeordnet. Diese Zuordnung wird durch eine Ergebnisfunktion beschrieben.

So läßt sich eine Entscheidungssituation, die das Grundmodell der meisten
Ansätze darstellt, wie folgt beschreiben:

Eine Person (Entscheidungssubjekt) stellt eine Diskrepanz zwischen dem
gegebenen und einem angestrebten Zustand fest. Sie hat das Bedürfnis wie
auch die Möglichkeit, diese Diskrepanz zu reduzieren. Sie sieht sich mit einer
Reihe von Handlungsalternativen konfrontiert, die jeweils zu bestimmten
Konsequenzen führen können. Diese Konsequenzen sind nicht nur von den
Handlungen des Entscheidungssubjekts, sondern auch vom Vorliegen bzw.
Eintreten externer Bedingungen abhängig (vgl. LEE 1977, S.10).

Die Entscheidungstheorie unterscheidet über den Eintritt der jeweiligen Umweltsituation drei Fälle. Entscheidungen unter Sicherheit, unter Risiko und
unter Unsicherheit (vgl. LUCE, RAIFFA 1957). Entscheidungen unter Sicherheit
liegen vor, wenn das Entscheidungssubjekt mit Sicherheit weiß, daß nur eine
ganz bestimmte Umweltsituation eintreten wird. Bei Entscheidungen unter
Risiko wird zusätzlich vorausgesetzt, daß dem Entscheidungssubjekt eine
Wahrscheinlichkeitsverteilung über die Menge der möglichen Umweltsituationen gegeben ist. Fehlen dem Entscheidungssubjekt schließlich Vorstellungen
über die Eintrittswahrscheinlichkeit der möglichen Umweltsituationen, so
spricht man von Entscheidungen unter Unsicherheit.

Die Entscheidungstheorie benutzt den Begriff Risikoverhalten, um die Wahl-
möglichkeiten zwischen bewerteten Wahrscheinlichkeiten und Resultaten zu
wählen. Die Standardentscheidungsregel von Bayes lehrt uns, die Alternative
mit dem größten erwarteten Nutzen zu wählen (vgl. KIRSCH 1977). Zusätzlich
gibt es etablierte Techniken wie Pay-Off-Tabellen und Spieltheorieanalysen,
mit deren Hilfe Entscheidungen erleichtert werden können. Dies betrifft zum
Beispiel:

- die direkte Wahl zwischen Risiken,
- der Entwurf von Entscheidungsbäumen für sequentielle Wahlen
- oder Kosten-/Nutzenanalysen (vgl. KIRSCH 1977)

In diesen Modellen der Entscheidungstheorie wird der Prozeß der Entscheidungsfindung bzw. der Problemhandhabung nicht explizit betrachtet. Die Entscheidungsregeln geben lediglich an, wie vom Input (Alternativen, Präferenzordnung, Ergebnisvektoren) zum Output (ausgewählte Alternative) zu gelangen ist (vgl. KIRSCH 1988). Kirsch spricht in diesem Zusammenhang von einer "Black Box"-Betrachtung.

Im folgenden sollen einige Ansatzpunkte, wie sie KIRSCH (1988) herausgearbeitet hat, kurz skizziert werden. Hierbei handelt es sich um verhaltenswissenschaftliche Hypothesen, die die Bedingungen, Abläufe und Ergebnisse des individuellen Verhaltens vor und nach der Entscheidung zum Gegenstand haben. Kirsch greift dabei auf die kognitive Psychologie, Lernpsychologie und Wahrnehmungspsychologie zurück (vgl. KIRSCH 1988, in Anlehnung an MARCH, SIMON 1958).

Bei der Analayse des Entscheidungsverhaltens gilt es, die folgenden Aspekte einzubeziehen:

- Inneres Modell

    Nicht die objektive Realität, sondern das subjektive innere Modell, das sich das Individuum von seiner Umwelt schafft, liegt seinem Problemlösungsprozeß zugrunde (vgl. KIRSCH 1988, BOULDING 1956).

- Begrenzte Kapazität

    Die begrenzte Kapazität des Kurzzeitgedächtnisses steht den der implizit traditionellen Entscheidungslehre zugrunde liegenden Prämissen einer unbeschränkten Informationsverarbeitungskapazität des Individuums entgegen (vgl. KIRSCH 1988, MILLER 1944).

- Intraindividueller Konflikt

    Dieser Konflikt liegt vor, wenn es dem Individuum schwerfällt, eine Verhaltensweise zu wählen. Die wurde innerhalb der psychologischen Forschung insbesondere durch LÜCKERT (1957), HÖRMANN (1960) und THOMAE (1960) untersucht (vgl. KIRSCH 1988).

- Anspruchsniveau

  Eine Möglichkeit auf intraindividuelle Konflikte zu reagieren, ist die Anspruchsanpassung (vgl. KIRSCH 1988). In der Psychologie wird die Anspruchsanpassung mit Leistungsmotivation und Angst in Verbindung gebracht (vgl. ATKINSON 1966; MOULTON 1966).

- Kognitive Dissonanz

  Kirsch faßt den Begriff Entscheidungstheorie so, daß auch Informations-Teilprozesse, die nach dem eigentlichen Entschluß oder Wahlakt stattfinden, miteinbezogen werden. Die sich in der kognitiven Dissonanz äußernde Inkonsistenz von Kognitionen wird folglich in den Problemkreisen "Bedauern nach der Entscheidung", "Ungenügende Rechtfertigung" und "Nicht eingetroffene Erwartungen" untersucht (vgl. FESTINGER 1957; JONES, GERARD 1967).

2.2.2. "Risiko" von der Entscheidungstheorie zur Persönlichkeitstheorie

In den entscheidungstheoretischen Modellen bleiben die persönlichen Komponenten des Entscheiders weitgehend unberücksichtigt. Allerdings bedarf es einer Einbeziehung individual- und sozialpsychologischer Erkenntnisse und Methoden, um Verhalten tatsächlich erkären und prognostizieren zu können (vgl. KIRSCH 1988).

- Wahrnehmung

  So spielen bei dem Entscheidungsprozeß der Einzelperson subjektive Einflüsse der Risikowahrnehmung (vgl. BRUNER et al. 1956) eine sehr wichtige Rolle. Objektive Risikodaten sind bei vielen Entscheidungssituationen im täglichen Leben nicht erhältlich, oder sie sind von vornherein nicht vorhanden. Umsomehr beeinflussen psychologische und soziale Faktoren das Risikoverhalten.

- Erfolgserwartung

  Außerdem kalkuliert das Individuum einerseits die theoretische Risikoer-
  wartung und andererseits seinen persönlich erwarteten Erfolg. Zwischen
  diesen beiden Erwartungswerten agieren die positiven Erwartungen,
  Befürchtungen, Ärgerreaktionen und Zufriedenheit, wie auch Kontrollversuche, mit deren Hilfe die Erwartung so gut wie möglich mit dem Ergebnis in Einklang gebracht werden soll (vgl. ATKINSON 1966; MOULTON
  1966).

- Selbstkontrolle

  Kontrollversuche sind gewohnheitsmäßige Fertigkeiten, für die meist eine
  besondere Begabung (Fähigkeit) vorliegt, in deren Rahmen sich der
  Mensch selbst erzieht. Solche Fertigkeiten betreffen auch das Verhalten
  im Falle überhöhten Risikos. Die Fähigkeit, die eigene Risikoerwartungen
  der jeweiligen Situation anzupassen oder sich Enttäuschungen bei Nicht-
  Erfolg abzugewöhnen und positiv auf die Realität zu reagieren, bezieht
  sich auf die Fähigkeit zur Selbstkontrolle. Dem Thema Kontrolle wird in
  dieser Arbeit ein eigenständiger Punkt 2.3. gewidmet, so daß an dieser
  Stelle auf eine ausführliche Erklärung verzichtet wird (vgl. KANFER 1979).

- Aktivierung

  Neben den durch die Fertigkeiten gebildeten festen Strukturen gibt es
  transiente psychologische Abläufe, die für das Risikoverhalten von Bedeutung sind. Ein Ablauf ist transient, wenn aufgrund bestimmter Rei-
  zung temporär intensive Erregung erfolgt, die abschließend vollkommen
  abklingt. Diese Erregungen können erfreuend und belastend wirken, sie
  vergehen und lassen in der Regel außer als Gedächtnisspur keine un-
  bewältigten Reste zurück. Man jubelt vor Glück oder weint aus Verzweif-
  lung und damit findet das Erlebnis sein Ende. Natürlich gibt es Ausnahmen (vgl. von QUAST, BRENGELMANN 1987). So können bei abnormen Persönlichkeiten wiederholt auftretende aversive Reize im Laufe der Zeit ak-
  kumulieren und zu unkontrollierten Reaktionen führen (Typ-Neurose).
  Andere Personen überziehen ihre Risikokapazität und werden von den

Ergebnissen überfahren (Streßtyp). Beide Typen sind nicht als transiente Ereignisse klassifizierbar oder von ihnen ableitbar (vgl. TOMKINS 1971).

Über diese Komponenten gewohnheitsmäßiger Verhaltensweisen, die psychologisch organisiert sind, bezogen auf das Risikoverhalten (z.B. Drachenfliegen), ist bisher wenig bekannt. Eine Aufgabe wird es sein, über das Risikoverhalten wichtige Fertigkeiten oder Reaktionsweisen zu erkennen, meßbar zu machen und ihre organisatorische Struktur zu bestimmen (vgl. von QUAST; BRENGELMANN 1987).

2.2.3. Risikoverhalten in der Persönlichkeitstheorie

Das Verhalten der Menschen vollzieht sich stets im Rahmen bestimmter Mensch-Umweltkonstellationen, in denen das Individuum seinen gegenwärtigen Zustand zu erhalten oder zu verbessern trachtet. Lassen sich etwaige Unterschiede im Risikoverhalten nicht auf spezielle Umweltbedingungen zurückführen, stellt sich die Frage, inwieweit das Risikoverhalten und die Risikoeinstellung in der Persönlichkeitsstruktur verankert ist. In der Persönlichkeitstheorie sind verschiedentlich Versuche unternommen worden, Systeme von Persönlichkeitsmerkmalen zur Erklärung individueller Unterschiede hinsichtlich des Verhaltens bei einer Mehrzahl von Menschen zu entwickeln. So wird auch das Risikoverhalten als eine mehr oder weniger konstante Eigenschaft der Persönlichkeit betrachtet. KOGAN und WALLACH (1967) kamen in ihrem Sammelreferat zu folgender Überzeugung:

> "Hence, in all of the research on information seeking surveyed in the present section, we have noted consistent subject preferences for greater or lesser information which turn out to be a more powerful determinant of information-seeking levels than any of the situational variables manipulated by the experimentrs. It is the present authors view that these consistent individual differences have much to do with disposition toward risk taking and conservatism."
> (aus Kogan, Wallach 1967, S.132)

Die Frage nach einer gemeinsamen Wurzel des Risikoverhaltens konnte bisher nicht eindeutig beantwortet werden (vgl. SLOVIC 1962).

Ein Grund ist sicherlich die mangelnde Übereinstimmung zwischen den For-
schern. Es werden unterschiedliche Wege gewählt um das Risikoverhalten
zu verstehen und dessen Eingliederung in die Persönlichkeitspsychologie zu
vollziehen. So wählte zum Beispiel EYSENCK (1969) den für ihn typischen
Weg, daß er Risikoverhalten als Funktion der Persönlichkeitsdimension Extraversion und Neurotizismus versteht (vgl. EYSENCK 1969).
Einen anderen Zugang wählte ZUCKERMANN (1978), als er das Risikoverhalten
zum Gegenstand seiner Untersuchungen machte. Seine als Sensation-Seeking-Scale bekanntgewordenen Fragebögen untersuchten die Lust am
Abenteuer und an Wagnissen, speziell im Bereich riskanter Freizeit- und
Sportaktivitäten (vgl. ZUCKERMANN 1978).

Es ist sicherlich zu eng gefaßt, sich bei der Analyse des Risikoverhaltens nur
auf Sportaktivitäten zu beziehen bzw. sich zu sehr auf extremes Verhalten zu
konzentrieren. Ein Ergebnis der vielfältigen Untersuchungen von BRENGEL-
MANN (1988b, 1989a, 1989c) besteht darin, daß die Suche nach Risiken und
Wagnissen weder nur in Extremsituationen auftritt noch zur Abnormität führen muß. Die Ergebnisse dieser Forschungbemühungen werden ausführlich
in diesem Teil unter Abschnitt 2.2.5. dargelegt, da sie Grundlage der
vorliegenden Arbeit sind.

Andere Untersuchungen im Bereich des Risikoverhaltens (vgl. KOGAN, WAL-
LACH 1961; CAMERON, MYERS 1966; WEINSTEIN, MARTIN 1969) betrachten Beziehungen zwischen Risikoeinstellungen und demographischen Daten
und/oder Persönlichkeitsmerkmalen (Demographische Merkmale sind üb-
lichweise nicht im Persönlichkeitsbegriff enthalten).

Bei diesen Untersuchungen der Beziehung (Anmerkung: Die Ermittlung der
Beziehung erfolgt in Form von Korrelationen, bei denen auf eine Richtungs-
bezogenheit nicht geschlossen werden kann. Es handelt sich nicht um Ursa-
che-Wirkungs-Zusammenhänge) zwischen demographischen Merkmalen
und Risikoverhalten stehen die Auswirkungen von Geschlechts- und Alters-
unterschiede auf das Risikoverhalten im Mittelpunkt. Untersuchungen von
KOGAN und WALLACH (1964) konnten hinsichtlich des Geschlechts keine Un-

terschiede feststellen. Hinsichtlich des Alters stellten sie eine Tendenz fest, daß mit zunehmendem Alter die Risikoneigung abnimmt (vgl. KOGAN, WALLACH 1967).

Untersuchungen über die Beziehung zwischen personalen Variablen und Risikoeinstellung machen zum Beispiel CAMERON und MYERS (1966). Sie untersuchten die Risikoeinstellung beim Glücksspiel und setzten diese in Beziehung mit dem Edwards Personal Preference Schedule. Die Bevorzugung hoher Pay-Offs mit geringen Erfolgswahrscheinlichkeiten wurde als Indikator für Risikovorliebe verwendet (CAMERON, MYERS 1966 S.59). Die Variablen Selbstentfaltung (exhibition), Aggresivität (aggression) und Dominanz (dominance), stehen in dieser Studie in positiven Zusammenhang zu Risikovorliebe.

WEINSTEIN und MARTIN (1969) stellen fest, daß außengelenkte Personen eine Risikovorliebe aufweisen und konservative Strategien der Entscheidungsfindung ablehnen (vgl. WEINSTEIN, MARTIN 1969 S.500).
Insgesamt gesehen sind die Untersuchungen zur Ermittlung von Korrelationen zwischen speziellen Risikoindikatoren und Persönlichkeitsmerkmalen bisher nicht erfolgreich (vgl. KOGAN, WALLACH 1964, SCODEL et al. 1959). Um innerhalb der Risikoforschung weiterzukommen, wäre es sinnvoll, sich über die drei folgenden Punkte bzw. Fragen nochmals grundlegende Gedanken zu machen und grundlegende Studien einzuleiten:

1) Um welche Art von Dimension handelt es sich bei dem Konstrukt Risikoverhalten? Handelt es sich um eine unipolare Variable von hohem zu Null-Risiko oder um eine bipolare Variable von hoher Präferenz für bis hin zu intensiver Ablehnung von Risiken. Weiterhin stellt sich die Frage, ob das Risikoverhalten uni- oder multidimensional sein kann.

2) Welchen Einfluß hat die Situation auf das Risikoverhalten? So wurden in den bereits durchgeführten Untersuchungen die situativen Einflüsse nicht ausreichend isoliert.

3) Welche Dispositionen sind für das Risikoverhalten verantwortlich? Nicht die Aktivitäten sondern die Dispositionen steuern das Verhalten.

Gelingt es diese Dispositionen, die für das Risikoverhalten verantwortlich sind, zu erfassen und würden dann Untersuchungen an stratifizierten Stichproben durchgeführt, wäre sicherlich ein großer Schritt nach vorne getan. KOGAN und WALLACH (1967) erklären die unbefriedigenden Ergebnisse der bisher berichteten Korrelationsanalysen damit, daß der Grad der motivationalen Erregung als Determinante der Verhaltenskonsistenz bei Reaktionen gegenüber Risiken verantwortlich ist. Die Frage nach der Motivation Risiken einzugehen, soll im folgenden Punkt nochmals kurz aufgenommen werden.

2.2.4. Risikoverhalten und Motivation

Die Frage der Motivation entspricht der Frage nach dem Warum bzw. Wozu des Verhaltens, wie in Kapitel 2.1. Motivationale Aspekte bereits erläutert wurde. Der Begriff Motivation ist sicherlich nicht in allen Fällen zur Erklärung menschlichen Verhaltens erforderlich. Es gibt eine ganze Reihe von Verhaltensweisen, zu deren Erklärung die Motivation lediglich eine Möglichkeit darstellt, während sie bei anderen Handlungsbereichen unbedingt zu berücksichtigen ist (z.B. spontane vom Situationsfeld her nicht verstehbare Verhaltensweisen).

Wie bereits erläutert nimmt im Rahmen der Motivationsforschung das Konzept der Leistungsmotivation eine besondere Stellung ein (vgl. ATKINSON 1957, 1964; ATKINSON, FEATHER 1966; HECKHAUSEN 1965 S.602ff; MCCLELLAND 1965), das auch für die vorliegende Untersuchung von Bedeutung ist.

In Punkt 2.1. wurde Leistungsmotivation definiert als Bestreben die eigene Tüchtigkeit in all jenen Tätigkeiten zu steigern oder möglichst hoch zu halten, in denen man einen Gütemaßstab für verbindlich hält und deren Ausführung deshalb gelingen oder mißlingen kann.

Die beiden Grundtendenzen (Annäherung und Abwendung) bilden in Form von Mißerfolgs- und Erfolgserwartung, die auf Gütemaßstäben (vgl. zum Anspruchsniveau LEWIN et al.. 1944; SIMON 1957) beruhen, das Kernstück der Leistungsmotivation. Hier zeigt sich die enge Verknüpfung der Leistungsmotivation mit der Risiko-Motivation, die sich in der Risikoeinstellung bei Wahlakten des Aktors (z.B. Anleger) in Form von Verhaltenssteuerung gegensätzlicher Tendenzen (Verlustgefahr - Erfolgsmöglichkeit) niederschlägt. Das Modell der Leistungsmotivation bietet somit eine Orientierung für eine spezielle Erklärung und Prognose der Risiko-Motivation.

Analog zur Leistungsmotivation ist auch die Risiko-Motivation von Person zu Person unterschiedlich ausgeprägt, und impliziert die Annahme, daß die Person sowohl ein Motiv besitzt, Erfolg anzustreben als auch ein Motiv, Mißerfolg zu vermeiden (vgl. zur Diskussion des Modells der Leistungsmotivation ATKINSON 1958 S.322ff, 1964 S.240ff; ATKINSON, FEATHER 1966; HECKHAUSEN 1963, S.114ff; NEUBERGER 1969 S.28ff; THEIß 1969 S.73ff; VONTOBEL 1970 S.26ff).

Nach HECKHAUSEN (1969) finden bezüglich der Risiko-Motivation Wahrscheinlichkeitsrevisionen im Gefolge früherer Erfolge und Mißerfolge statt, die die Erfolgswahrscheinlichkeiten erhöhen bzw. verringern. In der Realität ist eine Reihe von Entscheidungssituationen vorstellbar, deren ungewöhnliche oder besonders hervorstechende Merkmale eine Abweichung vom bisherigen Risiko-Motiv der Person bewirken können.

Neben der Differenzierung von Situationsfaktoren, die die Zielverwirklichung fördern bzw. hemmen, ist jedoch auch der Zusammenhang zur Kontrollerwartung des Individuums von Bedeutung (vgl. FEATHER 1967). Zum Thema Kontrollverhalten wird im Kapitel 2.3. in diesem Teil ausführlich Stellung genommen.

Der Zusammenhang zwischen dem Risikoverhalten und der Erfolgsorientierung wurde auch von v. ROSENSTIEL und SCHULER (1970) untersucht. Sie untersuchten motivationspsychologische Aspekte der Gruppenentscheidung unter Risiko und stellten fest, daß Erfolgsmotivierte die geringsten Abwei-

chungen zwischen dem Risiko in Individual- und Gruppenentscheidungen
haben, gegenüber Mißerfolg- und Konfliktvermeidern. Die Erfolgsorientierung
scheint demnach ein stabiles Verhaltensmerkmal zu sein. Auf den Begriff
"Erfolgsorientierung" wird in diesem Teil unter Kapitel 2.5. ausführlicher eingegangen.

2.2.5. Arbeiten über Risikoverhalten am Max-Planck-Institut für Psychiatrie, Psychologische Abteilung

2.2.5.1. Vorläufer und Einbindung der Risiko/Lust

Die Vorläufer der Risikoforschung sind in den Arbeiten zum Streßverhalten
(vgl. BRENGELMANN 1988a) zu finden. In den Arbeiten zur Dimensionalisierung
des Streßverhaltens wurden unter anderem auch die folgenden Begriffe ska-
liert: Reizsuche, Reizgenuß, Abwechslungslust, Erlebnishunger, Abenteuerlust und Risikolust. Als übergeordneter Begriff wurde der Ausdruck
"Reizzuwendung" benutzt (vgl. GUERRA, REIG, BRENGELMANN 1983).
Dem folgten die Glücksspieluntersuchungen von WAADT & BRENGELMANN
(1985), von QUAST & BRENGELMANN (1987) und BRENGELMANN (1988b, 1989a,
1989c).

Brengelmann interessierte speziell das Risiko-Lust- und Kontrollverhalten,
was ihn veranlaßte, auf die Sensation-Seeking-Scale von Zuckermann und
die Skalen der internalen und externalen Kontrolle von Rotter zurückzugehen
(vgl. BRENGELMANN 1988b, S.8). Die Rotter-Skalen haben im Verlauf zahlrei-
cher Untersuchungen ihre ursprüngliche Form verändert, sind aber ihrem Inhalt nach im SCOPE (SCOPE ist die Abkürzung für Stress und Coping)
(BRENGELMANN 1987) enthalten.
Bevor auf die Forschungsergebnisse der Arbeiten am Max-Planck Institut für
Psychiatrie, Psychologische Abteilung, zur Risiko/Lust näher eingegangen
wird, wird der Versuch im Sinne Brengelmanns unternommen, die Begriffe
"Risikoverhalten" und "Risiko/Lust" näher zu erklären.

2.2.5.2. Zu den Begriffen "Risikoverhalten" und "Risiko/Lust"

Der Begriff "Risikoverhalten" wird breit gefaßt und mit Verlustgefahr in Verbindung gebracht. Risikoverhalten steht für alle Aktivitäten, die in der einen
oder anderen Form einen intensiven Risiko- oder Spielcharakter tragen. Die
Neigung, Risiken einzugehen (Risiko/Lust, risk-taking), bezeichnet eine Persönlichkeitsdimension. Wie bereits erwähnt, definiert Brengelmann den Gegenstand seiner Forschung wie folgt:

> "Risiko ist ein Verhalten, mit dessen Hilfe etwas von Wert in Verlustgefahr be-
> bracht wird."
> (vgl. BRENGELMANN 1988b, S.1)

Im Gegensatz zur Entscheidungstheorie steht in der Verhaltenstheorie
(BRENGELMANN 1988b, 1989a) das Risikoverhalten von Personen im Vordergrund: Menschen begeben sich aktiv in risikoreiche Situationen, und nehmen
Verluste, Verletzungen, Zielverfehlungen usw. in kauf. So läßt sich der Begriff
des Risikos auch auf das Anlageverhalten übertragen, denn auch der Kauf
und Verkauf von Bankmarktleistungen ist mit gewissen Risiken verbunden.
Der Anleger kann nur Wahrscheinlichkeitsannahmen darüber anstellen, inwieweit die Anlagemöglichkeit zur Realisierung seiner Ziele geeignet ist. Bei
einer Nicht-Realisierung können finanzielle Verluste entstehen.

Das Ziel ist es, die individuellen Differenzen des Verhaltens, der Emotion und
der Einstellungen/Werthaltungen, von denen die Initiative für Verhalten aus-
geht, zu erfassen.

Auch Brengelmann ist es bisher nicht gelungen, den Begriff "Risiko/Lust" zu
definieren. Bezüglich der Dimension des Lust-Begriffs vertritt Brengelmann
die Auffassung, daß Lust und Unlust nicht auf einer Dimension liegen, sondern getrennt zu betrachten sind. Der Grund, den Begriff dennoch zu verwenden, liegt darin, daß das Risikoverhalten von verschiedenartigen, teils
sehr eindrucksvollen emotionalen Erlebnissen begleitet wird. Es wirken positive wie negative Emotionen, die das Verhalten fördern, hemmen oder Vermeidung veranlassen (vgl. BRENGELMANN 1988b). Risiko/Lust ist somit ein

Ausdruck für Dispositionen, die das Riskieren und Spielen in der ein oder anderen Form beeinflussen und positive wie negative Veränderungen bewirken.

Risiko/Lust ist ein Hilfsbegriff, dessen Natur in den Arbeiten von Brengelmann schrittweise erkundet wurde. Die Willigkeit zum Risiko und die Lust am Risiko werden mit zahlreichen Aktivitäten, Dispositionen und Situationen variiert, auf die im folgenden näher eingegangen werden soll.

2.2.5.3. Aktivitäten der Risikolust

Der Begriff "Aktivität" ist innerhalb der Psychologie eher selten zu finden. Die Humanpsychologie befaßt sich überwiegend mit Emotionen, Motivationen und Kognitionen. Handlungen in diesem Zusammenhang bedeuten arbeiten, produzieren, sich seinen Unterhalt verdienen, kaufen und verkaufen, Sport treiben, spielen, sparen und investieren, sich vergnügen und weiterbilden (vgl. BRENGELMANN 1988b). Es handelt sich allgemein um Aktivitäten des täglichen Lebens. Natürlich konnten in den Untersuchungen nicht alle Aktivitäten berücksichtigt werden. Besonderes Augenmerk galt jenen Aktivitäten, die in der einen oder anderen Form einen intensiven Risiko- oder Spielcharakter tragen können. Das Ziel war eine Maximierung der Unterschiede in der Risiko/Lust-Dimension der Aktivitäten. Es wurden Aktivitäten in sechs Lebensbereichen erfaßt, wobei jeder Bereich in risikoarme und riskoreiche bzw. mehr oder weniger lustvolle Aktivitäten gegliedert wurde.

Diese Aktivitäten werden durch die regulierenden Dispositionen der Konation, Emotion und Kognition, die den klassischen Themenbereich der Humanpsychologie darstellen, beeinflußt und von BRENGELMANN (1988b) wie folgt interpretiert:

- **Konation** bezeichnet eine Wirkkraft, dessen Kriterium "Initiative" lautet. Initiative ist im Sinne von Eigeninitiative zu verstehen, da es deskriptiv passend erscheint und empirisch als ausnehmend verhaltensförderlich anzusehen ist.

- Das Kriterium für **Kognition** lautet "Wert" und ist die informative Bewertung des Risiko-/Lust-Verhaltens mit Hilfe des Eigenschaftspaares "wertlos/wertvoll".

- Auch die **Emotion** wird mit Hilfe der Wertung erfaßt. Das Eigenschaftspaar zur Erfassung der Emotion lautet "anregend/langweilig".

Die so bereitgestellten verhaltensbeeinflussenden Dispositionen Initiative, Anregung und Wert teilen die Aktivitäten in eine wertvolle und eine wertlose Welt, sowie in eine Welt voller Initiative und eine initiativarme auf. Demnach sind die eigentlich bestimmenden Elemente des Lebens nicht, was die Menschen mit welcher Häufigkeit tun, sondern wie sie es erleben, bewerten und tun. Dies eröffnet einen völlig anderen Zugang zur Analyse täglicher Aktivitäten. Alle Aktivitäten des täglichen Lebens gliedern sich aufgrund rechnerischen Analysen in risikoarme und risikoreiche Aktivitäten, wobei die risikoreichen Aktivitäten durch relativ wenige Personen ausgeübt werden (vgl. BRENGELMANN 1988b).

Aufgrund faktorenanalytischer Auswertungen lassen sich die Aktivitäten in drei Kategorien einteilen, nämlich Maßhaltung, Risikolust und Spiellust (vgl. BRENGELMANN 1988b). Diese drei Kategorien stellen Tertiärfaktoren dar und konnten in mehreren Untersuchungen wiedergefunden werden. Die Tertiärfaktoren haben einen hohen Abstraktionsgrad und dürfen mit dem im täglichen Leben verwandten, gleichlautenden Begriffen nicht verwechselt werden (Anmerkung: Eine Beschreibung der Faktoren folgt in Abschnitt 4.1. Teil II). Es ist wichtig zu unterscheiden, zwischen dem, was man tut (Aktivitäten) und mit welchen inneren Motiven, Einstellungen oder Dispositionen, man seine Aktivitäten verfolgt. Alle Verhaltensweisen werden von beiden Seiten bestimmt, während die Dispositionen die kontrollierende und die Aktivitäten die auslösende Instanz darstellen.

2.2.5.4. Dispositionen der Risikolust

Bei der Berechnung der Zusammenhänge zwischen den verschiedenen Risiko/Lust-Aktivitäten wurde festgestellt, das die Verwandtschaft zwischen den einzelnen Aktivitäten nicht durch die Aktivitäten als solche erklärt werden kann. Hierzu ein Beispiel von BRENGELMANN (1989a, S.1):

> "So assoziieren sich kulturelle Aktivitäten mit anspruchsvollem Essen und Trinken. Als Aktivitäten haben diese beiden Dinge nicht allzuviel miteinander zu tun. Es ist aber nicht schwer zu sehen, daß beiden ein hoher Lebensanspruch zugrundeliegt. Die Verbindung zwischen Kultur und Konsum kommt dann nicht durch den Inhalt der zugrundeliegenden Aktivitäten zustande, sondern eines dahinterliegenden Anspruchs."
> (aus BRENGELMANN 1989b, S.1)

Hierbei handelt es sich demnach um eine Disposition, die die beiden Aktivitäten verbindet.

Die Untersuchung der Risiko-/Lust-Dispositionen zielt weg vom Maßvollen in die entgegengesetzte Richtung mit der Frage: Was steckt speziell hinter jenen risikoreichen und außergewöhnlichen Aktivitäten, die Geldeinsatz und/oder Wagnis erfordern?

Die Vorarbeiten zur Gewinnung einer differenzierten Struktur von Risko/Lust-Dispositionen sind in der Arbeit über "Spielen, Risikolust und Kontrolle" von v. Quast und BRENGELMANN (1987) geleistet worden. Die Dispositionen beziehen sich auf risikoreiches, unternehmerisches Verhalten (Anmerkung: Unternehmerisch bezieht sich auf die Unternehmungen von jedermann und nicht speziell auf die ein oder andere Berufsklasse von Unternehmern), das in dreifacher Hinsicht situativ variiert wird. Nämlich betreffend Verhalten im Risiko, nach Gewinn und nach Verlust (vgl. BRENGELMANN 1989a). Über den genauen Aufbau des Fragebogens und die Faktorenstruktur wird in Kapitel 4.2. im zweiten Teil berichtet.

2.2.6. Umgang mit Geld als spezifische Risiko/Lust

Zentrales Thema aller Untersuchungen von Brengelmann am Max-Planck Institut für Psychiatrie, waren die Bereiche der positiven Lebensbewältigung.
Zum Bereich der Lebensbewältigung gehört der Umgang mit Geld und Gut.
Der Umgang mit Geld beinhaltet verschiedene Bereiche von Geld-Aktivitäten
und eine spezifische Art der Risiko/Lust.
Die Kernfrage, die sich an diesem Punkt stellt, richtet sich auf das Bestehen
oder Nichtbestehen von sinnvollen Beziehungen zwischen Umgang mit Geld
und Gut sowie Aktivitäten oder Dispositionen der Risiko/Lust. Aus den durchgeführten Vorstudien läßt sich bereits ableiten, wie die Sparer, Riskierer und
Spieler mit Geld und Gut umgehen. Die Ergebnisse sind aus der Abbildung 2
zu entnehmen.

Auf der linken Seite sind die wesentlichen Faktoren im Umgang mit Geld und
Gut, die sich in der Vorstudie ergeben haben, aufgeführt. Diese Faktoren
werden mit den Meßwerten der Maßhaltung, Risikolust und Spiellust korreliert. Die Höhe der Korrelation wird in vier Stufen angegeben. Man sieht auf
Anhieb, daß der Maßhalter sich deutlich von den beiden Lusttypen absetzt,
die ihrerseits zwar mehr quantitative als qualitative Unterschiede zu zeigen
scheinen und doch erkennbar anders sind. Maßhaltung bedeutet nach dieser
Aufstellung die folgenden Dinge: Qualität aber keinen Luxus kaufen und
Spaß am Sparen haben. Das Risiko wird nicht aufgesucht, aber auch nicht
abgelehnt. Die Besonderheit der Risikolust zeigt sich in einem Hang zum Luxus bei gleichzeitiger Ablehnung des Wohlstandes als Lebensziel. Sparen
und Knausrigkeit werden abgelehnt. Die Spiellust weist im Vergleich zur
Risikolust ein deutlich schwächeres Profil auf. Die herausragenden Bestandteile sind die Vorliebe für das allgemeine Risiko und für das Investieren
und Spekulieren. Auffallend ist die Abmilderung von Negativität gegenüber
dem Risikolusttyp.

Die Beschreibung verdeutlicht, daß unter den behandelten Verhaltenskategorien einige geeignet erscheinen, unterschiedliche Typen im Umgang mit
Geld zu identifizieren.

Typische Korrelate des Umgangs mit Geld und Gut, getrennt nach den drei Risikotypen			
Verhaltens-kategorien	**Risikotypen**		
	Maß-haltung	**Risiko-lust**	**Spiel-lust**
Kaufverhalten			
Qualität kaufen	+ + +	0	0
Luxuswaren kaufen	0	+ + +	0
Sparen	+ +	--	0
Sparsamkeit			
Spaß am Sparen	+ + +	+	+
Knausrigkeit	+ + +	---	0
Geld borgen	0	+ +	0
Einstellung zu Geld			
Reichtum unsauber	-	0	0
Geld löst Probleme	+ + +	0	0
Wohlstand als Ziel	+	---	--
Risikosuche			
Waghalsigkeit	0	+ + +	+ + +
Nervenkitzel	0	+ +	+ + +
Erlebnissuche	0	+	0
Alterssicherung	+ +	0	0
Investieren positiv	0	+ + +	+ + +
Spekulieren positiv	0	+ + +	+ +
Investieren (genauer kalkulieren)	0	---	-

+ + +	sehr signifikant positiv	---	sehr signifikant negativ
+ +	ziemlich signifikant positiv	--	ziemlich signifikant negativ
+	signifikant positiv	-	signifikant negativ
0	nicht signifikant	0	nicht signifikant

Abb.2:   Korrelation zwischen Umgang mit Geld-Faktoren aus den Vorstudien und den drei Risikotypen

2.2.7. Notwendigkeit weiterer Erforschung des Risikoverhaltens

Die Tatsache, daß sich Risiko/Lust nicht den bekannten Persönlichkeitskon-
strukten so unterordnet, daß sie als ein Teil dieser Konstrukte zu behandeln
wäre, sondern daß sie sich als extraversives, flexibles, streßfreies, allen anregenden Reizen nachgehendes, erfolgsorientiertes und gesundes Persön-
lichkeitsbild mit vielen verzweigten Korrelaten darbietet (vgl. BRENGELMANN
1991), macht sie zum lohnenden Ziel der Persönlichkeitsforschung. Dies gilt
um so mehr, je intensiver man sich für die moderne Problematik des Lebens-
stils oder Lebensqualität interessiert, wo Risiko/Lust ganz spezifische Ak-
zente setzt. Sie korreliert nicht mit dem "workholism" in Arbeit, Freizeit und
Familie, d.h. nicht mit Lebensaspekten, wo man glaubt schaffen und leisten
zu müssen, wohl aber mit Lust am Besitz ohne Anstrengung, anregenden
Genüssen, riskanten Freizeitaktivitäten und belanglosem Lebensstil. Dieser
Lebensstil gewinnt mit der zunehmenden Ausdehnung des Freizeitsektors
und Kürzung der Arbeitszeit an Bedeutung, ohne daß sich die Forschung im
deutschsprachigen Raum entsprechend darum gekümmert hätte.

Es gibt noch weitere Gründe, warum wir uns mehr für Risiko/Lust interessie-
ren sollten:

Erstens haben sich die amerikanischen Untersuchungen des "sensation
seeking", die seit über zwanzig Jahren vornehmlich mit dem Namen Zuckermann verbunden sind, und an die wir uns angelehnt haben, beträchtlich wei-
terentwickelt und konnten ohne besondere Schwierigkeiten kreuzvalidiert
werden (vgl. BRENGELMANN 1988b, 1989a, 1989c). Dies bedeutet daß
Risiko/Lust den kulturellen Differenzen zum Trotz eine stabile Grunddimen-
sion der Persönlichkeit zu sein scheint, die man nicht ohne bedeutsame In-
formationseinbußen über das menschliche Verhalten ignorieren kann.

Zweitens gewinnt Risiko/Lust aus praktischen Gründen an Gewicht, etwa im
Hinblick auf die zunehmende Bedeutung der Freizeit und der damit verbundenen risikoreichen Aktivitäten wie Drachenfliegen, Abfahrtslauf, Tiefseetau-
chen oder im Wildwasser Kanu fahren.

Dasselbe gilt auch für die Verfügbarkeit des steigenden Einkommens und der Vermögenszunahme hinsichtlich mehr oder weniger risikoreichem Investieren oder Spekulieren. Immer mehr Bevölkerungsanteile werden in diesen Bereich hineingezogen, ohne entsprechend vorbereitet zu sein.

Drittens spielt Risiko/Lust sicher eine große Rolle in Bezug auf viele psychosoziale Störungen. Nicht jeder ist so disponiert, daß er risikoreiche Entscheidungen korrekt erkennen und bewältigen kann bzw. nach Verlust kontrolliert bleibt und ausgleichend wirkt. Die affektive Bedeutung von Hab und Gut und die Fähigkeit des Wirtschaftens, d.h. des Einteilens, Versorgens und Planens im privaten Haushalt scheint im Leben psychiatrischer Patienten eine andere Rolle zu spielen als bei Gesunden (vgl. LIERZ 1959).

Aus solchen Gründen haben wir in den letzten Jahren Verhaltenskonstrukte wie Erfolgs- und Besitzstreben, Selbstkontrolle und soziale Kompetenz mit der zugehörigen Streßsymptomatik untersucht, um an die Wurzeln des alltäglichen erfolgreichen Verhaltens von der Person her gesehen zu gelangen (vgl. BRENGELMANN 1990).

Die Untersuchungen sind aufschlußreich für Lebenserfolg und Krankheit, positive oder negative Lebensqualität geworden, so daß wir hier weiterarbeiten wollen. Gleichgültig ob die Art der Lebensqualität Ursache oder Folge ist, sie sollte untersucht und gefördert werden. Die zugehörige Diagnostik und Therapie muß psychosozialer Natur sein. Wir wissen bereits heute, daß die Formen des Umgangs mit dem Leben und die resultierende Lebensqualität bei Psychotikern, Neurotikern und Streßkranken unterschiedlich sind und unterschiedliche Maßnahmen erfordern. Wir wissen auch, daß der wesentliche Anteil einer erfolgreichen Lebensführung in der Person gelegen ist, und daß man diese Lebensführung positiv im Verhaltenstraining beeinflussen kann. Uns fehlt es aber an einer präziseren Persönlichkeitsdiagnostik, mit deren Hilfe man die Varianten, Determinanten oder Konsequenzen von bestimmten Risikoverhaltensweisen so abschätzen kann, daß man die Lebensfreude präziser verbessern kann und den Lebensstreß reduzieren kann.

Die grundsätzliche Notwendigkeit des Risikoverhaltens für das Leben überhaupt ist von Tomkins (1971) überzeugend dargestellt worden. Er argumen-
tiert wie folgt: Das Leben besteht aus gewohnheitsmäßig praktizierten Fertigkeiten und aus äußerlich bedingten flüchtigen Erlebnissen oder transienten
Erregungen. Wenn der weitaus größte Teil des Lebens durch diese Dinge
bestimmt wird, wird seine Qualität armselig sein, weil das persönliche Risiko
auf Null reduziert ist. Die transienten Ereignisse tragen ein unvorhersagba-
res, unvermeidliches und nicht selbst konstruiertes Risiko in sich, während
die hohe Qualität starrer Gewohnheiten kein nennenswertes Risiko zulassen.
Ein solcher Mensch reduziert die Risikohaftigkeit seines selbst initiierten Verhaltens so sehr, daß das einzige Risiko, das ihm widerfährt, von außen
kommt. Er kann am Ende nur noch sagen: es hat sich nicht gelohnt zu leben.
Alles, was er tut, ist ausgezeichnet getan, aber es steckt keine Lust, keine
Erregung darin. Ihm fehlt zugleich das Leiden und er hat keine Wahlmöglich-
keit. Das Leben nimmt nur seinen Gang. Die wichtige Hypothese ist: Ohne
Erregung kann es keine Erfüllung des menschlichen Lebens geben. Das Eingehen von Risiken ist ein kritischer Bestandteil des menschlichen Lebens.

2.3. Kontrollverhalten

2.3.1. Kontrolle als grundlegende Motivation

Das psychologische Kontrollkonzept wird in den verschiedensten Gebieten der Psychologie häufig als Erklärungskonzept des Verhaltens verwendet, da die psychologische Kontrollforschung einen starken Anwendungsbezug aufweist.

Sowohl die Wahrnehmung als auch die Ausübung von Kontrolle hat sich in unterschiedlichen Bereichen als wichtige Ursache für das psychische und physische Wohlbefinden erwiesen. Es existieren mehrere unterschiedliche Kontrollkonzepte, deren Belegung in zahlreichen Untersuchungen versucht wurde (vgl. BAUM, SINGER 1985). Eine wesentliche Schwierigkeit liegt, wie bei vielen Konzepten die eine weite Verbreitung finden bzw. deren Relevanz zur Erklärung und Prognostizierung menschlichen Verhaltens wichtig ist, in der unzureichenden Definition. Es existieren eine Vielzahl von Definitionen und Operationalisierungen von Kontrolle. Das Kontrollverhalten ist sicherlich ein viel zu komplexes Gebiet, als daß man es in eine Definition fassen könnte. Kontrolle kann durch verschiedenste Verhaltensweisen erfolgen, die natürlich sehr stark situationsabhängig und durch die Motivation gesteuert werden.

Eine Annahme, die in allen Kontrollkonzepten wiederzufinden ist, ist die eines allgemeinen menschlichen Bedürfnisses, sich als Verursacher von Ereignissen und Veränderungen, die einen selbst betreffen, zu erleben (vgl. WHITE 1959; LEFCOURT 1973). Das Kontrollbedürfnis kann als eine allgemeingültige, grundlegende Motivation gelten. Auch WHITE (1959), der als Begründer der Kontrollforschung bezeichnet wird, geht von der Handlungsbezogenheit der Motivation in seinem Ansatz aus. Er spricht von einem dem Individuum innewohnenden "competence motivation" (vgl. WHITE 1959, S.318). White widerspricht der triebtheoretischen Erklärung des Verhaltens mit der Begründung, daß Verhaltensweisen, wie zum Beispiel Erkunden oder willkürliches Verändern der Umwelt, nur unzureichend durch die Triebtheorie erklärt werden können.

In späteren Arbeiten waren es insbesondere BANDURA (1977); DE CHARME (1968); LEFCOURT (1973); ROTTER (1966) und SELIGMANN (1975), die die Kontrollmotivation weiter verfolgt haben.

Den Ansätzen ist gemeinsam, daß die Erfahrung von Kontrolle zu Gefühlen von eigener Kompetenz und Wertigkeit führt oder daß das Ausbleiben und Verlust von Kontrolle schwerwiegende negative Auswirkungen auf das Wohlbefinden der Betroffenen zur Folge haben.

Der Begriff "Kontrolle" wird weitgehend im Sinne von wahrgenommener Einflußchancen auf die Umwelt verwendet. Der Kontrollbegriff der Psychologie wird abweichend von der Betriebswirtschaft verwendet, wo Kontrolle im Sinne von Überprüfen oder Beaufsichtigen verwendet wird (vgl. WÖHE 1981 S.173ff). Man spricht in diesem Zusammenhang auch von Beeinflussungskontrolle, was die geplante steuernde Beeinflussung kennzeichnet. In psychologischen Konzepten wird darüberhinaus bereits die subjektive Wahrnehmung von Kontingenzen zwischen Handlung und Handlungskonsequenzen als entscheidend für das Kontrollerleben angenommen. Diese Art der Kontrolle bezeichnet man als wahrgenommene oder kognitizierte Kontrolle (vgl. BUNGARD 1990, S.148). Es kommt nicht darauf an, daß der einzelne tatsächlich Einfluß auf seine relevante Umwelt nehmen kann, sondern es reicht der Glaube an diese Fähigkeit aus, was in verschiedenen Untersuchungen nachgewiesen werden konnte (vgl. LANGER 1975; OSNABRÜGGE 1985). Es konnte nachgewiesen werden, daß die subjektiv wahrgenommene Kontrolle selbst dann verhaltenswirksam wird, wenn Kontrolle wahrgenommen wird (illusionäre Kontrolle), ohne daß objektiv Kontrolle vorliegt. Ein gewisses Ausmaß an illusionärer Kontrolle bezeichnet Langer als notwendige Vorbedingung "normalen" psychischen Funktionierens, wodurch positive Gefühle eigener Kompetenz und starken Selbstwertes ausgelöst werden (vgl. LANGER 1975).

Umgekehrt führt das Ausbleiben oder der wahrgenommene Verlust von Kontrolle zu negativen Auswirkungen auf die Person. Das Konzept der "erlernten Hilflosigkeit" von Seligmann beschäftigt sich mit negativen Auswirkungen auf das Wohlbefinden bei Kontrollverlust (vgl. SELIGMANN 1974, 1975). Bei einem längerfristig anhaltenden Kontrollverlust können sich kognitive und motivationale Defizite, die von negativen Reaktionen begleitet werden, ergeben. Möglicherweise können auch depressive Verstimmungen entstehen. Es wird auch der Zusammenhang mit psychosomatischen Erkrankungen untersucht (DAVISON, NEALE 1984).

Eine andere Möglichkeit, Kontrolle zu erleben besteht darin, daß man versucht, Personen zu imitieren, denen man einen Expertenstatus aufgrund erhöhte Kompetenz zuschreibt (vgl. BUNGARD 1990 S.149). Dieser als stellvertretende Kontrolle bezeichneter Vorgang zeigt sich zum Beispiel bei Wirtschaftsexperten, auf deren Kompetenz wir vertrauen.

2.3.2. Kontrolle und Attribution

Verschiedene Untersuchungen (vgl. MEYER 1973; MCMAHAN 1973; WEINER et al. 1976; SCHMALT 1979) haben versucht, den Zusammenhang beider Konstrukte nachzugehen. Bis heute liegen jedoch widersprüchliche Ergebnisse vor. Eine mögliche Parallele ist, daß es sich bei beiden um relativ stabile Ursachenerklärungsmuster hinsichtlich beobachteter Ereignisse mit den Kategorien "internal" und "external" existieren (vgl. WEINER et al. 1972).

Grundsätzlich lassen sich vier Dimensionen der Attribuierung unterscheiden: External-internal; stabil-instabil; global-spezifisch; unkontrollierbar-kontrollierbar (vgl. NISBETT, VALINS 1972; BREHM 1980; LEARY, MILLER 1986).

Eine Person, die die Ursachen für ihr Verhalten in äußeren Umständen sieht, die nicht zu verändern und nicht kontrollierbar sind, sowie global verschiedene Lebensbereiche betreffen, ist möglicherweise anfälliger für Verhaltensstörungen. Welche Kombination auf den Dimensionen am günstigsten für

eine Person ist, läßt sich nicht allgemeingültig festhalten. Für das Entstehen
von Verhaltensstörungen sind häufig internale Ursachenzuschreibungen verantwortlich. LEARY und MILLER (1986) zeigen an zahlreichen experimentellen
Untersuchungen, welchen Einfluß "falsche" Attributionsstile auf die Bildung
und Aufrechterhaltung von Verhaltensstörungen, psychosomatischen Erkrankungen und Depressionen haben. Hierbei kommt die größte Bedeutung neben der externalen oder internalen Ursachenzuschreibung der Dimension der
Kontrollierbarkeit zu. Die Dimensionen Stabilität und Spezifität scheinen eine
untergeordnete Rolle zu spielen.

Besonders anhand von Reaktanz und erlernter Hilflosigkeit läßt sich aufzeigen, welche Auswirkungen die unterschiedlichen Kausalattributionen auf das
Verhalten haben können (vgl. BREHM 1980).

So haben Untersuchungen (vgl. LEARY, MILLER 1986) gezeigt, daß Personen,
die sich selbst so einschätzen, daß sie mit ihrem Verhalten eine Situation
kontrollieren können, Reaktanz zeigen, wenn ihr Handlungsspielraum einge-
schränkt wird. Sie versuchen dann, umsomehr die Kontrolle über die Situation zu erhalten oder wiederherzustellen. Wenn ihre Bemühungen kein Ergebnis zeigen, entsteht im Extremfall Hilflosigkeit. Somit zeigt sich, daß bei
der erlernten Hilflosigkeit davon auszugehen ist, daß erlebte Einschränkun-
gen des Handlungsspielraumes dazu führen, die Motivation einer Person zu
verringern, ein bestimmtes Ziel zu erreichen (vgl. LEARY, MILLER 1986).

2.3.3. Kontrollkonzepte

In der psychologischen Forschung fand insbesondere das Konzept von
ROTTER (1966) große Verbreitung und Anwendung. ROTTER (1966) hatte das
Konstrukt des "locus of control of reinforcement" im Rahmen seiner sozialen
Lerntheorie entwickelt (vgl. ROTTER et al. 1972).

Das Konzept von ROTTER (1966) der internalen und externalen Kontrolle, betrifft die Selbstwahrnehmung einer Person und ist der Persönlichkeitspsychologie zuordenbar (vgl. HECKHAUSEN 1980). Es handelt sich um generalisierte Erwartungen, d.h. Überzeugungen bezüglich der eigenen Wirksamkeit. Wird die Verursachung dem eigenen Handeln zugeschrieben, wird dies als internale Kontrolle bezeichnet. Erwartet man, daß die Ereignisse außerhalb der eigenen Einflußmöglichkeiten liegen, spricht man von externaler Kontrolle. ROTTER (1966, S.1 übersetzt von SCHNEEWIND 1976) bezeichnet dies so:

> "Erlebt ein Individuum eine Bekräftigung, die auf eine Handlung folgt, als nicht völlig abhängig von dieser Handlung, dann wird diese Bekräftigung in unserem Kulturbereich gewöhnlich als das Ergebnis von Glück, Zufall oder Schicksal erlebt. Es kann auch sein, daß diese Bekräftigung als ein bekräftigendes Ergebnis betrachtet wird, das unter der Kontrolle einflußreicher anderer Personen steht bzw. wegen der Komplexität der Umeltbedingungen nicht vorhersagbar ist. Wenn ein Individuum ein bekräftigendes Ereignis in der genannten Weise interpretiert, bezeichnen wir dies als externale Kontrollüberzeugung. Wenn eine Person ein bekräftigendes Ereignis in Abhängigkeit von seinem eigenen Verhalten oder seiner eigenen relativ überdauernden Eigenschaften erlebt, bezeichnen wie dies als eine internale Kontrollüberzeugung."
> (aus Rotter 1966, S.1)

Das Merkmal "locus of control", das Unterschiede in der generalisierten Erwartung beschreibt, ist als eindimensionales, kontinuierlich variierendes Merkmal, wie andere Persönlichkeitseigenschaften, auch konzipiert. Mit den Begriffen externaler Kontrolle bzw. internaler Kontrolle werden die beiden Pole auf einer Dimension beschrieben.

Diese differentialpsychologische Perspektive ist nicht umstritten geblieben (vgl. KRAMPEN 1982; MIELKE 1982).

Ein dem Rotter ähnliches Konzept ist das Konzept der Selbstkontrolle bzw. Selbstbestimmung. Das Konzept der Selbstkontrolle bildet speziell in der Verhaltenstheorie von BRENGELMANN (1990) einen zentralen Punkt, bei dessen Entwicklung auf die Theorie von Rotter zurückgegriffen wurde (vgl. BRENGELMANN 1988a; 1987). Das zunehmende Interesse an der Selbstkontrolle wurde unter anderem durch die Erkenntnis gefördert, daß es beim

Menschen auch Verhaltensklassen existieren, die nicht nur durch Reize aus der Umwelt bestimmt werden, sondern der Eigenkontrolle des Indiviuums unterworfen sind. Weiterhin wurde im Konzept der Selbstkontrolle die Möglichkeit gesehen, die Fähigkeit des Menschen zur Selbstreflektion und Selbstbestimmung in das verhaltenstherapeutische Vorgehen zu integrieren und therapeutisch nutzbar zu machen (vgl. KANFER 1970). Selbstkontrolliertes Verhalten wird nach den gleichen Lernprinzipien aufgebaut und ist prinzipiell nach den gleichen Gesetzmäßigkeiten veränderbar wie anderes Verhalten auch. In diesem Sinne findet sich bei SKINNER (1953) die folgende Beschreibung der Selbstkontrolle.

> "Wenn ein Mensch sich selbst kontrolliert, wenn er sich die Lösung für ein bestimmtes Problem überlegt oder sich um eine bessere Selbsterkenntnis bemüht, so handelt es sich bei all diesen Vorgängen um Verhalten. Ein Mensch kontrolliert sich selbst ganz genau so, wie er das Verhalten irgendeines anderen Menschen kontrollieren würde, nämlich durch den Einsatz all jener Variablen, von denen menschliches Verhalten abhängt."
> (vgl. SKINNER 1953, S.13)

All den Selbstkontrollvorgängen ist gemeinsam, daß sie vom Individuum selbständig in Gang gesetzt und bewußt durchgeführt werden. Das selbständige Unterbrechen eines gewohnten Verhaltensablaufs und das Ersetzen einer "alten" Verhaltensweise durch ein Alternativverhalten stellt ein Grundprinzip der Selbstkontrolle dar (vgl. KANFER 1969; KANFER, PHILLIPS 1970; MAHONEY 1972; GOLDFRIED, MEICHENBAUM 1973; MAHONEY, THORESEN 1974).
Die Voraussetzung für die Durchführung von selbstkontrolliertem Verhalten wird von KANFER (1971) in der Fähigkeit eines Individuums zur Selbstbeobachtung, Selbstbewertung und Selbstbelohnung gesehen.

Untersuchungen zur Selbstkonrolle wurde bislang überwiegend bei spezifischen Verhaltensschwierigkeiten durchgeführt (vgl. FELDHEGE 1975, 1977; WAADT, BRENGELMANN 1988). Gegenstand waren verschiedene Abhängigkeitsformen, wie zum Beispiel Rauchen, Drogen, Alkohol, Übergewicht und Glücksspiele. Hierbei erwiesen sich die Selbstkontrollverfahren als sehr wichtige "Therapiebausteine", die insbesondere zum Abbau und zur Prävention eingesetzt werden können (vgl. BRENGELMANN 1979, 1990).

2.3.4. Umgang mit Geld und Kontrollverhalten

Ist es das Ziel, ein Instrument im Umgang mit Geld zu entwickeln und darauf aufbauend Verhaltensempfehlungen zu geben, so ist das Kontrollverhalten sicherlich ein wichtiger Bestandteil.

Jede Person befindet sich in der Situation, daß sie mit Geld haushalten und wirtschaften muß. Speziell beim haushalten und wirtschaften von Geld gibt es individuelle Differenzen, die sich möglicherweise zum Teil auf eine unterschiedliche Selbstkontrolle zurückführen lassen.
Aber auch bei der Geldanlage dürfte das Kontrollverhalten ein wichtiger Aspekt sein.

Greift man das Beispiel der Aktie als Anlagemöglichkeit heraus, liegt beim Kauf von Aktien eine Situation vor, die durch Unsicherheit gekennzeichnet ist. In der Regel bestehen für einen Anleger nicht die Möglichkeit den Kursverlauf zu bestimmen. Es sind Unternehmen, öffentliche Haushalte, Kreditinstitute oder Versicherungen, die den Löwenanteil des Aktienbesitzes halten und die Möglichkeit haben den Kursverlauf mit zu bestimmen. Dem Anleger bietet sich die Möglichkeit den Verlauf der Börse zu beobachten und dann aufgrund seiner Beobachtungen und Analysen Entscheidungen über den Kauf oder Verkauf von Aktien selbst zu treffen. In diesem Falle liegt eine wahrgenommene Kontrolle vor. Der Anleger ist der Überzeugung, aufgrund seiner eigenen Fähigkeiten den Verlauf der Börse antizipieren zu können. Hierbei ist es nicht wichtig ob es sich um eine zutreffende Einschätzung der Entwicklung handelt, sondern allein die Illusion der Kontrolle ist ebenso handlungswirksam (vgl. LANGER 1975). Kontrolle bedeutet in diesem Falle, daß man weiß, wo, warum und wann die Ereignisse zustandekommen, so daß man sich auf sie einstellen oder sich ihnen entziehen kann.

In dem Maße, indem Erklärbarkeit und Vorhersagbarkeit über den Kursverlauf von Aktien beschränkt sind, gewinnen zur Wahrung des Erlebens von Kontrolle die "stellvertretende Kontrolle" und die "illusionäre Kontrolle" eine wichtige Bedeutung (vgl. BUNGARD 1990, S.149).

Auf die Kontrollform illusionäre Kontrolle bei Anlegern wurde bereits eingegangen, so daß nun auf den Zusammenhang von stellvertretender Kontrolle
und Anlageverhalten Bezug genommen werden soll. Stellvertretende Kontrolle bedeutet Kontrolle durch Vertrauen in andere, wie zum Beispiel Anlageberater. Dies läßt sich an dem Boom von Kapitalmarktbriefen in den letzten Jahren nachvollziehen. Manche Anleger bezahlen zum Teil horrende
Preise, um anhand von "Background Berichten und Blicken hinter die Kulis-
sen" todsichere Tips zu gelangen (vgl. Manager Magazin 6 1988 S.290).

Aufgrund der Tatsache, daß die Erklärbarkeit und die Vorhersagbarkeit über
den Verlauf von Aktien nicht vorliegt, besteht die Möglichkeit sich den bestehenden Bedingungen anzupassen. Die Handlungsstrategie der Anpassung
hat sich als erfolgreicher und sicherer herausgestellt als die der direkten Beeinflussung.

2.4. Persönliche Verhaltenseffektivität

2.4.1. Einleitung und Bezugsrahmen

Der Hauptgegenstand dieser Studie ist die Entwicklung eines Meßinstrumentes zum Umgang mit Geld. Möchte man aufgrund des Tests Empfehlung aussprechen, welche Verhaltensweisen eher förderlich oder hemmend wirken, bedarf es eines Bezugsrahmens, um die Verhaltensweisen klassifizieren zu können. Ein möglicher Bezugsrahmen bildet hierzu die Verhaltenstheorie, wie sie insbesondere von BRENGELMANN (1987, 1988a, 1990) im deutschsprachigen Raum vertreten wird. Ein wesentlicher Grundstock der Theorie Brengelmanns bilden die folgenden Begriffe:

- Selbstkontrolle
- Selbststeuerung
- Selbstverwirklichung
- Selbsteffektivität

Der Begriff der Verhaltenssteuerung bzw. -kontrolle beinhaltet sowohl situative, als auch personbedingte Kontrolleinflüsse, die das persönliche Verhalten effektiver bzw. ineffektiver gestalten.

Wie bereits ausgeführt, wird Selbstkontrolle von sozialen Lerntheoretikern als eine Art Selbstprozeß verstanden, in dem das Individuum lernt, seine Reize, Reaktionen und Verstärker zu beeinflussen (vgl. KANFER 1979). Für BRENGELMANN (1990) ist die Selbstkontrolle ein wichtiger theoretischer Begriff. Dies gilt auch für die persönliche Wahrnehmung der Selbstwirksamkeit (vgl. BANDURA 1989), die sich bei BRENGELMANN (1990) in der Wahrnehmung des persönlichen Erfolgs bzw. in der Wahrnehmung eigener Streßreaktionen bzw. Streßanfälligkeit wiederfindet. Unter Berücksichtigung des theoretischen Ansatzes von BANDURA (1989) geht auch Brengelmann davon aus, daß sich persönliches effektives Verhalten, durch die Wahrnehmung von Erfolgen bezüglich der Selbststeuerung des Verhaltens und der sozialen Kompetenz verstärkend auf die persönliche Erfolgsorientierung auswirken.

Gleiches gilt entsprechend für ineffektives Verhalten hinsichtlich der Streßanfälligkeit bzw. mangelnder Coping-Strategien und der sozialen Inkompetenz. Je seltener es einer Person in ihrer Wahrnehmung gelingt, streßauslösende Situationen zu meistern, desto ineffektiver werden die entsprechenden Coping-Strategien (vgl. LAZARUS, FOLKMAN 1986). Ein Begriff, der eng mit Selbstverantwortlichkeit und Selbstkontrolle verbunden ist, ist die Selbstbestimmung (vgl. BRENGELMANN 1986, 1990). Selbstbestimmung bezeichnet eine intrinsische Kraft von Individuen. Die treibende Kraft ist gegenüber vielen Verhaltensaktivitäten nicht direkt beobachtbar. Diese intrinsische Kraft versuchte BRENGELMANN (1967) schon vor 35 Jahren mit Hilfe einer Drive-Skala zu messen. Für die meisten Zielsetzungen reicht der Drive (Antrieb, Initiative) allein nicht aus, weil sich das Individuum nicht in isolierten Räumen fortbewegt, sondern im sozialen Feld/Kontext, in denen seine Verstärker durch zusätzliche Kräfte erhöht oder gebremst werden kann (vgl. BRENGELMANN 1990). Der Antrieb braucht in diesem Fall Unterstützung durch ein angemessenes Maß an sozialer Kompetenz im Umgang mit anderen Menschen, um nicht an Beschleunigung zu verlieren.

Neben der sozialen Kompetenz gibt es weitere Arten von Beschleunigern und Widerständen, die einen Einfluß auf das Verhalten haben. BRENGELMANN (1990) führt hier insbesondere Emotionen und Erwartungen die zwar verhaltens- oder situationsbedingte Reaktionen darstellen, aber den Prozeß der Selbstverwirklichung modifizieren (vgl. BRENGELMANN 1990). Starker Antrieb setzt zum Beispiel intensive positive Emotionen frei und reduziert den Antrieb.

Ein Ausdruck, der mehrfach schon verwendet wurde und noch nicht erklärt wurde, ist der Begriff "Effektivität" bzw. "Ineffektivität". Der Ausdruck "Effektivität" impliziert, daß es sich um positives, erfolgreiches Verhalten handelt. "Ineffektivität" bedeutet Leistungsschwäche oder -hemmung.

Der entscheidene Gesichtspunkt der Untersuchungen von BRENGELMANN (1986, 1988a, 1990) ist das Verhältnis dieser beiden Dimensionen zueinander, das Verhältnis von Meistern zu Versagen, von Erfolg zu Streß. Die Lebensqualität ist demnach entscheidend davon abhängig, je stärker der Erfolg den Mißerfolg bzw. Streß überwiegt (vgl. BRENGELMANN 1986; 1990).

2.4.2. Struktur der persönlichen Verhaltenseffektivität

Auf experimentellem Wege entwickelte Brengelmann im Laufe der letzten dreißig Jahre ein umfassendes Verhaltenssystem der effektiven Lebensführung und den damit verbundenen Schwierigkeiten (vgl. zusammenfassend BRENGELMANN 1990). Dieses Verhaltenssystem beinhaltet die Erregung von zwei Energiearten. Eine positive (Kompetenz, Erfolg) und eine negative Energie (Inkompetenz, Streßreaktionen).

2.4.2.1. Kompetenz

Ein effektives bzw. kompetentes Verhalten, das aus sich selbst heraus keine Probleme entwickelt, ist nach BRENGELMANN (1986, 1988a, 1990) die "Erfolgsorientierung". Je intensiver die Erfolgsorientierung ist, umso positiver wirkt sie sich für den Menschen aus. Auch im extremen Maße bedeutet Erfolgsorientierung nur Gesundheit und Zufriedenheit (vgl. BRENGELMANN 1990). Kernpunkte dieser Effektivität bzw. Kompetenz sind die Fähigkeit zur Selbstkontrolle und Kontrolle der sozialen Umgebung, zwecks Erreichung einer möglichst positiven Lebensqualität (vgl. BRENGELMANN 1986). BRENGELMANN (1986) beschreibt dies beispielhaft wie folgt:

> "Jeder von uns versucht, sein eigenes Leben und das seiner Familie optimal zu gestalten und erfährt dabei Schwierigkeiten, die zu bewältigen sind, Rückschläge, die zu verkraften sind, und Probleme, die nicht allein oder nur schwer zu lösen sind."
> (aus Brengelmann 1986, S.395)

Erfolgsorientierung bezeichnet eine Skala (Tertiärfaktor), die von BRENGEL-MANN (1988a) entwickelt wurde. Die Dimension Erfolgsorientierung setzt sich aus den fünf folgenden Faktoren zusammen, die in variabler Kombination unterschiedliche Formen der persönlichen Lebenseffektivität ergeben (Eine Beschreibung der Skala findet sich bei BRENGELMANN 1986; 1988a).

Erfolgsstreben lautet der erste Faktor und beinhaltet eine vorwärtstreibende Kraft mit hoher Leistungsorientierung und Streben nach Besitz, gepaart mit Entschlußkraft und Selbstvertrauen. Der Faktor **Besonnenheit** dient der Durchführungskontrolle und soll Fehler im Verhalten verhindern. Bei einer starken Ausprägung kann Besonnenheit effektives Verhalten bremsen. Erfolgsstreben und Besonnenheit sind eng miteinander verbunden. Wer ernsthaft nach Erfolg strebt, muß seine Aufgaben gewissenhaft und aufmerksam verfolgen, auf Genauigkeit bedacht sein und versuchen, für sein Anliegen bei anderen Menschen Gehör zu finden.

Selbstbestimmung ist ein Faktor, der die Fähigkeit bezeichnet, sein eigenes Verhalten zu bestimmen. Eine Person mit hoher Selbstbestimmung kennt die richtigen Regeln für sein Leben und setzt diese selbstverantwortlich in die Tat um. BRENGELMANN (1986) bezeichnet Selbstbestimmung als den Motor für das Streben nach Erfolg.

Zwei weitere Dinge, die für den, der Erfolg sucht, wichtig sind, ist nach BRENGELMANN (1986) die **Soziale Kompetenz** und **Ärgerkontrolle**. Die soziale Kompetenz bezieht sich auf die Kontrolle der sozialen Umgebung durch das Individuum und ist gekennzeichnet durch spontane Kontaktfreude und die Fähigkeit, andere Menschen zu faszinieren und sich den Gesprächswünschen anderer zu öffnen.

Einen hohen Anteil an der positiven Erfolgsorientierung besitzt die emotionale Kontrolle, die durch den Faktor Ärgerkontrolle repräsentiert wird. Die Kontrolle besteht in der Fähigkeit, seinen Ärger zu beeinflussen und einer niedrigen Reizbarkeit in Konfliktsituationen.

Diese fünf Faktoren sind individuell unterschiedlich ausgeprägt, wobei eine hohe Ausprägung in allen fünf Faktoren sicherlich ein Idealbild des erfolgsorientierten Menschen darstellt. Jeder Mensch wird in unterschiedlichem Ausmaß die Orientierung und Motivation zum Erfolg (Erfolgsstreben), die selbstbestimmte Durchsetzung, den Einsatz der sozialen Umgebung für seine Ziele und Zielerreichung durch Besonnenheit im Vorgehen und Kontrolle der Gefühle, einsetzen.

2.4.2.2. Inkompetenz

Verhaltensprobleme entstehen nach BRENGELMANN (1990) nicht aus effektivem, sondern aus ineffektivem Verhalten, welches aus der Unfähigkeit oder Inkompetenz der Zieleinhaltung und damit Selbstverwirklichung resultiert.

Diese Inkompetenz findet ihren Ausdruck insbesondere in physiologischen, emotionalen oder kognitiven Streßreaktionen. Um den Begriff "Streß", wie ihn Brengelmann verwendet, theoretisch einordnen zu können, werden die wichtigsten Ansätze der Streßforschung kurz skizziert. Der Bereich der Streßforschung ist so vielschichtig, daß ein einheitliches Streßkonzept nicht vorliegt (vgl. NITSCH 1981).

Aufgrund der unterschiedlichen Streßkonzepte hat dies auch zur Folge, daß der Begriff "Streß" nicht eindeutig definiert ist. Nach LAUX, VOSSEL (1982) können drei theoretische Definitionsansätze der Streßforschung abgegrenzt werden.

1. Stimulus geleitete Definitionen
    In den stimulus-orientierten Forschungsansätzen wird in den Reizvariablen die wesentliche Bedeutung für das Entstehen von "Streß" eingeräumt. Streßbelastungen werden infolge von Lebensveränderungen gesehen, deren kummulierte Intensität das Erkrankungsrisiko einer Person erhöht (vgl. RAHE 1981). Das Ziel ist die Erfassung von Lebensveränderungen und diese in Beziehung zu Streß- oder Krankheitsgeschehen ei-

ner Person in Beziehung zu bringen. Hierzu zählt die "Live-Event-For-
schung" (vgl. DOHRENWEND 1981) oder die Trait-State-Anxiety Theorie
von SPIELBERGER (1975).

2. Reaktion-geleitete Definitionen
    Diese Forschungsansätze zielen auf die Kennzeichnung der organismi-
    schen Vorgänge ab, die infolge von Reizen auftreten und das eigentliche
    Streßgeschehen darstellen. Im Mittelpunkt der Forschungsinteressen
    stehen meist "objektiv" meßbare Variablen (physiologische) des betroffe-
    nen Organismus. SELYE (1981) definiert "Streß" als einen Zustand, der
    die spezifische organismische Reaktion auf unspezifische Reize darstellt.

3. Interaktion-geleitete Definitionen
    In interaktionsorientierten Ansätzen wird Streß als Systemgeschehen
    (vgl. von BERTALANFFY 1968) aufgefaßt, indem funktionale Beziehungen
    zwischen den untersuchten Systemelementen sichtbar werden. Im Mit-
    telpunkt der Betrachtung stehen die aktive Auseinandersetzung mit der
    Umwelt und die dabei auftretenden Störungen des Person-Umwelt-
    Gleichgewichts (vgl. NITSCH 1981). Hierzu zählt das Transaktionsmodell
    von LAZARUS (1981).

Der Ansatz von Brengelmann läßt sich den interaktionsorientierten For-
schungsansätzen zuordnen und ist durchaus mit dem Ansatz von Lazarus
vergleichbar.

Die Untersuchungen von Brengelmann stützen sich auf den subjektiv erlebten Streß (vgl. BRENGEMANN 1986). Hierzu zählen ausschließlich Reaktionen
von Menschen als Antwort auf außen einwirkende Stressoren. So beinhaltet
die Skala "Streß" (Tertiärfaktor) die vom Individuum angegebenen **Streßreaktionen**, zum Beispiel körperliche Beschwerden, nicht abschalten können
oder Leistungseinschränkung und die **Negative Lebensbewertung**, wie
Pessimismus, Sorgen oder gar Resignation (vgl. BRENGELMANN 1990).
Der erste Faktor dient der Beobachtung von Reaktionen und der andere der
Bewertung als negative Lebenserfahrung.

Neben der Skala Streß gibt es im Bereich inkompetenter Verhaltensweisen auch die Skala **Zurückhaltung**, die unterschiedliche Formen der Distanzierung vom Leben reflektiert. Entscheidend ist dabei die Qualität der bei der Streßbewältigung zur Verfügung stehenden positiven Verhaltensstrategien (vgl. BRENGELMANN 1990). Viele Menschen zweifeln in schweren Zeiten an sich selbst und kommen durch.

Im Rahmen anderer Untersuchungen konnte BRENGELMANN (1988a, 1990) aufzeigen, welche Korrelate zwischen den Skalen Erfolgsorientierung, Streß, Zurückhaltung und Merkmalen der Persönlichkeit, wie zum Beispiel Extraversion, Neurotizismus, Leistungsmotivation, Führungsverhalten, Lebensgewandtheit und der Lebenszufriedenheit bestehen. Erfolgsorientierung geht demnach eng einher mit seelischer Stabilität (niedrigen Neurotizismus), einem ausgewogenen Verhältnis zwischen Leistungsmotivation und Genußbereitschaft und einem hohen Maß an Extraversion.

Es würde zu weit führen, im Rahmen dieser Arbeit die vielfältigen Ergebnisse und Beziehungen, die die persönliche Verhaltenseffektivität bestimmen, zu diskutieren. An dieser Stelle soll zum Ausdruck kommen, daß der Begriff "persönliche Verhaltenseffektivität" ein vielschichtiges Konstrukt ist, das verschiedene Bereiche kompetenten und inkompetenten Verhaltens beinhaltet.

2.4.3. Meßinstrument zur persönlichen Verhaltenseffektivität

Das Ziel Brengelmanns war es, auf experimentellem Wege ein umfassendes Verhaltensmeßsystem der effektiven Lebensführung und der damit einhergehenden Störungen zu erstellen (vgl. BRENGELMANN 1990). Die Entwicklung eines solchen Verhaltensmeßsystems, hat rund 40 Untersuchungen benötigt, in denen im Laufe von zwanzig Jahren über 30.000 Versuchspersonen analysiert wurden. Ergebnis ist der Test SCOPE, der für die Begriffe "Streß" und "Coping" steht. Die Struktur des SCOPE wurde durch Faktorenanalysen bestimmt. Durch kontinuierliche Revision tausender von Items ergab sich ein zuverlässiges Analyseinstrument mit einer Langform von 300 Items und einer Kurzform von 50 Items (Primärskalen). Mit Hilfe dieses Tests können Menschen den Grad ihrer Erfolgsorientierung und ihres Streßerlebens feststellen. Der Test kann auch eingesetzt werden, um Auswirkungen auf andere Aspekte des Verhaltens festzustellen, zum Beispiel Führungsverhalten oder Organisationsklima (vgl. BRENGELMANN 1986). Speziell in dieser Studie geht es um den Zusammenhang mit allgemeinen Verhaltensweisen im Umgang mit Geld. Eine inhaltliche Beschriebung der SCOPE-Skalen erfolgt im zweiten Teil in Kapitel 4.3..

3. Ziel und allgemeines Vorgehen in der Untersuchung

Im ersten Kapitel der Theorie wurde aufgezeigt, daß Geld mehr als nur ein reines Tauschmittel darstellt und jeder von uns mehr oder weniger damit wirtschaften und haushalten muß. Bis auf einige wenige Ansätze in den sechziger Jahren, war der Umgang mit Geld, nicht Gegenstand psychologischer Untersuchungen.

Da der Umgang mit Geld ein wesentlicher Bestandteil des täglichen Lebens ist, haben wir den Versuch unternommen, diesen Bereich aus verhaltenstheoretischer Sicht zu analysieren und meßbar zu machen. Dazu ist es zunächst erforderlich, allgemeinpsychologischo Grundlagen in Betracht zu ziehen, um mögliche verhaltensrelevante Einflußfaktoren herauszuarbeiten, die im Zusammenhang mit dem Verhalten im Umgang mit Geld von Bedeutung sein können. Diese theoretische Betrachtung ist Gegenstand von Kapitel 2. und beinhaltet Konzepte aus der Motivationspsychologie, Risikoforschung, zu Kontrollverhalten und Verhaltenseffektivität.

Diese Arbeit kann nicht alle Aspekte aufgreifen, sicher nicht zu diesem Zeitpunkt, weil die meisten relevanten Variablen erst entdeckt, bzw. operationalisiert werden müssen. Die wichtigste Zielrichtung dieser Studie besteht daher in der empirischen Erkundung der Struktur des Verhaltens im Umgang mit Geld und dem damit verbundenen Geldanlageverhalten.

Aus der Forschung können keine Analyseinstrumente übernommen werden, so daß die Hauptaufgabe in der Entwicklung eines entsprechenden Verfahrens besteht.

Eine weitere Aufgabe besteht darin, nicht allein den Umgang mit Geld zu analysieren, sondern z.B. auch mögliche Zusammenhänge mit dem Verhalten bei Glücksspielen und risikoreiche Sportaktivitäten. Damit sind eine Reihe von Risikosituationen repräsentiert, die mit dem Geldverhalten in Verbindung gebracht werden können. Als Ergebnis soll eine umfassende Klassifikation des Geldverhaltens erstellt werden. Grundlage hierfür bildet der Ansatz von Brengelmann (1988b, 1989a, 1989c) wie er bereits in Teil I 2.2. dargelgt wurde.

Im Zusammenhang mit dem Geldverhalten wäre es sicherlich interessant zu erfahren, welche Beziehung zwischen Geldverhalten und Kontrollverhalten besteht. Grundlage dieser Analyse ist dabei das Konzept der Selbstkontrolle, wie es in verschiedenen Meßinstrumenten bei Brengelmann Eingang gefunden hat und im Theorieteil unter 2.3. dargelegt wurde.

Ist es ein Fernziel, mit dem Meßinstrument Umgang mit Geld Verhaltens-empfehlungen zu geben, wie entsprechendes Verhalten effektiver eingesetzt werden könnte, setzt dies eine Klassifikation in effektives und ineffektives Verhalten voraus. Hierzu bietet die Theorie von Brengelmann einen mögli-chen Ansatzpunkt, der in Kapitel 2.4. beschrieben wurde.

Die Fragebogeninstrumente, die in den Abbildungen A1 bis A6 im Anhang aufgeführt sind, bestimmen den Rahmen des Vorgehens.

Der Umgang mit Geld wird anhand von 60 Items , die jeweils bezüglich fünf verschiedener Bedingungen beurteilt werden, erfaßt. Auf diese Weise hoffen wir, einen Einblick in die Struktur des Umgangs mit Geld zu gewinnen. Die Abfrage des gleichen Items über verschiedene Bedingungen ermöglicht, das Verhalten in seiner Komplexität besser zu erfassen.

Die beiden Fragebögen zur Risikolust sind wahrscheinlich geldbezogen, aber nicht in einer spezifischen Form, weil sie Lebensabenteuer und Genuß im allgemeinen Sinne zum Gegenstand haben. Wir werden also erfahren, in welcher Weise Umgang mit Geld mit allgemeinen Persönlichkeits- und Risi-komerkmalen zusammenhängen.

Dasselbe gilt auch für den SCOPE Fragebogen, mit dessen Hilfe festgestellt werden soll, ob und in welchem Ausmaß der untersuchte Umgang mit Geld mit persönlicher Erfolgsorientierung und Streßreaktionen zusammenhängt.

Mitberücksichtigt werden auch die verschiedenen Anlageformen des Vermögens sowie einige soziodemographischen Aspekte.

Die Instrumente und ihre Anwendungsmöglichkeiten sind in den jeweiligen Kapiteln beschrieben. Bezüglich der verschiedenen Analyseformen sei ebenfalls auf die einzelnen Berichtskapiteln verwiesen.

Die Analyse und Interpretation der Ergebnisse orientiert sich an den folgenden allgemeinen Fragestellungen (Hypothesen mit heuristischem Charakter):

- Welche Arten von Verhalten im Umgang mit Geld gibt es, wie häufig kommen sie vor und welche Struktur besitzen sie ?
  (Diese Fragestellung ist Gegenstand von Teil IV dieser Arbeit)

- Besteht ein Zusammenhang zwischen den Faktoren im Umgang mit Geld und den persönlich genutzten Anlageformen ?
  (Diese Fragestellung ist Gegenstand von Teil V dieser Arbeit)

- Besteht ein Zusammenhang zwischen den Faktoren im Umgang mit Geld und den Risiko/Lust-Aktivitäten ?
  (Diese Fragestellung ist Gegenstand von Teil VI 1. dieser Arbeit)

- Besteht ein Zusammenhang zwischen den Faktoren im Umgang mit Geld und den Risiko/Lust-Dispositionen ?
  (Diese Fragestellung ist Gegenstand von Teil VI 2. dieser Arbeit)

- Besteht ein Zusammenhang zwischen den Faktoren im Umgang mit Geld und den Erfolg-/Streßdimensionen ?
  (Diese Fragestellung ist Gegenstand von Teil VI 3. dieser Arbeit)

II. Untersuchungsmethode

1. Zur Theorie und Methode der Testentwicklung

Die bisherigen Erläuterungen haben gezeigt, daß der Umgang mit Geld und die darauf bezogenen Verhaltensdeterminanten multidimensionaler Natur sind. Um sichere Aussagen über den Charakter des Geldverhaltens zu gewinnen, müssen wir unsere Determinanten in verschiedenen inhaltlichen Bereichen suchen.

Die Testsituation bezüglich des Umgangs mit Geld kann als unterentwickelt bezeichnet werden und ist nicht mit der Testentwicklung im Bereich der Intelligenz oder spezieller Fähigkeiten zu vergleichen, wo die meisten strukturellen Bestandteile schon im Prinzip klassifiziert sind (vgl. GUILFORD, 1967). In diesen Bereichen ist es relativ leicht, das Verhalten einer Versuchsperson im Vergleich zu einer großen Gruppe von Personen anhand von Normdaten präzise zu interpretieren (Normbezug, norm-based comparison). Es ist sogar relativ einfach, die Reaktion zu interpretieren (Kriteriumbezug, criterion-referenced interpretation). Bezüglich Umgang mit Geld ist nicht einmal der einfache Bereichsbezug (domain-based interpretation) klar, weil die entsprechenden Tests fehlen. Es gibt keinen abgegrenzten Bereich von Geldverhaltenstests, aus dem man die jeweils benötigten Verfahrensweisen auswählen und für den besonderen Zweck unserer Untersuchung zusammenstellen könnte. Will man trotzdem Aussagen über diesen besonderen Bereich machen, z.B. über die Persönlichkeitseigenschaften oder Verhaltensreaktionen, die für die Beschreibung im Umgang mit Geld wichtig sind, dann sollten die ausgewählten Tests für diesen Bereich repräsentativ sein. Dies erfordert bis zur Zusammenstellung eines Tests in etwa die folgenden fünf Schritte (vgl. ROID und HALADYNA, 1982) der Testentwicklung:

Schritt 1: Intention und Gliederung des theoretischen Ansatzes
Das erste, abstrakteste Vorhaben besteht in unserem Falle darin, eine gegliederte Vorstellung über die Aspekte des positiven und negativen Verhaltens im Umgang mit Geld zu gewinnen. Gleichgültig wie abstrakt oder kon-
kret diese Vorstellung ist - der Untersucher muß diese Vorstellung so formulieren, daß sie in Form eines für alle Betroffenen verständlichen Items
"operationalisiert" werden kann. Diese Feststellung der für einen Test ge-
dachten Intention markiert also den Anfang des Verfahrens.

Schritt 2: Spezifikation des Bereichs
Die Operationalisierung dient dazu, den gedanklichen Vorsatz zu konkretisieren. So stellt man sich vor, daß emotionale Reaktionen, wie Geldverluste
gelassen hinnehmen und auf Gewinn hoffen, Bewertungen wie Spaß am
Sparen haben, Verhaltensdispositionen wie Risikobereitschaft oder eine von
vorneherein vorgenommene Verlustbegrenzung sowie allgemeine Persönlichkeitseigenschaften, wie sein Verhalten von sich aus zu steuern oder von
außen beeinflussen zu lassen, für die Fragestellung besonders wichtig sind.
Jede dieser Spezifikationen trägt zur operationalen Festlegung des Intenti-
onsbereichs bei. Die Adäquatheit jeder einzelnen Spezifikation und die Voll-
ständigkeit der Abdeckung des gesamten Intentionsbereiches mit solchen
Spezifikationen entscheiden über die spätere Aussagekraft eines Testinstru-
ments. Natürlich können ein oder mehrere Instrumente nie den gesamten
intendierten Vorstellungs- oder Konstruktbereich voll repräsentieren, weil
Vorstellung oder Konstrukt nicht vom Test abgeleitet werden, sondern umgekehrt. Es ist aber sicher, daß man mit einem geeigneten Netz von operationalisierten Vorstellungen wesentlich sichere Aussagen machen kann als mit
Einzeltests oder ohne Tests.

Schritt 3: Itementwicklung
Auf dieser Stufe werden das Itemformat und die ausgewählten Items ge-
schrieben. Ein Grundprinzip der Itementwicklung fordert, daß das Testitem
der Intention des Vorhabens logisch entsprechen muß und daß die einzelnen
Zielgruppen des Vorhabens in verständlicher und vorhersagbarer Weise abgehandelt werden. Im Bereich der Intelligenz und Fähigkeiten gibt es Organi-

sationen wie das National Assessment of Educational Association, die um-
fangreiche Kollektionen von Testitems für Lesen, Mathematik und Sprache
entwickelt haben, die auf bestimmte Testziele zugeschnitten geliefert werden
(vgl. FORSTER 1977; RASCH 1980). Solche Itemkollektionen, die man zur Entwicklung neuer Tests benutzen kann, gibt es für den hier behandelten Bereich Umgang mit Geld nicht, so daß man die aufwendige Arbeit der Itementwicklung selbst auf sich nehmen muß.

Schritt 4: Itemsichtung
Ein Hauptziel der Testentwicklung besteht in einer breit angelegten Sammlung von Items, die der ursprünglichen theoretischen Intention entsprechen.
Diese Entsprechung wird auf zwei komplementären Wegen erreicht, der logi-
schen Sichtung durch Experten und der empirischen Sichtung durch Feld-
untersuchungen. Für die logische Itemsichtung werden Experten angesetzt,
die in den einzelnen Items enthaltenen Fehler eliminieren und die Konsistenz
zwischen Testitem und Bereichsspezifikation prüfen. In Übereinstimmung mit
diesen Prüfern werden also die einzelnen Items gewählt, verworfen oder ge-
ändert. Dies kann manchmal informell geschehen, doch gibt es auch metho-
disch präzisierte Verfahrensweisen. Diese Sichtung und Edition von Items ist
eine wichtige Stufe der Testentwicklung, weil hier viele gedankliche Prozesse
ablaufen, die mit der Realisierung des experimentellen Vorhabens verbundenen Gesichtspunkte und Erwartungen des Experimentators schon jetzt
schärfer in den Brennpunkt rücken.

Schritt 5: Testentwicklung
Es werden zunehmend mehr Tests für verschiedenartige und auch neuartige
Fragestellungen gebraucht. Diese Expansion fordert eine größere Verantwortlichkeit in der Testentwicklung, besonders in Bezug auf die Entwicklung
einer Likert-Skala müssen folgende Schritte beschrieben werden:

-    Itemschwierigkeit und -selektion nach Schiefe und Exzess der Verteilung
-    Faktorenanalyse (Varimax-Rotation) auf Primärebene
-    Skalenanalysen (z.B. Itemanalysen, Trennschärfe-Quotient und Cron-
     bach-Alpha)

- Faktorenanalysen auf Sekundär- und Tertiärebene
- Skalenanalysen (Trennschärfe-Quotient und Cronbach-Alpha
- Interkorrelationen zwischen den Faktoren und Skalenbeschreibung

Die Technologie der Testentwicklung verläuft nach festgelegten Verfahrensweisen. Das trifft ganz besonders auf Tests zu, die sehr unterschiedliche Sichtdimensionen in bezug auf einen komplizierten Gegenstand erfordern, wie im Falle Umgang mit Geld. Testnaive Beurteiler von "experimentellen" Ereignissen lesen aus Daten Folgerungen heraus, die nicht Gegenstand der ursprünglichen Intention waren. Nur der Experte hinterfragt ein Testergebnis nach den hier dargelegten Prinzipien, während der testnaive Interpret, z.B. der Alltagspsychologe, das Vordergründige des Ergebnisses annimmt und hinterher noch seine persönliche Meinung hinzufügt, was beides die Gefahr der Fehlinterpretation verstärkt.

2. Vorstudien zum Thema Umgang mit Geld

Aufgrund der Tatsache, daß es im deutschsprachigen Raum außer den Forschungen von Schmölders in den sechziger Jahren, uns keine Untersuchungen zum Thema Umgang mit Geld vorliegen, waren wir gezwungen dieses Thema von Grund auf zu erforschen.

Das Projekt entstand im Jahre 1987 am Max-Planck Institut für Psychiatrie in München unter der Leitung von Prof. Brengelmann und hatte zum Ziel, ein Instrumentarium zur Messung von Risikoverhalten, Haushaltsführung, Umgang mit Geld und Gut zu entwickeln. Das Instrument zu Messung des Risikoverhaltens liegt inzwischen vor und ist bereits in drei Veröffentlichungen von Prof. Brengelmann ausführlich dargestellt (1988, 1989a, 1989b).

Der erste Schritt bei der Entwicklung eines Instrumentariums zur Messung des persönlichen Umgangs mit Geld bestand in einer breit angelegten Sammlung von Items in Zusammenarbeit mit Experten. Das Ergebnis waren zwei Fragebögen deren Kurzbezeichnung Geld A (GA) und Geld B (GB) lautet. Der Fragebogen GA bestand aus 663 Items und GB aus 638 Items.

Der Fragebogen GA gliedert sich in folgende Themenbereiche:

1. Kaufverhalten
2. Haushaltung
3. Sparsamkeit
4. Umgang mit Geld
5. Einstellung zum Geld
6. Risikoverhalten

Der Fragebogen GB gliedert sich in folgende Themenbereiche:

1. Mogelei
2. Sorgen
3. Freude
4. Einstellung, Reaktion
5. Glaube, Hoffnung
6. Spekulation
7. Spannung
8. Reaktion auf Risiko
9. Finanzieller Erfolg
10. Finanzieller Rat
11. Zukunft
12. Glückstreffer
13. Karriere
14. Wetten, Spekulieren
15. Banken
16. Investitionsstrategien

Die Versuchspersonen sollten die verschiedenen Bereiche im Umgang mit Geld und Gut weitgehend erlebt haben und deshalb in der Lage sein, ihr Verhalten zu beurteilen. Dies bedeutet, daß die Versuchspersonen im Lebenstandard etwas gehoben sein sollen, ohne sich jedoch auf einen zu hohen Standard zu beschränken.

Die beiden Fragebögen wurden insgesamt von 456 Versuchspersonen einer Stichprobe von Lesern der Zeitschrift CAPITAL ausgefüllt. Die Fragebogenversion GA wurde von 248 Personen und Fragebogen GB von 208 Personen ausgefüllt. Die Versuchspersonen, die die Fragebögen ausgefüllt hatten, unterschieden sich hinsichtlich der soziodemographischen Daten zwischen GA und GB nur geringfügig, was aus der folgenden Tabelle 1 ersichtlich ist.

Demographische Daten		GA	GB
Alter im Mittel		37.2	40.6
Prozentuale Anteil der Männer		91.1	96.2
Schulabschluß:			
- Kein Schulabschluß	= 1		
- Hauptschulabschluß	= 2		
- Mittlere Reife	= 3		
- Fachhochschulabschluß	= 4		
- Abitur	= 4		
- Fachhochschulabschluß	= 5		
- Universitätsabschluß	= 6		
- Promotion/Habilitation	= 7		
Mittelwert		4.8	4.7
Durchschnittliches Brutto-Einkommen pro Monat		7577.6	7991.7

Tab. 1:   **Soziodemographische Daten der Befragten aus der Vorstudie für GA und GB**

In beiden Stichproben lag der Anteil an Männern bei über 90%, so daß sich die Ergebnisse weitgehend auf Männer beziehen und eine Aufteilung der Stichprobe in Männer und Frauen aufgrund der geringen Zellenbesetzung der Frauen nicht möglich war.

Bezüglich der Schulbildung haben in beiden Stichproben knapp 40% der Befragten eine akademische Ausbildung, was im Verhältnis zur Gesamtbevölkerung in der Bundesrepublik Deutschland sehr hoch ist. Auch das monatliche Bruttoeinkommen ist in beiden Stichproben annähernd gleich verteilt und liegt im Durchschnitt bei GA bei 7577,56 DM und bei GB bei 7991,72 DM.

Beide Fragebögen wurden einer Faktorenanalyse unterzogen. Es wurde für jeden einzelnen Themenbereich eine eigene Faktorenanlyse gerechnet. Auf eine Beschreibung der einzelnen Primärfaktoren wird an dieser Stelle verzichtet. Eine Veröffentlichung der Vorstudien erfolgte bislang jedoch noch nicht. Die Ergebnisse der Faktorenanalyse liegen jedoch in Form eines unveröffentlichten Arbeitspapieres vor.

Mit wievielen Items die einzelnen Themen erfaßt wurden bzw. zu wie vielen Faktoren sie zusammengefaßt werden konnten, ist aus der folgenden Tabelle 2 zu entnehmen.

GA	Items	Faktoren
Kaufverhalten	90	12
Haushaltung	46	10
Sparsamkeit	44	11
Umgang mit Geld	39	12
Einstellung zum Geld	102	12
Risikoverhalten	120	35

GB	Items	Faktoren
Mogelei	19	05
Sorgen	25	05
Freude	08	02
Einstellung, Reaktion	59	12
Glaube, Hoffnung	15	04
Spekulation	19	04
Spannung	24	03
Reaktion auf Risiko	11	02
Finanzieller Erfolg	43	10
Finanzieller Rat	54	11
Zukunft	15	05
Glückstreffer	18	05
Karriere	33	07
Wetten, Spekulieren	67	10
Banken	13	03
Investitionsstrategien	23	06

Tab. 2:   **Anzahl der Items und Faktoren auf die Themenbereiche von GA und GB**

In der zweiten Vorstudie wurden die besten 30 Faktoren, aufgrund der beschriebenen Kriterien der fünf Schritte der Testentwicklung aus den beiden Fragebögen GA und GB ausgewählt und als Statement abgefragt. Die Versuchspersonen sollten die Statements hinsichtlich vier verschiedener Situationen, die aus anderen Untersuchungen von Brengelmann entnommen wurden, beurteilen. Die Versuchspersonen sollten angeben, wie sehr die Aussage für sie typisch oder zutreffend ist, welchen Beitrag die Aussage zur Steigerung der Lebensqualität leistet, welche bestimmende Rolle die Aussage in ihrem Leben spielt und wie effektiv sie in der Ausübung solcher Dinge sind. Durch diese Form der Abfrage lassen sich situationsunabhängige von situationsabhängigen Verhaltensweisen sehr gut erfassen. Zum anderen konnte die Zuverlässigkeit des Statements durch die Situationsvariation deutlich erhöht werden, was uns veranlaßte für diese Studie eine weiter Bedingung hinzu zunehmen. Der folgende Punkt beschreibt den Fragebogen Umgang mit Geld, wie er in der vorliegenden Arbeit verwendet wurde.

3. Fragebogen zur Bestimmung des Verhaltens im Umgang mit Geld und Gut

Die vorliegende Fassung des Fragebogens geht auf eine unveröffentlichte Studie zurück, die 1987 von Schoch bereits unter dem Punkt Vorstudien dargestellt wurde. Die beiden Fragebögen hatten in der erwähnten Studie einen Umfang von ingesamt 1301 Items. Die statistischen Analysen (Itemselektion und Faktorenanalyse) ergab eine Faktorenstruktur von 186 Primärfaktoren.

Für die hier zugrundeliegende Untersuchung wurden die Fragebögen überarbeitet. Es wurden insgesamt 60 Primärfaktoren ausgewählt, die mindestens mit drei Items besetzt und deren Ladungen $\geq$ 0,70 sind. Die 60 Primärfaktoren wurden zu Items umformuliert und bilden die Grundlage dieses Fragebogens.

Aus dem Themenbereich **Kaufverhalten** werden drei Faktoren übernommen. Die drei Faktoren lauten:

- Qualitätsbewußt kaufen
- Beim Einkaufen um den Preis feilschen
- Vorliebe für Luxusartikel haben

Haushaltung ist ein Themenbereich, aus dem vier Faktoren übernommen werden, die wie folgt lauten:

- Diszipliniert Geld ausgeben
- Ein Haushaltsbuch führen
- Vorsichtige Geldhaushaltung
- Vor dem Einkaufen das Geld begrenzen

Die **Sparsamkeit** wird anhand von sechs ausgewählten Faktoren erfaßt, die wie folgt lauten:

- Spaß am Sparen haben
- Jede Mark dreimal umdrehen
- Geld vollständig ausgeben
- Dinge selbst reparieren
- Sich eiserne Sparreserven anlegen

Die drei Faktoren:
- Geld von Freunden borgen
- Große Geldbeträge auf Kredit nehmen
- Viel Geld oder Gut verloren haben

entstammen aus dem Überbegriff **"Geld borgen"**.

Die verschiedenen **Einstellungen zum Geld**, wurden in der Vorstudie mit 102 Items, die 12 Faktoren bilden, erfaßt. Für die vorliegende Untersuchung werden sieben Faktoren ausgewählt, die wie folgt lauten:

- Geld als Einflußinstrument
- Alle jetztigen Probleme mit Geld lösen können
- Geschäftstüchtig sein
- Wohltätige Zwecke unterstützen
- Diskreter Umgang mit Geld
- Freizügig Geschenke machen
- Sich ein Vermögen hart erarbeiten.

"Nicht alles bei der Steuer angeben" ist ein Faktor, der aus dem Themenbereich **kleine Mogeleien** stammt.

Aus dem Bereich **Offenheit/Optimismus** werden fünf von neun Primärfaktoren verwendet, die wie folgt lauten:

- Große Geldverluste gelassen hinnehmen
- Offen über Geld sprechen
- Große Geldverlsute verharmlosen
- Konjunktureller Optimismus
- Geldgeschäfte verheimlichen

Aus dem Bereich **Glaube/Hoffnung** wurden Primärfaktoren direkt übernommen und lauten wie folgt:

- Glaube an finanziellen Erfolg
- Hoffen auf Gewinn
- Glaube an Glück im Risiko

Wetten und Spekulation bestand insgesamt aus elf Primärfaktoren, von denen die folgenden verwendet bzw. neue hinzu genommen werden:

- Geld risikoreich anlegen
- Wagnisse eingehen
- Vermögen durch Spekulation vergrößern
- Spekulative Geldgeschäfte vermeiden
- Nicht um Geld wetten
- Spaß am Wetten/Glückspiel haben
- Spaß am größeren Geldgewinn haben
- Kontrolliert Risiken eingehen
- Geld in sichere Aktien anlgegen
- Sich an gutgehenden Firmen beteiligen.

"Lust auf Außergewöhnliches" und "Anregungen durch Neues" sind Primärfaktoren aus dem Bereich **Spannung**.

Aus dem Themenbereich **Finanzieller Rat**, der sehr breit gefaßt war, gehen
die folgenden vier Faktoren in den Fragebogens ein:

- Finanziellen Rat suchen
- Fremde Gelder verwalten
- Einen hohen Lebensstandard besitzen
- Sinn für besonderen Luxus haben

Zur persönlichen **Karriere** werden die folgenden Primärfaktoren verwendet:

- Die Karriere beherrscht mein Leben
- Wohlstand zum obersten Ziel haben
- Sich im Betrieb hocharbeiten
- Sinn für leicht verdientes Geld haben

"Vom guten Gehalt bequem leben", "Einfach verdienen und ohne Hast leben"
und "Gut erben und angenehm davon leben" sind drei Faktoren, die aus dem
Fragenbereich **Zukunft** stammen.

Der Primärfaktor "Cool beim riskanten Spekulieren" stammt aus dem Bereich
Reaktionen auf Risiko. "Mein Einkommen spiegelt sich in der Arbeit wieder", stammt aus dem Fragenbereich zum **Finanziellen Erfolg**.

Es hat sich als sinnvoll erwiesen, die Aussagen zum Umgang mit Geld anhand einiger Kontrollvariablen zu überprüfen. Deshalb werden drei Faktoren
zu Einstellung und Verhalten im Sport abgefragt und mit in den Fragebogen
aufgenommen.

- Sport als Nervenkitzel betreiben/schätzen
- Sportarten waghalsig betreiben/schätzen
- Gern hohe Risiken im Sport eingehen

Die Zuordnung der einzelnen Faktoren zu den Fragenthemen, wie sie in der Voruntersuchung verwendet wurden, beabsichtigt den Vorgang bei der Testentwicklung transparent zu machen und ermöglicht es, die einzelnen Schritte leichter nachzuvollziehen. Die Einteilung der Items bzw. Primärfaktoren in die einzelnen Themenbereiche spielte bei der Selektion von den sechzig Primärfaktoren keine Rolle. Die Kriterien bei der Selektion lagen zum einen darin, möglichst homogene Primärfaktoren zu verwenden, die durch sehr hoch ladende Items auf den Faktor, den Faktor eindeutig bestimmen. Das zweite Ziel lag darin, ein möglichst breites Feld von Verhaltensweisen im Umgang mit Geld und Gut zu erfassen.

Zur Beantwortung:
Die so gewonnenen 60 Items (Primärfaktoren) werden nach fünf verschiedenen Bedingungen abgefragt und mit einer vierstufigen Antwortausprägung vorgegeben, um die Tendenz zur Mitte bzw. Probleme bei der Interpretation des mittleren Skalenwertes zu vermeiden (vgl. BORTZ 1984).

1. T - Wie sehr ist diese Aussage für Sie typisch oder zutreffend?

1 = stimmt gar nicht
2 = stimmt ein wenig
3 = stimmt weitgehend
4 = stimmt vollkommen

2. R - Welche bestimmende Rolle spielt diese Aussage in Ihrem Leben?

1 = keine
2 = geringe
3 = große
4 = sehr große

3. L - Welchen Beitrag leistet diese Aussage zur Steigerung Ihrer Lebensqualität?

1 = keine
2 = geringe
3 = große
4 = sehr große

4. H - Wie häufig wenden Sie dieses Verhalten tatsächlich an?

1 = nie
2 = manchmal
3 = häufig
4 = sehr häufig

5. Q - Wie gut sind Sie in der Ausübung dieses Verhaltens?

1 = schlecht
2 = mittelmäßig
3 = gut
4 = sehr gut

Diese fünf verschiedenen Bedingungen/Kategorien werden eingesetzt, z.B. um mögliche Diskrepanzen der Bewertung, wie typisch diese Aussage ist oder welche Rolle sie spielt und der Häufigkeit des Verhaltens aufzuzeigen.

4.   Begleitende Fragebögen

4.1. Risiko/Lust-Aktivitäten

Im folgenden wird über das von BRENGELMANN (1988b) in seinem Buch über
Risiko-Lust-Aktivitäten beschriebene Verfahren berichtet. Der Fragebogen zu
den Risiko-Lust-Aktivitäten wurde von 781 Versuchspersonen aus den
verschiedensten Populationen ausgefüllt und beinhaltet unterschiedliches
Risikoverhalten und dessen Bewertung.

Der Fragebogen enthält sechs Kategorien von täglich oder häufig ausgeüb-
ten Tätigkeiten, die allen Personen im täglichen Leben zugänglich sind. Sie
variieren maximal nach Inhalt, ohne im Bereich großer Intimität einzudringen.
Alle Aktivitäten besitzen einen hohen Bekanntheitsgrad, so daß deren Bewertung keine besonderen Probleme aufwirft. Die Benennung dieser Tätigkeiten als Risiko-Lust-Aktivitäten begründet sich wie folgt:

Alle sechs Kategorien sind so unterschiedlich, daß sie entweder nach dem
Risiko- oder Lustgehalt stark variieren. Von einer Unterteilung einer Risikolust kann man dann sprechen, wenn die risikolustreichen Aktivitäten in sinnvoller Weise andersartig beurteilt werden, als die risikolustärmeren. Dies bildet die Voraussetzung dafür, den Begriff "Risikolust" quantitativ beschreiben
zu können und gibt der Aussage über Risikolust gleichzeitig Sicherheit und
Überprüfbarkeit.

Für eine differenzierte Beurteilung der Aktivitäten werden diese in unterschiedlicher Weise beurteilt. Der praktische Nutzen in der Einteilung von Be-
wertungsmaßstäben besteht darin, daß die verschiedenen Urteilskategorien
unanbhängig voneinander variieren können. Mit anderen Worten, wer sich
durch eine Aktivität (Geld risikoreich anlegen) besonders herausgefordert
fühlt, kann positive oder negative Begleitemotionen empfinden und die Aktivität positiv bewerten. Alle drei Urteilskategorien (Konation, Emotion, Kognition) sind wiederum unabhängig von der Häufigkeit, mit der eine Aktivität

ausgeübt wird. Alle Kombinationen sind theoretisch denkbar, aber nicht alle sind gleich sinnvoll.

Dieser Punkt ist wichtig für die Erkennung konstanter (syntoner) oder dissonanter (dystoner) Formen der Risikolust (vgl. BRENGELMANN 1988b). Wer zum Beispiel gerne häufig spielt (große Initiative entwickelt) und dadurch positiv erregt wird und gleichzeitig das Spiel positiv bewertet, reagiert synton und gesund. Er kann innerhalb ungemessener Grenzen endlos spielen, die Erregung genießen und sich immer neue Risikochancen ausrechnen. Dies ist der normale, gesunde Spieler. Wer eine große Spielinitiative entwickelt und das Spiel als langweilig und wertlos ansieht, reagiert dyston. Seine verschiedenen Reaktionen stimmen nicht überein, und er könnte Probleme entwickeln.

Die vierzehn Kategorien der Risiko-Lust-Aktivitäten gliedern sich in sechs Bereiche. Durch eine sechsfache Beantwortung (Häufigkeit, Initiative und den Wertungen) ergeben sich insgesamt 84 Antworten. Die getrennt nach Häufigkeit, Initiative und Wertung durchgeführte primäre Faktorenanalyse ergab eine Reduktion der 84 Risiko-Lust-Items auf 22 Faktoren, die sich wie folgt verteilen:

Häufigkeit (H)   =   5 Primärfaktoren / 14 Items
Intitiative (I)   =   5 Primärfaktoren / 14 Items
Wertung (W)   =   12 Primärfaktoren / 56 Items

Die Risikolustfaktoren sind zu zahlreich, um sie mit den Ergebnissen aus den Bewertungen mit Geld zu vergleichen. Aus der sekundären Faktorenanalyse ergeben sich sieben Begriffe, die die Risikolust annähernd beschreiben und die Faktoren bilden, die später mit den Faktoren aus Umgang mit Geld in Beziehung gesetzt werden.

Eine Gesamtübersicht der sekundären und tertiären Faktoren der Risiko-Lust-Aktivitäten ist aus Abbildung 3 zu sehen.

Abb.3:   **Gesamtübersicht der sekundären und tertiären Faktoren der Risiko/Lust-Aktivitäten**

Die sieben Sekundärfaktoren lassen sich kurz wie folgt charakterisieren:

SF-RA1. Kultur

Alle kulturellen Aktivitäten einschließlich ihrer Wertungen finden sich unter einem einheitlichen Begriff zusammen.

SF-RA2. Geschicklichkeitsspiele

Dasselbe trifft in verstärktem Maße auf die Geschicklichkeitsspiele zu, die sich trotz ihrer bekannten Beziehungen zu den Geldspielen auch selbständig präsentieren können.

SF-RA3. Maßhaltung

Hier mischen sich einige unterschiedliche Aktivitäten zusammen, sodaß die Benennung des Faktors nicht von der Gemeinsamkeit der Bestätigung (Essen/Trinken, Sparen, risikoarme Freizeit-/Sportaktivitäten) abgeleitet werden kann und eine "hinter" den Aktivitäten stehende Disposition als Name herhalten muß. Statt von Maßhaltung könnte man auch von Risikoarmut oder Sparsamkeit sprechen.

SF-RA4. Risikolust

Freizeit/Sportaktivitäten und deren positive Wertung bilden von den Aktivitäten her gesehen einen ziemlich eng umgrenzten Faktor. Es wäre ein Informationsgewinn, herauszufinden, welche Sportarten als risikoreich und welche als risikoarm zu klassifizieren sind.

SF-RA5. Geldspiele

Auch dieser Faktor ist gut definiert. Er zeigt aber auch die komplexe Rolle des Spekulierens erneut auf, das sich sowohl den Sportrisiken als auch dem Geldspiel anschließt. Dies legt nahe, daß das Spekulieren eine Spiel-/Risikofunktion ausübt, die mit Geld in Verbindung treten kann, aber von ihm unanbhängig ist. Es wäre eine reizvolle Aufgabe, die psychologische Natur und Funktion des Spekulierens quantitativ präziser zu fassen.

SF-RA6. Sparsamkeit

Dieses Merkmal versteht sich hier als ein Konglomerat von risikoarmen Verhaltensweisen bezüglich Geld, Kultur, Spielen und einfachem Konsum, die alle positiv ausgeprägt sind, aber Risiko und Lust scheuen.

SF-RA7. Konsumlust

Sie repräsentiert primär eine sich im Verhalten äußernde Lust am Essen und Trinken, aber auch an Freizeit-/Sportaktivitäten. Vielleicht sollte man versuchen, diese unterschiedlichen Aspekte in der Zukunft auseinanderzuhalten und zwar durch zusätzliche Analysen.

Mit der Gewinnung dieser sieben Sekundärfaktoren hat der Bereich der Risiko-Lust-Aktivitäten einfacherer Strukturen gewonnen. Ein Grund für die sieben Reduktionen liegt in der Beantwortung der Frage, wieweit man überhaupt sinnvoll reduzieren kann. Dies betrifft die Frage nach den "Grundfunktionen" des menschlichen Verhaltens. Soweit die Risikolustfaktoren betroffen sind, teilen sie sich in drei tertiäre Dimensionen auf.

Die sieben Sekundärfaktoren teilen sich entsprechend ihrer Anzahl gleichartig auf die drei Tertiärfaktoren auf. Der Begriff für den ersten Tertiärfaktor, der die Gemeinsamkeit der unterschiedlichen Aktivitäten erfaßt, ist **Maßhaltung** (TF-RA1).

Zur Bezeichnung des zweiten tertiären Faktors wird wiederum ein nicht direkt beobachtbarer "dispositionaler" Begriff notwendig. Gewählt wurde der Ausdruck **Risikolust** (TF-RA2), denn alle Aktivitäten mit deren Wertungen enthalten sowohl einen Risiko- als auch Lustcharakter.

Die gemeinsame Grundlage des dritten Tertiärfaktors ist die Lust am Spiel, so daß der Faktor **Spiellust** (TF-RA3) benannt wurde.

Diese stets wiederauffindbaren Tertiärfaktoren stellen Begriffe höchsten Abstraktionsgrades dar. Sie dürfen nicht mit den im täglichen Leben verwandten, gleichlautenden Begriffen, dessen Inhalte uneinheitlich sind, verwechselt werden.

4.2. Risiko/Lust-Dispositionen

Bei der Beschreibung der Struktur der Aktivitäten kann die Effektivität bei der Ausübung dieser unterschiedlichen Aktivitäten nur durch einen "dahinter stehenden" organisierenden Einfluß verstanden werden. Wenn dieser dispositionale Einfluß nicht oder zu wenig bekannt oder anerkannt wird, werden die von ihm beherrschten Aktivitäten häufig falsch beurteilt (vgl. BRENGELMANN 1989a).

Aus den Untersuchungen zum Automatenspiel konnte allein beim Geldautomatenspiel eine große Anzahl von spielförderlichen Verhaltensweisen, positiven und negativen Emotionen sowie Kontrollreaktionen unterschieden werden (vgl. v. QUAST, BRENGELMANN 1987). Alle besitzen eine gewisse Potentialität in der Bestimmung des Spielverhaltens nicht nur beim Geldspielautomaten, sondern offensichtlich auch in vielen anderen Situationen. Ob diese positiven und negativen Reaktionen beim Automatenspiel sich auch auf andere Risikoaktivitäten übertragen lassen, muß erst noch untersucht werden. Dieser Nachweis erfordert die Konstruktion eines Fragebogens zur Messung aller relevanten Dispositionen der Risikolust, der dann standardgemäß für alle Aktivitäten eingesetzt werden kann. Die Arbeiten über die Risikolust-Dispositionen finden ihre Niederschrift in dem Buch von BRENGELMANN (1989a, 1989b, 1991 im Druck)

Die zu messenden Dispositionen müssen demnach auf risikoreiche Unternehmungen aller Art und nicht auf Spielgeräte allein gerichtet sein. Außerdem ist es wichtig, nach dem Verhalten unter Gewinn- und Verlustbedingungen zu fragen. Aus diesem Grunde gliedert sich der Dispositionsbogen in folgende drei Teile:

Bedingung 1: Reaktion "während risikoreicher Unternehmungen oder Spekulationsphasen" (R = im Risiko)

Bedingung 2: Reaktion "wenn ich viel Geld gewonnen habe" (G = nach Gewinn)

Bedingung 3: Reaktion "wenn ich viel Geld verloren habe" (V = Verlust)

Ursprünglich wurden 60 Items für jede der drei Bedingungen formuliert. Inzwischen konnten die 60 Items auf 20 reduziert werden, so daß der Bogen eine handhabbare Form angenommen hat.

Der Test zur Erfassung dieser Dispositionen enthält, sowie er in dieser Untersuchung eingesetzt wird, ingesamt 80 Items. Denn der Bogen wurde um eine Bedingung erweitert, die wie folgt lautet:

Bedingung 4: Reaktion "im persönlichen/täglichen Leben" (L = Persönlich)

Diese Erweiterung dient der spezifischen Weiterentwicklung dieses Tests. In dieser Arbeit wird jedoch auf den Einbezug der vierten Bedingung verzichtet, um die in den früheren Untersuchungen bereits ermittelten Faktoren verwenden zu können. Mittels der Faktorenanalyse wurden bereits über die drei Bedingungen Risiko, Verlust und Gewinn die Faktoren ermittelt. Die Benennung auf den beiden Ebenen in Sekundär- und Tertiärfaktoren wird aus Gründen der Vergleichbarkeit mit anderen Studien beibehalten. Der Test beinhaltet also 13 Sekundärfaktoren (SF-RD), die sich den drei Tertiärfaktoren **Risikoorientierung** (TF-RD1), **Kontrollfunktionen** (TF-RD2) und **Erregung** (TF-RD3) zuordnen lassen. Im folgenden werden die Sekundär- und Tertiärfaktoren kurz beschrieben.

SF-RD1. Vorsicht

Vorsicht bedeutet nach dieser Komposition von Inhalten ständige Kontrolle der Ausgaben, gekoppelt mit der Begrenzung der Ausgaben. Die Unterschiede mögen fein sein, aber Kontrolle kann als Unterstützung organisierter Risiken verstanden werden, während Begrenzung auch als das Gegenteil verstanden werden kann. Das Gewinnen wollen wird aber als risikofördernd auszulegen sein. Die Interkorrelation der Faktoren zeigt, daß Vorsicht nicht als Risikofeindlichkeit zu interpretieren ist. Vorsicht findet sich in allen Situationen (Risiko, Gewinn, Verlust) als generalisiertes Merkmal. Vom Mittelwert her gesehen, ist Vorsicht außerordentlich stark ausgeprägt. Es scheint eine alles beherrschende Einstellung zur Kontrolle der persönlichen Sicherheit zu sein.

SF-RD2. Ärger

Ärger in diesem Sinne bedeutet eine frustrierte Internalität oder Unfähigkeit erfolgreicher Selbstbestimmung, kombiniert mit externaler Erfolglosigkeit. Sich ärgern ist nur negativ, wenn starke Streßreaktionen damit verbunden sind. Ärger hat primär etwas mit Verlust zu tun, denn über den Gewinn braucht man sich nicht zu ärgern.

SF-RD3. Risikobereitschaft

Im Faktor Risikobereitschaft kommt eine generelle Lust am Risiko zum Ausdruck die situationsunabhängig ist. Das besondere an diesem Faktor ist die Aufrechterhaltung positiver Emotionalität oder Lustbereitschaft selbst nach eingetretenem großen Verlust. Dies bedeutet hohe Stabilität in schwierigen Situationen und weißt auf einen stabilen Persönlichkeitsbezug hin.

SF-RD4. Positive Emotionsmischung

Das positive und negative Emotionen zusammenfallen haben schon die Untersuchungen zum Automatenspiel gezeigt (vgl Brengelmann 1991 im Druck). Der Faktor ist positiv zu interpretieren und bringt eine Art positive Ängstlichkeit bezügllich des Gewinns zum Ausdruck.

SF-RD5. Gewinne maximieren

Der ständige Gedanke an Gewinnen scheint ein ziemlich isoliertes Attribut zu sein, das vorzüglich von positiven, aber auch ängstlichen Erwartungsgefühlen begleitet ist. Auf diese Strategie ist bei der Bewältigung von Risiken wenig Verlaß, weil ihr Hauptfundament aus Gefühlen besteht. Gewinne maximieren ist eine Art emotionsgeladene Risikoorientierung.

SF-RD6. Involvierung

Eine intensive Involvierung bringt die persönliche Verwicklung in allen drei Situationen zum Ausdruck. Der Faktor Involvierung ladet auf den zweiten Tertiärfaktor und nicht auf den ersten und bezeichnet demnach eine kontrollierte Involvierung und kein Risikoverhalten. Diese beiden Begriffsanteile sollten zukünftig getrennt werden.

SF-RD7. Halt suchen

Nach Halt suchen findet sich generell in allen drei Situationen wieder. Seine Ladung auf den zweiten Tertiärfaktor zeigt den positiven Teilinhalt dieses Faktors an. Halt suchen ist besser als Hilflosigkeit die im dritten Tertiärfaktor zu finden ist.

SF-RD8. Gewinner

In der Öffentlichkeit als Gewinner dastehen ist ein Wunsch der besonders im Risiko und nach Gewinn auftritt. Dieser Faktor hat den Anschein von einer emotionalen Selbstgefälligkeit und ladet auf den zweiten Tertiärfaktor.

SF-RD9. Gelassenheit

Diese Disposition verleiht dem Risikoverhalten in allen Lebenslagen die größte Stabilität und Sorgenfreiheit. Es bedeutet Aufrechterhaltung stabilen, unbesorgten Verhaltens in allen Situationen. Dieser sekundäre Faktor fällt aus dem Risikorahmen heraus und konnte keinem der drei Tertiärfaktoren zugeordnet werden.

SF-RD10. Spekulationslust

Dieser Faktor definiert das Spekulieren als eine Art Sensations- und Risikolust, wobei das Gewinnen eine nachgeordnete Rolle spielt. Die Kombination von intensiver Involvierung und Risikobereitschaft macht vielleicht das aus, was man Spekulieren nennt oder wenigstens einen wichtigen Teil davon. Hierbei handelt es sich um einen emotionalen Faktor, was seine Ladung zum zweiten Tertiärfaktor begründet.

SF-RD11. Entlastung

Entlastungsgefühle sind sicherlich allen Menschen bekannt. Es kommt praktisch bei jedem vor, daß sich negative Gefühle unter bestimmten Umständen aufbauen und unter günstigen Umständen wieder verfliegen. Das begleitende Gefühl der Erleichterung ist ausgesprochen positiver Natur.

SF-RD12. Hilflosigkeit

Diese Art im Risiko zu reagieren, ist außerordentlich selten. Sie ist risikofremd oder sollte es zumindest sein. Von allen aufgeführten Dispositionen ist sie am stärksten mit Problemen verbunden.

SF-RD13. Positive Emotionen (Risiko)

Ausgesprochen positive Gefühle begleiten die Gelassenheit, von der sie abhängig sind. Positive Gefühle machen noch kein gelassenes Verhalten aus, aber sie sind eine angenehme Begleitmusik.

TF-RD1. Risikoorientierung (Aktivierung)

Im ersten Tertiärfaktor sammeln sich all jene primären Faktoren, die dem Risiko positiv gegenüber stehen und förderlich wirken. Dies sind:

- Risikobereitschaft
- Gewinne maximieren
- Positive Emotionen (Risiko)

TF-RD2. Kontrollfunktionen

Dieser Faktor beschreibt die wesentlichen Kontrollfunktionen, die in risikoreichen Unternehmungen auftreten. Dazu gehört die Vorsicht, intensive Involvierung, nach Halt suchen und die positive Emotionsmischung.

TF-RD3. Erregung

Der dritte Tertiärfaktor wird durch die beiden Faktoren
- Ärger und
- Hilflosigkeit
bestimmt.

4.3. Stressreaktionen und Stressbewältigung (SCOPE)

Der SCOPE ist ein Testinstrument, das in erster Linie effektives Verhalten des Einzelnen mißt. Es besteht aus drei großen Bereichen, Erfolgsorientierung, Streß und Zurückhaltung. Festgestellt werden auf diese Art und Weise unterschiedliche Ausprägungen von Verhaltensmerkmalen in den drei Dimensionen. Zusammengesetzt ergeben die ermittelten Werte ein Bild der Verhaltenskompetenz einer Person. Diese Ergebnisse können dann wiederum in Beziehung gesetzt werden zu den Aussagen, die die Person über den persönlichen Umgang mit Geld und Gut macht.

Die Entwicklung und Erneuerung dieses Fragebogeninstruments läuft schon seit über 20 Jahren und konnte bereits an vielen verschiedenen Personengruppen (z.B. Manager, Neurotiker, Alkoholiker, psychosomatischen Patienten) getestet werden. Der am Max-Planck Institut für Psychiatrie, Psychologische Abteilung, München, unter der Leitung von Brengelmann entwickelte Testbogen wurde, konnte bereits in Projekten in der BRD, Schweiz, Italien, England und Spanien eingesetzt werden (vgl. BRENGELMANN 1990). Im Rahmen dieser Untersuchungen wurden die Items zuerst intern und im folgenden extern mit objektiven Außenkriterien validiert (vgl. SCHWENDNER 1986). Der SCOPE durchlief bis zur vorliegenden Form verschiedene Entwicklungsphasen, auf deren ausführliche Darstellung hier verzichtet wird (BRENGELMANN 1988a, 1990, SCHWENDNER 1986). Aus einer Langform von ursprünglich 300 Items, wurde die vorliegende Kurzform mit 50 Fragen entwickelt. Die Fragen werden bezüglich einer sechsstufigen Antwortkategorie von 1 = stimmt gar nicht bis 6 = stimmt vollkommen beantwortet. Jede dieser 50 Fragen beschreibt den Inhalt eines der 50 Primärfaktoren der Langform.

Der SCOPE beinhaltet 10 Sekundärfaktoren (SF-SC), die sich zu den drei Tertiärfaktoren **Erfolgsorientierung** (TF-SC1), **Sreß** (TF-SC2) und **Zurückhaltung** (TF-SC3) zusammenfassen lassen. Die Benennung auf den beiden Ebenen in Sekundär- und Tertiärfaktoren wird aus Gründen der Vergleichbarkeit mit anderen Studien beibehalten.

Im folgenden werden die Faktoren kurz erläutert. Sie sind zusammenfassend in der Abbildung 4 zu sehen.

SF-SC1. Erfolgsstreben

Dieser Faktor beschreibt die wesentlichen Verhaltensmerkmale, die zum Erreichen von Erfolg erforderlich sind. Dazu gehören Vertrauen in die eigene Leistungsfähigkeit, persönlicher Einsatz, Enscheidungsfreudigkeit und der Wunsch nach Verbesserung des Lenbensstandards.

- **Leistungsorientierung**: Streben nach Erfolg, Anforderungen die an die eigene Leistungsfähigkeit gestellt werden.

- **Besitzstreben**: Wunsch und Anstrengungen einer Person, ihre finanzielle Situation zu verbessern.

- **Entschlußkraft**: Die Fähigkeit und Sicherheit, Entscheidungen schnell und ohne Nachgrübeln zu treffen.

- **Selbstvertrauen**: Ausmaß der Überzeugung und des Zutrauens in die eigenen Kräfte und Leistungsfähigkeit, auch angesichts der Bewältigung schwieriger Aufgaben.

SF-SC2. Besonnenheit

Erfaßt werden bestimmte Verhaltensbereiche, in denen es darauf ankommt, sich sorgfältig, aufmerksam und genau den gestellten Anforderungen zu widmen.

- **Gewissenhaftigkeit**: Sorgfalt bei der Planung von Aufgaben und Unternehmungen und Gründlichkeit bei der Einhaltung von Vereinbarungen und Absprachen.

- **Aufmerksamkeit** widmen. Fähigkeit bei Diskussionen, konzentriert zuzuhören, den Partner nicht zu unterbrechen und möglichst abgewogen zu urteilen.

- **Genauigkeit** beim Arbeiten. Sorgfalt und Intensität, mit der Leistungen angegangen werden, sowie begleitende Emotionen, die bei Verzögerungen entstehen können, z.B. Ungeduld oder Ärger.

- **Aufmerksamkeit** finden. In schwierigen und kritischen Situationen empathische Unterstützung erhalten.

SF-SC3. Selbstbestimmung

Dieser Sekundärfaktor beschreibt Verhaltensmerkmale einer Person, die zur Verwirklichung eigener Vorstellungen bezüglich der Gestaltung des Lebens erforderlich sind.

- **Freiheit.** Ausmaß der Möglichkeiten, die eigenen Interessen zu verfolgen, sowie das Leben nach den eigenen Wünschen zu gestalten.

- **Selbstbestimmung.** Ausmaß der Energie, mit der eine Person die Verantwortung der Gestaltung des eigenen Lebens übernimmt, sowie die Willenskraft, darauf Einfluß zu nehmen.

- **Offenheit.** Aufrichtigkeit und Offenheit, mit der eine Person die Meinung äußert und sich nicht scheut, schwierige Fragen anzusprechen und zu vertreten.

SF-SC4. Soziale Kompetenz

Dieser Komplex beschreibt Verhaltensmerkmale, die den Umgang mit anderen Personen erleichtern können und dazu beitragen, bei anderen als angenehme Kontaktperson angesehen zu sein.

- **Kontaktfreude** (gegengeschlechtlich). Fähigkeit und Unbefangenheit, mit Personen des anderen Geschlechts, Kontakt aufzunehmen und ungezwungenen Umgang zu pflegen.

- **Gesprächigkeit**. Aufgeschlossenheit, Redefreudigkeit, Gesprächsbereitschaft einer Person.

- **Faszinationskraft**. Fähigkeit einer Person, die Aufmerksamkeit von Gesprächspartnern und Zuhörern auf sich zu lenken und zu fesseln.

- **Geselligkeit**. Begeisterung einer Person, gemeinschaftliche Veranstaltungen zu besuchen, sich ungekümmert ins Vergnügen zu stürzen und sich mit anderen zu amüsieren.

- **Gesprächsbereitschaft**. Vorlieben einer Person, auch Unbekannte anzusprechen und sich mit ihnen zu unterhalten.

- **Überzeugungskraft**. Selbstsicherheit, Durchsetzungsfähigkeit und der Einfluß, den eine Person auf einen Gesprächsverlauf nehmen kann, sowie ihre Fähigkeit, Diskussionen interessant zu gestalten.

- **Attraktivität**. Die anziehende Wirkung, die eine Person aufgrund ihrer Erscheinung und ihres Auftretens auf andere Menschen ausüben kann.

- **Organisationsfreude**. Die Bereitschaft, Geselligkeit und Aktivitäten zu organisieren und die Verantwortung für die notwendigen Vorbereitungen zu übernehmen.

- **Sicheres Auftreten**. Gewandtheit und Selbstsicherheit, mit der sich eine Person in sozialen Situationen darstellt.

SF-SC5. Ärgerkontrolle

Der Faktor umfaßt Verhaltensweisen, die angesichts schwieriger persönlicher oder sozialer Probleme die emotionale Komponente des Umgangs mit solchen Situationen beleuchten.

- **Gelassenheit.** Ausgeglichenheit einer Person und die Fähigkeit, nur selten verärgert zu reagieren.

- **Selbstbeherrschung.** Spontane Gefühle der Verstimmung und Erregung beherrschen und kontrollieren können.

- **Reizbarkeit.** Unvermögen einer Person, Streitereien und Reibereien aus dem Wege zu gehen.

- **Konfliktlösungsfertigkeiten.** Die Geschicklichkeit einer Person, Konflikt und Auseinandersetzungen zu lösen und streitenden Parteien durch geschicktes Verhandeln zu einem Kompromiß zu verhelfen.

SF-SC6. Streßreaktionen

Dieser Faktor beshreibt die Schwierigkeiten einer Person, nachts ruhig zu schlafen und morgens entspannt aufzuwachen, sowie die Unfähigkeit, sich von den täglichen Sorgen ablenken zu können. Es kommt sowohl das Gefühl, überlastet zu sein zum Ausdruck, als auch die Reduzierung der eigenen Leistungsfähigkeit mit den darauf resultierenden körperlichen Beschwerden.

- **Morgenmüdigkeit.** Fehlende Energie und Erschöpfung einer Person bereits nach dem Aufstehen.

- **Schlafstörungen.** Phasen des Wachliegens während der Nacht und die Schwierigkeiten, ein- bzw. durchzuschlafen.

- **Nicht abschalten können.** Schwierigkeiten einer Person, die Gedanken an die Arbeit zu stoppen und die Unfähigkeit, sich ausreichend zu entspannen.

- **Muskelverspannung.** Verspannungen und Verkrampfungen einer Person im Schulter- und Nackenbereich, auch während der Freizeit oder im ausgeruhten Zustand.

- **Seelische Belastung.** Innere Unruhe und Anspannung, sowie der seelische Druck, der auf einer Person lastet.

- **Psychisch bedingte Beschwerden.** Schwierige persönliche Probleme, Sorgen, Belastungen, erlebte Aufregungen kommen in unangenehmen Körperempfindungen oder körperlichen Beschwerden zum Ausdruck.

- **Erschöpfung.** Nachlassen der Leistungsfähigkeit, der Aufmerksamkeit und Ausdauer einer Person, so daß sie den an sie gestellten Anforderungen nicht mehr genügen kann.

- **Überlastung.** Gefühl der inneren Anspannung und Belastung, sowie der Zeitdruck, dem eine Person ausgesetzt ist.

- **Leistungseinschränkung** unter Druck. Abnahme der Leistungsfähigkeit bis hin zum Versagen, bei gleichzeitigen hohen Anforderungen und viel Verantwortung bei der Lösung schwieriger Aufgaben.

- **Enspannungsfähigkeit.** Die Fähigkeit einer Person, sich nach getaner Arbeit ausruhen und entspannen zu können.

SF-SC7. Negative Lebensbewertung

Dieser Faktor bringt die Angst vor der Zukunft, das Fehlen von Optimismus, Resignation, Probleme und Sorgen, die das Leben einer Person belasten, sowie die erlebte Mühe und Anstrengung bei deren Bewältigung zum Ausdruck.

- **Pessimismus**. Unsicherheit mit düsteren Erwartungen einer Person gegenüber den eigenen Zukunftsperspektiven.

- **Kummer und Sorgen**. Leid und Sorgen im Leben einer Person insgesamt.

- **Schwierigkeiten** im Leben. Mühe und Anstrengung, die eine Person aufbringen muß, um Aufgaben im Leben zu lösen und Hindernisse zu überwinden.

- **Resignation**. Schwierigkeiten, das eigene Leben zu kontrollieren und in die gewünschten Bahnen zu lenken, mit dem Gefühl des Versagens.

- **Optimismus**. Vertrauen und Zuversicht, mit der eine Person in die eigene Zukunft blickt.

SF-SC8. Soziales Desinteresse.

Ohne weitere Untergliederung des Bereiches werden Verhaltensmerkmale beschrieben, wie das fehlende Interesse einer Person an geselligen bzw. sozialen Veranstaltungen teilzunehmen, sowie der Wunsch, allein zu bleiben.

SF-SC9. Soziale Inkompetenz

Dieser Faktor beschreibt das Fehlen sozialer Fertigkeiten. Aufgezeigt werden Hemmungen und Verlegenheit in Gesprächen, mangelnde Ausdrucksfähigkeit, Unsicherheit, Kontaktarmut und Schüchternheit.

- **Mangelnde Überzeugungskraft**. Fehlende Fähigkeit einer Person in Diskussionen mit treffenden Argumenten zu überzeugen, sowie der Mangel an Beachtung, der ihr im Gespäch entgegengebracht wird.

- **Redehemmung.** Hemmung einer Person in einer Gruppe oder bei öffentlichen Veranstaltungen, im Umgang mit anderen wichtigen Personen oder Vorgesetzten frei zu sprechen.

- **Mangelnde Redegewandtheit.** Fehlen sprachlicher Ausdrucksfähigkeit und fehlende Gewandtheit bei der Formulierung überzeugender Argumente.

- **Unsicherheit** im Gespräch. Unvermögen und Unsicherheit in Diskussionen, gute Argumente zum richtigen Zeitpunkt einzubringen.

- **Schweigsamkeit.** Zurückhaltung einer Perosn in Gesprächen und Diskussionen, Vorzug der Rolle eines Zuhörers.

- **Schüchternheit.** Die Schwierigkeit, mit anderen Menschen Kontakt zu knüpfen und Anschluß zu finden.

- **Ablehnung erfahren.** Das Gefühl, auf andere Menschen unsymphatisch oder gar abweisend zu wirken.

SF-SC10. Emotionale Zurückhaltung

Der Faktor besteht aus den Verhaltensmerkmalen, die sich darauf beziehen, persönliche Themen aus dem Gespräch mit anderen auszuklammern, Gefühle vor anderen zu verbergen und Probleme zu verdrängen, anstatt sie direkt anzugehen.

- **Wahren der Privatsphäre.** Die Zurückhaltung und Reserviertheit einer Person bezüglich des Privatlebens, der Gefühle oder persönlicher Dinge.

- **Emotionale Zurückhaltung.** Bemühen einer Perosn, ihre spontanen Gefühle zu verbergen, sowie die Unterdrückung von Gefühlsregungen wie Ärger oder Niedergeschlagenheit im Angesicht anderer Menschen.

- **Verdrängen.** Das Bemühen einer Person, ihre anstehenden Probleme, ihre unangenehmen Gefühle oder Erinnerungen zu unterdrücken, anstatt sie offen zu zeigen oder direkt anzugehen.

TF-SC1. Erfolgsorientierung

Dieser Tertiärfaktor umfaßt ein breites Spektrum verschiedener Verhaltenskompetenzen, die die Person bezüglich ihrer Leistungsfähigkeit, ihres persönlichen Einsatzes und ihres Selbstvertrauens beschreiben. Zu diesem Faktor gehören die folgenden Sekundärfaktoren: SF-SC1 bis SF-SC5.

TF-SC2. Streß

Diese Dimension des SCOPE erfaßt den von der Person subjektiv erlebten Streß. Aufgezeigt werden die Reaktionen auf Streß und deren Konsequenzen. Unberücksichtigt bleiben die von außen einwirkenden, streßauslösenden Situationen. Auf den Faktor Streß laden die folgenden Sekundärfaktoren: SF-SC6 und SF-SC7.

TF-SC3. Zurückhaltung

Diese Dimension erfaßt Verhaltensmerkmale einer Person, die möglicherweise gepaart mit einer größeren Streßanfälligkeit lieber zurückgezogen lebt, nicht besonders aufgeschlossen in Gesellschaft ist, soziale Fertigkeiten in nicht ausreichendem Maß besitzt und persönliche Schwierigkeiten bei anderen eher verbirgt, diese aber auch vor sich selbst lieber wegschiebt, als sie direkt anzugehen. Der dritte Tertiärfaktor wird durch die folgenden Sekundärfaktoren bestimmt: SF-SC8 bis SF-SC10.

Inhalte des SCOPE—Fragebogens. Er enthält 3 tertiäre, 10 sekundäre und 50 primäre Skalen		
ERFOLGSORIENTIERUNG		
Erfolgsstreben	Leistungsorientierung Besitzstreben	Entschlußkraft Selbstvertrauen
Besonnenheit	Gewissenhaftigkeit Aufmerksamkeit	Genauigkeit Gehör finden
Selbst— bestimmung	Freiheit Selbstbestimmung	Offenheit
Soziale Kompetenz	Kontaktfreude Gesprächigkeit Faszinationskraft Geselligkeit Gesprächsbereitschaft	Überzeugungskraft Attraktivität Organisationsfreude Sicheres Auftreten
Ärgerkontrolle	Gelassenheit Selbstbeherrschung	Reizbarkeit (-) Konfliktlösungsfertigk.
STRESS		
Stress— reaktionen	Morgenmüdigkeit Schlafstörungen Nicht abschalten können Muskelverspannung seelische Belastung	Psych. bed. Beschwerden Erschöpfung Überbelastung Leistungseinschränkung Entspannungsfähigk. (-)
Negative Lebens— bewertung	Pessimismus Kummer und Sorgen Schwierigkeiten	Resignation Optimismus (-)
ZURÜCKHALTUNG		
Soziales Desinteresse	Soziales Desinteresse	
Soziale Inkompetenz	Mang. Überzeugungskraft Redehemmung Mangelnde Redegewandtheit Unsicherheit im Gespräch	Schweigsamkeit Schüchternheit Ablehnung erfahren
Emotionale Zurückhaltung	Wahrung der Privatsphäre Emotionale Zurückhaltung	Verdrängung

Abb.4:   Struktur und Aufbau des SCOPE

III. Durchführung der Untersuchung, Beschreibung der Stichprobe und Analysemethoden

1. Durchführung der Untersuchung

Die Untersuchung wurde in Zusammenarbeit mit einer Gruppe von Banken durchgeführt. Insgesamt waren 75 Bankfilialen beteiligt. Die Banken verteilen sich auf ganz Bayern. Mit der Marketingabteilung der Dachorganisation wurde im Januar 1990 Kontakt aufgenommen. Seitens der Dachorganisation stießen wir auf großes Interesse, mehr über den Umgang mit Geld ihrer Bankkunden zu erfahren. Ausschlaggebend für die Unterstützung dieser Studie durch die Dachorganisation waren folgende Punkte:

- wissenschaftliche Standards
- Hinzunahme von Spezialisten

Die wissenschaftlichen Standards sind bei der Erhebung und Auswertung üblicherweise nicht gegeben und werden bei den marktgängigen Studien oft nicht erreicht.

Die Dachorganisation wählte die 75 größten Filialen aus und erkundete schriftlich die Bereitschaft, an der Studie teilzunehmen. Aus Gründen der Anonymität wird der Name der Organisation nicht bekannt gegeben.

Aufgrund des großen Interesses, auch seitens der Filialen, konnte die Studie bereits im Mai 90 gestartet werden. Jede der Filialen erhielt 25 Fragebögen, so daß ingesamt 1.500 Fragebögen verschickt wurden. Außerdem erhielt jede Filiale ein Schreiben seitens des Verbandes, mit der Bitte, die Fragebögen über deren Anlageberater an Kunden weiterzuleiten. Die Verteilung der Fragebögen erfolgte im direkten Kontakt zum Kunden über die Anlageberater.

In der Untersuchung ging es darum, die "normalen Anleger" zu befragen, die die verschiedenen Bereiche im Umgang mit Geld und Gut weitgehend erlebt haben und deshalb in der Lage sind, ihr Verhalten zu beurteilen. Das bedeutet, daß die Versuchspersonen im Lebensstandard etwas gehoben sein sollten, ohne sich jedoch auf eine spezielle Zielgruppe zu beschränken. Den Fragebögen war ein Begleitschreiben und ein Freikuvert an die Psychologische Abteilung des betroffenen Max-Planck Instituts in München beigelegt.

Das einzige Kriterium der Weitergabe eines Fragebogens war nach Einschätzung des Anlageberaters, in welchem Umfang der Bankkunde die jeweiligen Geldgeschäfte kennt bzw. tätigt. Das bedeutet, der Proband sollte einen gehobenen Lebensstandard haben. Spezielle Zielgruppen oder andere Kriterien wurden nicht weiter definiert. Ansonsten wählte der Anlageberater die Probanden frei aus.

In dem Begleitschreiben (siehe Anhang Abb. A7) wurden die Bankkunden ermutigt, an der Studie teilzunehmen. Es enthielt kurze Informationen über das Ziel der Studie und welche Rolle die Banken dabei spielen. Für Rückfragen war eine Telefon-Nummer angegeben, unter der Probleme besprochen und Auskünfte erteilt werden konnten. Außerdem war die Zusicherung der Anonymität Bestandteil des Anschreibens, das von Brengelmann unterzeichnet war. Die Befragten wurden gebeten, den ausgefüllten Fragebogen innerhalb von einer Woche mit dem beiliegenden Rückkuvert anonym und direkt an das Max-Planck Institut für Psychiatrie, Psychologische Abteilung zu senden.

Aufgrund der Tatsache, daß die Vergabe der Fragebögen zeitlich nicht genau bekannt war, konnte ein bestimmtes Datum als Rücksendetermin nicht festgelegt werden. Der Rücklauf begann sehr schnell und flachte gegen Anfang Juni ab, so daß Mitte Juni 1990 ein Schreiben aufgesetzt wurde. In diesem Erinnerungsbrief wurden die Anlageberater aufgefordert, ihren Kunden die Wichtigkeit der Studie deutlich zu machen und sie zu ermutigen, ihren Bogen zurückzuschicken. Da nicht festgestellt werden konnte, wer seinen Fragebogen bereits zurückgeschickt hatte und wer nicht, sollte die Aufforderung sehr allgemein gehalten werden, bzw. all jenen gedankt werden, die bereits geantwortet hatten. Die endgültige Abgabefrist war der 30.06.1990. Daran anschließend begann direkt die Dateneingabe. Diese Kooperation mit Dachverband und Banken war sehr effektiv. Ohne großen Aufwand konnten viele Personen eines ganzen Bundeslandes erreicht werden.

Die Banken können ihrerseits einen Teil der Studie für ihre Zwecke nutzbar machen, während die Bankkunden die Gelegenheit hatten, sich über ihren Umgang mit Geld Gedanken zu machen, bzw. die Möglichkeit einer anonymen Äußerung ihrer Wünsche und Klagen erhielten.

Damit sind skizzenhaft die Prozesse beschrieben, die den Hintergrund der Stichprobengewinnung bildeten und zum Vorständnis und zur Interpretation der Ergebnisse notwendig sind, will man nicht eine verkürzte Perspektive durch Ausklammerung, der jedem Forschungsprozeß inhärenten sozialen Einflüsse riskieren.

2. Stichprobe

Die Analyse der empirischen Daten beginnt mit einer Beschreibung der Stichprobe anhand der demographischen Merkmale und wird danach mit der Beurteilung der eingesetzten Testverfahren fortgesetzt.

2.1. Rücklaufquote

Von den ursprünglich 1.500 Fragebögen, die an die Bankkunden verteilt worden waren, kamen insgesamt 255 zurück. In der Auswertung konnten die Daten von 225 Personen berücksichtigt werden, da die restlichen Bögen zum Teil nicht vollständig ausgefüllt waren, bzw. erst nach Beginn der Rücksendetrist (30.06.1990) eingingen.

Bei einem Versand von 1.500 Fragebögen entspricht dies einer Rücklauf-quote von 15 Prozent, was unter der Berücksichtigung der Umstände wie

- Umfang des Fragebogens von einer Arbeitszeit einer Stunde
- Schwierigkeit des Fragebogens
- Ungewißheit über die Anzahl der tatsächlich ausgegebenen Fragebögen
- blinder Versand

als noch akzeptabel, aber sicherlich nicht als gutes Ergebnis betrachtet werden kann.

2.2. Demographische Daten

Aufgrund der Besorgnis seitens der Banken, nicht zu genaue Angaben über deren Kundenstamm bekanntzugeben, werden im folgenden nur die wichtig-sten Variablen dargestellt. Diese Stichproben-Charakteristika finden sich in Tabelle 3.

Das Alter der befragten Personen liegt im Durchschnitt bei 45 Jahren, wobei die jüngste befragte Person 24 Jahre und die Älteste 70 Jahre alt ist. Etwa 70 Prozent der Personen sind zwischen 35 und 55 Jahre alt. 93 Prozent der Be-fragten sind Männer, sieben Prozent Frauen, wobei eine Person kein Ge-schlecht angegeben hat.

Demnach konnte eine breite Streuung des Alters erreicht werden, wobei die Mehrheit der Befragten im mittleren Alter ist, so daß man davon ausgehen kann, daß sie die verschiedenen Bereiche im Umgang mit Geld und Gut weitgehend kennen und erlebt haben und deshalb in der Lage sind, ihr Ver-halten zu beurteilen.

Bezüglich der Schulbildung haben die Versuchspersonen mit Mittlerer Reife (35 %) den größten Anteil. Personen mit einem Universitätsabschluß waren mit 17 Prozent und mit einem Fachhochschulabschluß mit zwölf Prozent beteiligt. Die Versuchspersonen verteilen sich auf die einzelnene Zellen sehr gut, so daß man nicht von einer bestimmten Schulbildung des Kreises der Probanden sprechen kann.

87 % der Probanden sind verheiratet. Ebenso lebt die überwiegende Mehrheit in einer Eigentumswohnung bzw. einem Eigentumshaus (83 %).

Bei der Berufsangabe zeigte sich, daß 92 Prozent entweder leitende Angestellte, Geschäftsführer oder selbständige Unternehmer waren: Allein der Anteil an selbständigen Unternehmern beträgt 50 Prozent. Auf den Beruf bezogen zeigt sich, daß es sich hierbei um keine homogene Gruppe handelt.

Um die Bereitschaft, das Einkommen anzugeben zu erhöhen, wurde nur die Zuordnung zu Einkommensklassen abgefragt. Die größte Klasse mit über DM 5.000,-- ist mit 58 Prozent besetzt. Aufgrund der Tatsache, daß die meisten Befragten eine hohe berufliche Position haben, ist das hohe Einkommen der Befragten leicht erklärbar.

Somit ist die Anforderung, Personen aus einer gehobeneren Schicht zu befragen, erfüllt worden. Die Gruppe weist eine große Streuung auf bezüglich Alter und Beruf.

Demographische Daten	
Alter im Mittel	45.2
Anteil an Männern	93.0%
Schulbildung	
- Kein Schulabschluß	1.0%
- Haupschulabschluß	27.0%
- Mittlere Reife	35.0%
- Fachhochschulreife	5.0%
- Abitur	3.0%
- Fachhochschulabschluß	12.0%
- Universitätsabschluß	17.0%
Familienstand	
- ledig	6.0%
- fester Partner	4.0%
- verheiratet	87.0%
- verwitwet	1.0%
- geschieden/getrennt	5.0%
Wohnsituation	
- Mietwohnung/-haus	17.0%
- Eigentumswohnung/-haus	83.0%
Beruf	
- ungelernter Arbeiter	-
- Facharbeiter	-
- Angestellter	7.0%
- leitender Angestellter	25.0%
- Geschäftsführer	17.0%
- Selbständiger Unternehmer	50.0%
- keinen Beruf ausgeübt	-
Nettoeinkommen in DM pro Monat	
unter 2.500	3.0%
2.501 - 3.500	10.0%
3.501 - 4.000	9.0%
4.001 - 5.000	19.0%
über 5.000	58.0%

Tab.3: Demographische Daten der an der Untersuchung beteiligten Probanden

3. Statistische Analyseverfahren

Mit den eingesetzten Fragebögen und Tests wurden eine große Menge von Daten erhoben, die vor allem mit dem Programmsystem SPSS (Statistical Package for the Social Science; NIE, HULL, JENKINS, STEINBRENNER und BENT, 1975) verarbeitet werden. Zur Deskription der Daten werden Häufigkeitsverteilungen und Verteilungskennwerte (Mittelwert, Standardabweichungen etc.) berechnet.

Die Zusammenhänge zwischen verschiedenen Variablen werden in Abhängigkeit von der Skalenqualität über Spearman-Rang oder Produkt-Moment-Korrelationen bestimmt.

Da der Fragebogen zum Umgang mit Geld ein neu zu entwickelndes Testinstrument ist und damit Teilziel der Untersuchung darstellt, bilden die Methoden der Testtheorie die Basis der Analysen.

Die folgenden methodischen Grundlagen müssen im Rahmen der klassischen Testtheorie bei der Entwicklung von Skalen (LIENERT 1969; COHEN et al 1988) berücksichtigt werden:

- Zur Datenreduktion wird die Faktorenanalyse mit anschließender Itemanalyse verwendet. Bei der Rotation der Faktoren wird die Varimaxmethode verwendet (Version STALMEB = Statistik-Programm aus dem MPIP) und geben die Anzahl der zu rotierenden Faktoren schrittweise vor, falls die ursprüngliche Faktorenlosung noch zu umfangreich erscheint.

- Bei der Itemanalyse wird die SPSS-Prozedur RELIABILITY (BEUTEL, KÜFFNER & SCHUBÖ, SPSS-8, 1980; SCHUBÖ, UEHLINGER, SPSS-X, 1984) eingesetzt. Als Maß der internen Konsistenz der Skalen gilt das Cronbach-Alpha. Die beiden Verfahren dienen in erster Linie dazu, (inhaltlich) ähnliche Einzelfragen eines Fragebogens zu identifizieren, so daß man sie sinnvollerweise zu Skalen zusammenfassen kann.

IV. Strukturanalyse zum Umgang mit Geld - Entwicklung des Meßinstruments

1. Skalenkonstruktion auf Primärebene, getrennt nach den Bedingungen "Typisch", "Rolle", "Häufigkeit", "Lebensqualität" und "Qualität".

Für die Skalenkonstruktion des Fragebogens zum Umgang mit Geld werden berechnet:

- Faktorenanalysen (Varimax-Rotation)
- Skalenanaysen (Itemanalyse, Cronbach Alpha)
- Interkorrelation der Skalen

Bei dem statistischen Vorgehen werden sowohl statistisch begründete, wie auch inhaltlich sinnvolle Selektions- und Gruppierungsentscheidungen getroffen. Wenn die Zuordnung zu einem Faktor statistisch nicht eindeutig zu bestimmen ist, z.b. wegen ähnlich hoher Ladung auf zwei verschiedenen Faktoren, besitzt die Frage der inhatlichen Stimmigkeit und Homogenität der Skala Priorität.

Die Skalenkonstruktion wird in den folgenden Abschnitten für jede Situation getrennt dargestellt. Gleichzeitig werden die Häufigkeiten aufgezeigt und die einzelnen Skalen beschrieben.

Wie bereits in Teil II Kapitel 2 und 3 beschrieben, wurde eine vorliegende Fassung der Fragebögen (GA und GB) überarbeitet und für die Untersuchung eingesetzt.

Insgesamt wurden 60 Items ausgewählt, mit einer vierstufigen Antwortausprägung nach fünf verschiedenen Bedingungen abgefragt, so daß insgesamt 300 Antworten ermittelt werden.

1.1. Primäre Geldfaktoren für die Bedingung "Typisch"

Die folgende Darstellung der Egebnisse bezieht sich auf die Analyse der Daten in der Antwortkategorie "Wie sehr ist die Aussage für Sie typisch oder zutreffend?" Skala von 1 = stimmt gar nicht bis 4 = stimmt vollkommen. Die 60 Items wurden einer Faktorenanalyse (Varimax-Rotiert, Rotationskriterium = Eigenwert > 1) unterzogen. Hierbei ergab sich eine Anzahl von zwölf Primärfaktoren. Aus den Items, die keinen der Faktoren zugeordnet werden konnte, wurde über die Itemanalyse ein eigenständiger Faktor mit zwei Items getrennt von der Faktorenanalyse gebildet. Die Skalen mit Items und Gütekriterien zeigt die ausführliche Tabelle 4.

Im folgenden werden die 12 Faktoren der Faktorenanalyse und der Faktor der über die Itemanalyse gebildete Faktor (PF13) inhaltlich beschrieben:

Der erste Faktor wurde **Spekulationslust** benannt und besteht aus neun Items. Der Faktor bringt eindeutig eine positive Einstellung gegenüber dem Spekulieren bzw. Riskieren zum Ausdruck. Diese positive Einstellung gegenüber dem Spekulieren ist gekoppelt mit dem Glaube an Glück und einer gewissen Gelassenheit beim Spekulieren. Schon in den Untersuchungen zur Risikolust hat sich gezeigt, daß Optimismus und Gelassenheit förderliche Verhaltensweisen beim Riskieren, Spekulieren sind. Mit sieben Items, die Ladungen über 0.50 haben und einen Cronbach-Alpha-Wert von 0.82, ist der Faktor gut bestimmt.

Sparen ist ein Verhalten, daß in erster Linie zur Schaffung von Sicherheit bzw. Reserven dient. "Sparen zur Sicherheit" und "sich eiserne Sparreserven anlegen" sind zwei Items, die den zweiten Faktor inhaltlich sehr gut beschreiben. **Sparsamkeit** wird er benannt und ist durch vier Items mit einem Cronbach-Alpha-Wert von 0.73 ein eindeutiger Faktor. Auch dieser Faktor ist mit einer positiven Emotion ("Spaß am Sparen") besetzt und läßt vermuten, daß Sparsamkeit keine negative Eigenschaft ist. Darauf wird im weiteren Verlauf der Arbeit noch Bezug genommen.

Hart arbeiten lautet der vierte Faktor, der sich durch Items wie "sich im Betrieb hocharbeiten" oder "sich sein Vermögen hart erarbeiten" inhaltlich bestimmt. Insgesamt ist der Faktor mit fünf Items besetzt und hat einen Alphawert von 0.68, so daß auch dieser Faktor eine gute Konsistenz besitzt. Personen, für die es typisch ist, hart zu arbeiten, zeichnen sich auch durch einen diskreten Umgang mit Geld aus. Dies zeigt die Ladung von Item 42 auf diesem Faktor.

Aus den 60 Items sind drei Items aus dem Themenbereich Sport, die sich alle im vierten Faktor wiederfinden. **Sportrisiken eingehen** heißt der vierte Faktor, der durch drei sehr hochladende Items mit einem Cronbach-Alpha-Wert von 0.84 sehr gut bestimmt ist.

Vorliebe für Luxus lautet Faktor 5 und ist durch drei Items mit relativ niedrigen Ladungen (Ladungen zwischen 0.50 und 0.66) repräsentiert. Durch seinen hohen Cronbach-Alpha-Wert von 0.76 ist die Zusammengehörigkeit gut bestätigt. Vorliebe oder Sinn für besonderen Luxus haben, dürfte sich in einem hohen Lebensstandard niederschlagen, was die Zugehörigkeit von Item 15 in diesem Faktor erklärt. Betrachtet man den Mittelwert, geben mehr Personen an, einen hohen Lebensstandard zu besitzen (x = 2.35), als Sinn für besonderen Luxus haben (x = 1.82). Möglicherweise ist der Begriff "Luxus" zu sehr mit negativen Elementen besetzt - im Gegensatz zu "hohen Lebensstandard".

Es gibt verschiedene Möglichkeiten, seine Geldausgaben zu begrenzen oder zu kontrollieren. Verschiedene Möglichkeiten, dies zu tun, finden sich im sechsten Faktor, der **Strenge Geldkontrolle** bezeichnet wurde. Das Wort "streng" wurde verwendet, weil es sich hierbei um Kontrollmechanismen handelt, die die Person sich selbst auferlegt und leicht zu überprüfen sind. Denn begrenzt man sein Geld vor dem Einkaufen, und stellt man nach dem Einkaufen fest, daß man kein Geld mehr bei sich hat, ist einem unweigerlich klar, wieviel Geld man ausgegeben hat. Möglicherweise sind dies typische Kontrollmechanismen im Umgang mit Geld in unserem Kulturkreis und erklären vielleicht die geringe Akzeptanz von Kreditkarten, besonders bei älteren

Menschen. Der Faktor ist durch vier Items mit Ladungen > 0.50 und einem Cronbach-Alpha-Wert von 0.68 eindeutig bestimmt.

Im Gegensatz zu Faktor 5 liegt der Schwerpunkt von Faktor 7 im Anstreben von Wohlstand. Dieses **Wohlstand anstreben** ist mit drei Items nicht sehr gut bestimmt und hat infolge dessen auch einen geringeren Cronbach-Alpha-Wert von 0.52.

Verluste gelassen nehmen wurde Faktor 8 benannt, der mit zwei Items besetzt ist und einen Alpha-Wert von 0.54 hat. Wie die Mittelwerte zeigen, handelt es sich hierbei um keine typischen bzw. zutreffenden Verhaltensweisen.

Alle Items vom Faktor 9 bringen einen gewissen Optimismus zum Ausdruck. Der Faktor wurde **Finanzieller Optimismus** benannt, da zwei der drei Items sich positiv auf finanzielle Dinge beziehen. Mit einem Alpha-Wert von 0.56 ist die interne Konsistenz des Faktors nicht sehr gut.

Der statistisch qualitativ schlechteste Faktor lautet **Bequem Leben** und ist durch zwei Items mit mittleren Ladungen nicht sehr gut bestimmt. Die beiden Items sind einander offensichtlich nur mässig verwandt.

"Spekulative Geldgeschäfte vermeiden" und "nicht um Geld wetten" sind die beiden Items, die mit Ladungen ≥ 0.70 den elften Faktor mit einem Alpha-Wert von 0.68 sehr gut bestimmen. **Nicht spekulieren** wurde dieser Faktor benannt und bezieht sich auf den Bereich Geld.

Auch Faktor zwölf ist mit nur zwei Items besetzt, die beide noch auf dem Faktor laden. Die interne Konsistenz ist mit einem Wert von 0.70 sehr gut, so daß die beiden Items einen homogenen Faktor bilden. **Geldgeschäfte verheimlichen** wurde dieser Faktor benannt.

Der letzte Faktor (Faktor 13) wurde nicht durch Faktorenanalyse gewonnen, sondern aufgrund der Interkorrelation, die bei der Itemanalyse festgestellt

werden konnte. **Sicher investieren** wurde der Faktor benannt und besteht aus zwei Items.
Von den ursprünglich 60 Items konnten 14 Items keinem der dreizehn Faktoren eindeutig zugeordnet werden.

Faktor Item	La- dung	Cro. Alpha	X	S	n	Item zahl
PF1. Spekulationslust	-	0.82	1.96	0.48	190	9
49.Glaube an Glück im Risiko	0.72	-	1.85	0.82	190	-
50.Wagnisse eingehen	0.68	-	1.82	0.77	190	-
53.Cool beim riskanten Spekulieren	0.64	-	1.60	0.76	190	-
24.Geld risikoreich anlegen	0.61	-	1.31	0.56	190	-
13.Sinn für leicht verdientes Geld	0.59	-	2.06	0.83	190	-
25.Vermögen durch Spekulation vergrößern	0.55	-	1.53	0.71	190	-
51.Lust auf Außergewöhnliches	0.53	-	2.13	0.85	190	-
52.Anregung durch Neues	0.49	-	2.59	0.75	190	-
27.Spaß am größeren Geldgewinn haben	0.44	-	2.86	0.96	190	-
PF2. Sparsamkeit	-	0.73	3.04	0.61	190	4
40.Sparen zur Sicherheit	0.72	-	2.88	0.84	190	-
17.Sich eiserne Sparreserven anlegen	0.70	-	3.00	0.92	190	-
3. Spaß am Sparen haben	0.60	-	2.58	0.89	190	-
36.Geld vollständig ausgeben	-0.49	-	1.28	0.59	190	-
PF3. Hart arbeiten	-	0.68	2.90	0.55	190	5
19.Sich im Betrieb hocharbeiten	-0.67	-	3.10	0.92	190	-
18.Sich ein Vermögen hart erarbeiten	-0.60	-	3.20	0.78	190	-
54.Mein Einkommen spiegeltsich in der Arbeit wieder	-0.60	-	3.00	0.89	190	-
42.Diskreter Umgang mit Geld	-0.57	-	3.00	0.73	190	-
57.Die Karriere beherrscht mein Leben	-0.48	-	2.17	0.90	190	-

Tab.4: Tabelle der Primärfaktoren für die Bedingung "Typisch"

Faktor Item	La- dung	Cro. Alpha	X	S	n	Item zahl
PF4. Sportrisiken eingehen	-	0.84	1.30	0.53	190	3
12.Sportarten waghalsig betreiben/schätzen	0.84	-	1.21	0.54	190	-
29.Gern hohe Risiken im Sport eingehen	0.84	-	1.19	0.51	190	-
11.Sport als Nervenkitzel betreiben/schätze	0.79	-	1.48	0.74	190	-
PF5. Vorliebe für Luxus	-	0.76	2.01	0.67	190	3
2. Vorliebe für Luxus- artikel haben	0.66	-	1.88	0.80	190	-
14.Sinn für besonderen Luxus haben	0.60	-	1.82	0.83	190	-
15.Einen hohen Lebensstandard besitzen	0.50	-	2.35	0.83	190	-
PF6. Strenge Geldkontrolle	-	0.68	1.85	0.57	190	4
34.Vor dem Einkaufen das Geld begrenzen	0.76	-	1.89	0.85	190	-
35.Jede Mark dreimal umdrehen	0.66	-	1.48	0.72	190	-
33.Vorsichtige Geldhaus- haltung	0.59	-	2.65	0.82	190	-
32.Ein Haushaltsbuch führen	0.58	-	1.47	0.88	190	-
PF7. Wohlstand anstreben	-	0.52	2.04	0.67	190	3
8. Wohlstand zum obersten Ziel haben	0.72	-	2.36	0.92	190	-
7. Alle jetzigen Probleme mit Geld lösen	0.58	-	1.88	0.96	190	-
38.Geld als Einflußinstrument	0.44	-	1.85	0.93	190	-
PF8. Verluste gelassen nehmen	-	0.54	1.36	0.50	190	2
9. Große Geldverluste gelassen nehmen	0.57	-	1.45	0.69	190	-
10.Große Geldverluste verharmlosen	0.55	-	1.28	0.54	190	-

Tab.4: Fortsetzung

Faktor Item	La- dung	Cro. Alpha	X	S	n	Item zahl
PF9. Finanzieller Optimismus	-	0.56	2.88	0.57	190	3
46. Konjunktureller Optimismus	-0.66	-	2.89	0.79	190	-
47. Glaube an finanziellen Erfolg haben	-0.54	-	3.01	0.67	190	-
48. Hoffen auf Gewinn	-0.46	-	2.76	0.88	190	-
PF10. Bequem leben	-	0.43	2.24	0.75	190	2
20. Vom guten Gehalt bequem leben	-0.67	-	2.51	0.93	190	-
26. Einfach verdienen und ohne Hast leben	-0.58	-	1.98	0.93	190	-
PF11. Nicht spekulieren	-	0.68	2.94	0.96	190	2
59. Spekulative Geldgeschäfte vermeiden	0.78	-	2.85	1.03	190	-
60. Nicht um Geld wetten	0.70	-	3.02	1.16	190	-
PF12. Geldgeschäfte verheimlichen	-	0.70	1.99	0.74	190	2
44. Verheimlichung von Geldgeschäften	0.79	-	1.96	0.89	190	-
43. Nicht alles bei der Steuer angeben	0.67	-	2.06	0.86	190	-
PF13. Sicher investieren	-	0.50	1.98	0.79	190	2
23. Sich an gutgehenden Firmen beteiligen	-	-	1.89	1.01	190	-
22. Geld in sichere Aktien anlegen	-		2.07	0.92	190	-

Tab.4:   Fortsetzung

1.2. Primäre Geldfaktoren für die Bedingung "Rolle"

Die Befragten beantworteten die gleichen 60 Items bezüglich der Frage "welche bestimmende Rolle diese Aussage in ihrem Leben spielt". Die zu beantwortende Antwortkategorie hat eine Skala von 1 = keine bis 4 = sehr große.

In der Faktorenananlyse (Varimax-rotiert, Rotationskriterium = Eigenwert > 1) ergaben sich elf Primärfaktoren. Vierzehn Items erfüllten das Kriterium Ladung > 0.40 nicht. Über die anschließende Itemanalyse wurde noch ein weiterer Faktor aufgrund der hohen Itemkorrelation gebildet, so daß sich insgesamt zwölf Faktoren ergaben, die mit ihren Items und Gütekriterien in Tabelle 5 aufgelistet sind.

Aufgrund der anschließenden Skalenanalyse wurden weitere fünf Items entfernt. Zwei Items, die ursprünglich keine Ladungen von 0.40 erreichten wurden zu einem eigenen Faktor gebildet, so daß insgesamt siebzehn Items keinem Faktor zugeorndet werden konnten.

Im ersten Faktor (PF 14) finden sich Items zum Sparverhalten und Items zum Thema Arbeit. Die Items über das Sparverhalten haben die höchsten Ladungen auf diesem Faktor, dem ein Doppelname vergeben wurde. **Sparsamkeit/Hart arbeiten** wurde dieser Faktor benannt. Im Leben der Befragten spielen die Sparsamkeit und Hart arbeiten eine gleich bestimmende Rolle. Mit sieben Items und einem Gütekriterium von 0.79 ist der Faktor gut definiert.

Spekulationslust ist der zweite Faktor (PF 15), der ebenfalls durch sieben Items und einem Alphawert von 0.79 sehr gut repräsentiert ist. Beim Spekulieren spielen die Gelassenheit, der Glaube ans Glück und das kontrollierte Risiko eine wichtige Rolle. Das Item 24 mußte aus statistischen Gründen - aufgrund des geringen Mittelwertes - ausgeschlosssen werden. Fragen, die von niemanden als bestimmend beantwortet werden, bringen keine nützlichen Informationen. Aufgrund der inhaltlichen Übereinstimmung des Items mit dem Faktor, wurde es dennoch beibehalten, da es möglicherweise bei anderen Personengruppen höhere Werte behält.

Finanziellen Dingen gegenüber optimistisch stehen, ist der Inhalt von PF 16, der **Finanzieller Optimismus** genannt wird. Insgesamt laden fünf Items auf diesem Faktor, die zusammen einen Gütewert von 0.72 haben.

Positive Reaktionen gegenüber Geldverlusten sind die Inhalte der führenden Items von PF 17. **Verluste gelassen nehmen** wird durch vier Items und einem Cronbach-Alpha-Wert von 0.71 charakterisiert. Aufgrund des geringen Mittelwertes sollte Item 30 in weiteren Untersuchungen seiner Formulierung etwas abgeschwächt werden.

Auch unter dieser Bedingung sammeln sich die drei Fragen zu Sportrisiken in einem Faktor mit einem hohen Alphawert von 0.86. **Sportrisiken eingehen**, wie der PF 18 benannt wurde, besteht aus drei Items, deren Ladungen über 0.80 liegen.

Strenge Geldkontrolle ist ein Faktor (PF 19), der vier Möglichkeiten beinhaltet, sein Geld zu kontrollieren. Die Items mit den stärksten Ladungen zeichnen sich durch eine strengere Form der Geldkontrolle aus, als es die beiden anderen Items tun. Strenge Geldkontrolle besteht aus vier Items mit einem Alphawert von 0.75.

Die beiden Fragen zu Luxus bilden den Faktor **Vorliebe für Luxus**. Beide Items weisen Ladungen von über 0.70 auf und bilden einen homogenen Faktor (Cronbach-Alpha-Wert 0.76).

PF 21, **Glücklicher Gewinn**, beinhaltet vier Items. Das Wort "Spaß" beim Wetten/Glücksspiel und am Geldgewinn prägt den Faktor sehr stark. Mit einem Alphawert von 0.67 ist die interne Konsistenz noch zufriedenstellend.

"Nicht alles bei der Steuer angeben" und Verheimlichung von Geldgeschäften, sind zwei Items, die den Primärfaktor 22 **Geldgeschäfte verheimlichen** bilden. Der Gütewert dieser Skala ist 0.70.

Den ebenfalls mittels der Faktorenanalyse gebildeten PF 23 weist die geringsten Ladungen auf und ist mit einem Alphawert von 0.63 nicht schlecht, aber hier am schlechtesten bestimmt. **Wohlstand anstreben** wurde dieser Faktor benannt und besteht aus vier Items mit Ladungen > 0.50.

Ein Faktor, der auch mit nur zwei Items besetzt ist, deren Ladungen jedoch beide über 0.80 liegen und einen Alphawert von 0.82 hat, ist PF 24 **Nicht spekulieren.** In diesem Faktor kommt die eindeutige Ablehnung gegenüber spekulativen Geschäften zum Ausdruck.

Am Anfang des Abschnittes wurde schon darauf hingewiesen, daß ein Faktor aufgrund der Itemanalyse gebildet wurde, so daß für diesen Faktor keine Ladungen angegeben werden können. Hierbei handelt es sich um den gleichen Faktor, wie er auch unter der Bedingung Typisch schon gebildet wurde. **Sicher investieren** (PF 25) ist ein Faktor, der aus zwei Items besteht und einen Alphawert von 0.56 hat.

Wie bereits erwähnt, erfüllten fünfzehn Items bei der Itemselektion nicht das Kriterium Faktorladung > 0.40. Über den durch die Itemananlyse gebildeten Faktor, der aus zwei Items besteht, konnten insgesamt dreizehn Items keinen der zwölf Faktoren zugeordnet werden.

Die Weite der internen Konsistenz der Primärfaktoren über die Bedingung Rolle, erweisen sich als besonders gut mit den Werten von meistens > 0.70. Allgemein ist die Homogenität der Faktoren zufriedenstellend. Eine Ausnahme bildet Faktor zwölf, Sicher investieren, der trotz seines geringen Cronbach-Alpha-Wertes (0.53), da er einen interessanten inhaltlichen Aspekt repräsentiert, beibehalten wird.

Faktor Item	La- dung	Cro. Alpha	X	S	n	Item zahl
PF14. Sparsamkeit/ **Hart arbeiten**	-	0.79	2.91	0.55	189	7
40.Sparen zur Sicherheit	0.80	-	2.92	0.83	189	-
17.Sich eiserne Sparreserven						
anlegen	0.70	-	2.86	0.93	189	-
3. Spass am Sparen haben	0.66	-	2.49	0.89	189	-
4. Diszipliniert Geld						
ausgeben	0.61	-	3.10	0.76	189	-
42.Diskreter Umgang mit Geld	0.58	-	2.95	0.79	189	-
18.Sich ein Vermögen hart						
erarbeiten	0.45	-	3.10	0.82	189	-
54.Mein Einkommen spiegelt sich						
in der Arbeit wieder	0.40	-	3.01	0.78	189	-
PF15. Spekulationslust	-	0.79	1.81	0.52	189	7
53.Cool beim riskanten						
Spekulieren	-0.73	-	1.64	0.78	189	-
50.Wagnisse eingehen	-0.69	-	1.83	0.79	189	-
49.Glaube an Glück im Risiko	-0.68	-	1.82	0.80	189	-
58.Kontrolliert Risiken						
eingehen	-0.55	-	2.44	0.86	189	-
51.Lust auf Außergewöhnliches	-0.53	-	2.08	0.88	189	-
24.Geld risikoreich anlegen	-0.44	-	1.34	0.65	189	-
25.Vermögen durch Spekulation						
vergrößern	-0.43	-	1.54	0.78	189	-
PF16. Finanzieller Optimismus	-	0.72	2.78	0.54	189	6
47.Glaube an finanziellen						
Erfolg	0.67	-	3.04	0.71	189	-
46.Konjunktureller Optimismus	0.65	-	2.83	0.78	189	-
39.Geschäftstüchtig sein	0.59	-	3.17	0.75	189	-
48.Hoffen auf Gewinn	0.55	-	2.75	0.86	189	-
45.Offen über Geld sprechen	0.50	-	2.14	0.83	189	-

Tab.5:   Tabelle der Primärfaktoren für die Bedingung "Rolle"

Faktor Item	La- dung	Cro. Alpha	X	S	n	Item zahl
PF17. Verluste gelassen nehmen	-	0.71	1.55	0.62	189	4
9. Große Geldverluste gelassen nehmen	-0.73	-	1.65	0.88	189	-
10.Große Geldverluste verharmlosen	-0.70	-	1.49	0.82	189	-
30.Viel Geld oder Gut verloren haben	-0.59	-	1.33	0.76	189	-
16.Große Geldbeträge auf Kredit nehmen	-0.48	-	1.63	0.88	189	-
PF18. Sportrisiken eingehen	-	0.86	1.30	0.57	189	3
12.Soprtarten waghalsig betreiben/schätzen	0.85	-	1.23	0.58	189	-
29.Gern hohe Risiken im Sport eingehen	0.84	-	1.22	0.59	189	-
11.Sport als Nervenkitzel betreiben/schätzen	0.82	-	1.39	0.66	189	-
PF19. Strenge Geldkontrolle	-	0.75	1.89	0.60	189	4
35.Jede Mark dreimal umdrehen	0.76	-	1.60	0.82	189	-
34.Vor dem Einkaufen das Geld begrenzen	0.71	-	1.94	0.84	189	-
32.Ein Haushaltsbuch führen	0.61	-	1.38	0.72	189	-
33.Vorsichtige Geldhaus- haltung	0.49	-	2.67	0.83	189	-
PF20. Vorliebe für Luxus	-	0.76	1.87	0.72	189	2
14.Sinn für besonderen Luxus haben	0.76	-	1.88	0.79	189	-
2. Vorliebe für Luxusartikel haben	0.71	-	1.91	0.76	189	-

Tab.5: Fortsetzung

Faktor Item	La- dung	Cro. Alpha	X	S	n	Item zahl
PF21. Glücklicher Gewinn	-	0.67	1.91	0.62	189	4
28.Spaß am Wetten/Glücksspiel haben	-0.70	-	1.52	0.76	189	-
21.Gut erben und angenehm davon leben	-0.64	-	1.48	0.78	189	-
27.Spaß am größeren Geldgewinn haben	-0.60	-	2.58	1.02	189	-
13.Sinn für leicht verdientes Geld haben	-0.49	-	2.04	0.90	189	-
PF22. Geldgeschäfte verheimlichen	-	0.70	1.93	0.75	189	2
43.Nicht alles bei der Steuer angeben	0.74	-	2.07	0.87	189	-
44.Verheimlichung von Geldgeschäften	0.68	-	1.82	0.83	189	-
PF23. Wohlstand anstreben	-	0.63	2.29	0.61	189	4
8. Wohlstand zum obersten Ziel haben	-0.62	-	2.47	0.92	189	-
57.Die Karriere beherrscht mein Leben	-0.57	-	2.35	0.96	189	-
15.Einen hohen Lebensstandard besitzen	-0.53	-	2.52	0.85	189	-
38.Geld als Einflußinstrument	-0.52	-	1.90	0.84	189	-
PF24. Nicht spekulieren	-	0.82	2.64	1.06	189	2
60.Nicht um Geld wetten	0.85	-	2.59	1.26	189	-
59.Spekulative Geldgeschäfte vermeiden	0.83	-	2.71	1.03	189	-
PF25. Sicher investieren	-	0.56	1.90	0.76	189	2
22.Geld in sicheren Aktien anlegen	-	-	1.98	0.89	189	-
23.Sich an gutgehenden Firmen beteiligen	-	-	1.82	0.96	189	-

Tab.5:   Fortsetzung

1.3. Primäre Geldfaktoren für die Bedingung "Häufigkeit"

Die dritte Bedingung lautet: "Wie häufig wenden Sie dieses Verhalten tatsächlich an?". Auch diese Bedingung wurde einer vierstufigen Antwortkategorie von 1 = nie bis 4 = sehr häufig zugrunde gelegt.

Die Faktorenanalyse (Varimax-rotiert, Rotationskriterium = Eigenwert > 1) wurde über die 60 Items gerechnet und ergab elf primäre Faktoren. Die Faktoren mit Items und Gütekriterien zeigt die ausführliche Tabelle 6.

Es erfolgte eine Itemselektion aller Items, die das Kriterium-Faktorladung ≥ 0.40 nicht erfüllten. Dies betrifft acht Items, z.b. Dinge selbst reparieren. Bei Doppelladungen auf zwei Faktoren, entschied die Höhe der Ladungen über die Zugehörigkeit zum Primärfaktor; bei annähernd gleicher Ladung wurde inhaltlich entschieden. Die Skalenanalyse (SPSS-Reliability) bestimmte über die Zugehörigkeit der Items zu den Faktoren und über die Existenz der Faktoren an sich. Aufgrund dieser Analyse wurden noch einmal fünf Items selegiert, deren Zugehörigkeit zu einem Primärfaktor nichts oder nur wenig zur internen Konsistenz des Faktors beitrugen. So wurde der ursprüngliche Faktor zwei, wie er in der Faktorenananlyse ermittelt wurde, in zwei Faktoren zerlegt, die sich inhaltlich gut voneinander trennen lassen.
Im folgenden werden die einzelnen Faktoren kurz erläutert.

Der erste Faktor (PF 26) besteht aus zwei Namen, die den Inhalt des Faktors sehr gut beschreiben. **Optimismus/Hart arbeiten** besteht aus acht Items mit einem Cronbach-Alpha-Wert von 0.80. Eine optimistische Einstellung und die Aktivität "arbeiten" sind zwei Bereiche, die auch bezüglich der Häufigkeit etwas gemeinsam haben.

Sportrisiken eingehen (PF 27) und **Geld borgen** (PF 28), waren ursprünglich (aufgrund der Faktorenanalyse) ein gemeinsamer Faktor. Mittels der Itemanalyse zeigte sich, daß sich der Faktor in zwei getrennte Faktoren gliedern läßt. Sportrisiken eingehen besteht aus drei Items. Die Güte des Faktors liegt mit einem Wert von 0.84 sehr hoch. Der Faktor Geld borgen ist ebenfalls durch drei Items bestimmt, dessen Cronbach-Alpha-Wert jedoch nicht ganz so gut ist und bei 0.55 liegt.

Sparsamkeit (PF 29) ist ein Faktor, wie er in ähnlicher Form schon in den anderen Bedingungen ermittelt wurde und durch fünf Items und einem Alphawert von 0.78 sehr gut definiert ist. Zu diesem Faktor kam hier ein Item hinzu, das bislang noch nicht zum Faktor Sparksamkeit ermittelt werden konnte. Es ist das Item "Geld in sichere Aktien anlegen". Der Begriff Sparsamkeit wird hier um das Investieren in Aktien erweitert.

Primärfaktor 30 wurde **Abenteuerlust** benannt und besteht aus zwei Items, die Lust an Neuartigen beinhalten. Der Alphawert für diesen Faktor ist 0.73.

Die beiden Items fünfundzwanzig und sechsundzwanzig von PF 31 **Spekulationslust**, sprechen den finanziellen Gewinn an. "Kontrolliert Risiken eingehen" unterstützt das Spekulieren positiv. Das Item "Glaube an Glück im Risiko" ist wahrscheinlich sehr stark mitverantwortlich, um überhaupt Risiken einzugehen.

Der Primärfaktor 32 **Strenge Geldkontrolle** ist auch in dieser Bedingung mit fünf Items eindeutig. Wenn auch mit einer geringeren Ladung, ist der Faktor dennoch gut bestimmt.

In PF 33 kommen die positiven Einstellungen gegenüber dem Luxus zum Tragen. Der Faktor ist mit vier Items und einem Cronbach-Alpha-Wert von 0.73 ein gut bestimmter Faktor und wurde **Vorliebe für Luxus** benannt.

Die Einstellung Verlusten gelassen gegenüber zu stehen, ist der Inhalt von PF 34. **Verluste gelassen nehmen** ist durch zwei Items mit mittlerer Ladung, aber mit einem Alphawert von 0.74 bestimmt.

Der Faktor **Bequem Leben** (PF 35) ist auch in dieser Bedingung der Faktor mit der schlechtesten internen Konsistenz von 0.54. Wegen der beabsichtigten Kombination der fünf Antwortarten soll der Faktor zunächst beibehalten werden. Eine eindeutig negative Einstellung gegenüber dem Spekulieren um Geld, ist der Inhalt von PF 36 und wurde **Nicht spekulieren** genannt. Der Faktor besteht aus zwei Items, deren Ladungen > 0.80 sind. Der Faktor ist mit diesen beiden Items gut bestimmt.

"Nicht alles bei der Steuer angeben" und "Verheimlichung von Geldgeschäften sind zwei Items, die den Faktor **Geldgeschäfte verheimlichen** (PF 37) erklären.

Die Gütemaßstäbe der Primärfaktoren für die Bedingung Häufigkeit, erweisen sich als besonders gut mit Werten von meistens > 0.70. Die Homogenität der Faktoren ist weitgehend zufriedenstellend. Eine Ausnahme bildet der Faktor Bequem Leben, der trotz seines geringen Cronbach-Alpha-Wertes (0.54) beibehalten wird.

Faktor Item		La- dung	Cro. Alpha	X̄	s	n	Item zahl
PF26. Optimismus/Hart arbeiten -			0.80	2.85	0.52	189	8
47.	Glaube an finanziellen Erfolg haben	-0.72	-	2.96	0.71	189	-
46.	Konjunktureller Optimismus	-0.70	-	2.76	0.77	189	-
39.	Geschäftstüchtig sein	-0.67	-	3.07	0.73	189	-
48.	Hoffen auf Gewinn	-0.59	-	2.65	0.84	-189	-
57.	Die Karriere beherrscht mein Leben	-0.52	-	2.35	0.95	189	-
54.	Mein Einkommen spiegelt sich in der Arbeit wieder	-0.51	-	2.96	0.75	189	-
18.	Sich ein Vermögen hart erarbeiten	-0.51	-	3.07	0.87	189	-
19.	Sich im Betrieb hocharbeiten	-0.41	-	2.95	0.96	189	-

Tab.6: **Tabelle der Primärfaktoren für die Bedingung Häufigkeit**

Faktor Item	La- dung	Cro. Alpha	X	s	n	Item zahl
PF27. Sportrisiken eingehen	-	0.84	1.31	0.55	189	3
12.Sportarten waghalsig betreiben/schätzen	0.83	-	1.28	0.63	189	-
11.Sport als Nervenkitzel betreiben/schätzen	0.82	-	1.44	0.73	189	-
29.Gern hohe Risiken im Sport eingehen	0.79	-	1.22	0.51	189	-
PF28. Geld borgen	0.55	1.30	0.41	189	3	
5. Geld von Freunden borgen	-	-	1.11	0.45	189	-
30.Viel Geld oder Gut verloren haben	-	-	1.15	0.45	189	-
16.Große Geldbeträge auf Kredit nehmen	-	-	1.65	0.75	189	-
PF29. Sparsamkeit	-	0.78	2.64	0.59	189	5
17.Sich eiserne Sparreserven anlegen	0.77	-	2.72	0.89	189	-
3. Spaß am sparen haben	0.74	-	2.60	0.86	189	-
40.Sparen zur Sicherheit	0.72	-	2.90	0.80	189	-
22.Geld in sicheren Aktien anlegen	0.60	-	1.86	0.83	189	-
4. Diszipliniert Geld ausgeben	0.50	-	3.16	0.71	189	-
PF30. Abenteuerlust	-	0.73	2.30	0.70	189	2
51.Lust auf Außergewöhnliches	0.70	-	2.12	0.80	189	-
52.Anregungen durch Neues	0.65	-	2.49	0.79	189	-
PF31. Spekulationslust	-	0.76	1.77	0.53	189	5
25.Vermögen durch Spekulation vergrößern	0.77	-	1.50	0.68	189	-
24.Geld risiokreich anlegen	0.70	-	1.34	0.60	189	-
50.Wagnisse eingehen	0.69	-	1.86	0.75	189	-
58.Kontrolliert Risiken eingehen	0.62	-	2.28	0.79	189	-
49.Glaube an Glück im Risiko	0.56	-	1.85	0.85	189	-

Tab.6:   Fortsetzung

Faktor Item	La- dung	Cro. Alpha	X	S	n	Item zahl
PF32 Strenge Geldkontrolle	-	0.73	2.00	0.58	189	5
34.Vor dem Einkaufen das						
Geld begrenzen	-0.73	-	1.99	0.90	189	-
35.Jede Mark dreimal umdrehen	-0.70	-	1.58	0.77	189	-
33.Vorsichtige Geldhaus-						
haltung	-0.67	-	2.78	0.83	189	-
32.Ein Haushaltsbuch führen	-0.58	-	1.50	0.90	189	-
31.Beim Einkaufen um den Preis						
feilschen	-0.52	-	2.21	0.84	189	-
PF33 Vorliebe für Luxus	-	0.73	2.25	0.62	189	4
2. Vorliebe für Luxus-						
artikel haben	-0.80	-	2.10	0.76	189	-
14.Sinn für besonderen						
Luxus haben	-0.77	-	2.07	0.81	189	-
15.Einen hohen Lebensstandard						
besitzen	-0.66	-	2.44	0.82	189	-
8. Wohlstand zum obersten						
Ziel haben	-0.49	-	2.43	0.92	189	-
PF34. Verluste gelassen						
nehmen	-	0.74	1.38	0.55	189	3
9. Große Geldverluste						
gelassen hinnehmen	-0.60	-	1.47	0.67	189	-
10.Große Geldverluste						
verharmlosen	-0.55	-	1.30	0.59	189	-
PF35. Bequem leben	-	0.54	1.89	0.58	189	3
21.Gut erben und angenehm davon						
leben	0.71	-	1.40	0.68	189	-
20.Vom guten Gehalt bequem						
leben	0.60	-	2.35	0.91	189	-
26.Einfach verdienen und						
ohne Hast leben	0.59	-	1.89	0.81	189	-
PF36. Nicht spekulieren	-	0.76	2.89	1.06	189	2
60.Nicht um Geld wetten	-0.87	-	2.89	1.26	189	-
59.Spekulative Geldgeschäfte						
vermeiden	-0.80	-	2.89	1.10	189	-

Tab.6: Fortsetzung

Faktor Item	La- dung	Cro. Alpha	X	S	n	Item zahl
PF37. Geldgeschäfte **verheimlichen**	-	0.65	2.01	0.71	189	2
43.Nicht alles bei der Steuer angeben	-0.73	-	2.04	0.81	189	-
44.Verheimlichung von Geldgeschäften	-0.65	-	2.01	0.82	189	-

Tab.6:   **Fortsetzung**

1.4. Primäre Geldfaktoren für die Bedingung "Lebensqualität"

Die folgende Darstellung der Ergebnisse bezieht sich auf die Analyse der
Daten in der Antwortkategorie "Welchen Beitrag leistet diese Aussage zur
Steigerung ihrer Lebensqualität?", Skala von 1 = keinen bis 4 = sehr großen.

Als erster Schritt der Strukturierung erfolgte die Faktorenanalyse auf Primärebene. Die 60 eingegebenen Items ergaben **neun** Faktoren.

Neun Items erfüllten nicht das Kriterium Faktorenladung ≥ 0.40. Die Skalenanalyse bestimmt über die Zugehörigkeit der Items zu den Faktoren und über
die Existenz der Faktoren an sich. Aufgrund dieser Analysen wurden noch
einmal neun Items eologiort, die nicht oder nur wenig zur internen Konsistenz
des Faktors beitrugen.

Das Kriterium der internen Konsistenz einer Skala ist mit einem Wert für
Cronbach-Alpha von > 0.60 und so hoch wie möglich festgelegt.

Die interne Konsistenz der Primärfaktoren erweist sich als besonders gut mit
Werten von > 0.70.

Die Faktoren, die im folgenden kurz beschrieben werden, finden sich in Tabelle 7 mit ihren Items und Gütekriterien aufgelistet.

Der erste Faktor (PF 38) besteht aus zwölf Items, die sich den beiden Begriffen **"Finanzieller Optimismus"** und **"Spekulationslust"** zuordnen. Beide
Aspekte fallen zumindest bei der Beurteilung, welchen Beitrag diese Aussagen zur Steigerung der Lebensqualität leisten, zusammen. Die interne Konsistenz ist mit einem Wert von 0.85 äußerst zufriedenstellend.

Ebenso fallen die beiden Oberbegriffe **"Hart arbeiten"** und **"Sparsamkeit"** im
zweiten Faktor (PF 39) zusammen. Der Faktor besteht aus sieben Items mit
einem Cronbach-Alpha-Wert von ebenfalls 0.85.Hart arbeiten und Sparsam-

keit sind zwei Aktivitäten, die gemeinsam einen Beitrag zur Steigerung der Lebensqualität leisten.

Der dritte Faktor **Geldrisiken eingehen** (PF 40), konnte in den vorangegangenen Faktorenanalysen nicht so eindeutig bestimmt werden wie hier. Der Faktor ist durch fünf Items mit einem Cronbach-Alpha-Wert von 0.72 in dieser Bedingung gut bestimmt.

Primärfaktor 41 ist wiederum ein Faktor, der durch die zwei Begriffe erklärt wird. **Glücklicher Gewinn** und **Bequem Leben** lauten die Begriffe und umfassen fünf Items mit einem Alphawert von 0.70.

Der Faktor **Strenge Geldkontrolle** (PF 42) konnte auch in dieser Bedingung ermittelt werden und besteht aus fünf Items mit einem Wert für die interne Konsistenz von 0.79.

Auch die drei Fragen zu Sportrisiken finden sich in einem eigenen Faktor **Sportrisiken eingehen** (PF 43) wieder.

"Wohlstand zum obersten Ziel haben" ist das Item mit der höchsten Ladung auf Faktor sieben. **Wohlstand anstreben** wurde PF 44 benannt, wobei das Gewicht auf anstreben und nicht besitzen liegt. Der Faktor ist mit fünf Items gut repräsentiert.

Geldgeschäfte verheimlichen lautet PF 45, der wieder nur mit zwei Items besetzt ist, die beiden Items, die den Faktor jedoch sehr gut mit einem Wert von über 0.80 bestimmen.

Der Faktor **Nicht spekulieren** (PF 46) zeigt ein gewisses Vermeidungsverhalten gegenüber spekulativen Geldgeschäften. Die Vermeidung wird aber durch das Item "kontrolliert Risiken eingehen" etwas abgeschwächt.

Auch unter der Bedingung Lebensqualität lassen sich annähernd die gleichen Faktoren, wie unter den bereits geschilderten Bedingungen bilden. Es gibt allerdings einen Unterschied: Unter dieser Bedingung sind bei drei Faktoren, bei denen jeweils zwei inhaltliche Bereiche, wie sie unter den anderen Bedingungen jeweils getrennt ermittelt werden konnten, zusammengefallen.

Faktor Item	La- dung	Cro. Alpha	X	s	n	Item- zahl
PF38. Finanzieller Optimismus/ **Spekulationslust**	-	0.85	2.31	0.52	190	12
47.Glaube an finanziellen Erfolg	0.72	-	2.91	0.81	190	-
48.Hoffen auf Gewinn	0.62	-	2.53	0.95	190	-
6. Konjunktureller Optimismus	0.60	-	2.65	0.89	190	-
49.Glaube an Glück im Risiko	0.58	-	1.77	0.87	190	-
39.Geschäftstüchtig sein	0.57	-	3.05	0.78	190	-
52.Anregungen durch Neues	0.50	-	2.50	0.00	190	-
57.Die Karriere beherrscht mein Leben	0.52	-	2.20	0.98	190	-
54.Mein Einkommen spiegelt sich in der Arbeit wieder	0.52	-	2.86	0.87	190	-
50.Wagnisse eingehen	0.50	-	1.75	0.83	190	-
53.Cool beim riskanten Spekulieren	0.50	-	1.60	0.80	190	-
51.Lust auf Außergewöhnliches	0.48	-	2.09	0.92	190	-
55.Finanziellen Rat suchen	0.41	-	1.97	0.82	190	-
PF39. Hart Arbeiten/ **Sparsamkeit**	-	0.85	2.70	0.68	190	7
17.Sich eiserne Sparreserven anlegen	-0.78	-	2.70	1.02	190	-
19.Sich im Betrieb hocharbeiten	-0.74	-	2.80	1.01	190	-
18.Sich ein Vermögen hart erarbeiten	-0.73	-	2.82	0.97	190	-
40.Sparen zur Sicherheit	-0.71	-	2.78	0.86	190	-
4. Diszipliniert Geld ausgeben	-0.70	-	2.83	0.90	190	-
3. Spaß am Sparen haben	-0.69	-	2.36	0.94	190	-
42.Diskreter Umgang mit Geld	-0.45	-	2.68	0.92	190	-

Tab.7:   Tabelle der Primärfaktoren für die Bedingung "Lebensqualität"

Faktor Item	La- dung	Cro. Alpha	X	S	n	Item- zahl
PF40. Geldrisiken eingehen	-	0.72	1.45	0.50	190	5
24.Geld risikoreich anlegen	-0.65	-	1.28	0.52	190	-
9. Große Geldverluste gelassen hinnehmen	-0.65	-	1.54	0.79	190	-
16.Große Geldbeträge auf Kredit nehmen	-0.64	-	1.42	0.68	190	-
25.Vermögen durch Spekulation vergrößern	-0.61	-	1.55	0.71	190	-
10.Große Geldverluste verharmlosen	-0.56	-	1.37	0.69	190	-
PF41. Glücklicher Gewinn/ Bequem leben	-	0.70	2.12	0.64	190	5
28.Spaß am Wetten/Glückspiel haben	-0.70	-	1.50	0.77	190	-
27.Spaß am größeren Geldgewinn haben	-0.62	-	2.53	1.00	190	-
21.Gut erben und angenehm davon leben	-0.62	-	1.79	0.99	190	-
26.Einfach verdienen und ohne Hast leben	-0.58	-	2.20	1.03	190	-
20.Vom guten Gehalt bequem leben	-0.53	-	2.64	0.97	190	-
PF42. Strenge Geldkontrolle	-	0.79	1.78	0.62	190	5
34.Vor dem Einkaufen das Geld begrenzen	0.76	-	1.83	0.91	190	-
35.Jede Mark dreimal umdrehen	0.75	-	1.51	0.77	190	-
32.Ein Haushaltsbuch führen	0.61	-	1.39	0.75	190	-
33.Vorsichtige Geldhaus haltung	0.58	-	2.45	0.92	190	-
31.Beim Einkaufen um den Preis feilschen	0.48	-	1.83	0.88	190	-

Tab.7:   Fortsetzung

Faktor Item	La- dung	Cro. Alpha	X	S	n	Item- zahl
PF43. Sportrisiken eingehen	-	0.83	1.28	0.49	190	3
12.Sportarten waghalsig betreiben/schätzen	0.79	-	1.23	0.50	190	-
29.Gern hohe Risiken im Sport eingehen	0.79	-	1.19	0.51	190	-
11.Sport als Nervenkitzel betreiben/schätzen	0.75	-	1.38	0.65	190	-
PF44. Wohlstand anstreben	-	0.75	2.23	0.65	190	5
8. Wohlstand zum obersten Ziel haben	-0.74	-	2.41	0.92	190	-
15.Einen hohen Lebensstandard besitzen	-0.66	-	2.69	0.86	190	-
14.Sinn für besonderen Luxus haben	-0.51	-	2.04	0.90	190	-
7. Alle jetzigen Probleme mit Geld lösen können	-0.50	-	2.01	1.00	190	-
2. Vorliebe für Luxusartikel haben	-0.48	-	2.14	0.86	190	-
PF45. Geldgeschäfte verheimlichen	-	0.81	1.79	0.77	190	2
43.Nicht alles bei der Steuer angeben	-0.82	-	1.85	0.85	190	-
44.Verheimlichung von Geldgeschäften	-0.79	-	1.72	0.84	190	-
PF46. Nicht spekulieren	-	0.77	2.36	0.91	190	3
60.Nicht um Geld wetten	-0.83	-	2.32	1.26	190	-
59.Spekulative Geldgeschäfte vermeiden	-0.82	-	2.51	1.11	190	-
58.Kontrolliert Risiken eingehen	-0.47	-	2.32	0.90	190	-

Tab.7:   Fortsetzung

1.5. Primäre Geldfaktoren für die Bedingung "Qualität"

Die letzte der fünf Bedingungen lautet: "Wie gut sind Sie in der Ausübung dieses Verhaltens?" und wird abgekürzt mit der Bezeichnung "Qualität". Die Antwortkategorie reicht von 1 = schlecht bis 4 = sehr gut.

Die in der Faktorenanalyse zu strukturierenden 60 Items ergaben **neun** Primärfaktoren. Dreizehn der sechzig Items hatten Ladungen $\leq$ 0.40 oder konnten keinen der neun Faktoren zugeordnet werden, weitere fünf Items wurden aufgrund der Itemanalyse eliminiert, da sie nicht oder nur wenig zur internen Konsistenz des Faktors beitragen. Zwei Items wurden einem Faktor hinzugefügt, so daß sich die interne Konsistenz dieses Faktors erhöhte. Das statistische Kriterium für die Existenz eines Faktors ist, daß die interne Konsistenz bzw. Homogenität des Faktors mit einem Wert des Conbach-Alpha von > 0.60 und so hoch wie möglich bestätigt wird. Der niedrigste Wert für Cronbach-Alpha liegt bei 0.57, die meisten Werte liegen über 0.70, den höchsten Wert erreicht der Primärfaktor 1 (PF 47) mit 0.91. Tabelle 8 gibt zusammenfassend die Faktoren mit ihren Items und den statistischen Werten wieder.

Im ersten Faktor, der aus zehn Items zusammengesetzt ist, finden sich Verhaltensweisen unterschiedlichster Art. Die zehn Items lassen sich in drei Benennungen aufteilen, wie sie in den vorangegangenen Faktorenanalysen verwendet wurden. **Sportrisiken eingehen, Verluste gelassen nehmen** und **Spekulationslust** sind die drei Benennungen, die den Primärfaktor 47 bilden. In diesem Faktor gehen die beiden Aspekte Geld risikoreich anlegen und Sportrisiken eingehen in einem Faktor zusammen. Möglicherweise bildet die Effektivität bei der Ausübung der beiden Verhaltensweisen einen Zusammenhang, über den an dieser Stelle nur spekuliert werden kann. Die interne Konsistenz ist mit einem Wert von 0.91, trotz der unterschiedlichsten Inhalte, sehr groß.

Daß die beiden Begriffe **Finanzieller Optimismus** und **Hart arbeiten** (PF 48) in einem Faktor zusammenfallen können, wurde schon bei der Analyse der Bedingung Häufigkeit festgestellt. Der Faktor ist mit sieben Items und einem Cronbach-Alpha-Wert von 0.81 sehr gut bestimmt.

Die verschiedenen Items zum Sparverhalten finden sich im PF 49, der **Sparsamkeit** benannt wurde, wieder. Auch dieser Faktor ist mit sechs Items und mit einem Alpha-Wert von über 0.80 für die interne Konsistenz sehr gut definiert.

Geldgeschäfte verheimlichen (PF 50) besteht, wie in den anderen Analysen, aus zwei Items und hat auch hier einen Wert von über 0.60 für Cronbach-Alpha.

Der Faktor 5, **Vorliebe für Luxus** (PF 51), wie er faktorenanalytisch ermittelt wurde, bestand aus drei Items. Mittels der Itemanalyse wurden diesem Faktor zwei weitere Items hinzugefügt, die dadurch den Faktor inhaltlich besser bestimmen und den Wert für die interne Konsistenz von 0.74 auf 0.78 erhöhen.

Glücklicher Gewinn (PF 52), könnte man auch als den Gegenfaktor von Hart arbeiten sehen. Das höchstladende Item von Glücklicher Gewinn lautet: Einfach verdienen und ohne Hast leben. Insgesamt laden vier Items auf diesem Faktor, mit einem Cronbach-Alpha-Wert von 0.73.

Die interne Konsistenz mit einem Wert von 0.57 für den Faktor **Abenteuerlust/Feilschen** (PF 53) liegt leider etwas unter 0.60. Aufgrund des Zusammenfallens der Items "Wagnisse eingehen und "...um den Preis feilschen" soll der Faktor zunächst beibehalten werden. Die drei Items, die diesen Faktor bestimmen, besitzen alle eine Lustkomponente.

Strenge Geldkontrolle wurde PF 54 benannt, der durch drei Items und einem Wert für die interne Konsistenz von 0.68 bestimmt ist. Hierbei handelt es sich um einen Faktor, wie er auch in den anderen Bedingungen bereits ermittelt werden konnte.

Auch **PF 55, Nicht spekulieren**, ist ein Faktor, der in allen anderen Analysen bereits aufgetaucht ist und hier durch zwei Items mit Ladungen von über 0.80 repräsentiert ist.

Auch unter der Bedingung Qualität konnten die Faktoren leicht benannt werden, bzw. die Faktoren weisen im Vergleich zu vielen anderen empirischen Studien gute statistische Werte auf.

Faktor Item	La- dung	Cro. Alpha	X	S	n	Item zahl
PF47. Sportrisiken eingehen/ **Verluste gelassen hinnehmen/** **Spekulationslust**	-	0.91	1.61	0.70	188	10
30.Viel Geld oder Gut verloren haben	-0.82	-	1.42	0.85	188	-
10.Große Geldverluste verharmlosen	-0.80	-	1.52	0.83	188	-
9. Große Geldverluste gelassen hinnehmen	-0.77	-	1.68	0.84	188	-
29.Gern hohe Risiken im Sport eingehen	-0.75	-	1.43	0.80	188	-
24.Geld risikoreich anlegen	-0.74	-	1.59	0.87	188	-
12.Sportarten waghalsig betreiben/schätzen	-0.73	-	1.47	0.84	188	-
16.Große Geldbeträge auf Kredit nehmen	-0.69	-	1.90	1.00	188	-
5. Geld von Freunden borgen	-0.68	-	1.55	1.11	188	-
11.Sport als Nervenkitzel betreiben/schätzen	-0.63	-	1.61	0.88	188	-
25.Vermögen durch Spekulation vergrößern	-0.60	-	1.73	0.89	188	-

Tab.8:   **Tabelle der Primärfaktoren für die Bedingung "Qualität"**

Faktor Item	La- dung	Cro. Alpha	X	S	n	Item zahl
PF48. Finanzieller Optimismus/ Hart arbeiten	-	0.81	2.84	0.53	188	7
47.Glaube an finanziellen Erfolg	-0.75	-	2.95	0.71	188	-
46.Konjunktureller Optimismus	-0.65	-	2.71	0.78	188	-
18.Sich ein Vermögen hart erarbeiten	-0.64	-	2.98	0.77	188	-
57.Die Karriere beherrscht mein Leben	-0.63	-	2.47	0.93	188	-
19.Sich im Betrieb hocharbeiten	-0.55	-	2.92	0.86	188	-
54.Mein Einkommen spiegelt sich in der Arbeit wieder	0.54	-	2.94	0.77	188	-
39.Geschäftstüchtig sein	-0.51	-	2.97	0.71	188	-
PF49. Sparsamkeit	-	0.79	2.63	0.58	188	6
40.Sparen zur Sicherheit	0.79	-	2.79	0.79	188	-
17.Sich eiserne Sparreserven anlegen	0.76	-	2.70	0.88	188	-
3. Spaß am Sparen	0.71	-	2.62	0.88	188	-
4. Diszipliniert Geld ausgeben	0.60	-	3.04	0.73	188	-
33.Vorliebe für Luxus	0.51	-	2.77	0.80	188	-
22.Geldgeschäfte verheimlichen	0.41	-	1.94	0.87	188	-
PF50. Geldgeschäfte verheimlichen	-	0.65	2.12	0.81	188	2
44.Verheimlichung von Geldgeschäften	-0.76	-	2.11	0.93	188	-
43.Nicht alles bei der Steuer angeben	-0.68	-	2.09	0.89	188	-

Tab.8:   **Fortsetzung**

Faktor Item	La- dung	Cro. Alpha	X	S	n	Item zahl
PF51. Vorliebe für Luxus	-	0.78	2.26	0.60	188	5
14.Sinn für besonderen Luxus haben	-0.78	-	2.22	0.86	188	-
2. Vorliebe für Luxusartikel haben	-0.77	-	2.20	0.84	188	-
15.Einen hohen Lebensstandard besitzen	-0.56	-	0.57	0.74	188	-
38.Geld als Einflußinstrument	-	-	1.85	0.83	188	-
8. Wohlstand zum obersten Ziel haben	-	-	2.48	0.85	188	-
PF52. Glücklicher Gewinn	-	0.73	1.95	0.65	188	4
26.Einfach verdienen und ohne Hast leben	0.63	-	2.05	0.92	188	-
28.Spaß am Wetten/Glücksspiel haben	0.59	-	1.68	0.84	188	-
27.Spaß am größeren Geldgewinn haben	0.51	-	2.43	0.94	188	-
21.Gut erben und angenehm davon leben	0.51	-	1.59	0.84	188	-
PF53. Abenteuerlust/Feilschen	-	0.57	2.13	0.66	188	3
50.Wagnisse eingehen	-0.68	-	1.95	0.81	188	-
51.Lust auf Außergewöhnliches	-0.58	-	2.19	0.85	188	-
31.Beim Einkaufen um den Preis feilschen	-0.53	-	2.26	1.01	188	-
PF54 Strenge Geldkontrolle	-	0.68	2.24	0.69	188	3
35.Jede Mark dreimal umdrehen	-0.70	-	1.80	0.93	188	-
34.Vor dem Einkaufen das Geld begrenzen	-0.69	-	2.14	0.92	188	-
33.Vorsichtige Geldhaus- haltung	-0.45	-	2.77	0.80	188	-
PF55. Nicht spekulieren	-	0.83	3.10	1.00	188	2
60.Nicht um Geld wetten	0.85	-	3.18	1.12	188	-
59.Spekulative Geldgeschäfte vermeiden	0.82	-	3.02	1.04	188	-

Tab.8: Fortsetzung

1.6. Zusammenfassung

Der Fragebogen "Umgang mit Geld" wurde getrennt nach den fünf Bedingungen "Typisch", "Rolle", "Häufigkeit", "Lebensqualität", "Qualität" mit 60 Items faktorenanalytisch untersucht. Es wurden 55 Faktoren erstellt: 13 für die "Typisch"-Bedingung, je 12 für die Bedingungen "Rolle", "Häufigkeit" und je 9 für "Lebensqualität" und "Qualität". Die Ladungen und Zuverlässigkeiten (Cronbach-Alpha-Werte) können als durchweg gut beurteilt werden. Nur acht der insgesamt 55 Primärfaktoren haben einen Cronbach-Alpha-Wert von unter 0.60. Eine Neueditierung der Items wird die interne Konsistenz deutlich verbessern können.

Eine Analyse der Tabelle 9 zeigt, daß Faktoren, wie zum Beispiel Strenge Geldkontrolle, Geldgeschäfte verheimlichen oder Nicht spekulieren in allen fünf Bedingungen wiederzufinden sind. Andere Faktoren, wie zum Beispiel Hart arbeiten, sind in den verschiedenen Bedingungen als eigenständiger Faktor zu finden oder gehen mit anderen zusammen, z.B. Hart arbeiten mit Sparsamkeit oder Optimismus.

Es ist offensichtlich, daß die primäre Faktorenanalyse eine differenzierte und nicht immer leicht verständliche Zusammensetzung der 60 Items bewirkt hat. Eine Antwort auf die Frage, warum die eine oder andere empirische Aggregation von Faktoren stattgefunden hat, kann im gegenwärtigen Zusammenhang nicht gegeben werden und wird später bei der Zusammenfassung und Diskussion (Teil VII) aufgegriffen.

Das erste Hauptziel, die Entdeckung der Strukturen im Umgang mit Geld, wurde insofern erreicht, als die 300 Antworten auf 55 primäre Faktoren reduziert werden konnten. Dabei ist nahezu der gesamte Fragebogen ausgeschöpft worden, d. h. nur wenige Items sind bei der Analyse ausgefallen.

Bedingung "Typisch"	Bedingung "Lebensqualität"
PF1. Spekulationslust	PF38. Finanzieller Optimismus/
PF2. Sparsamkeit	Spekulationslust
PF3. Hart arbeiten	PF39. Hart arbeiten/Sparksamkeit
PF4. Sportrisiken eingehen	PF40. Geldrisiken eingehen
PF5. Vorliebe für Luxus	PF41. Glücklicher Gewinn/
PF6. Strenge Geldkontrolle	Bequem leben
PF7. Wohlstand anstreben	PF42. Strenge Geldkontrolle
PF8. Verluste gelassen nehmen	PF43. Sportrisiken eingehen
PF9. Finanzieller Optimismus	PF44. Wohlstand anstreben
PF10. Bequem leben	PF45. Geldgeschäfte verheimlichen
PF11. Nicht spekulieren	PF46. Nicht spekulieren
PF12. Geldgeschäfte verheimlichen	
PF13. Sicher investieren	

Bedingung "Rolle"	Bedingung "Qualität"
PF14. Sparsamkeit/Hart arbeiten	PF47.Sportrisiken eingehen/
PF15. Spekulationslust	Verluste gelassen nehmen/
PF16. Finanzieller Optimismus	Spekulationslust
PF17. Verluste gelassen nehmen	PF48. Finanzieller Optimismus/
PF18. Sportrisiken eingehen	Hart arbeiten
PF19. Strenge Geldkontrolle	PF49. Sparsamkeit
PF20. Vorliebe für Luxus	PF50. Geldgeschäfte verheimlichen
PF21. Glücklicher Gewinn	PF51. Vorliebe für Luxus
PF22. Geldgeschäfte verheimlichen	PF52. Glücklicher Gewinn
PF23. Wohlstand anstreben	PF53. Abenteuerlust/Feilschen
PF24. Nicht spekulieren	PF54. Strenge Geldkontrolle
PF25. Sicher investieren	PF55. Nicht spekulieren

Bedingung "Häufigkeit"
PF26. Optimismus/Hart arbeiten
PF27. Sportrisiken eingehen
PF28. Geld borgen
PF29. Sparsamkeit
PF30. Abenteuerlust
PF31. Spekulationslust
PF32. Strenge Geldkontrolle
PF33. Vorliebe für Luxus
PF34. Verluste gelassen nehmen
PF35. Bequem leben
PF36. Nicht spekulieren
PF37. Geldgeschäfte verheimlichen

Tab.9:   **Zusammenstellung der 55 primären Geldfaktoren zu Umgang mit Geld**

2. Bedeutungsanalyse der Primärfaktoren durch Interkorrelation der Primärfaktoren

Die Beschreibung der einzelnen Primärfaktoren zum Umgang mit Geld im vorhergehenden Kapitel IV.1, war hilfreich, um schrittweise ein Verständnis vom begrifflichen Inhalt dieser Faktoren zu gewinnen. Dies ist ein hoher Aufwand, der nicht immer sichtbar ist. Es geht immerhin darum, in einem kaum erforschten Bereich relevante Strukturen, die auch einer späteren empirischen Überprüfung standhalten, zu erkennen und meßbar zu machen. Der Aufwand besteht nicht nur in der Konzeption und laufenden Adaption von Erkenntnisprozessen, sondern auch in Rechenoperationen und wiederholtem Editieren von Items.

Begriffsanalysen des Verhaltens im Umgang mit Geld sind wegen ihrer Neuartigkeit wesentlich komplizierter, als solche der traditionellen Persönlichkeitsforschung, die schon seit Jahrzehnten systematisch analysiert wurden und deren Merkmale hohe Anerkennung gewonnen haben. Die hier entwikkelten Merkmale des Verhaltens im Umgang mit Geld sind weitgehend Neuschöpfungen und müssen ihre Akzeptanz erst finden.

In dem vorangegangenen Kapitel IV.1 wurde die Zugehörigkeit der einzelnen Items zu den jeweiligen Faktoren anhand ihrer Ladungshöhe untersucht. Dies ist eine Form der internen Analyse. Mit Hilfe der angeschlossenen Itemanalyse wird festgestellt, in welchem Maß die Einzelteile eines Tests oder Instrumentes dasselbe messen. Diese Bestimmung bezeichnet man auch als die "interne Konsistenz".

Der zweite Schritt besteht in der Beantwortung der Frage, was die somit erarbeiteten **55** Primärfaktoren miteinander zu tun haben. Dabei werden auch die Primärfaktoren innerhalb der Bedingungen miteinander korreliert. Statistisch betrachtet müßte man davon ausgehen können, daß die Primärfaktoren unabhägig voneinander sind, was aufgrund der vielen Faktoren sicherlich nicht haltbar ist. Der Frage des Zusammenhangs wird im folgenden ausführlich nachgegangen. Man kann nicht davon ausgehen, daß die Primärfaktoren keine Beziehung zueinander haben, sondern sie tragen durch Gemeinsamkeiten und Unterschiede dazu bei, eine immanente Struktur der Dimensionen des Umgang mit Geld zu verdeutlichen. Als Korrelationskoeffizient wurde die Pearson'sche Produkt-Moment-Korrelation verwendet.

Dazu ist es in erster Linie erforderlich, alle Beziehungen zwischen den bereits beschriebenen **55** Primärfaktoren zu berechnen. Die Interkorrelationen der Primärfaktoren zeigt die ausführliche Tabelle A1 im Anhang. Ein kurzer Auszug aus dieser Tabelle im Anhang folgt im Text, um den Text nicht allzusehr mit Tabellen zu belasten. Deshalb werden im folgenden nur die wichtigsten Interkorrelationen der Primärfaktoren erläutert. Dies wird getrennt nach den Bedingungen - "Typisch", "Rolle", "Häufigkeit", "Lebensqualität" und "Qualität" - duchgeführt.

2.1. Bedeutung der primären Geldfaktoren für die Bedingung "Typisch"

Für die Bedingung "Wie sehr ist diese Aussage für Sie typisch oder zutreffend?" werden die höchsten Korrelationen der primären Faktoren auf die dreizehn Faktoren am Ende der Beschreibung in Tabelle 10 abgebildet.

Es wird mit dem Vergleich des Faktors 1 (Spekulationslust) mit allen anderen bedeutsamen korrelierenden Primärfaktoren begonnen, um festzustellen, was diese Spekulationslust im gegenwärtigen Kontext bedeutet.

Für die Befragten, die Spekulationslust (PF 1) als eine für sie typische Eigenschaft betrachten, spielt dies in ihrem Leben eine ebenso bestimmende Rolle und sie verhalten sich dementsprechend häufig. Beide Korrelationen sind sehr hoch. Nicht nur das Spekulieren spielt eine große Rolle, sondern auch der Spaß am Geldgewinn, was die Korrelation mit diesem PF 21 zeigt. Hinzu kommt, daß Personen, die Spekulationslust als etwas Typisches betrachten, generell häufig Lust auf Außergewöhnliches haben, was die noch sehr hohe

Korrelation zu PF 30 bestätigt. Alle diese Korrelationen sind mindestens auf dem 0.1 % Niveau signifikant positiv.

Negative Korrelationen von PF 1 Spekulationslust ergeben sich zu den Faktoren PF 2 Sparsamkeit (T), PF 11 Nicht-Spekulieren (T) und PF 54 Strenge Geldkontrolle (Q). So bestätigt sich, daß es für Personen, für die Spekulationslust typisch ist, Sparsamkeit und Nicht spekulieren eher untypisch ist, und daß sie sich in der Ausübung strenger Geldkontrolle nicht für gut halten.

Die vier höchsten Korrelationen von PF 2 Sparsamkeit sind jede Faktoren mit gleichlautenden Namen in den anderen vier Bedingungen. Die Korrelationen sind so hoch, daß man sie fast als identisch betrachten kann. Die höchste der drei negativen Korrelationen besteht zu PF 8. Personen, die Sparsamkeit als etwas Typisches bezeichnen, gelingt es nicht, Verluste gelassen hinzunehmen.

Auch PF 3 Hart arbeiten hat die höchsten Korrelationen mit den annähernd gleichlautenden Faktoren in den anderen Bedingungen. PF 3 Hart arbeiten hat nur unter der Bedingung Typisch diesen eindeutigen Inhalt. In den anderen Bedingungen kommen andere Begrifflichkeiten hinzu, wie finanzieller Optimismus und Sparsamkeit. Er weist keine negative Korrelation zu einem der anderen primären Faktoren auf.

PF 4 Sportrisiken eingehen korreliert am höchsten mit den gleichlautenden Faktoren in den anderen Bedingungen. So zeigt sich, daß die Art der Abfrage nach unterschiedlichen Bedingungen bei diesem Faktor keine Rolle spielt.

Vorliebe für Luxus und Wohlstand anstreben sind zwei primäre Geldfaktoren, die inhaltlich sicherlich sehr ähnliche Aspekte beinhalten und hohe Korrelationen zueinander aufweisen.

Bei Faktor 6 Strenge Geldkontrolle handelt es sich um ein sehr stabiles Verhalten über die fünf Bedingungen, was die hohen Korrelationen zu den gleichlautenden Faktoren zeigen. Personen, für die es typisch ist, ihr Geld streng zu kontrollieren, können nicht von sich behaupten, daß Vorliebe für Luxus eine typische Eigenschaft für sie ist, wie die negative Beziehung zeigt.

Der Zusammenhang zwischen Wohlstand anstreben und der Vorliebe für Luxus bestätigt sich bei den Korrelationen von PF 7 zu den anderen primären Faktoren. Wohlstand anstreben ist im übrigen von den anderen Faktoren weitgehend unabhängig.

Menschen, die von sich behaupten, Verluste gelassen nehmen zu können, geben auf der anderen Seite an, daß sie dieses Verhalten auch häufig praktizieren. Dies zeigt die höchste Korrelation von PF 8, Verluste gelassen nehmen. Inhaltlich interessant sind insbesondere die negativen Korrelationen mit diesem Faktor. Die Korrelationskoeffizienten sind zwar nicht mehr ganz so hoch, aber immer noch signifikant.

Wer Verluste gelassen nehmen als für sich zutreffend beurteilt, behauptet von sich auf der anderen Seite, nicht sehr gut sparen zu können. Dies zeigt die höchste negative Korrelation mit PF 8. Sparen können ist für ihn sehr wahrscheinlich nicht von Bedeutung, da er es nicht häufig tut und das Sparen in seinem Leben keine besondere Rolle spielt. Über die Richtung des Zusammenhangs kann aufgrund der Korrelationsanalyse leider nichts ausgesagt werden.

Alle signifikanten Korrelationen zwischen PF 9 Finanzieller Optimismus und den anderen Primärfaktoren sind positiv. Die höchsten Korrelationen bestehen zu den gleichlautenden Faktoren in den anderen Bedingungen.

PF 10 Bequem leben hat nur vier signifkante (mindestens auf dem 1 % Niveau) Korrelationen und korreliert mit den Faktoren gleicher Bezeichnung. Bequem leben korreliert jedoch weder mit Spekulationslust noch mit Sparsamkeit.

Die Ausprägung von PF 11 Nicht spekulieren ist von der Art der Abfrage weitgehend unabhängig, was die hohen Korrelationen bestätigen. Nicht spekulieren korreliert negativ mit den Faktoren Spekulationslust, aber auch negativ mit Sicher investieren.

Geldgeschäfte verheimlichen (PF 12) hat nur positiv signifikante Korrelationen zu anderen primären Faktoren. Die höchsten Korrelationen bestehen mit den Faktoren gleichen Namens PF 20, 21, 39 und 54. Sehr wahrscheinlich ist dieser Faktor von einer Lustkomponente geprägt.

Sicher investieren (PF 13) korreliert mit Abstand am höchsten mit PF 25. Wer sicher investiert, für den spielt Sicher investieren auch eine große Rolle im Leben. Sicher investieren korreliert im übrigen mit den verschiedenen Faktoren der Spekulationslust. Sicher investieren bezeichnet möglicherweise eine gemäßigte Form des Spekulierens.

T PF1.	Spekulationslust korreliert mit:	p
PF15.	Spekulationslust	0.69**
PF31.	Spekulationslust	0.60**
PF21.	Glücklicher Gewinn	0.51**
PF30.	Abenteuerlust	0.48**
PF11.	Nicht Spekulieren	-0.23**
PF2.	Sparsamkeit	-0.18*
PF54.	Strenge Geldkontrolle	-0.18*

T PF2.	Sparsamkeit korreliert mit:	p
PF29.	Sparsamkeit	0.76**
PF14.	Sparsamkeit/Hart arbeiten	0.74**
PF49.	Sparsamkeit	0.70**
PF39.	Hart arbeiten/Sparsamkeit	0.63**
PF8.	Verluste gelassen nehmen	-0.21*
PF30.	Abenteuerlust	-0.19*
PF1.	Spekulationslust	-0.18*

Signifikanzniveau:* 0.01 ** 0.001

Tab.10:   Korrelation mit den Primärfaktoren aus der Bedingung
          "Typisch"

T PF3.	Hart arbeiten korreliert mit:	p
PF26.	Optimismus/Hart arbeiten	0.71**
PF48.	Finanzieller Opitmismus/	
	Hart arbeiten	0.70**
PF14.	Sparsamkeit/Hart arbeiten	0.65**
PF39.	Hart arbeiten/Sparsamkeit	0.54**

T PF4.	Sportrisiken eingehen korreliert mit:	p
PF43.	Sportrisiken eingehen	0.82**
PF27.	Sportrisiken eingehen	0.66**
PF18.	Sportrisiken eingehen	0.64**
PF55.	Nicht spekulieren	-0.22*

T PF5.	Vorliebe für Luxus korreliert mit:	p
PF20.	Vorliebe für Luxus	0.76**
PF33.	Vorliebe für Luxus	0.67**
PF44.	Wohlstand anstreben	0.59**
PF51.	Vorliebe für Luxus	0.54**
PF6.	Strenge Geldkontrolle	-0.20*

T PF6.	Strenge Geldkontrolle korreliert mit:	p
PF19.	Strenge Geldkontrolle	0.77**
PF32.	Strenge Geldkontrolle	0.70**
PF42.	Strenge Geldkontrolle	0.62**
PF54.	Spekulationslust	0.60**
PF5.	Vorliebe für Luxus	-0.20*

T PF7.	Wohlstand anstreben korreliert mit:	p
PF23.	Wohlstand anstreben	0.64**
PF44.	Wohlstand anstreben	0.51**
PF33.	Vorliebe für Luxus	0.44**
PF51.	Vorliebe für Luxus	0.43**

Signifikanzniveau: * 0.01 ** 0.001

Tab.10:   **Fortsetzung**

T PF8.	Verluste gelas. nehm. korreliert mit:	p
PF34.	Verluste gelassen nehmen	0.50**
PF4.	Sportrisiken eingehen	0.26**
PF15.	Spekulationslust	0.26**
PF40.	Geldrisiken eingehen	0.25**
PF49.	Sparksamkeit	-0.24**
PF39.	Hart arbeiten/Sparsamkeit	-0.22*
PF29.	Sparsamkeit	-0.22*
PF2.	Sparsamkeit	-0.21*
PF14.	Sparsamkeit/Hart arbeiten	-0.19*

T PF9.	Finanzieller Optimismus korreliert mit:p	
PF16.	Finanzieller Optimismus	0.62**
PF26.	Optimismus/Hart arbeiten	0.55**
PF48.	Finanzieller Optimismus	0.46**
PF38.	Finanzieller Optimusmus	0.43**

T PF10.	Bequem leben korreliert mit:	p
PF41.	Glücklicher Gewinn	0.53**
PF35.	Bequem leben	0.53**
PF52.	Glücklicher Gewinn	0.27**
PF21.	Glücklicher Gewinn	0.19*

T PF11.	Nicht spekulieren korreliert mit:	p
PF24.	Nicht spekulieren	0.63**
PF36.	Nicht spekulieren	0.47**
PF55.	Nicht spekulieren	0.42**
PF46.	Nicht spekulieren	0.41**
PF31.	Spekulationslust	-0.23**
PF1.	Spekulaitonslust	-0.23**
PF40.	Geldrisiken eingehen	-0.20*
PF13.	Sicher investieren	-0.19*
PF25.	Sicher investieren	-0.18*

Signifikanzniveau: * 0.01 ** 0.001

Tab.10:   Fortsetzung

T PF 12. Geldgeschäfte verheiml. korreliert mit: p		
PF22.	Geldgeschäfte verheimlichen	0.70**
PF37.	Geldgeschäfte verheimlichen	0.69**
PF45.	Geldgeschäfte verheimlichen	0.56**
PF50.	Geldgeschäfte verheimlichen	0.54**

T PF 13. Sicher investieren korreliert mit:		**p**
PF25.	Sicher investieren	0.79**
PF1.	Spekulationslust	0.31**
PF30.	Abenteuerlust	0.29**
PF31.	Spekulationslust	0.29**
PF11.	Geldgeschäfte verheimlichen	-0.19*
	Signifikanzniveau: * 0.01 ** 0.001	

Tab.10:   Fortsetzung

2.2. Bedeutung der primären Geldfaktoren für die Bedingung "Rolle"

Im folgenden werden die wichtigsten Korrelationen der Primärfaktoren der Bedingung, "Welche bestimmende Rolle spielt diese Aussage im Leben?", zu den anderen primären Faktoren aufgezeigt. Eine ausführliche Tabelle mit allen Korrelationen ist die Tabelle A1 im Anhang. Einen Auszug aus der Tabelle im Anhang folgt im Text (Tabelle 11), auf die auch in dem folgenden Abschnitt zurückgegriffen wird.

Während für die Bedingung "Typisch" die Spekulationslust als erster Faktor extrahiert wurde, ist es bei dieser Bedingung "Rolle" der Faktor Sparsamkeit/Hart arbeiten (PF 14). Sparksamkeit und Hart arbeiten sind Faktoren, die in allen fünf Bedingungen ermittelt wurden und untereinander eine hohe Korrelation von mindestens 0.50 auf dem 0,1 % Niveau aufweisen. Eine signifikante negative Korrelation besteht zu PF 8 Verluste gelassen nehmen.

Keine signifikant negative Korrelation konnte für PF 15 Spekulationslust ermittelt werden. Diese Spekulationslust für die Bedingung Rolle weist zahlreiche signifikante Korrelationen zu den anderen Primärfaktoren auf. Die höchsten Korrelationen bestehen zu den Faktoren gleichen Namens. Die stärkste Korrelation besteht zu dem PF Spekulationslust, aus der Bedingung Häufigkeit. Zwischen der Häufigkeit eines Verhaltens und dem, welche Rolle dieses Verhalten im Leben spielt, besteht ein stark positiver Zusammenhang.

Wenn Optimismus, speziell in finanziellen Dingen, eine wichtige Rolle im Leben spielt, geht dies mit einem praktizierten Optimismus einher. Dies verdeutlicht vor allem die höchste Korrelation von PF 16 Finanzieller Optimismus zu PF 26. Eine nicht ganz so enge Beziehung besteht zu PF 31 Spekulationslust.

PF 17 Verluste gelassen nehmen weist zu anderen Faktoren nur signifikant positive Korrelationen auf. Der mit Abstand stärkste Zusammenhang besteht zu PF 40 Geldrisiken eingehen. Für jemanden, der Verluste gelassen neh-

men als wichtig betrachtet, trägt das Eingehen von Geldrisiken zur Steigerung der Lebensqualität bei.

Auch für die Bedingung "Rolle" bestehen für den PF 18 Sportrisiken eingehen die stärksten Korrelationen zu Sportrisiken eingehen in den anderen Bedingungen.

PF 19 Strenge Geldkontrolle korreliert am höchsten mit den Faktoren gleicher Bezeichnung aus den anderen Bedingungen. Strenge Geldkontrolle korreliert auch sehr stark mit Sparsamkeit aus den verschiedenen Bedingungen.
Signifikant negative Korrelationen zu anderen primären Faktoren bestehen
nicht.

Die Tatsache, daß Vorliebe für Luxus (PF 20) eine bestimmende Rolle im
Leben spielt, korreliert positiv mit dem Faktor Vorliebe für Luxus aus der Bedingung Typisch, Lebensqualität und Qualität. Aber auch der Faktor Wohlstand anstreben aus der Bedingung Lebensqualität, Rolle und Typisch korreliert hoch positiv mit PF 20, gefolgt von den Korrelationen zur Spekulationslust. Luxus und Wohlstand stehen dem Spekulieren demnach positiv gegenüber. Die genauen Korrelationswerte mit diesen Faktoren sind der Tabelle A1
im Anhang zu entnehmen.

PF 21 Glücklicher Gewinn hat im Vergleich zu den anderen Faktoren deutlich
schwächere Korrelationen. Die meisten signifikanten Korrelationen liegen
zwischen 0.20 und 0.30. Die höchste Korrelation besteht mit Glücklicher Ge-
winn/Bequem Leben (PF 41) aus der Bedingung Lebensqualität, gefolgt von
Spekulationslust (PF 1) als typisches Merkmal.

Bei PF 22 läßt sich feststellen, daß Geldgeschäfte verheimlichen in allen Bedingungen so hoch korrelieren, daß sie fast identisch sind. Außerdem bestehen Korrelationen mit den verschiedenen Lust-Faktoren, wie zum Beispiel PF
15 Spekulationslust (R) und PF 30 Abenteuerlust (H). Die Korrelationen liegen leicht unter 0.30 auf dem 0.1 % Niveau.

PF 23 Wohlstand anstreben korreliert hoch mit Vorliebe für Luxus über alle Bedingungen, so daß der Faktor im wesentlichen dem bereits zuvor beschriebenen PF 7 Wohlstand anstreben (T) entspricht.

Acht signifikante und davon vier hoch signifikante Korrelationen bestehen zwischen PF 24 Nicht spekulieren und den restlichen 54 Primärfaktoren. Die vier hoch signifikanten Korrelationen bestehen mit den Faktoren gleichen Namens aus den anderen vier Bedingungen. Der PF 24 Nicht spekulieren korreliert leicht positiv mit den Kontrollfaktoren. So kann Nicht spekulieren in diesem Zusammenhang als ein Kontrollfaktor angesehen werden, indem man versucht, Risiken aus dem Wege zu gehen.

Spielt Sicher investieren eine wichtige Rolle, dann wird Sicher investieren auch als etwas Typisches beurteilt. Dies zeigt die hohe Korrelation von Faktor 25 Sicher investieren (R) mit PF 13 Sicher investieren (T). Hingegen korreliert PF 25 negativ mit PF11 Nicht spekulieren (T). Diese Beziehung könnte man wie folgt interpretieren: Wem Sicher investieren wichtig ist, hat nicht gleichzeitig eine Abneigung gegen das Spekulieren.

R PF14. Sparsamkeit/Hart arbei. korreliert mit:p		
PF39.	Hart arbeiten/Sparsamkeit	0.79**
PF29.	Sparsamkeit	0.76**
PF2.	Sparsamkeit	0.74**
PF49.	Sparsamkeit	0.70**
PF8.	Verluste gelassen nehmen	-0.19*
R PF15. Spekulationslust korreliert mit:		**p**
PF31.	Spekulationslust	0.75**
PF1.	Spekulationslust	0.69**
PF53.	Abenteuerlust/Fetischen	0.60**
PF38.	Finanzieller Optimismus	0.59**
	Signifikanzniveau * 0.01 ** 0.001	

Tab.11:   Korrelation mit den Primärfaktoren aus der Bedingung
            "Rolle"

R PF16. Finanzieller Optimismus korreliert mit:p	
PF26. Optimismus/Hart arbeiten	0.68**
PF48. Finanzieller Optimismus	0.63**
PF38. Finanzieller Optimismus	0.63**
PF9. Finanzieller Optimismus	0.62**

R PF17. Verluste gelassen neh. korreliert mit: p	
PF40. Geldrisiken eingehen	0.61**
PF18. Sportrisiken eingehen	0.38**

R PF18. Sportrisiken eingehen korreliert mit: p	
PF43. Sportrisiken eingehen	0.72**
PF4. Sportrisiken eingehen	0.64**
PF27. Sportrisiken eingehen	0.56**
PF17. Verluste gelassen nehmen	0.38**

R PF19. Strenge Geldkontrolle korreliert mit: p	
PF42. Strenge Geldkontrolle	0.78**
PF6. Strenge Geldkontrolle	0.77**
PF32. Strenge Geldkontrolle	0.76**
PF54. Spekulationslust	0.62**

R PF20. Vorliebe für Luxus korreliert mit: p	
PF5. Vorliebe für Luxus	0.76**
PF33. Vorliebe für Luxus	0.65**
PF44. Wohlstand anstreben	0.64**
PF51. Vorliebe für Luxus	0.50**
PF49. Sparsamkeit	-0.23*

R PF21. Glücklicher Gewinn korreliert mit: p	
PF41. Glücklicher Gewinn/ Bequem leben	0.65**
PF44. Wohlstand anstreben	0.42**
PF25. Sicher investieren	0.35**
PF52. Glücklicher Gewinn	0.35**
Signifikanzniveau:* 0.01 ** 0.001	

Tab.11:   Fortsetzung

R PF22. Geldgeschäfte verheiml. korreliert mit: p		
PF37.	Geldgeschäfte verheimlichen	0.75**
PF45.	Geldgeschäfte verheimlichen	0.71**
PF12.	Geldgeschäfte verheimlichen	0.70**
PF50.	Geldgeschäfte verheimlichen	0.66**

R PF23. Wohlstand anstreben korreliert mit: p		
PF7.	Wohlstand anstreben	0.64**
PF44.	Wohlstand anstreben	0.56**
PF33.	Vorliebe für Luxus	0.55**
PF51.	Vorliebe für Luxus	0.51**

R PF24. Nicht spekulieren korreliert mit: p		
PF46.	Nicht spekulieren	0.68**
PF11.	Nicht spekulieren	0.63**
PF36.	Nicht spekulieren	0.64**

R PF25. Sicher investieren korreliert mit: p		
PF13.	Sicher investieren	0.79**
PF15.	Spekulationslust	0.38**
PF1.	Spekulationslust	0.31**
PF11.	Nicht spekulierens	-0.18*

Signifikanzniveau:* 0.01 ** 0.001

Tab.11:   Fortsetzung

2.3. Bedeutung der primären Geldfaktoren für die Bedingung "Häufigkeit"

Bei der Beschreibung der Korrelationen der Primärfaktoren für die Bedingung "wie häufig wenden Sie dieses Verhalten tatsächlich an?" mit den gesamten Primärfaktoren wiederholen sich in der einen oder anderen Form Merkmale, die bereits besprochen wurden. Die Diskussion wird deshalb reduziert und auf die wichtigsten Punkte beschränkt. Tabelle 12 auf Seite 155 zeigt in verkürzter Form die wichtigsten Korrelationen der zwölf primären Faktoren für die Bedingung Häufigkeit mit anderen primären Faktoren.

PF 26 wird durch die beiden Begriffe Optimismus und Hart arbeiten inhaltlich bestimmt. Wer dieses Verhalten häufig ausübt, gibt auch an, in der Ausübung diese Verhaltens gut zu sein. Begründet wird dies durch die sehr hohe Korrelation zu PF 48. Dem folgt die zweite höchste Korrelation mit PF 3 Hart arbeiten (T). Hart arbeiten als eigenständiger Faktor wurde nur in der Bedingung Typisch ermittelt.

Die Tatsache, daß die Faktoren Sportrisiken eingehen, wie sie in mehreren Bedingungen ermittelt wurde, sehr hoch untereinander korrelieren, wurde bereits erläutert. Darüberhinaus korreliert PF 27 Sportrisiken eingehen hoch mit PF 28 Geld borgen. Dieser Zusammenhang zwischen der Häufigkeit von Sportrisiken eingehen und der Häufigkeit Geld zu borgen, kann an dieser Stelle nur durch Vermutungen erklärt werden, worauf hier verzichtet werden soll.

Häufig Geld borgen (PF 28) korreliert hoch mit der Häufigkeit Verluste gelassen zu nehmen (PF 34) und mit häufigem Spekulieren (PF 31). Hier wäre es interessant zu erfahren, welches Verhalten welches bedingt.

Sparsamkeit (PF 29) korreliert im wesentlichen mit den Faktoren gleichen Namens. Wer häufig sparsam ist, behauptet nicht von sich, daß (PF 8) Verluste gelassen nehmen auf ihn zutrifft, was inhaltlich durch die negative Richtung der Korrelation zum Ausdruck gebracht wird.

PF 30 Abenteuerlust korreliert besonders hoch mit den Faktoren der Spekulationslust und etwas niedriger mit den Faktoren Vorliebe für Luxus. Negativ korreliert Abenteuerlust mit (PF 2) Sparsamkeit. Wer häufig Lust auf etwas Außergewöhnliches hat, behauptet nicht von sich, daß Sparsamkeit etwas typisches für ihn ist, was nicht ausschließt, daß er es tut.

Die Korrelationen des PF 31 Spekulationslust sind im wesentlichen die gleichen Korrelationen, wie sie für die bereits beschriebenen Faktoren (Faktor 1 und PF 15) der Spekulationslust dargestellt wurden. PF 31 korreliert wie PF 1 negativ mit dem PF 11 (Nicht spekulieren) aus der Bedingung Typisch.

Die Tatsache, daß Strenge Geldkontrolle (PF 32), wenn sie häufig ausgeübt wird, zur Steigerung der Lebensqualität beträgt und eine bestimmende Rolle im Leben spielt, wurde bei der Beschreibung von PF 6 und 19 bereits dargelegt. Strenge Geldkontrolle korreliert außer mit Faktoren gleichen Namens mit den Faktoren der Sparsamkeit.

PF 33 Vorliebe für Luxus ist hinsichtlich der Abfrage weitgehend unabhängig, was die hohen Korrelationen zu den Faktoren gleicher Namensgebung in den anderen Bedingungen zeigen. Vorliebe für Luxus und Wohlstand anstreben, sind zwei Faktoren, die jedoch sehr hoch miteinander korrelieren. Siehe hierzu auch die Beschreibungen der Faktoren 5, 6 und 20.

Die Korrelation von PF 34 Verluste gelassen nehmen mit den anderen primären Faktoren liegen von der Höhe der Korrelationen im Vergleich mit den anderen Faktoren deutlich niedriger. Die höchste Korrelation zeigt sich mit PF 28 Geld borgen mit einem Koeffizienten von 0.55. Insgesamt korreliert dieser Faktor nur mit wenigen anderen, die zumeist aus der Bedingung Häufigkeit stammen. Häufig Verluste gelassen nehmen korreliert mit häufigem Geld borgen, häufig Sportrisiken eingehen und einer häufigen Vorliebe für Luxus.

Die Angabe zur Häufigkeit im PF 35 Bequem leben korreliert auf dem 0.1 %
Niveau nur mit PF 10 Bequem leben (T) und Spaß am größeren Geldgewinn
(L,Q).

Auch PF 36 Nicht spekulieren hat signifikante Korrelationen zu den Faktoren
gleichen Namens und steht in Zusammenhang zu den beiden PF 6 und 19
Strenge Geldkontrolle (T,R), die bereits schon erläutert wurden.

Geldgeschäfte verheimlichen (PF 37) korreliert am höchsten mit den gleichen
Faktoren aus den anderen Bedingungen. Dem Rangplatz folgend, korrelieren
dann die Faktoren Spaß am Spekulieren aller Bedingungen bzw. generell
Lust auf Außergewöhnliches haben. Dies deutet darauf hin, daß Geldgeschäfte verheimlichen möglicherweise auch eine Lustkomponente beinhaltet.

H PF26. Optimismus/ Hart arbeiten korreliert mit:		p
PF48.	Finanzieller Optimismus	0.84**
PF3.	Hart arbeiten	0.72**
PF38.	Finanzieller Optimismus/ Spekulationslust	0.69**
PF16.	Finanzieller Optimismus	0.68**
H PF27. Sportrisiken eingehen korreliert mit:		**p**
PF43.	Sportrisiken eingehen	0.68**
PF4.	Sportrisiken eingehen	0.66**
PF18.	Sportrisiken eingehen	0.56**
PF28.	Geld borgen	0.55**
H PF28. Geld borgen korreliert mit:		**p**
PF29.	Sparsamkeit	0.55**
PF27.	Sportrisiken eingehen	0.55**
PF31.	Spekulationslust	0.44**
PF34.	Verluste gelassen nehmen	0.38**
	Signifikanzniveau:* 0.01 ** 0.001	

Tab.12:   Korrelation mit den Primärfaktoren aus der Bedingung
           "Häufigkeit" (H)

H PF29 Sparsamkeit korreliert mit:		**p**
PF49.	Sparsamkeit	0.81**
PF14.	Sparsamkeit/Hart arbeiten	0.76**
PF2.	Sparsamkeit	0.76**
PF39.	Hart arbeiten/Sparsamkeit	0.67**
PF8.	Verluste gelassen nehmen	-0.22*

H PF30. Abenteuerlust korreliert mit:		**p**
PF53.	Abenteuerlust/Feilschen	0.55**
PF38.	Finanzieller Optimismus/	
	Spekulationslust	0.52**
PF15.	Spekulationslust	0.51**
PF1.	Spekulationslust	0.48**
PF2.	Sparsamkeit	-0.19*

H PF31. Spekulationslust korreliert mit:		**p**
PF15.	Spekulationslust	0.75**
PF38.	Finanzieller Optimismus	0.61**
PF1.	Spekulationslust	0.60**
PF53.	Abenteuerlust/Feilschen	0.55**
PF11.	Nicht spekulieren	-0.23**

H PF32. Strenge Geldkontrolle korreliert mit:		**p**
PF42.	Strenge Geldkontrolle	0.77**
PF19.	Strenge Geldkontrolle	0.76**
PF6.	Strenge Geldkontrolle	0.70**
PF54.	Strenge Geldkontrolle	0.67**

H PF33. Vorliebe für Luxus korreliert mit:		**p**
PF44.	Wohlstand anstreben	0.73**
PF51.	Vorliebe für Luxus	0.70**
PF5.	Vorliebe für Luxus	0.67**
PF20.	Vorliebe für Luxus	0.65**
PF30.	Abenteuerlust	0.29**

Signifikanzniveau:* 0.01 ** 0.001

Tab.12:   Fortsetzung

H PF34. Verluste gelassen neh. korreliert mit:		p
PF28.	Geld borgen	0.55**
PF8	Verluste gelassen nehmen	0.50**
PF27.	Sportrisiken eingehen	0.45**
PF31.	Spekulationslust	0.43**

H PF35. Bequem leben korreliert mit:		p
PF10.	Bequem leben	0.53**
PF41.	Glücklicher Gewinn	0.52**
PF52.	Glücklicher Gewinn	0.40**

H PF36. Nicht spekulieren korreliert mit:		p
PF55.	Nicht spekulieren	0.65**
PF24.	Nicht spekulieren	0.64**
PF46.	Nicht spekulieren	0.53**
PF11.	Nicht spekulieren	0.47**

H PF37. Geldgeschäfte verheiml. korreliert mit:		p
PF22.	Geldgeschäfte verheimlichen	0.75**
PF12.	Geldgeschäfte verheimlichen	0.69**
PF45.	Geldgeschäfte verheimlichen	0.67**
PF50.	Geldgeschäfte verheimlichen	0.64**

Signifikanzniveau:* 0.01 ** 0.001

Tab.12:   Fortsetzung

2.4. Bedeutung der primären Geldfaktoren für die Bedingung "Lebensqualität"

Für die Bedingung "Welchen Beitrag leistet diese Aussage zur Steigerung der Lebensqualität?" wurden mittels der Faktorenanalyse und Itemanalyse neun primäre Faktoren ermittelt. Über die Korrelationen dieser neun Faktoren untereinander und mit den restlichen 46 primären Fakotren, wird versucht diese Faktoren näher zu bestimmen. Die Korrelationen zeigt die ausführliche Tabelle A1 im Anhang. Einen Auszug aus der Tabelle im Anhang folgt im Anschluß an den folgenden Text (Tabelle 13).

Die beiden Faktoren Finanzieller Optimismus und Spekulationslust, wie sie in manchen Bedingungen als eigenständige Faktoren ermittelt wurden, zeigten signifikante Korrelationen miteinander. In Faktor 38 mischen sich Finanzieller Optimismus und Spekulationslust in einem Faktor. Faktor 38 korreliert am höchsten mit den Faktoren zum Finanziellen Optimismus gefolgt von denen der Spekulationslust aus den anderen Bedingungen.

Die Tatsache, daß die beiden Faktoren Hart arbeiten und Sparsamkeit in einem Faktor zusammenfallen bzw. untereinander hoch korrelieren, wurde bereits mehrfach festgestellt. Es ergeben sich bei den Korrelationen von PF 39 Hart arbeiten/Sparsamkeit mit den anderen Faktoren inhaltlich keine neuen Gesichtspunkte.

PF 40 Geldrisiken eingehen konnte in dieser Form nur unter der Bedingung Lebensqualität ermittelt werden. Der Faktor setzt sich im Vergleich mit den anderen Faktoren mit Items aus verschiedenen Faktoren zusammen (siehe Faktorenanalyse IV 1.4). Geldrisiken eingehen korreliert am höchsten mit PF 17, der zum Ausdruck bringt, welche Rolle Verluste im Leben spielen. Dem folgen Korrelationen mit den Faktoren der Spekulationslust. Eine schwache, aber immer noch signifikant negative Korrelation besteht zu PF 11 Nicht spekulieren (T).

Glücklicher Gewinn und Bequem Leben (PF 41) tragen gemeinsam mehr oder weniger zur Steigerung der Lebensqualität bei. In den anderen Bedingungen wurde Bequem Leben oder Glücklicher Gewinn jeweils als eigenständige Faktoren ermittelt. PF 41 korreliert hoch mit PF 21 Glücklicher Gewinn (R), PF 10, 35 Bequem Leben (T,H). Signifikant negative Korrelationen zu anderen Faktoren bestehen nicht.

Für den Fall, daß Strenge Geldkontrolle (PF 42) zur Steigerung der Lebensqualität beiträgt, spielt dies auch eine wichtige Rolle im Leben, wird dementsprechend häufig angewendet, wird als typisch bezeichnet und man gibt an, gut in der Ausübung dieses Verhaltens zu sein. Strenge Geldkontrolle korreliert besonders hoch mit strenger Geldkontrolle in den anderen Bedingungen.

Bei Personen, bei denen PF 46 Nicht spekulieren zur Steigerung der Lebensqualität beiträgt, spielt dies auch im Leben eine wichtige Rolle. Über die Richtung des Zusammenhangs läßt die Korrelationsanalyse keine Aussage zu.

L PF38. Finanzieller Optimismus/ Spekulationslust korreliert mit:		p
PF26.	Optimismus/Hart arbeiten	0.69**
PF16.	Finanzieller Optimismus	0.63**
PF31.	Spekulationslust	0.61**
PF48.	Finanzieller Optimismus/ Hart arbeiten	0.60**

L PF39. Hart arbeiten/ Sparsamkeit korreliert mit:		p
PF14.	Sparsamkeit/Hart arbeiten	0.79**
PF29.	Sparsamkeit	0.67**
PF2.	Sparsamkeit	0.63**
PF49.	Sparsamkeit	0.58**
PF8.	Verluste gelassen nehmen	0.22*

L PF40. Geldrisiken eingehen korreliert mit:		p
PF17.	Verluste gelassen nehmen	0.61**
PF31.	Spekulationslust	0.51**
PF15.	Spekulationslust	0.50**
PF1.	Spekulationslust	0.44**
PF11.	Nicht spekulieren	-0.20*

L PF41. Glücklicher Gewinn/ Bequem leben korreliert mit:		p
PF21.	Glücklicher Gewinn	0.65**
PF10.	Bequem leben	0.53**
PF35.	Bequem leben	0.52**
PF44.	Wohlstand anstreben	0.45**

L PF42. Strenge Geldkontrolle korreliert mit:		p
PF19.	Strenge Geldkontrolle	0.78**
PF32.	Strenge Geldkontrolle	0.77**
PF6.	Strenge Geldkontrolle	0.62**
PF54.	Strenge Geldkontrolle	0.58**

Signifikanzniveau:* 0.01 ** 0.001

Tab.13:   **Korrelation mit den Primärfaktoren aus der Bedingung "Lebensqualität" (L)**

L PF43. Sportrisiken eingehen korreliert mit:		p
PF4.	Sportrisiken eingehen	0.82**
PF18.	Sportrisiken eingehen	0.72**
PF27.	Sportrisiken eingehen	0.68**
PF40.	Geldrisiken eingehen	0.42**

L PF44. Wohlstand anstreben korreliert mit:		p
PF33.	Vorliebe für Luxus	0.73**
PF20.	Vorliebe für Luxus	0.64**
PF5.	Vorliebe für Luxus	0.59**
PF23.	Wohlstand anstreben	0.56**

L PF45. Geldgeschäfte verheiml. korreliert mit: p		
PF22.	Geldgeschäfte verheimlichen	0.71**
PF37.	Geldgeschäfte verheimlichen	0.67**
PF12.	Geldgeschäfte verheimlichen	0.56**
PF50.	Geldgeschäfte verheimlichen	0.55**

L PF46. Nicht spekulieren korreliert mit:		p
PF24.	Nicht spekulieren	0.68**
PF36.	Nicht spekulieren	0.53**
PF55.	Nicht spekulieren	0.51**
PF11.	Nicht spekulieren	0.41**
	Signifikanzniveau:* 0.01 ** 0.001	

Tab.13:   Fortsetzung

2.5. Bedeutung der primären Geldfaktoren für die Bedingung "Qualität"

Die restlichen neun Faktoren beziehen sich auf die Bedingung: "Wie gut sind Sie in der Ausübung dieses Verhaltens?" In der einen oder anderen Form wiederholen sich Merkmale, die bereits besprochen wurden. Die Diskussion wird deshalb reduziert und auf einige Punkte beschränkt, die mit der Bedingung Qualität zusammenhängen. Eine Übersicht der wesentlichen Korrelationen findet sich in Tabelle 14, die dem Text folgt.

Eine einzige Bezeichnung für den PF 47 war aufgrund der vielen unterschiedlichen Inhalte der Items bei der Faktorenanalyse nicht möglich, so daß der Faktor aus den drei zusammengesetzten Bezeichnungen Sportrisiken eingehen, Verluste gelassen nehmen, Spekulationslust, seine Benennung fand. Aufgrund dieser vielfältigen Inhalte bestehen sehr viele signifikante Korrelationen zu diesem Faktor, deren Werte jedoch meist unter 0.40 liegen, so daß eine bessere Charakterisierung dieses Faktors aufgrund seiner Korrelationen mit den anderen primären Faktoren nicht bietet.

Der PF 48 Finanzieller Optimismus und Hart arbeiten korreliert am höchsten mit dem gleichlautenden PF 26 aus der Bedingung Häufigkeit. Die Korrelation mit den Faktoren, die Sparsamkeit beschreiben, sind etwas höher als die der Spekulationslust.

Wer sich gut bei der Ausübung von PF 49 Sparsamkeit beurteilt, praktiziert dies häufig, bezeichnet dies als ein typisches Verhalten, und Sparsamkeit spielt eine wichtige Rolle im Leben. Dies verdeutlichen die hohen Korrelationen mit den Faktoren 2, 29 und 14 mit diesem PF 49. Wer in der Sparsamkeit gut ist, beurteilt sich auch bei der PF 54 Geldkontrolle gut, aber kann nicht von sich behaupten, daß er typischerweise Verluste gelassen nimmt (PF 8).

Vorliebe für Luxus (PF 51) weist viele signifikante Korrelationen mit den anderen primären Geldfaktoren auf, die alle positiv gerichtet sind. Die stärksten Beziehungen bestehen zu den Faktoren gleichen Namens und dem PF

Wohlstand anstreben. Diese Zusammenhänge wurden bereits unter den Faktoren Vorliebe für Luxus und Wohlstand anstreben in den vorangegangenen Bedingungen beschrieben.

PF 52 Glücklicher Gewinn korreliert am höchsten mit PF 47 Sportrisiken eingehen/Verluste gelassen nehmen/Spekulationslust (Q). Möglicherweise bezieht sich die Korrelation zu PF 47 im wesentlichen auf die Spekulationslust, da der PF 52 Glücklicher Gewinn mit den anderen Faktoren der Spekulationslust signifikant korreliert.

Abenteuerlust/Feilschen wie PF 53 benannt wurde, korreliert hoch mit den verschiedenen Lustfaktoren. Signifikant negative Korrelationen zu anderen Faktoren bestehen nicht.

PF 54 Strenge Geldkontrolle weist vier Korrelationen über 0.60 mit anderen primären Faktoren auf. Drei der vier hochladenden Korrelationen bestehen zu den Faktoren mit der gleichen Bezeichnung. Die vierte hohe Korrelation besteht zu PF 49 Sparsamkeit. Wer gut in Sparen ist, ist meist auch gut darin, sein Geld streng zu kontrollieren bzw. umgekehrt.

Eine Person, die von sich sagt, bei PF 55 Nicht spekulieren gut zu sein, beurteilt Sportrisiken eingehen als untypisch (PF 4).

Q PF47. Sportrisiken eingehen/Verluste gelassen nehmen/Spekulationslust korreliert mit: p

PF52.	Glücklicher Gewinn	0.54**
PF27.	Sportrisiken eingehen	0.43**
PF53.	Abenteuerlust/Feilschen	0.41**
PF34.	Verluste gelassen nehmen	0.41**

Q PF48. Finanzieller Optimismus/ Hart arbeiten korreliert mit: p

PF26.	Optimismus/Hart arbeiten	0.84**
PF4.	Sportrisiken eingehen	0.70**
PF16.	Finanzieller Optimismus	0.63**
PF14.	Sparsamkeit/Hart arbeiten	0.50**

Q PF49. Sparsamkeit korreliert mit: p

PF29.	Sparsamkeit	0.81**
PF2.	Sparsamkeit	0.70**
PF14.	Sparsamkeit/Hart arbeiten	0.70**
PF54.	Strenge Geldkontrolle	0.60**
PF8.	Verluste gelassen nehmen	-0.24**
PF20.	Vorliebe für Luxus	-0.23*

Q PF50. Geldgeschäfte verheiml. korreliert mit: p

PF22.	Geldgeschäfte verheimlichen	0.66**
PF37.	Geldgeschäfte verheimlichen	0.64**
PF45.	Geldgeschäfte verheimlichen	0.55**
PF12.	Geldgeschäfte verheimlichen	0.54**

Q PF51. Vorliebe für Luxus korreliert mit: p

PF33.	Vorliebe für Luxus	0.70**
PF5.	Vorliebe für Luxus	0.54**
PF23.	Wohlstand anstreben	0.51**
PF20.	Vorliebe für Luxus	0.50**

Signifikanzniveau:* 0.01 ** 0.001

Tab.14:   Korrelation mit den Primärfaktoren aus der Bedingung "Qualität" (Q)

Q PF52. Glücklicher Gewinn korreliert mit: p

PF47.	Sportrisiken eingehen/	
	Verluste gelassen nehmen/	
	Spekulationslust	0.54**
PF41.	Glücklicher Gewinn/	
	Bequem leben	0.36**
PF21.	Glücklicher Gewinn	0.35**
PF51.	Vorliebe für Luxus	0.34**

**Q PF53. Abenteuerlust/
Feilschen korreliert mit:**   p

PF15.	Spekulationslust	0.60**
PF30.	Abenteuerlust	0.55**
PF31.	Spekulationslust	0.55**
PF38.	Finanzieller Optimismus/	
	Spekulationslust	0.53**

Q PF54. Strenge Geldkontrolle korreliert mit: p

PF32.	Strenge Geldkontrolle	0.67**
PF19.	Strenge Geldkontrolle	0.62**
PF6.	Strenge Geldkontrolle	0.60**
PF49.	Sparsamkeit	0.60**
PF1.	Spekulationslust	-0.18*

Q PF55. Nicht spekulieren korreliert mit: p

PF36.	Nicht spekulieren	0.65**
PF23.	Wohlstand anstreben	0.51**
PF46.	Nicht spekulieren	0.51**
PF11.	Nicht spekulieren	0.42**
PF4.	Sportrisiken eingehen	-0.22*

Signifikanzniveau:* 0.01 ** 0.001

Tab.14: **Fortsetzung**

2.6. Zusammenfassung

Im vorherigen Kapitel IV.1. wurde die Grundsubstanz vom Umgang mit Geld in Gestalt von 55 Primärfaktoren ermittelt. Die Bedeutung dieses Kapitels liegt in der detaillierten Beschreibung der Kreuzverbindungen zwischen den zahlreichen Merkmalen im Umgang mit Geld.

Dazu wurden die wichtigsten Beziehungen der einzelnen Faktoren darge-stellt. Insbesondere die hierarchische Abfolge der Korrelationshöhen ergibt eine Vorstellung von den vielfältigen Zusammenhängen im Umgang mit Geld.

Ohne quantitative Reduktion läßt sich die Sinnfülle allerdings nicht erfassen. Hierauf wird in späteren Kapiteln bei der Analyse auf sekundärem Niveau noch näher eingegangen. An dieser Stelle soll nur auf einige wichtig erschei-nende Aspekte hingewiesen werden.

Faktoren gleichen Namens, wie sie in den verschiedenen Bedingungen er-mittelt wurden, korrelieren durchweg sehr hoch miteinander. Über alle fünf Bedingungen hinweg zeigten sich insbesonders für die Faktoren Geldge-schäfte verheimlichen, Nicht spekulieren und Strenge Geldkontrolle sehr hohe Korrelationen, so daß man eigentlich davon ausgehen kann, daß diese Faktoren gleicher Bezeichnung nahezu identisch sind. Eine Interpretation der Einflüsse der verschiedenen Bedingungen wird ausführlich im Kapitel VII dis-kutiert und interpretiert.

Geldgeschäfte verheimlichen korreliert darüberhinaus mit den verschiedenen Lust-Faktoren, wie z.B. der Spekulationslust und der Abenteuerlust.

Wie bereits erwähnt korrelieren die Faktoren unterschiedlicher Bedingungen Nicht spekulieren im wesentlichen nur mit sich selbst und weisen, mit Aus-nahme für die Bedingung Typisch, weder hoch signifikante positive Korrela-tionen mit Sparsamkeit, noch hoch signifikante negative Korrelationen zur Spekulationslust auf. Nicht spekulieren ist vom Inhalt her eher ein Kontrollfaktor. Dies zeigen auch die Korrelationen zu den Faktoren Strenge Geld-kontrolle.

Auch die Faktoren Strenge Geldkontrolle korrelieren untereinander sehr hoch miteinander. Dem folgen dann Zusammenhänge mit den Faktoren der Sparsamkeit. Es kann davon ausgegangen werden, daß Strenge Geldkon-trolle und Sparsamkeit zwei eng miteinander verbundene Faktoren sind.

Die Faktoren Sportrisiken eingehen, wie sie für die Bedingung Typisch, Rolle, Häufigkeit und Lebensqualität ermittelt wurde, korrelieren hoch signifikant miteinander. Verschiedentlich korreliert Sportrisiken eingehen positiv mit den Faktoren der Spekulationslust. Sportrisiken eingehen und Sparsamkeit er-weisen sich voneinander unabhängig.

Ein weiteres interessantes Ergebnis ist, daß die beiden Faktoren, Vorliebe für Luxus und Wohlstand anstreben, über die Bedingungen hinweg signifikant positv miteinander korrelieren.

Insgesamt betrachtet gibt es nur sehr wenig signifikant negative Korrelatio-nen zwischen den primären Geldfaktoren. Die meisten negativen Korrelatio-nen zu anderen Faktoren ergab sich für die Bedingung Typisch:

Wer Spekulationslust als für sich typisch beurteilt, bewertet sich eher qualita-tiv schlecht in der Ausübung von Strenger Geldkontrolle oder, wer Sparsam-keit als zutreffend beurteilt, sucht selten nach neuen Abenteuern.

Aber auch innerhalb dieser Bedingung gibt es negative Korrelationen, wie zum Beispiel zwischen typischer Vorliebe für Luxus und typischer Strenger Geldkontrolle. Wer Vorliebe für Luxus als zutreffend ansieht, kann nicht von sich behaupten, daß Strenge Geldkontrolle etwas typisches ist und natürlich auch umgekehrt, da die Korrelationen keine Richtung des Zusammenhangs angeben.

An diesem Beispiel der Bedingung Typisch zeigt sich einmal mehr, wie wichtig es ist, gleiche Items hinsichtlich verschiedener Bedingungen beantworten zu lassen, wenn man das Verhalten in seiner Komplexität zu erfassen und zu verstehen sucht.

Für die Bedingung Lebensqualität zeigt sich zum Beispiel, daß sehr viele der höchsten Korrelationen zu anderen primären Geldfaktoren aus der Bedingung "Rolle" kommen. Umgekehrt gilt das gleiche. Sehr wahrscheinlich spielen Merkmale, die zur Steigerung der Lebensqualität beitragen, auch eine bestimmende Rolle im Leben. Von fünf der neun Faktoren aus Bedingung "Lebensqualität" bestehen die höchsten Korrelationen zu Faktoren der Bedingung "Rolle", bei den übrigen vier Korrelationen findet sich der zweithöchste Koeffizient. Interessant wäre gerade hier die kausale Beziehung zu erforschen.

In ähnlicher Form konnte dieser Zusammenhang zwischen den beiden Bedingungen "Häufigkeit" und "Qualität" festgestellt werden. Dinge, die häufig getan werden, werden auch häufig gut ausgeübt. Wer sich zum Beispiel als effektiv in der Ausübung von Sparsamkeit beurteilt, gibt auch an, Sparsamkeit häufig auszuüben, mit einer Korrelation von 0.81. Bei fünf der neun Faktoren der Bedingung Qualität besteht die höchste Korrelation zum Faktor der Bedingung Häufigkeit und zweimal ist es die zweithöchste Korrelation.

Auf die Unterschiede hinsichtlich der Beurteilung der verschiedenen Bedingungen wird in Teil IV.4. anhand von Mittelwertvergleichen näher eingegangen.

3. **Bedeutungsstrukturen höherer Ordnung: Sekundäre und tertiäre Faktorenanalyse**

Die Faktorenanalyse und Itemanalyse erster Ordnung (Kapitel IV.1.) ergab 55 Merkmale im Umgang mit Geld, deren interne Konsistenz dargelegt wurde.

Das Ergebnis war eine breite inhaltliche Streuung dieser Merkmale mit ersten Definitionen.

Im darauffolgendem Kapitel IV.2. wurden alle signifikanten Beziehungen zwischen den 55 Faktoren inspiziert, um Hinweise zu strukturellen Beschreibungsansätzen und zur Fortentwicklung von Meßskalen (siehe Kapitel IV.5.) zu gewinnen.

Die Differenziertheit der primären Faktorenstruktur ist derart vielfältig, daß sie mit Hilfe einer Analyse zweiter Ordnung in ihren wesentlichen Bestandteilen zusammengefaßt werden soll. Dies wird die 55 primären Geldfaktoren zu einer wesentlich geringeren Anzahl von Merkmalen reduzieren, so daß der gesamte begriffliche Inhalt leichter zu handhaben ist. Zwecks weitergehender Vereinfachung der Verhaltensstrukturen im Umgang mit Geld, wird eine Analyse dritter Ordnung angeschlossen.

3.1. Faktorenanalyse zweiter Ordnung: 11 Sekundärfaktoren

Die 55 primären Geldfaktoren wurden einer Faktorenanalyse (Varimax-Rotiert, Rotationskriterium = Eigenwert > 1) unterzogen. Vorgegeben wurde in verschiedenen Analysen eine Anzahl von vierzehn bis 9 zu rotierenden Sekundärfaktoren. Aufgrund der Ergebnisse wurde die Faktorenanalyse mit 11 Sekundärfaktoren ausgewählt. Die Skalen mit Items und Gütekriterien zeigt die ausführliche Tabelle 15. Durch die Skalenanalyse (SPSS Reliability) wurde über die Zugehörigkeit eines Primärfaktors zu einem Sekundärfaktor und über die Existenz des Faktors an sich entschieden. Die 55 primären Faktoren verteilen sich der Anzahl nach annähernd gleich auf die elf sekundären Faktoren (SF).

Das statistische Kriterium für die Existenz eines Faktors ist, daß die interne Konsistenz bzw. Homogenität des Faktors mit einem Wert des Cronbach-Alpha von > 0.60 und so hoch wie möglich bestätigt wird. Der niedrigste Wert für Cronbach-Alpha liegt bei 0.64, die meisten Werte liegen über 0.85, die höchsten Werte der internen Konsistenz erreichen SF 2 und SF 5 mit 0.91.

Im ersten sekundären Faktor sammeln sich die Faktoren Finanzieller Optimismus aus vier Bedingungen. Gefolgt von dem Faktor Spekulationslust aus der Bedingung Häufigkeit, der jedoch mit einer Ladung von 0.51 im Vergleich zu den anderen bereits deutlich abfällt. Hart arbeiten in Verbindung mit Finanzieller Optimismus ist weiteres Merkmal von SF 1. Der Kern dieses Faktors ist aber sicherlich der **Finanzielle Optimismus**, nach dem der Faktor auch benannt wurde. Finanzieller Optimismus ist mit einem Wert von 0.88 für die interne Konsistenz gut bestimmt.

Sparsamkeit wurde der SF 2 benannt. Auf ihn laden die primären Faktoren der Sparsamkeit aus fünf verschiedenen Bedingungen, gekoppelt mit Hart arbeiten. Zwar ordnen sich bei der Beurteilung der Häufigkeit und der Qualität die Items für Hart arbeiten den primären Faktoren Finanzieller Optimismus unter, jedoch geht Hart arbeiten bei der Beurteilung, welche Rolle dieses Verhalten spielt bzw. inwieweit es zur Steigerung der Lebensqualität beiträgt, mit Sparsamkeit zusammen. Die Sparsamkeit hingegen bildet eindeutig den Kern von SF 2. So wird aufgrund der Zweiteilung von Hart arbeiten auf die beiden ersten Sekundärfaktoren bei beiden SF auf den Zusatz Hart arbeiten verzichtet. Sparsamkeit ist mit einem Wert für Cronbach-Alpha von 0.91 sehr hoch bestimmt. Auch die Ladungen, mit Ausnahme von PF 3 Hart arbeiten (T), liegen alle über 0.75.

Im Kapitel IV.2., bei der Beschreibung der Interkorrelationen der Primärfaktoren, wurde über den Zusammenhang zwischen den beiden primären Faktoren Vorliebe für Luxus und Wohlstand anstreben mehrfach berichtet. Die vier Primärfaktoren Vorliebe für Luxus und drei PF Wohlstand anstreben versammeln sich alle im dritten Sekundärfaktor **Luxus und Wohlstand**. Alle sieben Primärfaktoren weisen Ladungen ≥ 0.60 auf, und der gesamte SF 3 besitzt eine gute interne Konsistenz mit einem Wert für Cronbach-Alpha von 0.87.

Geldgeschäfte verheimlichen ist ein Faktor aus primärer Ebene und konnte in allen fünf Bedingungen gleich ermittelt werden. Alle fünf primären Faktoren laden auf dem vierten Sekundärfaktor, der dementsprechend auch **Geldgeschäfte verheimlichen** genannt wurde. Mit einem Wert für die interne Konsistenz von 0.84 und Ladungen von über 0.75 ist SF 4 gut definiert.

Der fünfte Sekundärfaktor wurde **Strenge Geldkontrolle** genannt. Die primären Faktoren Strenge Geldkontrolle aus den Bedingungen Häufigkeit, Rolle, Lebensqualität und Typisch besitzen Ladungen von über 0.80 auf dem fünften Sekundärfaktor. PF 50 Strenge Geldkontrolle hat im Vergleich zu den anderen Faktoren eine deutlich schwächere Ladung auf dem fünften Sekundärfaktor. Die Beurteilung, wie gut man in diesem Verhalten ist, spielt hierbei keine bedeutende Rolle.

Sekundärfaktor sechs ist durch die vier Primärfaktoren Sportrisiken eingehen aus den Bedingungen Typisch, Lebensqualität, Rolle und Häufigkeit bestimmt. Die Benennung des Faktors ist dementsprechend einfach. SF 6 wurde gleichfalls **Sportrisiken eingehen** benannt. Der Wert für Cronbach-Alpha von 0.90 bestätigt die gute Homogenität bzw. Zuverlässigkeit dieses Faktors.

Ein weiterer Sekundärfaktor, der eindeutig bestimmt ist und dessen Namensgebung einfach ist, ist SF 7. Auf diesem SF laden fünf primäre Faktoren, die aus den fünf verschiedenen Bedingungen stammen, mit gleicher Benennung. **Nicht spekulieren** lauten die fünf primären Faktoren, wie auch SF 7 benannt wurde. Aufgrund der inhaltlichen Eindeutigkeit und der hohen statistischen Zuverlässigkeit dieses Faktors gibt es dem wenig hinzuzufügen.

Im Sekundärfaktor acht vereinen sich die drei Merkmale Sicher investieren, Spekulationslust und Abenteuerlust. Die beiden primären Faktoren, Sicher investieren aus den Bedingungen Typisch und Rolle, haben mit Abstand die höchsten Ladungen auf SF 8. Dem folgen die beiden Primärfaktoren der Spekulationslust aus den gleichen Bedingungen. Der fünfte und letzte Primärfaktor, der auf diesem Sekundärfaktor lädt, ist PF 30 Abenteuerlust (H). Aufgrund der hohen Ladungen der beiden Faktoren Sicher investieren, wurde dieser Faktor ebenfalls **Sicher investieren** genannt. Da dieser Faktor auch durch die Spekulationslust mitbestimmt wird, beinhaltet er nicht eine Form der Geldkontrolle oder Sparsamkeit.

Der neunte Sekundärfaktor ist nur durch zwei primäre Faktoren bestimmt, die beide aus der Bedingung Häufigkeit kommen. Geld borgen und Verluste gelassen nehmen, lauten die beiden Primärfaktoren. Beide Faktoren besitzen hinsichtlich der Häufigkeit eine starke Gemeinsamkeit. Der Primärfaktor Geld borgen konnte auch nur für die Bedingung Häufigkeit als ein Primärfaktor ermittelt werden. Dem gegenüber wurde der Primärfaktor Verluste gelassen nehmen in drei Bedingungen als eigenständiger Primärfaktor ermittelt. Im Gegensatz zu den bisher beschriebenen Sekundärfaktoren handelt es sich bei SF 9 um kein, über die Bedingungen hinweg, konstantes Verhalten. Beide Primärfaktoren haben Ladungen von 0.88 und einen guten Wert für die interne Konsistenz von 0.69. So wurde SF 9 **Lockerer Umgang mit Geld** benannt.

Sekundärfaktor zehn beinhaltet im wesentlichen die beiden Merkmale **Glücklicher Gewinn** und **Bequem leben**. Die beiden Merkmale vereinten sich schon bei PF 41, der auch die höchste Ladung auf diesen Sekundärfaktor hat. Geht man bis auf die Item-Ebene zurück, setzt sich der Sekundärfaktor aus Items, wie Spaß am Geldgewinn haben, Gut erben und angenehm davon leben oder Spaß am Wetten/Glücksspiel haben, zusammen. Ein treffender gemeinsamer Name konnte nicht gefunden werden, so daß sich die Benennung von SF 10 aus Glücklicher Gewinn und Bequem leben zusammensetzt. Mit einem Wert für Cronbach-Alpha von 0.76 weist er ebenfalls eine hohe interne Konsistenz auf.

Den schlechtesten Wert für Cronbach-Alpha von 0.64 wurde für den elften Sekundärfaktor ermittelt. Der Faktor besteht aus drei Primärfaktoren mit den Bezeichnungen Verluste gelassen nehmen der Bedingungen Rolle und Typisch (PF 17 und 8) und Geldrisiken eingehen (PF 40) aus der Bedingung Lebensqualität. So wurde SF 11 **Verluste gelassen nehmen** benannt, aufgrund der beiden PF 17 und 8, die den wesentlichen Kern dieses Faktors bilden. Eine Erklärung für die Zugehörigkeit von PF 40 zu diesem Sekundärfaktor könnte darin liegen, daß die Möglichkeit Verluste zu erleiden in vielen Fällen voraussetzt, daß Risiken eingegangen worden sind.

Faktor Item	La- dung	Cro. Alpha	X	s	n	Item zahl
SF1. Finanzieller Optimismus	-	0.88	2.57	0.43	196	6
PF26. Finanzieller Optimismus/ Hart arbeiten	0.82	-	2.85	0.52	196	-
PF16. Finanzieller Optimismus	0.78	-	2.78	0.55	196	-
PF38. Finanzieller Optimismus/ Spekulationslust	0.76	-	2.31	0.53	196	-
PF48. Finanzieller Optimismus/ Hart arbeiten	0.74	-	2.85	0.53	196	-
PF9. Finanzieller Optimismus	0.68	-	2.88	0.58	196	-
PF31. Spekulationslust	0.51	-	1.76	0.52	196	-
SF2. Sparsamkeit	-	0.91	2.81	0.49	196	6
PF2. Sparsamkeit	0.83	-	3.04	0.60	196	-
PF29. Sparsamkeit	0.83	-	2.65	0.59	196	-
PF14. Sparsamkeit/ Hart arbeiten	0.82	-	2.92	0.54	196	-
PF49. Sparsamkeit	0.79	-	2.79	0.65	196	-
PF39. Hart arbeiten/ Sparsamkeit	0.77	-	2.71	0.69	196	-
PF3. Hart arbeiten	0.54	-	2.91	0.54	196	-

Tab.15: **Tabelle der sekundären Geldfaktoren**

Faktor Item	La- dung	Cro. Alpha	X	S	n	Item zahl
SF3. Luxus und Wohlstand	-	0.87	2.15	0.49	197	7
PF33. Vorliebe für Luxus	0.83	-	2.26	0.61	197	-
PF5. Vorliebe für Luxus	0.81	-	2.05	0.66	197	-
PF44. Wohlstand anstreben	0.78	-	2.25	0.64	197	-
PF7. Wohlstand anstreben	0.76	-	2.05	0.66	197	-
PF51. Vorliebe für Luxus	0.72	-	3.77	1.00	197	-
PF23 Wohlstand anstreben	0.67	-	2.31	0.61	197	-
PF20. Vorliebe für Luxus	0.60	-	1.90	0.70	197	-
SF4. Geldgeschäfte verheimlichen	-	0.89	1.97	0.63	200	5
PF22. Geldgeschäfte verheimlichen	-0.88	-	1.90	0.74	200	
PF37. Geldgeschäfte verheimlichen	-0.86	-	2.01	0.70	200	-
PF45. Geldgeschäfte verheimlichen	-0.80	-	1.79	0.76	200	-
PF12. Geldgeschäfte verheimlichen	-0.78	-	2.00	0.74	200	-
PF50. Geldgeschäfte verheimlichen	-0.76	-	2.11	0.80	200	-
SF5. Strenge Geldkontrolle	-	0.91	1.95	0.53	201	5
PF32. Strenge Geldkontrolle	0.87	-	2.00	0.58	201	-
PF19. Strenge Geldkontrolle	0.84	-	1.89	0.59	201	-
PF42. Strenge Geldkontrolle	0.84	-	1.78	0.63	201	-
PF6. Strenge Geldkontrolle	0.83	-	1.85	0.57	201	-
PF54. Strenge Geldkontrolle	0.68	-	2.25	0.69	201	-
SF6. Sportrisiken eingehen	-	0.90	1.29	0.46	199	4
PF4. Sportrisiken eingehen	0.90	-	1.30	0.53	199	-
PF43. Sportrisiken eingehen	0.89	-	1.27	0.49	199	-
PF18. Sportrisiken eingehen	0.83	-	1.28	0.54	199	-
PF27. Sportrisiken eingehen	0.69	-	1.32	0.55	199	-

Tab.15: Fortsetzung

Faktor Item	La- dung	Cro. Alpha	X	s	n	Item zahl
SF7. Nicht spekulieren	-	0.86	2.79	0.80	203	5
PF24. Nicht spekulieren	-0.86	-	2.64	1.06	203	-
PF36. Nicht spekulieren	-0.83	-	2.90	1.06	203	-
PF46. Nicht spekulieren	-0.74	-	2.37	0.91	203	-
PF55. Nicht spekulieren	-0.74	-	3.11	1.00	203	-
PF11. Nicht spekulieren	-0.69	-	2.94	0.97	203	-
SF8. Sicher **investieren**	-	0.78	1.99	0.48	202	5
PF13. Sicher investieren	-0.79	-	1.99	0.79	202	-
PF25. Sicher investieren	-0.78	-	1.90	0.76	202	-
PF1. Spekulationslust	-0.53	-	1.96	0.48	202	-
PF15. Spekulationslust	-0.51	-	1.81	0.52	202	-
PF30. Abenteuerlust	-0.48	-	2.29	0.69	202	-
SF9. Lockerer Umgang mit Geld	-	0.69	1.34	0.42	204	2
PF28. Geld borgen	-0.88	-	1.30	0.41	204	-
PF34. Verluste gelassen nehmen	-0.88	-	1.38	0.55	204	-
SF10. Glücklicher **Gewinn/Bequem leben**	-	0.76	2.04	0.49	203	4
PF41. Glücklicher Gewinn/ Bequem leben	0.83	-	2.13	0.64	203	-
PF35. Bequem leben	0.75	-	1.90	0.58	203	-
PF10. Bequem leben	0.72	-	2.22	0.73	203	-
PF21. Glücklicher Gewinn	0.62	-	1.91	0.62	203	-
SF11. Verluste gelassen **nehmen**	-	0.64	1.45	0.41	207	3
PF17. Verluste gelassen nehmen	0.80	-	1.54	0.61	207	-
PF40. Geldrisiken eingehen	0.69	-	1.45	0.50	207	-
PF8. Verluste gelassen nehmen	0.51	-	1.36	0.50	207	-

Tab.15:   Fortsetzung

3.2. Zusammenfassung der Sekundärfaktoren

Das Ziel der Reduktion von 55 Primärfaktoren auf eine geringe, leichter zu handhabende Anzahl, wurde in sinnvoller Weise erreicht. Die ursprünglich 60 Items, die nach fünf verschiedenen Bedingungen beurteilt werden, ergeben 300 Antworten, die nun durch elf Sekundärfaktoren adäquat vertreten sind. Von den 55 Primärfaktoren, die Eingang in die sekundäre Faktorenanalyse finden, konnten die folgenden Primärfaktoren keinem der elf Sekundärfaktoren zugeordnet werden:

PF 47 Sportrisiken eingehen/Verluste gelassen nehmen/Spekulationslust

PF 52 Glücklicher Gewinn

PF 53 Abenteuerlust/Feilschen

Diese drei primären Geldfaktoren wurden aus der Bedingung "Qualität" ermittelt. Hinsichtlich der Beurteilung, wie gut man in der Ausübung des Verhaltens ist, ergaben sich bereits auf primärer Ebene Probleme, die einzelnen Faktoren inhaltlich zu benennen (insbesondere siehe Faktor 47). In der Sekundäranalyse sind es die einzigen Pimärfaktoren, die keinem Sekundärfaktor zugeordnet werden können.

Auch keiner der restlichen sechs Primärfaktoren aus dieser Bedingung hat annähernd die höchste Ladung auf einen Sekundärfaktor. An dieser Stelle zeigt sich bereits, daß die Abfrage hinsichtlich der Qualität am wenigsten zur Entdeckung der Strukturen im Umgang mit Geld beiträgt.

Die elf Sekundärfaktoren werden noch einmal kurz skizziert, um sie in verkürzter Form nochmal zu verdeutlichen.

SF1: Finanzieller Optimismus
Der Glaube in finanziellen Dingen Erfolg zu haben, in Verbindung mit Spekulationslust, trägt zur Steigerung der Lebensqualität bei. Dieser Zugewinn an Lebensqualität steht in Verbindung mit der Tatsache, sein Vermögen häufig hart zu erarbeiten.

SF2: Sparsamkeit

Sich Sparreserven anzulegen und Spaß am Sparen zu haben, bilden den Kern dieses Faktors. Sparsamkeit und Hart arbeiten spielen bei der Beurteilung der Rolle im Leben und der Lebensqualität eine gleiche Bedeutung.

SF3: Luxus und Wohlstand

Vorliebe für Luxusartikel haben und Wohlstand zum obersten Ziel haben vereinen sich im dritten Sekundärfaktor.

SF4: Geldgeschäfte verheimlichen

Dies ist ein eindeutiger Faktor, der in allen Bedingungen ermittelt wurde und die gemeinsam einen zuverlässigen Faktor bilden.

SF5: Strenge Geldkontrolle

Vor dem Einkaufen das Geld begrenzen oder jede Mark dreimal umdrehen, sind Kernelemente dieses eindeutigen Faktors.

SF6: Sportrisiken eingehen

Es wird erfaßt, inwieweit gern hohe Sportrisiken eingegangen werden bzw. wie sie beurteilt werden.

SF7: Nicht spekulieren

Hierbei handelt es sich um eine extreme Form der Kontrolle, indem man versucht, spekulative Geldgeschäfte aller Art zu vermeiden.

SF8: Sicher investieren

Bedeutet zwei Dinge: Vorsicht durch Begrenzung des Risikos ohne Verhinderung des finanziellen Einsatzes und eine positive Einstellung gegenüber dem Spekulieren.

SF9: Lockerer Umgang mit Geld

Inhalt sind das Auftreten von Aktivitäten, wie Geld auf Kredit nehmen, Geld von Freunden borgen und auch Verluste gelassen nehmen ohne Wertung.

SF10: Glücklicher Gewinn/Bequem leben

Kern dieses Faktors ist sowohl Spaß am Geldgewinn haben als auch Gut erben und angenehm davon leben.

SF11: Verluste gelassen nehmen

Auf jeden Fall ist dies eine positive Reaktion. Alle Anzeichen sprechen dafür, daß Verluste gelassen nehmen als "positive Bewältigung einer schwierigen Situation" interpretiert werden kann.

3.3. Beziehungen zwischen den Sekundärfaktoren

In dem vorangegangenen Abschnitt 3.2. wurde die Gemeinsamkeit der einzelnen Primärfaktoren mit dem jeweiligen Sekundärfaktor anhand der Ladungshöhe und Itemanalyse untersucht. Diese Bestimmung bezeichnet man als die interne Konsistenz sekundärer Skalen. Analog zur primären Faktorenanalyse besteht der zweite Schritt in der Beantwortung der Frage, wie die Beziehung der elf Sekundärfaktoren zueinander aussehen. Auch die Sekundärfaktoren werden nicht ohne Beziehung zueinander stehen, sondern durch Gemeinsamkeiten und Unterschiede eine immanente Struktur von Umgang-mit-Geld-Dimensionen in sich tragen. Wiederum wird die Pearson'sche Produkt-Moment-Korrelation als Korrelationskoeffizient verwendet.
Die Interkorrelation der Sekundärfaktoren zeigt Tabelle 16.

Im Vergleich zu den Interkorrelationen der Primärfaktoren liegen die Interkorrelationen der Sekundärfaktoren deutlich niedriger. Dennoch ergeben sich einige signifikante Korrelationen auch wenn per Definition die Faktoren aus der Faktorenanalyse unabhängig voneinander sind. Signifikant negative Korrelationen zwischen den elf Sekundärfaktoren bestehen nicht.

Die stärkste Interkorrelation zeigt sich zwischen SF 2 Sparsamkeit und SF 5 Strenger Geldkontrolle mit einem Koeffizienten von 0.50 auf dem 0.1 % Niveau. Signifikante Korrelationen zwischen den Primärfaktoren Sparsamkeit und Strenge Geldkontrolle sind bereits festgestellt worden. Beide Faktoren

beinhalten ein hohes Maß an Sicherheit und könnten den Zusammenhang
erklären.

SF 1 Finanzieller Optimismus korreliert mit Sicher investieren (SF 8), Luxus
und Wohlstand (SF 3), Sparsamkeit (SF 2) und Verluste gelassen nehmen
(SF 11). Finanzieller Optimismus ist eher ein Faktor mit emotionaler Komponente, der für viele Verhaltensweisen im Umgang mit Geld förderlich ist, aber
der Faktor selbst ist nicht bestimmend für das Verhalten. Dies ist eine mögliche Erklärung für die Korrelationen zu den anderen Sekundärfaktoren,
deren Inhalte doch deutlich variieren.

Sicher investieren (SF 8) korreliert mit Luxus und Wohlstand (SF 4). Indem
man nicht alles bei der Steuer angibt, kann man Geld einbehalten. Durch sicheres Investieren läßt sich das Vermögen langsam vergrößern. Durch diese
beiden Verhaltensweisen geschaffenen Geldreserven, ist es möglich, Luxus
und Wohlstand zu verwirklichen.

Ein weiterer Emotionsfaktor ist Verluste gelassen nehmen (SF 11). Emotionen beeinflussen ein breites Spektrum von Verhaltensmerkmalen. Dies
könnte eine mögliche Interpretation der breitgefächerten Korrelationen mit
den anderen Sekundärfaktoren darstellen. Denn Verluste gelassen nehmen
korreliert mit Lockerer Umgang mit Geld (SF 9), Sportrisiken eingehen (SF
6), Finanzieller Optimismus (SF 1) und Sicher investieren (SF 8).

Durch die Betrachtung der Interkorrelationen der Sekundärfaktoren und aufgrund der Enge der Beziehungen zeigt sich, daß verschiedene Facetten von
Verhaltensmerkmalen erfaßt werden. Deutlich werden in erster Linie emotionale Komponenten des Verhaltens im Umgang mit Geld sowie mögliche
kontrollierende Einflüsse.

Sekundäre Geldfaktoren	SF 1	SF 2	SF 3	SF 4	SF 5	SF 6	SF 7	SF 8	SF 9	SF 10
SF1 Finanzieller Optimismus										
SF2 Sparsamkeit	0.38**									
SF3. Luxus und Wohlstand	0.42**	0.08								
SF4. Geldgeschäfte verheimlichen	0.21*	0.06	0.21*							
SF5. Strenge Geldkontrolle	0.21*	0.50**	-0.05	-0.02						
SF6. Sportrisiken eingehen	0.09	-0.06	-0.02	0.13	0.04					
SF7. Nicht spekulieren	0.11	0.24**	-0.04	0.05	0.26**	-0.14				
SF8. Sicher investieren	0.48**	0.10	0.39**	0.32**	0.05	0.21*	-0.05			
SF9. Lockerer Umgang mit Geld	0.27**	-0.02	0.19*	0.16	0.11	0.28**	-0.03	0.24**		
SF10. Glücklicher Gewinn/Bequem leben	0.14	0.02	0.28**	0.22*	-0.03	0.12	-0.08	0.24**	0.14	
SF11. Verluste gelassen nehmen	0.32**	-0.05	0.17	0.06	0.03	0.36**	-0.14	0.32**	0.47**	0.14

Signifikanzniveau: * = 1%, ** = 0.1%

Tab.16: Interkorrelation der Sekundärfaktoren Umgang mit Geld

3.4. Faktorenanalyse dritter Ordnung

Auf der Basis der elf Sekundärfaktoren wurde eine erneute Faktorenanalyse durchgeführt, um zu sehen, ob noch eine sinnvolle kürzere faktorielle Struktur existiert. Das Resultat findet sich in Tabelle 17.

Die elf Sekundärfaktoren wurden einer Faktorenanalyse (Varimax-Rotiert, Rotationskirterium = Eigenwert > 1) unterzogen, bei der sich drei Tertiärfaktoren ergeben.

Es erfolgte eine Itemselektion aller Sekundärfaktoren, die das Kriterium Faktorenladungen > 0.40 nicht erfüllten. Alle elf Sekundärfaktoren hatten Ladungen von über 0.40 auf den drei Tertiärfaktoren. Bei Doppelladungen auf zwei Faktoren entschied die Höhe der Ladung und die Itemanalyse über die Zugehörigkeit zum Tertiärfaktor.

Sekundärfaktor 1 (Finanzieller Optimismus) hatte eine Doppelladung zu dem ersten und dritten Tertiärfaktor. Aufgrund der höheren Ladung auf TF 1 und aufgrund der Erhöhung des Wertes von Cronbach-Alpha durch die Eliminierung von SF 1 aus dem dritten Tertiärfaktor, wurde er dem ersten Tertiärfaktor zugeordnet.

Die interne Konsistenz der ersten beiden Tertiärfaktoren erweist sich als zufriedenstellend, mit Werten für Cronbach-Alpha von über 0.60. Dieser Wert liegt für den dritten Tertiärfaktor bei 0.55 und ist bei einer tertiären Analyse durchaus in einem akzeptablen Bereich.

Faktor Item	La- dung	Cro. Alpha	X	S	n	Item zahl
TF1. Geld/Emotion	-	0.66	2.14	0.33	189	5
SF3. Luxus und Wohlstand	0.77	-	2.16	0.49	189	-
SF8. Sicher investieren	0.68	-	1.99	0.49	189	-
SF1. Finanzieller Optimismus	0.59	-	2.57	0.43	189	-
SF4. Geldgeschäfte verheimlichen	0.57	-	1.96	0.62	189	-
SF10. Glücklicher Gewinn/ Bequem leben	0.56	-	2.03	0.50	-	
TF2. Risiko/Aktivierung	-	0.63	1.36	0.33	202	3
SF11. Verluste gelassen nehmen	0.79	-	1.45	0.41	202	-
SF6. Sportrisiken eingehen	0.72	-	1.29	0.46	202	-
SF9. Lockerer Umgang mit Geld	0.70	-	1.34	0.43	202	-
TF3. Sparsamkeit/Kontrolle	-	0.55	2.51	0.45	195	3
SF2. Sparsamkeit	0.80	-	2.83	0.51	195	-
SF5. Strenge Geldkontrolle	0.79	-	1.95	0.53	195	-
SF7. Nicht spekulieren	0.58	-	2.78	0.80	195	-

Tab.17:   Tabelle der tertiären Geldfaktoren

Im ersten Tertiärfaktor versammeln sich die Sekundärfaktoren Luxus und Wohlstand, Sicher investieren, Finanzieller Optimismus, Geldgeschäfte verheimlichen und Glücklicher Gewinn. Bei der Benennung ist es hilfreich, wenn man sich die ursprünglichen Items, die den einzelnen Faktoren zugrundeliegen, nochmals zu veranschaulichen. All diese Sekundärfaktoren liegen sehr vielen Items zugrunde, die den emotionalen Bereich ansprechen und eine Art emotionale Erregung darstellen, wie zum Beispiel Hoffen auf Gewinn, Sinn für besonderen Luxus haben oder Spaß am Geldgewinn haben. Die Emotionen beziehen sich alle auf den Geldbereich, so daß der erste Tertiärfaktor **Geld/Emotion** benannt wurde.

Der zweite Tertiärfaktor wird durch drei hoch ladende Sekundärfaktoren, mit Ladungen von über 0.70 bestimmt. Die drei Sekundärfaktoren sind Sportrisiken eingehen, Lockerer Umgang mit Geld und Verluste gelassen nehmen. Hohe Risiken im Sport eingehen bezeichnet eine Aktivität und ist Inhalt von SF 6. Auch SF 9 Lockerer Umgang mit Geld beinhaltet Aktivitäten, so daß der zweite Tertiärfaktor **Risiko/Aktivierung** benannt wurde.

Tertiärfaktor 3 mit einem Wert für die interne Konsistenz von 0.55 beinhaltet im wesentlichen zwei Merkmale: Sparsamkeit und Kontrolle im Umgang mit Geld. Der Faktor wurde **Sparsamkeit/Kontrolle** benannt. Sparsamkeit läßt sich im Sinne von Kontrolle interpretieren, indem Sparsamkeit vor unangemessenem Verlust schützt und Sicherheit aufbaut, und somit eine Kontrollfunktion beinhaltet.

Aufgrund der Tatsache, daß sich die instrumentelle Reliabilität der Tertiärfaktoren, anhand der Werte des Cronbach-Alpha, noch nicht als zufriedenstellend erweist, konzentriert sich die folgende Auswertung der Ergebnisse auf die Faktoren auf primärer und sekundärer Ebene.

Ließe sich diese Dreiteilung jedoch in Folgeuntersuchungen bestätigen und die interne Konsistenz verbessern, wäre dies ein beachtlicher Fortschritt, um eine globalere Struktur des Verhaltens im Umgang mit Geld zu erhalten. Eine vorläufige Interpretation und Diskussion dieser Dreiteilung erfolgt in Teil VII.

3.5. Zusammenfassung

Das Ziel dieses Kapitels war es, aus den 55 Primärfaktoren (Teil IV. Kapitel 1.) und deren Interkorrelationen (Teil IV. Kapitel 2.) durch eine Fakotrenanalyse zweiter Ordnung eine einfachere Struktur zu gewinnen. Das Ergebnis war eine Unterscheidung von elf Sekundärfaktoren, von denen außer SF 9 und SF 11 alle gut bis sehr gut definiert sind. SF 9 und SF 11 können als vorläufig vertretbar angesehen werden. Durch Neueditierung der Skalen auf dem primären Niveau wird sich auch die Konsistenz der Sekundärfaktoren verbessern, ohne daß grundsätzlich neue Beziehungsstrukturen auftreten.

Die Interkorrelation der Sekundärfaktoren zeigt eine deutlich positive Ausrichtung der Sekundärfaktoren im Umgang mit Geld. Dies ist durch die ausschließlich signifikant positiven Interkorrelationen der Sekundärfaktoren gekennzeichnet. Eine negative Tendenz gegenüber SF 3 Luxus und Wohlstand demonstrieren die SF 5 Strenge Geldkontrolle und SF 7 Nicht spekulieren.

Es sieht so aus, als ob jeder mit seinem eigenen Stil im Umgang mit Geld dessen Risiken in Kauf nimmt - der eine locker und gelassen, der andere streng kontrollierend.

Die elf Sekundärfaktoren wurden einer tertiären Analyse unterzogen. Hieraus entstehen drei Faktoren dritter Ordnung, die den gesamten Datensatz abdecken.

TF 1 Geld/Emotion ist ein emotionaler Faktor im Umgang mit Geld und beinhaltet nur positive Emotionen, wie Hoffen auf Gewinn und Spaß am Geldgewinn.

TF 2 Risiko/Aktivierung beschreibt tatsächlich beobachtbare Aktivitäten, wohingegen der dritte Faktor (TF 3) als Kontrollfaktor aus dem Bereich Umgang mit Geld gilt und Sparsamkeit/Kontrolle genannt wurde.

4. Mittelwertanalyse

Die Faktorenanalyse hat dazu beigetragen, die große Anzahl von Daten in sinnvoller Weise zu ordnen. Den 300 Antworten wurden aufgrund ihrer mathematisch errechneten Gemeinsamkeiten 55 Primärfaktoren, elf Sekundärfaktoren und drei Tertiärfaktoren zugeordnet. Dies ist einer von verschiedenen Wegen, um eine Vereinfachung zu erreichen und die Erkenntnisse von Zusammenhängen zu fördern (vgl. Teil IV. Kapitel 1. bis 3.).

Mit der Korrelation zwischen den von den verschiedenen Faktoren abgeleiteten Skalen auf sekundärer und tertiärer Ebene wurde ein weiterer Schritt desselben Erkenntnisprozesses vorgenommen, nämlich weitere übergeordnete Beziehungsmuster zwischen den Skalen zu gewinnen. Es ist wichtig, noch einmal darauf hinzuweisen, daß damit keine Kausalität geliefert werden kann. Wohl aber haben sich gedankliche Vorstellungen oder Konstrukte ergeben, denen sich die durch die Skalen repräsentierten Inhalte unterordnen.

In ähnlicher Weise ist auch der Vergleich zwischen den Mittelwerten der einzelnen Skalen zu verstehen. Mittelwerte stellen Grade der Ausprägung der Skalen dar, die in dieser besonderen Stichprobe erhalten wurden. Sie können noch nicht mit Mittelwerten aus anderen Untersuchungen verglichen werden, weil dies neuentwickelte Skalen sind, die bisher nicht existieren. Um in der Zukunft einen Vergleich zwischen verschiedenen Untersuchungen zu ermöglichen, müßten die Skalen nach bestimmten Konstruktionsregeln standardisiert und normiert werden, um dann für verschiedene Zwecke eingesetzt zu werden. Die vorliegenden Mittelwerte können aber benutzt werden, um Vergleiche zwischen den Skalen anzustellen, auch wenn die zugrundeliegende Stichprobe nicht repräsentativ ist. Auch der Vergleich der Mittelwerte unterschiedlicher Faktoren ist im statistischen Sinne nicht direkt zulässig. Der Vergleich der Mittelwerte ermöglicht jedoch einen ersten Einblick in die Ausprägungen der verschiedenen Faktoren.

In der Persönlichkeits- bzw. Verhaltensforschung der vorliegenden Art sind repräsentative Untersuchungen wegen des Kostenaufwands nur mit ausgewählten Fragen möglich, deren Relevanz per Skalenkonstruktion erst bestimmt werden muß. Aufgabe wird es sein, herauszufinden, wie häufig und mit welcher Bedeutung welche Faktoren im Umgang mit Geld zum Tragen kommen.

Die folgende Darstellung beschränkt sich auf Mittelwerte Standardabweichungen und konzentriert sich auf die Ergebnisse auf primärer und sekundärer Ebene. Eine Tabelle mit Mittelwerten und Standardabweichungen der einzelnen Items findet sich in Tabelle A2 und A3 im Anhang.

4.1. Darstellung der Mittelwertverteilung der Primärfaktoren

Die Mittelwerte beziehen sich auf die vierstufigen Antwortkategorien von 1 = stimmt gar nicht, keine, nie oder schlecht, bis 4 = stimmt vollkommen, sehr große, sehr häufig oder sehr gut. Die Testwerte können demnach von 1 bis 4 variieren. Der theoretisch zu erwartende Mittelwert beträgt bei gleichmäßiger Verteilung der Ausprägungen 2.5.

Der beobachtete mittlere Wert aller Mittelwerte (der 55 Primärfaktoren) ist etwa 2.12. Dieser Unterschied von 0.38 zwischen dem beobachteten und dem theoretischen Mittelwert kann angesichts der maximalen Streuung von 1.28 (niedrigster Wert für PF 43 Sportrisiken eingehen (Q)) und 3.10 (höchster Wert für PF 55 Nicht spekulieren (Q)) vernachlässigt werden und zwar aus zwei Gründen: Die Größenordnung dieses Unterschiedes ist nicht exzessiv, und es dürfte angesichts der zahlreichen Merkmale nicht schwerfallen, eine Normalverteilung der Faktorenmittelwerte um den Skalenmittelpunkt herum zu erzielen, sollte man Wert darauf legen.

4.1.1. Für die Bedingung "Typisch"

Die Mittelwerte der Skalen für die Bedingung "Typisch" liegen, im Vergleich zu den Skalen aus den anderen Bedingungen, deutlich unter bzw. über dem arithmetischen Grenzwert von 2.5.

PF 4, Sportrisiken eingehen, liegt mit einem Mittelwert von 1.29 in dieser Bedingung am niedrigsten. Es gibt nur zwei Personen, die bei den drei Items, die den Faktor bilden, eine 4 (= stimmt vollkommen) angegeben haben. Das Betreiben von Sportarten mit hohen Risiken ist kein gewöhnliches Verhalten und wird dementsprechend von wenigen als für sie typisch bezeichnet, was den niedrigen Mittelwert erklärt.

PF 8, Verluste gelassen nehmen, wird auch von wenigen als zutreffend beurteilt. 59 % der Befragten gaben sogar an, daß Verluste gelassen nehmen überhaupt nicht für sie typisch ist.

Demgegenüber steht ein sehr hoher Mittelwert für den PF 2 Sparsamkeit. Durch Sparen finanzielle Sicherheit zu erreichen, wird von den meisten Probanden als etwas sehr zutreffendes beurteilt. Aber auch der Kontrollfaktor PF 11 Nicht spekulieren ist mit einem Wert von 2.94 sehr hoch und trifft für viele zu. Zwei weitere Faktoren, die über dem arithmetischen Grenzwert von 2.5 liegen, sind PF 3 Hart arbeiten und PF 9 Finanzieller Optimismus und werden als etwas besonders Typisches angesehen. Die restlichen Faktoren liegen um den Wert von 2.0, so daß man davon ausgehen kann, daß sich die Ausprägung dieser Verhaltensmerkmale im normalen Bereich bewegt. Dies verdeutlicht die folgende Mittelwerttabelle (Tab.18) der Primärfaktoren für die Bedingung Typisch.

Rang	Primärfaktor		x̄	s
1	PF2.	Sparsamkeit	3.04	0.61
2	PF11.	Nicht spekulieren	2.94	0.96
3	PF3.	Hart arbeiten	2.90	0.55
4	PF9.	Finanzieller Optimismus	2.88	0.57
5	PF10.	Bequem leben	2.24	0.75
6	PF7.	Wohlstand anstreben	2.04	0.67
7	PF5.	Vorliebe für Luxus	2.01	0.67
	PF12.	Geldgeschäfte		
8		verheimlichen	2.01	0.75
9	PF13.	Sicher investieren	1.98	0.79
10	PF1.	Spekulationslust	1.97	0.49
11	PF6.	Strenge Geldkontrolle	1.86	0.57
	PF8.	Verluste gelassen		
12		nehmen	1.36	0.51
13	PF4.	Sportrisiken eingehen	1.29	0.52

Tab.18: **Mittelwert und Standardabweichung der Primärfaktoren für die Bedingung "Typisch"**

4.1.2. Für die Bedingung "Rolle"

Sparsamkeit/Hart arbeiten (PF 14) und Finanzieller Optimismus (PF 16) spielen im Leben eine bestimmende Rolle. Die Werte sind etwas niedriger als bei der Bedingung Typisch, liegen aber immer noch deutlich über dem Grenzwert.

Dem gegenüber spielen Sportrisiken (PF 18) und Verluste gelassen nehmen (PF 17) keine bestimmende Rolle im Leben. Die Hälfte der Faktoren haben einen Mittelwert zwischen 1.80 und 2.00 und spielen folglich nur eine geringe Rolle im Leben.

Die Ausprägung des Mittelwertes in PF 15 Spekulationslust gehört zu den niedrigsten in dieser Kategorie, nur drei Personen erreichten einen mittleren Wert von 3.14. Keine der befragten Personen hatte einen Wert von vier in diesem Faktor. Dies bedeutet, daß Spekulationslust für keinen dieser Pro-

banden eine sehr große Rolle im Leben spielt. In anderen Stichproben
könnte sich in dieser Hinsicht ein völlig anderes Bild ergeben.

Eine Zuordnung der Primärfaktoren für die Bedingung Rolle zu den Mittelwerten und Standardabweichungen findet sich in folgender Tabelle:

Rang	Primärfaktor	X	s
1	PF14. Sparsamkeit/Hart arbeiten	2.91	0.55
2	PF16. Finanzieller Optimismus	2.78	0.54
3	PF24. Nicht spekulieren	2.64	1.06
4	PF23. Wohlstand anstreben	2.29	0.61
5	PF22. Geldgeschäfte verheimlichen	1.93	0.75
6	PF21. Glücklicher Gewinn	1.91	0.62
7	PF25. Sicher investieren	1.90	0.76
8	PF19. Strenge Geldkontrolle	1.89	0.60
9	PF20. Vorliebe für Luxus	1.87	0.72
10	PF15. Spekulationslust	1.81	0.52
11	PF17. Verluste gelassen nehmen	1.55	0.62
12	PF18. Sportrisiken eingehen	1.30	0.57

Tab.19: **Mittelwert und Standardabweichung der Primärfaktoren
für die Bedingung "Rolle"**

4.1.3. Für die Bedingung "Häufigkeit"

Nicht spekulieren (PF 36) ist ein Verhalten, das häufig praktiziert wird, gefolgt
von PF 26 Optimismus/Hart arbeiten. Eine Liste der Mittelwerte und Standardabweichungen der Primärfaktoren für die Bedingung Häufigkeit ist in folgender Tabelle (Tab.20) zu finden.

Rang	Primärfaktor	X	s
1	PF36. Nicht spekulieren	2.89	1.06
2	PF26. Optimismus/Hart arbeiten	2.85	0.52
3	PF29. Sparsamkeit	2.64	0.59
4	PF30. Abenteuerlust	2.30	0.70
5	PF33. Vorliebe für Luxus	2.25	0.62
6	PF37. Geldgeschäfte verheimlichen	2.01	0.71
7	PF32. Strenge Geldkontrolle	2.00	0.58
8	PF35. Bequem leben	1.89	0.58
9	PF31. Spekulationslust	1.77	0.53
10	PF34. Verluste gelassen nehmen	1.38	0.55
11	PF27. Sportrisiken eingehen	1.31	0.55
12	PF28. Geld borgen	1.30	0.41

Tab.20: Mittelwert und Standardabweichung der Primärfaktoren für die Bedingung "Häufigkeit"

Bezüglich der Häufigkeit liegt der PF 29 Sparsamkeit mit einem Wert von 2.64 nur noch leicht über dem arithmetischen Grenzwert von 2.50, im Vergleich zu den Mittelwerten für den PF Sparsamkeit aus den beiden vorangegangenen Bedingungen.

Es kann davon ausgegangen werden, daß Sparsamkeit zum üblichen Verhaltensrepertoire gehört. 58 % der Befragten haben einen Wert von über 2.50.

Ein Verhalten, das fast nie ausgeübt wird, ist Geld borgen. Mit einem Mittelwert von 1.30 ist Geld borgen der Faktor mit dem kleinsten Mittelwert für diese Bedingung. 44 % der Befragten geben an, daß sie sich nie Geld borgen. Aber auch das Eingehen von PF 27 Sportrisiken wird sehr selten praktiziert, mit einem Mittelwert von 1.31.

Bei den Faktoren der Bedingung "Häufigkeit" gibt es keinen Verhaltensbereich, der häufig bis sehr häufig ausgeübt wird.

4.1.4. Für die Bedingung "Lebensqualität"

Aktivitäten ohne Risiko wie Hart arbeiten, Sparen, Nicht spekulieren, haben die höchsten Mittelwerte und tragen dementsprechend in dieser Stichprobe am meisten zur Steigerung der Lebensqualität bei.

Das Eingehen von Geldrisiken oder Sportrisiken leistet nur einen sehr geringen Beitrag zu Steigerung der Lebensqualität. Dies sind die beiden Primärfaktoren mit den niedrigsten Mittelwerten. 73 % der Befragten geben an, daß PF 42 Strenge Geldkontrolle keinen bzw. nur einen geringen Beitrag zur Steigerung der Lebensqualität beiträgt. Der Mittelwert für PF 41 Glücklicher Gewinn/Bequem leben, ist über die Antwortbreite von 1 bis 4 annähernd normal verteilt. Dies bedeutet, daß PF 41 für die meisten der Befragten einen gewissen Beitrag zur Steigerung ihrer Lebensqualität leistet, der jedoch nicht sehr groß ist.

Rang	Primärfaktor	X	s
1	PF39. Hart arbeiten/Sparksamkeit	2.70	0.68
2	PF46. Nicht spekulieren	2.36	0.91
3	PF38. Finanzieller Optimismus/ Spekulationslust	2.31	0.52
4	PF44. Wohlstand anstreben	2.23	0.65
5	PF41. Glücklicher Gewinn/ Bequem leben	2.12	0.64
6	PF45. Geldgeschäfte verheimlichen	1.79	0.77
7	PF42. Strenge Geldkontrolle	1.78	0.62
8	PF40. Geldrisiken eingehen	1.45	0.50
9	PF43. Sportrisiken eingehen	1.28	0.49

Tab.21:   Mittelwert und Standardabweichung der Primärfaktoren
für die Bedingung "Lebensqualität"

4.1.5. Für die Bedingung "Qualität"

Mit einem Mittelwert von 3.10 ist PF 55 Nicht spekulieren der Faktor mit der größten Ausprägung für die Bedingung Qualität. 39 % der Befragten geben an, sehr gut darin zu sein, nicht zu spekulieren. Demgegenüber geben 9 % an, daß sie sich für ineffektiv bei Nicht spekulieren halten. Infolge dessen hat PF 47, der risikoreiche Aktivitäten im Geld und Sportbereich beinhaltet, den niedrigsten Mittelwert von 1.61. Die Befragten geben an, nicht sehr gut im Riskieren bzw. Spekulieren zu sein. 68 % haben einen geringeren Wert als 1.60 in diesem PF 47. Auch hinsichtlich der Beurteilung, wie gut man ist, hat PF 49 Sparsamkeit einen Wert von 2.63 und liegt über dem arithmetischen Grenzwert von 2.5, so daß allgemein davon auszugehen ist, daß Sparsamkeit von den meisten Befragten gut beherrscht wird.

In folgender Tabelle sind die neun Primärfaktoren mit ihren Mittelwerten und Standardabweichungen aufgeführt:

Rang	Primärfaktoren	x	s
1	PF55. Nicht spekulieren	3.10	0.91
	PF48. Finanzieller Optimismus/		
2	Hart arbeiten	2.84	0.53
3	PF49. Sparsamkeit	2.63	0.58
4	PF51. Vorliebe für Luxus	2.26	0.60
5	PF54. Strenge Geldkontrolle	2.24	0.69
6	PF53. Abenteuerlust/Feilschen	2.13	0.66
7	PF50. Geldgeschäfte verheimlichen	2.12	0.81
8	PF52. Glücklicher Gewinn	1.95	0.65
	PF47. Sportrisiken eingehen/		
	Verluste gelassen nehmen/		
9	Spekulationslust	1.61	0.70

Tab.22:   Mittelwert und Standardabweichung der Primärfaktoren für die Bedingung "Qualität"

4.1.6. Vergleich der fünf Bedingungen

Noch zu diskutieren sind die Einflüsse der Bedingungen Typisch, Rolle, Häufigkeit, Lebensqualität und Qualität auf die Ausprägung der Mittelwerte. Ein großer Teil der Faktoren hat in allen Bedingungen eine gleichartige Struktur der Items, andere Faktoren variieren über die Bedingungen. Für die Faktoren, die mit den Bedingungen variieren, lassen sich im strikten Sinne nur Aussagen über jede einzelne Bedingung per se treffen. Bei den Faktoren, die konstant in allen Bedingungen auftreten, lassen sich aufschlußreiche Vergleichsdarstellungen der statistischen Werte aufzeigen.

So finden sich die folgenden Primärfaktoren Geldgeschäfte verheimlichen, Strenge Geldkontrolle und Nicht spekulieren in allen fünf Bedingungen wieder. Es werden aber auch Mittelwerte von Primärfaktoren über die Bedingungen hinweg verglichen, auch wenn Faktoren gleicher Benennung nicht in allen fünf Bedingungen ermittelt werden konnten.

Der PF Geldgeschäfte verheimlichen, wie er in allen fünf Bedingungen ermittelt wurde, hat den höchsten Mittelwert (2.12) in der Beurteilung, wie gut man im Verheimlichen von Geldgeschäften ist. Innerhalb der Bedingung Qualität hat der Faktor den siebthöchsten Mittelwert von neun und befindet sich damit am unteren Ende der Rangfolge, gefolgt von fast gleichen Mittelwerten für die Bedingungen Typisch, Häufigkeit und Rolle. Den niedrigsten Mittelwert (1.79) hat Geldgeschäfte verheimlichen in der Bedingung Lebensqualität.

Auch für den PF Strenge Geldkontrolle ist der höchste Mittelwert in der Bedingung Qualität zu finden (2.24). Dem folgt der Mittelwert aus der Bedingung Häufigkeit. Strenge Geldkontrolle trägt am wenigsten (1.78) zur Steigerung der Lebensqualität bei. Strenge Geldkontrolle wird auch als wenig zutreffend beurteilt. Innerhalb der Bedingungen Lebensqualität und Typisch, nimmt der PF Strenge Geldkontrolle den vorletzten Rangplatz hinsichtlich der Mittelwerte ein.

Ein Faktor, der in zwei Bedingungen den höchsten und in zwei Bedingungen den zweithöchsten Mittelwert hat, ist der PF Nicht spekulieren. Der höchste Mittelwert ergab sich hinsichtlich der Beurteilung, wie gut man in der Ausübung von Nicht spekulieren ist (3.10). Generell läßt sich sagen, daß die Mittelwerte gleicher Primärfaktoren in der Bedingung Qualität höher sind als in den anderen vier Bedingungen. Der niedrigste Mittelwert (2.36) ist auch hier in der Bedingung Lebensqualität zu finden. Verhalten, das gut und häufig ausgeübt wird, trägt nicht im gleichen Maße zur Steigerung der Lebensqualität bei.

Ein Primärfaktor, der zur Steigerung der Lebensqualität beiträgt, ist Wohlstand anstreben. Wohlstand anstreben ist ein Faktor, der in den Bedingungen Typisch, Rolle und Lebensqualität existiert. Im Vergleich der Bedingungen hat der Faktor in der Bedingung Lebensqualität (2.23) den zweithöchsten Mittelwert neben dem aus der Bedingung Rolle (2.29). Wohlstand anstreben wird demgegenüber nicht als etwas sehr typisches (2.04) angesehen und liegt innerhalb der Bedingung Typisch auf dem sechsten Rangplatz.

Das Eingehen von Sportsiken trägt wenig zur Lebensqualität bei, wird als wenig zutreffend beurteilt und dementsprechend selten ausgeübt. Die Mittelwerte für diesen Faktor liegen zwischen 1.28 und 1.30. Innerhalb der Bedingungen befinden sich die Mittelwerte auf den untersten Rangplätzen.

Sparsamkeit ist ein Faktor, der in der Bedingung Typisch den höchsten Mittelwert (3.04) hat, auch über die Bedingungen hinweg. In der Beurteilung, wie gut man im Sparen ist und wie häufig man spart, liegen die Mittelwerte dicht beieinander. In den Bedingungen Rolle und Lebensqualität mischt sich Sparsamkeit mit Hart arbeiten und kann demzufolge nicht mit Sparsamkeit verglichen werden. Im Gegensatz zur Spekulationslust wird Sparsamkeit von vielen Befragten als etwas typisches angesehen, wird häufig ausgeübt und gibt an, gut in der Ausübung zu sein.

Spekulationslust wird als nicht sehr typisch (1.97) beurteilt, hat aber über die Bedingungen hinweg den höchsten Mittelwert. Der niedrigste Wert für Spekulationslust kommt aus der Bedingung Häufigkeit (1.77). Allgemein läßt sich feststellen, daß Spekulationslust nur von ganz wenigen Befragten als typisch angesehen wird und dementsprechend selten auch ausgeübt wird.

Die höchsten Mittelwerte bezüglich Vorliebe für Luxus kommen aus den beiden Bedingungen Qualität und Häufigkeit. Die Mittelwerte sind fast identisch (2.26 bzw. 2.25). Der niedrigste Mittelwert bezüglich Vorliebe für Luxus ist aus der Bedingung Rolle (1.87) und beinhaltet, daß Luxus keine bedeutende Rolle spielt. Innerhalb aller erfaßten Bedingungen nimmt Vorliebe für Luxus einen der unteren Rangpätze ein.

Zusammenfassend werden in der folgenden Tabelle 23 die Rangplätze der Primärfaktoren aufgeführt und angegeben, den sie im Vergleich zu den fünf Bedingungen aufgrund ihrer Mittelwerte haben. Es werden nur Primärfaktoren aufgeführt, die mindestens in drei Bedingungen wiederzufinden sind. Die Standardabweichungen können in den Tabellen aus IV.4.1. nachgeschlagen werden.

Primärfaktor	T X/Rang	R X/Rang	H X/Rang	L X/Rang	Q X/Rang
Strenge Geldkontrolle	1.86/4	1.89/3	2.00/2	1.78/5	2.24/1
Nicht spekulieren	2.94/2	2.89/3	2.89/3	2.36/5	3.10/1
Geldgeschäfte verheimlichen	2.01/2	1.93/4	2.01/2	1.79/5	2.12/1
Spekulationslust	1.97/1	1.81/2	1.77/3	-	-
Sportrisiken eingehen	1.29/3	1.30/2	1.31/1	1.28/4	-
Vorliebe für Luxus	2.01/3	1.87/4	2.25/2	-	2.26/1
Wohlstand anstreben	2.04/3	2.29/1	-	2.23/2	-
Sparsamkeit	3.04/1	-	2.64/2-	2.63/3	-
Verluste gelassen nehmen	1.36/3	1.55/1	1.38/2	-	-

Tab.23:   Mittelwert und Rangplatz der Primärfaktoren gleicher Benennung über die Bedingungen hinweg

4.2. Mittelwertunterschiede der Sekundärfaktoren

Angesichts der eben demonstrierten Unterschiede zwischen den Primärfaktoren ist kein grundsätzlich anderes Ergebnis für die Unterschiede der Sekundärfaktoren zu erwarten. In der folgenden Tabelle 24 finden sich die elf Sekundärfaktoren, geordnet nach ihren Mittelwerten.

Rang	Sekundärfaktor		x̄	s
1	SF2.	Sparsamkeit	2.81	0.49
2	SF7.	Nicht spekulieren	2.79	0.80
3	SF1.	Finanzieller Optimismus	2.57	0.43
4	SF3.	Luxus und Wohlstand	2.15	0.49
5	SF10.	Glücklicher Gewinn/ Bequem leben	2.04	0.49
6	SF8.	Sicher investieren	1.99	0.48
7	SF4.	Geldgeschäfte verheimlichen	1.97	0.63
8	SF5.	Strenge Geldkontrolle	1.95	0.53
9	SF11.	Verluste gelassen nehmen	1.45	0.41
10	SF9.	Lockerer Umgang mit Geld	1.34	0.42
11	SF6.	Sportrisiken eingehen	1.29	0.46

Tab.24:   Mittelwert und Standardabweichung der Sekundärfakto-
            ren Umgang mit Geld

Eine Analyse der Rangfolge weist SF 2 Sparsamkeit als den weitaus wichtig-
sten Faktors im Umgang mit Geld aus, gefolgt von SF 7 Nicht spekulieren.
Der Sicherheitsaspekt ist demzufolge bei dieser Stichprobe das wichtigste
Merkmal im Umgang mit Geld.

Auf Rangplatz drei, vier und fünf folgen emotionale Faktoren, wie Finanzieller
Optimismus, Luxus und Wohlstand und Glücklicher Gewinn/Bequem leben.
Sicher investieren findet sich auf dem mittleren Rangplatz ein. Hier kommt
das Ziel des Investierens - Gewinne zu machen - zum Vorschein. Dieses Ziel
wird sehr stark von dem Sicherheitsaspekt begleitet.

Auch SF 4 Geldgeschäfte verheimlichen, der auf dem siebten Rangplatz liegt, hat das Ziel, Gewinne durch Einsparung zu realisieren. Der Faktor Geldgeschäfte verheimlichen wird durch positive Emotionen begleitet, was die Korrelationen zu den Faktoren wie Spekulationslust und Abenteuerlust schon gezeigt haben.

Im oberen Teil des letzten Drittels findet sich SF 5 Strenge Geldkontrolle. Der Faktor liegt jedoch vom Mittelwert aus betrachtet noch sehr nah an den SF 4 Geldgeschäfte verheimlichen, SF 8 Sicher investieren und SF 10 Glücklicher Gewinn/Bequem leben. Den größten Sprung nach unten macht SF 11 Verluste gelassen nehmen, der auf dem neunten Rangplatz liegt. Die Differenz zwischen dem Faktor auf Rangplatz acht und neun ist 0.50. Am unteren Ende der Liste versammeln sich die restlichen drei Sekundärfaktoren. Auf Platz zehn befindet sich Lockerer Umgang mit Geld. Beide Faktoren beinhalten Merkmale von Gelassenheit im Umgang mit Geld. Die Ursache von Problemen im Bereich Umgang mit Geld liegt möglicherweise im lockeren Umgang mit Geld. Anders ausgedrückt: Sparsamkeit und Nicht spekulieren verbreiten positive Effekte "von oben nach unten" in der Hierarchie der Rangplätze. Ein höherer Mittelwert im Faktor lockerer Umgang mit Geld kann in dem Maße verkraftet werden, wie es das Arsenal positiven Verhaltens (BRENGELMANN 1986) einer Person gestattet.

Daß Sportrisiken eingehen nur von wenigen Personen ausgeübt wird und dementsprechend von wenigen als zutreffend bezeichnet werden kann, wurde bereits erläutert. Aufgrund dieses Ergebnisses ist es nicht verwunderlich, daß Sportrisiken eingehen den letzten Rangplatz einnimmt.

Interessant wäre nun zu erfahren, wie sich in speziellen Stichproben, bestehend aus Anlageberatern, aggressiven Investoren und Top-Managern, die Mittelwerte der elf Sekundärfaktoren verteilen würden.

4.3. Zusammenfassung

In diesem Kapitel sind einige Erkenntnisse erarbeitet worden, die Grundsatz-charakter haben, und ohne die der Komplex Verhalten im Umgang mit Geld nicht annähernd zufriedenstellend abgehandelt werden kann. Sie betreffen den Vergleich der Mittelwerte zwischen der Häufigkeit des Verhaltens, der Rolle, die es im Leben spielt, den Beitrag den es zur Lebensqualität leistet, wie gut man in dem Verhalten ist und wieweit es auf ein Individuum zutrifft. Ermöglicht wurden diese Erkenntnisse, indem man durch den Gebrauch ei-nes Testbogens, die Verhaltensweisen im Umgang mit Geld anhand von fünf Bedingungen (Typisch, Rolle, Häufigkeit, Lebensqualität und Qualität) beur-teilen ließ. Dadurch sind systematische Einflüsse durch diese Bedingungen Typisch, Rolle, Lebensqualität, Häufigkeit und Qualität meßbar gemacht wor-den.

Der Versuch einer hierarchischen Rangordnung des Verhaltens im Umgang mit Geld ähnelt anderen. Seit Jahrzehnten werden Versuche der strukturier-ten Persönlichkeitsmessung unternommen, besonders im Bereich der Füh-rungsstilforschung. Diese erwuchs ursprünglich aus der Messung einzelner Führungsmerkmale, besonders der Fähigkeit, Leistung, Verantwortlichkeit und sozialen Kompetenz. Mit dem allseits bekannten "Managerial Grid" von BLAKE und MOUTON (1964) ergeben sich bestimmte Ansätze quantitativer Be-stimmung, die aber schon aus der Methodik heraus begrenzt sind.
Das bei der Analyse des Umgangs mit Geld praktizierte Verfahren geht auf die ursprüngliche Messung von Einzelmerkmalen mit anschließender Kombi-nation zum Zwecke der Vorhersage komplexer Kriterien zurück. Dies erlaubt eine schrittweise Verbesserung der Meßgenauigkeit. Entscheidend für die Qualität einer derartigen Hierarchie im Umgang mit Geld ist ein sehr breiter Variablenansatz. Ein anderer Punkt betrifft die Bedingungen oder Beurtei-lungseinflüsse. Hier ist die Literatur ziemlich unergiebig, wenn es um die testmäßige Bestimmung von situativen Bedingungen auf bestimmte Perso-nen geht. Ein Weg zur Realisierung dieses Ziels ist durch den vorliegenden Bericht aufgewiesen worden. Der Aspekt der Mittelwerte wird später in der Zusammenfassung und Diskussion wieder aufgegriffen (siehe Teil VII).

V. Aktivitäten bezüglich Geldanlageformen

Das Ziel von Teil V. ist es, den Faktoren im Umgang mit Geld, wie sie in Teil IV. ermittelt wurden, eine Auswahl von Bankmarktleistungen, im Sinne der individuellen Nutzung verschiedener Anlageformen, gegenüberzustellen. Um das Investitionsverhalten richtig einzuschätzen bzw. beurteilen zu können, sind verschiedene Hintergrundinformationen wichtig und werden im folgenden Kapitel abgehandelt. Daran schließt sich die Beschreibung an, welche Anlageformen in welcher Höhe genutzt werden und wie die verschiedenen Anlageformen hinsichtlich der drei Kriterien (Verfügbarkeit, Rentabilität, Sicherheit) aus der Sicht der Probanden beurteilt werden.

Das dritte Kapitel beinhaltet die Analyse möglicher Zusammenhänge zwischen den ermittelten Geldfaktoren und den genutzten Anlageformen.

1. Vermögensstruktur

1.1. Herkunft des Vermögens

Bei der Erfassung der Herkunft des individuellen Vermögens handelt es sich um Frage 7 aus dem Fragebogenbereich "Angaben zur Person und zum Unternehmen". Den Befragten wurden fünf Möglichkeiten vorgegeben, wie sich ihr gesamtes Vermögen prozentual verteilt. Es sollten Prozentangaben gemacht werden, so daß die Summe über alle fünf Möglichkeiten 100% ergibt.

Die Auswertung von Frage 7 zeigt, daß im Durchschnitt 82,96% des Vermögens selbst erarbeitet wurde. Hinsichtlich der Frage, wieviel Prozent des Vermögens geerbt sind, ergibt sich ein mittlerer Prozentwert über alle Befragten von 9,72%. Unter den Befragten sind drei Personen, die mindestens 80% ihres Vermögens geerbt haben. 14% der Befragten haben einen Anteil von bis zu 20% ihres Vermögens durch Spekulation erworben, allerdings hat keiner der Befragten zu mehr als 50% sein Vermögen auf diese Art erlangt. Für 11% der Befragten trifft zu, daß sie einen Anteil von bis zu 20% des Vermögens geschenkt bekommen haben.

Bezüglich der Möglichkeit, Vermögen durch sonstige Gewinne erworben zu haben, gab es nur Angaben, die im Bereich bis zu 20% des Gesamtvermögens liegen. Zusammenfassend läßt sich feststellen, daß der mit Abstand größte Teil des Vermögens aller Befragten selbst erarbeitet wurde, wie aus Abbildung 5 ersichtlich wird.

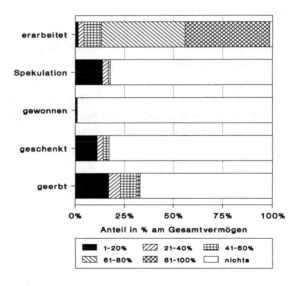

Abb.5: Prozentuale Aufteilung des Vermögens hinsichtlich der Herkunft.

1.2. Einkommensstruktur

Nicht nur die Herkunft des Vermögens, sondern auch die Zusammensetzung der laufenden Einnahmen ist von großem Interesse, um den Bereich Umgang mit Geld ausreichend zu erfassen. Die entsprechende Frage 14 stammt ebenfalls aus dem Fragenkomplex "Angaben zur Person und zum Unternehmen".

Es wurden vier Möglichkeiten vorgegeben, auf die das Einkommen prozentual verteilt werden sollte. Auch hierbei ergibt die Summe 100%. Für 41% der Befragten setzt sich das Einkommen überwiegend (zwischen 80% und 100%) aus Gehalt und Lohn zusammen. Das Einkommen zwischen 80% und 100% aus selbständiger Tätigkeit zu beziehen, trifft für ein Viertel (25%) der Befragten zu.

Zwanzig Personen beziehen Einkünfte aus Pension, Rente oder Lebensversicherung. Für sieben von diesen zwanzig Personen sind diese Einkünfte der überwiegende Anteil (zwischen 80% und 100%) ihres Einkommens. 26% der Befragten erzielen einen Anteil von bis zu 20% des Einkommens aus Kapitalgewinnen. Dies ist ein bemerkenswert hoher Anteil. In Abbildung 6 sind die Einkommensquellen prozentual dargestellt.

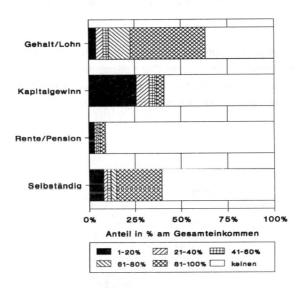

Abb.6: Prozentuale Zusammensetzung des Einkommens

1.3. Investitionsvolumen

Möglicherweise spielt die Höhe des angelegten Geldes eine bedeutende Rolle bei der Auswahl der Geldanlagemöglichkeit. Item 24 erfaßt dies mit der Frage, wieviel Geld insgesamt in einem Jahr anlegt wird. Hierfür sind sieben Antwortmöglichkeiten vorgegeben. Die prozentuale Verteilung der Befragten auf die einzelnen Kategorien sind aus Abbildung 7 zu sehen.

Nur 6 % der Befragten legen weniger als DM 1.000,-- bzw. gar nichts in einem Jahr an. Über 50 % der Befragten legen mehr als DM 10.000,-- pro Jahr
an.

Zusammenfassend läßt sich feststellen, daß der größte Anteil des Vermögens der Befragten erarbeitet ist. Das Einkommen setzt sich im wesentlichen
aus Gehalt, Lohn und Honorar aus selbständiger Tätigkeit zusammen, von
dem ein beträchtlicher Teil wiederum angelegt wird.

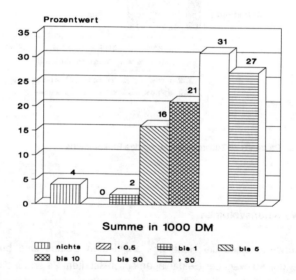

Abb.7:   Durchschnittliche Geldanlage pro Jahr in DM

2.   Anlageverhalten

2.1.   Möglichkeiten der Geldanlage

Heutzutage gibt es schwer zu überblickende Möglichkeiten Geld anzulegen. Nach Absprache und in Übereinstimmung mit einigen Anlageberatern wurden in diese Studie die wesentlichen Angebote der Bankmarktleistungen aufgenommen. Hinzu kommen Anlagemöglichkeiten wie Firmenbeteiligung, Schmuck, Sachwerte und Antiquitäten, so daß insgesamt sechzehn Anlageformen (siehe Tab.25) aufgeführt sind.

Diese Anlageformen werden insgesamt nach 6 verschiedenen Fragestellungen beurteilt. Drei davon dienen der Beurteilung der Geldanlagemöglichkeiten entsprechend ihrer Verfügbarkeit, Rentabilität und Sicherheit. Dies erfolgt unter anderem deshalb, um einen Eindruck zu gewinnen, wie vertraut die Probanden mit den Eigenschaften dieser Anlageformen sind. Die übrigen Fragestellungen beziehen sich auf die prozentuale Nutzung im Hinblick auf die aktuelle persönliche Vermögensbildung sowie auf den Stellenwert in Bezug auf die persönliche Alterssicherung und die prozentuale Nutzung im Rahmen der eigenen (sofern vorhanden) betrieblichen Vermögensanlage. Die beiden letztgenannten Fragestellungen wurden im Rahmen anderer Projektbereiche konzipiert und sind nicht Gegenstand dieser Analysen.

2.2. Beurteilung von Geldanlagen

Inwieweit die verschiedenen Möglichkeiten der Geldanlage, wie sie in dieser Studie angeboten werden, persönlich genutzt werden, wird in 2.3. abgehandelt. All diesen Anlagen liegen gewissen Eigenschaften bezüglich deren Beurteilung zugrunde. Es gibt sicherlich viele Kriterien hinsichtlich derer man die einzelnen Anlagen beurteilen kann. Die in dieser Studie verwendeten Kriterien, die in Anlehnung an die SPIEGEL DOKUMENTATION (1985) übernommen wurden, sind:

- **Sicherheit**: Bedeutet das Geschütztsein einer Anlage gegenüber Verluste.
- **Verfügbarkeit**: Bezeichnet die Zeitdauer in der das angelegte Geld in Bargeld getauscht werden kann.
- **Rentabilität**: Ist die Umrechnung eines Ertrages in einen Prozentsatz des aufgewendeten Geldes.

Diese drei Kriterien bezeichnet man auch als das magische Dreieck der Geldanlage, denn eine Geldanlage, die große Sicherheit bietet, kann nicht gleichzeitig eine gute Verfügbarkeit und hohe Rentabilität beinhalten. Demzufolge handelt es sich hierbei um Ausschlußkriterien, und jeder Geldanleger muß für sich entscheiden, welche Gewichtung oder Mischung der drei Kriterien er bevorzugt. Im folgenden werden die Einschätzungen dieser Stichprobe hinsichtlich der Bedeutung der drei Kriterien aufgrund ihrer Mittelwerte verglichen. Die Beurteilung der Kriterien erfolgte jeweils in einer Skala von 1 bis 4. Hierbei steht 1 für schlechte Verfügbarkeit, Rentabilität, Sicherheit und 4 für eine gute Verfügbarkeit, Rentabilität, Sicherheit. Eine hohe Bedeutung einer Anlage anhand dieser Kriterien entspricht dementsprechend einem relativ hohen Mittelwert. Die sechzehn Anlageformen lassen sich entsprechend dieser Ergebnisse hierarchisch ordnen. Die folgende Tabelle beinhaltet die Mittelwerte und den Rangplatz für die sechzehn Anlageformen bezüglich dieser drei Kriterien.

Anlageform	Verfügbarkeit X / Rang	Rentabilität X / Rang	Sicherheit X / Rang
8. Festgelder	3.18 / 1	2.76 / 2	3.09 / 2
1. Sparformen			
(Sparbuch, -vertrag, - brief)	3.17 / 2	1.68 / 13	2.98 / 4
9. Aktien, Optionsscheine	2.54 / 3	2.49 / 4	2.06 / 13
6. Inländische festverzinsliche			
Wertpapiere	2.44 / 4	2.80 / 1	2.98 / 4
12. Gold, andere Edelmetalle	2.36 / 5	1.43 / 15	2.48 / 7
10. Anteile an inländischen			
Investmentfonds	2.35 / 6	2.40 / 7	2.30 / 9
7. Ausländische festverzinsliche			
Wertpapiere	2.08 / 7	2.53 / 3	2.10 / 11
11. Anteile an ausländischen			
Investmentfonds	2.08 / 8	2.26 / 9	1.85 / 15
15. Sachwerte	1.99 / 9	2.04 / 11	3.06 / 3
4. Anteile an Immobilienfonds	1.96 / 10	2.46 / 5	2.41 / 8
5. Termingeschäfte, Optionen,			
Optionsgeschäfte	1.92 / 11	2.23 / 10	1.31 / 16
2. Bausparvertrag	1.85 / 12	1.93 / 12	2.82 / 6
3. Lebensversicherung	1.80 / 13	2.43 / 6	3.19 / 1
16. Antiquitäten	1.63 / 14	1.62 / 14	2.08 / 12
14. Schmuck	1.62 / 15	1.22 / 16	1.96 / 14
13. Firmenbeteilung	1.49 / 16	2.30 / 8	2.27 / 10

Tab.25:   Mittelwertverteilung hinsichtlich der drei Kriterien (Verfügbarkeit
          (V), Rentabilität (R), Sicherheit (S)) und deren Rangplatz innerhalb
          der verschiedenen Kriterien

2.2.1. Verfügbarkeit

Die beiden höchsten Mittelwerte, die sehr nahe beieinander liegen, zeigen
sich für Festgelder (3.18) und Sparformen (3.17). So wird die Verfügbarkeit
dieser beiden Bankmarktleistungen als besonders gut beurteilt. Einen schon
deutlich geringeren Mittelwert haben die Anlageformen Aktien, Optionsscheine mit einem Wert von 2.54 und inländische festverzinsliche Wertpapiere mit 2.44. Die Anlageform mit dem niedrigsten Mittelwert (1.49) ist Firmenbeteiligung, deren Verfügbarkeit im Vergleich zu den anderen Anlageformen deutlich schlechter beurteilt wird.

2.2.2. Rentabilität

Der Mittelwertsvergleich hinsichtlich der Rentabilität ergibt den höchsten
Mittelwert von 2.80 für inländische festverzinsliche Wertpapiere. Aber auch
die Festgelder werden als durchaus gut mit einem Mittelwert von 2.76 beur-
teilt. Einen Mittelwert zwischen 2.40 und 2.50 haben ausländische festverzinsliche Wertpapiere, Aktien, Optionsschein, Anteile an Immobilienfonds,
Lebensversicherung und Anteile an inländischen Investmentfonds. All diese
Anlagen werden hinsichtlich der Rentabilität als eher mittelmäßig beurteilt.
Hinsichtlich der Rentalilität hat Schmuck den schlechtesten Wert von 1.22. Im
Vergleich zur Beurteilung von Verfügbarkeit liegen die Mittelwerte insgesamt
betrachtet etwas niedriger. Keine der Anlagen erreichte bei der Beurteilung
der Rentabilität einen Mittelwert von 3 bzw. über 3.

2.2.3. Sicherheit

Das Ergebnis der Mittelwertsvergleiche ergibt, daß Lebensversicherungen
mit einem Mittelwert von 3.19, Festgelder mit einem Wert von 3.09 und Sachwerte mit einem Mittelwert von 3.06 als sicher bis sehr sicher beurteilt werden. Aber auch Anlagemöglichkeiten wie Sparformen (2.98), inländische
festverzinsliche Wertpapiere (2.98) und Bausparverträge (2.82) werden als
sichere Anlageformen beurteilt. Einen deutlich geringeren Mittelwert haben
die Anlagen Gold und andere Edelmetalle sowie Anteile an Immobilienfonds
mit Mittelwerten zwischen 2.40 und 2.50. Mit Abstand den niedrigsten Wert
bezüglich der Beurteilung der Sicherheit zeigt die Anlageform Termingeschäfte, Optionen und Optionsgeschäfte mit einem Wert von 1.31.

Zusammenfassend läßt sich feststellen, daß die Probanden in der Beurteilung der Anlageformen innerhalb des magischen Dreiecks, durchaus mit den
Urteilen von Anlageberatern übereinstimmen, die in Expertengesprächen ein
Rating abgaben. Das ist ein Beleg dafür, daß diese Stichprobe durchaus mit
den verschiedenen Anlageformen und deren Besonderheiten vertraut ist. Es
bedarf weiterführender Analysen, die den Rahmen dieser Arbeit übersteigen,

um die Einflüsse dieser Bewertung auf das tatsächliche Verhalten genauer zu untersuchen.

2.3. Persönlich genutzte Geldanlagen

Um die Bereitschaft, diese sehr persönlichen Details zu beantworten, zu erhöhen, wurde auf die Angabe von Geldbeträgen verzichtet. So wurden die Befragten gebeten anzugeben, wie sich ihr Vermögen prozentual auf die einzelnen Anlageformen verteilt. Auf diese Weise können Größenverhältnisse festgestellt werden, ohne die genauen Beträge zu erfahren. Für die Auswertung wurden dann Kategorien in 20%-Schritten gebildet (1% - 20%, 21%-40%, 41% - 60%, 61% - 80%, 81% - 100%).

Für die Sparformen Sparbuch, Sparvertrag und Sparbrief ergibt sich, daß über die Hälfte (54%) der Probanden diese Sparformen nutzen. Der höchste Wert für den prozentualen Anteil, der angegeben wurde, beträgt 70%. Mehr als 70% des Vermögens in Sparformen anzulegen, wird von keinem der Befragten betätigt. 81% der Befragten haben eine Lebensversicherung abgeschlossen. Anteilig am Gesamtvermögen betrachtet, beträgt dies zwischen 1% und 20% für fast die Hälfte (48%) der Probanden. Die Geldanlageform, die von gut einem Drittel (36%) der Befragten bis zu einer Höhe von 20% genutzt wird, ist der Bausparvertrag. Bausparverträge werden insgesamt von 43% der Befragten in Anspruch genommen. 51% der Probanden geben an, Vermögen in Sachwerten anzulegen. Davon haben 19% der Probanden mindestens 50% ihres Vermögens in Sachwerten angelegt, während 3% diese Form der Geldanlage zwischen 80% und 100% nutzen. Keine der anderen Anlageformen wird in dieser Höhe von den Probanden genutzt.

Festgelder ist eine Möglichkeit, Geld direkt bei der Bank anzulegen. Dies wird von 41% der Probanden genutzt. 3% von diesen haben zwischen 41% und 60% ihres Vermögens nur in Festgelder angelegt. Ein Anteil von bis zu 20% am Gesamtvermögen wird für die inländischen festverzinslichen Wertpapiere bzw. Aktien und Optionsscheine von 26% bzw. 27% der Probanden gehalten. Ausländische festverzinsliche Wertpapiere nehmen höchstens einen Anteil von 20% ein und auch das nur von 2% der Befragten. Eine Anlageform, die von rund einem Viertel in Anspruch genommen wird, ist Gold und Edelmetalle. Jedoch hat keiner der Probanden mehr als 20% seines Vermögens darin angelegt. In ähnlicher Weise verhält es sich mit dem Schmuck, der von 21% der Befragten in Höhe von bis zu 20% als Anlageform genutzt wird.

Bankmarktleistungen in Form von ausländischen, aber auch inländischen Investmentfonds wird nur von wenigen Probanden zu einem geringen prozentualen Anteil in Anspruch genommen (6% und 13%).

Die Anlage in Immobilienfonds und Firmenbeteiligungen nimmt für 14% bzw. 25% der Befragten einen unterschiedlichen Stellenwert ein. Die Anlage in Antiquitäten beträgt höchstens 20% am Gesamtumfang und wird von 15% der Probanden in Anspruch genommen.

Anlagemöglichkeiten, wie Termingeschäfte, Optionen und Optionsgeschäfte, sind mit sehr hohem Risiko verbunden und werden nur von wenigen Befragten überhaupt in Anspruch genommen. Lediglich 4% der Befragten haben bis zu 20% ihres Vermögens darin angelegt. Die genauen Werte für die einzelnen Anlageformen können der folgenden Tabelle (Tab.26) entnommen werden.

Genutzte Anlageformen	1-20%	21-40%	41-60%	61-80%	81-100%
1. Sparformen (Sparbuch, -vertrag, - brief)	54%	8%	4%	1%	0%
2. Bausparvertrag	36%	6%	1%	0%	0%
3. Lebensversicherung	48%	18%	8%	4%	2%
4. Anteile an Immobilienfonds	11%	1%	1%	1%	0%
5. Termingeschäfte, Optionen, Optionsgeschäfte	4%	0%	1%	0%	0%
6. Inländische festverzinsliche Wertpapiere	26%	6%	1%	0%	0%
7. Ausländische festverzinsliche Wertpapiere	12%	0%	0%	0%	0%
8. Festgelder	32%	5%	3%	0%	1%
9. Aktien, Optionsscheine	27%	4%	2%	0%	0%
10. Anteile an inländischen Investmentfonds	13%	0%	0%	0%	0%
11. Anteile an ausländischen Investmentfonds	0%	0%	0%	0%	0%
12. Gold, andere Edelmetalle	24%	0%	0%	0%	0%
13. Firmenbeteilung	16%	4%	4%	1%	0%
14. Schmuck	21%	0%	0%	0%	0%
15. Sachwerte	17%	9%	12%	9%	3%
16. Antiquitäten	15%	0%	0%	0%	0%

Tab.26:   **Prozentuale Verteilung des Vermögens auf die 16 Anlageformen**

Zusammenfassend läßt sich feststellen, daß alle 16 der hier aufgeführten Anlageformen auch tatsächlich genutzt werden. Es gibt jedoch nur wenige Anlageformen, die zu mehr als 20% am Gesamtvermögens genutzt werden. Die Anlagemöglichkeiten mit einer hohen Sicherheit, wie Sparformen oder Lebensversicherung, bestimmen den größten Anteil des persönlich gehaltenen Portfolios.

3. **Beziehungen zwischen den Faktoren im Umgang mit Geld und den persönlich genutzten Geldanlagen**

In diesem Kapitel werden die soeben beschriebenen Anlagemöglichkeiten mit den Geldfaktoren, wie sie im Teil IV. erläutert wurden, verglichen. Die Analyse der Beziehungen zwischen dem Umfang der persönlich genutzten Geldanlagen und den Faktoren im Umgang mit Geld auf primärer und sekundärer Ebene ist ein wichtiger Bestandteil, um die Facetten des Verhaltens in Bezug auf Geld weitreichend zu erfassen.

Anlageformen und Geldfaktoren stellen zwei unterschiedliche Klassen von Variablen dar, nämlich Anlagemöglichkeiten, die zum Teil ein gewisses Risiko implizieren und allgemeine Verhaltensweisen im Umgang mit Geld. In der vorliegenden Situation der Erforschung dieses Themengebietes kann nicht davon ausgegangen werden, daß zwischen diesen beiden Variablen determinierte Beziehungen bekannt sind. Weder kann behauptet werden, daß die persönlich genutzten Anlagen von den Verhaltensweisen im Umgang mit Geld her bestimmt werden, noch umgekehrt steuert die Geldanlage das Verhalten im Umgang mit Geld. Vielmehr sollte man davon ausgehen, daß zwischen den beiden Variablenklassen eine wechselseitige Beziehung besteht, die möglicherweise variable reziproke Einflüsse nimmt. Zur Analyse dieser Beziehungen wurde als Korrelationskoeffizient die Pearson'sche Produkt-Moment-Korrelation berechnet. Eine Tabelle sämtlicher Korrelationen ist in Tabelle A4, A5 im Anhang zu finden. Einen Auszug mit den signifikanten Korrelationen (auf dem 0,1% und 1% Niveau) ist der folgenden Tabelle 27 zu entnehmen.

3.1. Beziehungen zu den Geldfaktoren auf primärer Ebene

Für die Geldanlage in Sparformen wie Sparbuch, Sparbrief und Sparvertrag ergeben sich signifikante negative Beziehungen zu den Faktoren Vorliebe für Luxus (PF51), Optimismus/Hart arbeiten (PF26) und Wohlstand anstreben

(PF44). Probanden, die einen relativ geringen Anteil ihres Vermögens in Sparformen anlegen, beurteilen sich in der Ausübung von Luxus gut. Für sie trägt Wohlstand anstreben zur Lebensqualität bei und sie sind häufig optimistisch.

1.	Sparformen (Sparbuch, -vertrag, -brief)	p
PF51.	Vorliebe für Luxus (Q)	-0.28**
PF26	Optimismus/Hart arbeiten (H)	-0.20*
PF44.	Wohlstand anstreben (L)	-0.19*

2.	Bausparvertrag	p
PF31.	Spekulationslust (H)	-0.18
PF7.	Wohlstand anstreben (T)	-0.17

3.	Lebensversicherung	p
PF21.	Glücklicher Gewinn (R)	0.23**
PF22.	Vorliebe für Luxus (R)	0.22*
PF49.	Sparsamkeit (Q)	-0.30**
PF32.	Strenge Gedlkontrolle (H)	-0.26**

4.	Anteile an Immobilienfonds	p
PF51.	Vorliebe für Luxus (Q)	0.19*

5.	Termingeschäft, Optionen, Optionsgeschäft	p
PF7.	Verluste gelassen nehmen (T)	0.15

6.	Inländische festverzinsliche Wertpapiere	p
PF29.	Sparsamkeit (H)	0.32**
PF14.	Sparsamkeit/Hart arbeiten (R)	0.25**
PF19.	Strenge Geldkontrolle (R)	0.25**

Signifikanzniveau:* 0.01 ** 0.001

Tab.27: **Signifikante Korrelationen zwischen den genutzten Anlageformen und den primären Geldfaktoren (** < .01%; * < 1%)**

7.	Ausländische festverzinsliche Wertpapiere	p
PF8.	Verluste gelassen nehmen (T)	0.20*

8.	Festgelder	p
PF26.	Optimismus/Hart arbeiten (H)	-0.20*

9.	Aktien, Optionsscheine	p
PF25.	Sicher investieren (R)	0.32**
PF29.	Sparsamkeit (H)	0.25**
PF6.	Strenge Gedlkontrolle (T)	0.23**
PF31.	Spekulationslust (H)	0.21*

10.	Anteile an inländischen Investmentfonds	p
PF22.	Geldgeschäfte verheimlichen (R)	0.23*

11.	Anteile an ausländischen Investmentfonds	p
PF22.	Geldgeschäfte verheimlichen (R)	0.19*

12.	Gold, andere Edelmetalle	p
PF55.	Nicht spekulieren (Q)	-0.14

13.	Firmenbeteiligung	p
PF10	Bequem leben (T)	-0.24**

14.	Schmuck	p
PF20.	Vorliebe für Luxus (R)	0.18
PF5.	Vorliebe für Luxus (T)	0.16

15.	Sachwerte	p
PF16.	Finanzieller Optimismus (R)	-0.14

Signifikanzniveau:* 0.01 ** 0.001

Tab.27:   Fortsetzung (< .01%; * < 1%)**

Weder auf dem 0,1% noch auf dem 1% Niveau bestehen signifikante Korrelate zwischen der Anlageform Bausparvertrag und den Geldfaktoren. Auf dem 5% Niveau bestehen Korrelate zu PF7 Wohlstand anstreben und PF31 Spekulationslust. Beide Beziehungen sind negativ und deuten darauf hin, daß jemand, der sein Vermögens in Bausparverträgen anlegt, selten Lust zum Spekulieren hat und für den es nicht typisch ist, Wohlstand anzustreben.

Der Anteil der Lebensversicherung am Gesamtvermögen variiert über die Befragten hinweg und erreicht einen Wert von bis zu 100%. Aufgrund dieser breiten Streuung ergeben sich einige signifikante Korrelate mit Primärfaktoren. Positive Korrelate bestehen nur zu den beiden Primärfaktoren Glücklicher Gewinn (PF21) und Vorliebe für Luxus (PF20) aus der Bedingung Rolle. Die höchsten negativen Korrelate bestehen mit dem Faktor Sparsamkeit aus den Bedingungen Qualität, Häufigkeit und Typisch. Etwas schwächere Korrelate bestehen zu dem Faktor Strenge Geldkontrolle aus der Bedingung Häufigkeit, Qualität, Rolle und Typisch. Für Probanden, die einen großen Anteil ihres Vermögens in Lebensversicherungen angelegt haben, ist Sparsamkeit und Strenge Geldkontrolle kein zutreffendes oder wichtiges Verhaltensmerkmal.

Die Höhe des Vermögensanteils an Immobilienfonds korreliert positiv mit PF 51 Vorliebe für Luxus aus der Bedingung Qualität. Weitere signifikante Korrelationen zu dieser Anlageform bestehen nicht.

Die Anlageform Termingeschäft, Optionen, Optionsgeschäft, die nur von wenigen Befragten benutzt wird, hat nur auf dem 5% Niveau eine signifikante, positive Beziehung mit dem PF8 Verluste gelassen nehmen aus der Bedingung Typisch.

Die Anlage in inländischen festverzinslichen Wertpapieren weist einige signifikante Korrelate mit Primärfaktoren auf. Es besteht eine positive Beziehung zwischen der Höhe der Wertpapiere am Gesamtvermögen und dem Ausmaß der Sparsamkeit aus den Bedingungen Qualität (PF49), Häufigkeit (PF29) und Typisch (PF2), aber auch zu PF14, Sparsamkeit/Hart arbeiten aus der Bedingung Rolle. Für jemanden, der einen großen Teil seines Vermögens in Wertpapieren angelegt hat, spielt nicht nur Sparsamkeit, sondern auch Strenge Geldkontrolle (PF19) eine wichtige Rolle im Leben.

Hingegen korreliert die Geldanlage in ausländischen festverzinslichen Wertpapieren positiv mit PF8 Verluste gelassen nehmen.

Auch für die Anlageform Festgeld zeigt sich nur eine signifikante Beziehung zu den Primärfaktoren. Es ist eine negative Korrelation zwischen dem PF26 Optimismus/Hart arbeiten und der Höhe der Anlage in Festgelder.

Der PF25 Sicher Investieren beinhaltet ein Item, das lautet: Geld in sichere Aktien anlegen. Dieser Faktor korreliert positiv mit der Geldanlage in Aktien und Optionsscheine. Bei Probanden, die einen großen Anteil ihres Vermögens in Aktien anlegen, ist Sicher investieren ein typisches Verhaltensmerkmal bzw. spielt eine wichtige Rolle im Leben. Weitere interessante positive Beziehungen bestehen zu Sparsamkeit (PF29) und Spekulationslust (PF31) aus der Bedingung Häufigkeit. Man könnte spekulieren, daß häufiges sparsames Verhalten gekoppelt mit häufiger Spekulationslust einhergeht mit einem hohen Anteil des Vermögens in Aktien und Optionsgeschäften. Spätere Analysen über die Richtung dieser Zusammenhänge sollten diese Kombination unterschiedlicher Verhaltensmerkmale berücksichtigen.

Eine signifikant positive Beziehung besteht zwischen PF22 Geldgeschäfte verheimlichen aus der Bedingung Rolle und der Anlage in in- und ausländischen Investmentsfonds. Die Korrelation zu den ausländischen Investmentsfonds ist etwas niedriger als zu den inländischen.

Probanden, die einen geringen Anteil ihres Vermögens in Gold oder andere Edelmetalle angelegt haben, beurteilen sich qualitativ gut im Verhaltensmerkmal Nicht spekulieren. Dies bestätigt die negative Korrelation zwischen der Anlage in Gold und anderen Edelmetallen und Nicht spekulieren (PF55) aus der Bedingung Qualität. Die Beziehung ist jedoch nur auf dem 5% Niveau signifikant.

Eine auf dem 0,1% Niveau signifikante, negative Beziehung besteht zwischen der Anlageform Firmenbeteiligung und Bequem leben (PF10) aus der

Bedingung Typisch. Bequemes Leben und Firmenbeteiligung schließen sich
eher gegenseitig aus.

Zwischen den primären Geldfaktoren und den Anlageformen Schmuck und
Sachwerte bestehen nur auf dem 5% Niveau signifikante Korrelationen. Für
die Anlagemöglichkeit Antiquitäten gibt es in dieser Studie keine signifikante
Beziehungen.

Die Geldanlage in Schmuck korreliert auf dem 5% Niveau positiv mit dem
Faktor Vorliebe für Luxus, dies am höchsten für die Bedingung Typisch. Die
Höhe der Anlage in Sachwerten korreliert auf dem 5% Niveau negativ mit
PF16 Finanzieller Optimismus. Bei Probanden, die einen großen Teil ihres
Vermögens in Sachwerten angelegt haben, spielt Finanzieller Optimismus
keine bedeutende Rolle im Leben.

An dieser Stelle sei nochmals erwähnt, daß über die Richtung des Zusammenhangs aufgrund der Korrelationsanalysen nichts ausgesagt werden. Dies
können erst weiterführende Studien auf der Grundlage dieser ersten Ergebnisse anhand gerichteter Hypothesen leisten.

Die signifikanten Korrelationskoeffizienten zwischen den sechzehn verschiedenen Anlageformen und 55 Primärfaktoren zu Umgang mit Geld erreichen
in der Regel Werte um 0.25. Eine mögliche Begründung für die eher niedrigen signifikanten Korrelationen liegt sicherlich darin, daß sich die Probanden
nicht heterogen auf die einzelnen Anlageformen und deren prozentualer Anteil am Vermögen verteilen.

3.2. Beziehungen zu den Geldfaktoren sekundärer Ebene

Von den elf Sekundärfaktoren haben sieben mindestens eine signifikante
Korrelation zu den persönlich genutzten Anlageformen. Eine ausführliche
Tabelle aller Korrelationen ist in Tabelle A5 im Anhang, ein Auszug mit den
signifikanten Korrelaten folgt im Text in Tabelle 28.

Probanden, die einen hohen Wert im SF1 Finanzieller Optimismus haben, besitzen nur einen geringen Anteil an Sparformen im Vergleich zum Gesamtvermögen: Dies bestätigt die negative Korrelation.

Der zweite Sekundärfaktor Sparsamkeit korreliert negativ mit der Anlage in Lebensversicherung und positiv mit inländischen festverzinslichen Wertpapieren. Der Faktor Sparsamkeit korreliert nicht mit der Geldanlage Sparformen.

Geld in Sparformen anlegen korreliert negativ mit Luxus und Wohlstand (SF3) und könnte wie folgt interpretiert werden: Wer viel spart, verzichtet auf Luxus, oder wer nicht sparen kann, kann sich Luxus und Wohlstand nicht leisten.

Eine signifikant positive Korrelation, die sich auf primärer Ebene nicht ergeben hat, besteht zwischen Geldgeschäfte verheimlichen und der Anlage in Festgelder.

SF5 Strenge Geldkontrolle korreliert negativ mit der Anlage Lebensversicherung und positiv mit der Anlage in inländische festverzinsliche Wertpapiere. Probanden, die bezüglich des Faktors Strenge Geldkontrolle eine hohe Ausprägung zeigen, besitzen prozentual am Vermögen wenig Lebensversicherung(en), aber viele inländische festverzinsliche Wertpapiere.

Die Tatsache, daß Sicher investieren mit der Geldanlage in Aktien, Optionsscheine positiv korreliert, wurde bereits auf primärer Ebene festgestellt und bestätigt sich auf sekundärer Ebene über die Bedingungen hinweg.

Einen großen Anteil seines Vermögens in Firmenbeteiligung anzulegen, hat eine negative Beziehung zu dem SF10 Glücklicher Gewinn/Bequem leben. Oder umgekehrt, wer bequem leben möchte und Spaß am Geldgewinn hat, investiert eher weniger in Firmenbeteiligung.

1.	Sparformen (Sparbuch, -vertrag, -brief)	p
SF3.	Luxus und Wohlstand	-0.29**
SF1.	Finanzieller Optimismus	-0.19*

3.	Lebensversicherung	p
SF2.	Sparsamkeit	-0.28**
SF5.	Strenge Geldkontrolle	-0.25**

6.	Inländische festverzinsliche Wertpapiere	p
SF2.	Sparsamkeit	0.28**
SF5.	Strenge Gedlkontrolle	0.20*

8.	Festgelder	p
SF4.	Geldgeschäfte verheimlichen	0.23*

9.	Aktien, Optionsscheine	p
SF8.	Sicher investieren	0.25**

13.	Firmenbeteiligung	p
SF10	Glücklicher Gewinn/Bequem leben	-0.20*

Signifikanzniveau:* 0.01 ** 0.001

Tab.28: Signifikante Korrelationen zwischen den genutzten Anlageformen und den sekundären Geldfaktoren (** < .01%; * < 1%)

Zusammenfassend läßt sich feststellen, daß die Frage, die eingangs gestellt wurde (siehe Teil I 3.), inwieweit ein Zusammenhang zwischen den Verhaltensweisen im Umgang mit Geld und den persönlich genutzten Anlageformen besteht, nur schwer beantworten. Es bestehen Zusammenhänge zwischen sicheren Geldanlagen und Geldfaktoren die einen Sicherheitsaspekt (z.B. Sparsamkeit, Sicher investieren) beinhalten. Geldanlagen mit einem relativ hohen Risiko korrelieren mit den Geldfaktoren nur gering. Möglicherweise liegt es an der speziellen Stichprobe wie sie sich hier zusammensetzt. Die Interpretation dieser Ergebnisse findet in Teil VII. statt.

VI. Erste Validierungsschritte des Instruments Umgang mit Geld

Aufgrund der Tatsache, daß der Fragebogen zu Umgang mit Geld ein neu entwickeltes Instrument ist, ist es erforderlich, erste Schritte der Validierung einzuleiten. Ziel der Entwicklung dieses Meßinstrumentes ist es, möglichst viele Facetten des Verhaltens im Umgang mit Geld zu erfassen. In Teil I. dieser Arbeit wurde theoretisch abgeleitet, welche Verhaltensaspekte einen besonderen Einfluß auf dieses Verhalten haben können. Ein wichtiger Aspekt ist sicherlich das Risikoverhalten, aber auch der Zusammenhang mit Erfolgsorientierung und Streßreaktionen. Bei all diesen Betrachtungen muß davon ausgegangen werden, daß sich diese Verhaltensbereiche gegenseitig beeinflussen.

Im Rahmen der Validierung des eingesetzten Instruments werden folgende Möglichkeiten der ersten Validierung verwendet.

1. Korrelationsanalysen der Geldfaktoren mit den Skalen der Risikolust-Aktivitäten. Von großem Interesse ist sicherlich der Zusammenhang mit den drei Grunddimensionen Maßhaltung, Risikolust und Spiellust.

2. Aus den Korrelationsanalysen zwischen den Geldfaktoren und den Risikolust-Dispositionen (Motiven, Einstellungen, emotionale Reaktionen, Kontrolle) kann Aufschluß erhofft werden, welche Faktoren in besonders engem Zusammenhang stehen. Von besonderem Interesse sind hierbei die Skalen der Risikolust-Kontrolle.

3. Korrelationsanalysen der Geldfaktoren mit den SCOPE-Skalen, Erfolgsorientierung und Streßreaktionen, sind sowohl bezüglich des effektiven als auch ineffektiven allgemeinen Verhaltens von großem Interesse.

4. Mit einer univariaten Varianzanalyse wird versucht, anhand der vier SCOPE-Typen (siehe Teil I. Kap. 2.4) signifikante Gruppierungen und Unterschiede im Umgang mit Geld festzustellen.

Letzten Endes wird erst eine spätere Nachfolgeuntersuchung zur Kreuzvalidierung der Ergebnisse weiteren Aufschluß über die Validität des Verfahrens geben können.

1. Beziehung zwischen den Geldfaktoren und den Aktivitäten der Risikolust

Im ersten Schritt werden die 55 primären Geldfaktoren, wie sie in Teil IV. beschrieben sind, im zweiten die sekundären Geldfaktoren in Beziehung zu den Sekundärfaktoren der Risikolust-Aktivitäten gesetzt, die bereits in Teil II. Kapitel 4.1. beschrieben wurden.

1.1. Beziehung zu den primären Geldfaktoren

Die Beschreibung der Korrelationen beschränkt sich auf signifikante Ergebnisse (mindestens 1% Niveau) und ordnet die signifikanten Ergebnisse den sieben Sekundärfaktoren der Risikolust-Aktivitäten zu. Eine ausführliche Tabelle mit allen Korrelationen erfolgt im Anhang in Tabelle A6. Dem Text folgend findet sich Tabelle 29, die in verkürzter Form die signifikanten Ergebnisse beinhaltet.

Der erste Faktor der Risikolust-Aktivitäten beinhaltet alle kulturellen Aktivitäten, wie sie durch den Fragebogen erfaßt werden, einschließlich ihrer Wertungen. Der Faktor hat die Bezeichnung Kultur (SF-RA1) und weist keine auf dem 1% Niveau signifikante Korrelation zu einem der 55 primären Geldfaktoren auf. Auf dem 5% Niveau korreliert der Faktor Kultur (SF-RA1) negativ mit den beiden Primärfaktoren Geldgeschäfte verheimlichen aus der Bedingung Rolle (PF22) und Häufigkeit (PF37).

Häufig Geld und Geschicklichkeitsspiele spielen und bei Geschicklichkeitsspielen auch selbst Initiative zu ergreifen und dies auch als anregend zu bewerten, ist Inhalt von SF-RA2 Geschicklichkeitsspiele. Bezüglich der primären Geldfaktoren korreliert er signifikant positiv mit Finanziellen Optimismus
aus der Bedingung Typisch. Auf dem 5% Niveau ergeben sich noch zwei
weitere positive Beziehungen mit Glücklicher Gewinn (PF21) und Spekulationslust (PF1). Dies sind beides Faktoren positiver Emotionen und können ihren Ausdruck in Geschicklichkeitsspielen finden.

Der dritte Sekundärfaktor der Risikolust-Aktivitäten beinhaltet Aktivitäten wie
Essen/Triken, Sparen, risikoarme Freizeit-/Sportaktivitäten und lautet Maßhaltung (SF-RA3). Die Primärfaktoren aus dem Fragenbereich Umgang mit
Geld mit der Bezeichnung Sparsamkeit oder Sparsamkeit/Hart arbeiten über
die Bedingungen hinweg korrelieren hoch signifikant positiv mit dem Faktor
Maßhaltung. Der Faktor Maßhaltung (SF-RA3) beinhaltet in besonderem
Maße Kontrollverhalten und trägt demnach zur weiteren Klärung des
sparsamen Verhaltens bei. Er beinhaltet auch risikoarme Freizeit- und Sportaktivitäten und korreliert entsprechend mit dem primären Geldfaktor Sportrisiken eingehen (PF4) signifikant negativ.

Die primären Geldfaktoren der Spekulationslust (PF31, PF15, PF1) korrelieren signifikant positiv mit dem Sekundärfaktor Risikolust (SF-RA4) des Test-
instrumentes Risikolust-Aktivitäten. Der Faktor Risikolust bezeichnet eine
Verhaltensdisposition, die sich an verschiedenartigen oder auch unterschiedlichen Verhaltenskategorien manifestiert, wenn die Situation erwünscht und
zugleich riskant ist. Die Art des Verhaltens oder der Situation ist nicht der
Kern dieses Faktors, sondern die Lust am Risiko (BRENGELMANN 1988). Der
Faktor Spekulationslust ist entsprechend eine Verhaltensdisposition mit Lustkomponente im Umgang mit risikoreichen Geldgeschäften. Dies bestätigt
sich auch für die Primärfaktoren Abenteuerlust (PF30) und Sportrisiken eingehen (PF27) anhand der positiven Korrelationen. Personen, die diese Lust
am Risiko haben, behaupten im Gegenzug nicht von sich, daß Sparsamkeit
(PF2) etwas Typisches von ihnen ist bzw. sie häufig entsprechendes Verhalten ausüben (PF29). Dies kommt durch die negativen Beziehungen zu

diesen Primärfaktoren zum Ausdruck. Jedoch ist es ein typisches Verhalten, Verluste gelassen zu nehmen (PF8).

Der fünfte Sekundärfaktor der Risikolust-Aktivitäten beinhaltet in erster Linie Geldspiele (SF-R5) verschiedener Art mit einer gewissen Portion Risikolust, und lautet schlicht Geldspiele. Das Geld an sich spielt hierbei eine bedeutende Rolle. Dies bestätigt sich gleichermaßen mit den höchsten Korrelationskoeffizienten für die beiden Primärfaktoren PF7 und PF23 Wohlstand anstreben. Es untermauert für die Bedingungen Typisch und Rolle die Zielrichtung dieser beiden Faktoren, die das Streben nach mehr Geld stark gewichten.

Die primären Emotionsfaktoren Glücklicher Gewinn aus den Bedingungen Rolle (PF21) und Lebensqualität (PF41) korrelieren positiv mit Geldspielaktivitäten (SF-RA5). Die beiden Primärfaktoren PF14 und PF39 vereinen die beiden Aspekte Hart arbeiten und Sparsamkeit. Hart arbeiten/Sparsamkeit hat ebenfalls eine positive Beziehung mit Geldspielaktivitäten. Alle signifikant positiven Korrelationen der Primärfaktoren wie Hart arbeiten, Sparsamkeit, Sicher investieren, Strenge Geldkontrolle und Glücklicher Gewinn zu Faktor Geldspiele (SF-RA5) haben offensichtlich die Gemeinsamkeit in der Vermehrung von Geld. So zielen diese Verhaltensweisen darauf ab, das Vermögen zu vergößern, ohne ein zu großes Risiko zu beinhalten.

Der sechste Sekundärfaktor der Risikolust-Aktivitäten lautet Sparsamkeit (SF-RA6). Aufgrund dieser Tatsache müßten sich Korrelationen mit den entsprechenden Faktoren im Umgang mit Geld zeigen. Dies ist nicht der Fall. Schlüsselt man den Faktor Sparsamkeit (SF-RA6) der Risikolust-Aktivitäten in seine zugrundeliegenden Items bzw. Primärfaktoren auf, beinhaltet der Faktor zum einen risikoarme Aktivitäten (Gutbürgerlich Essen/Trinken, einfach Essen/Trinken und Sparen). Der Anteil des Sparens am gesamten Faktor ist möglicherweise nicht in dem Maße ausgeprägt, wie er im Umgang mit Geld zum Ausdruck kommt.

Konsumlust (SF-RA7) ist der letzte Sekundärfaktor der Risikolust-Aktivitäten und äußert sich primär in der Lust am Essen und Trinken, aber auch an Freizeit-/Sportaktivitäten. Die Geldfaktoren Vorliebe für Luxus aus den Bedingungen Typisch (PF5), Häufigkeit (PF33) und Rolle (PF20) korrelieren signifikant positiv mit Konsumlust (SF-RA7). Vorliebe für Luxus und anspruchsvoll Essen und Trinken stehen in einer engen Beziehung zueinander. Diese Probanden beurteilen auch Spekulationslust als etwas Typisches für ihr Verhalten und haben häufig Lust auf Außergewöhnliches (PF30), was die positiven Bezeichnungen und die Lustkomponente dieser Geldfaktoren bestätigt. Der Faktor Finanzieller Optimismus hat ebenfalls eine positive Beziehung mit Konsumlust. Die höchste Korrelation besteht zu Finanzieller Optimismus (PF16) aus der Bedingung Rolle und unterstreicht die Wichtigkeit positiver Verhaltensweisen auch im Umgang mit Geld.

Insgesamt läßt sich feststellen, daß zwischen den neun Geldfaktoren aus der Bedingung Qualität und den sieben Sekundärfaktoren der Risikolust-Aktivitäten nur drei signifikante Korrelationen bestehen. Mit den anderen Bedingungen ergeben sich deutlich mehr signifikante Zusammenhänge. Eine ausführliche Interpretation und Diskussion dieser Ergebnisse und deren theoretische Einbindung erfolgt in Teil VII. Kapitel 5.

Probanden, die Sparsamkeit (PF2) als etwas für sie Typisches beurteilen, haben gleichermaßen hohe Werte in den Skalen der Risikolust-Aktivitäten Maßhaltung und gegenläufige Werte im Bereich Risikolust.

Aufgrund der Tatsache, daß Finanzieller Optimismus mit Konsumlust (SF-RA7) und Geschicklichkeitsspiele (SF-RA2) korreliert, verstärkt sich die Annahme, daß es sich bei diesem um einen positiven Emotionsfaktor handelt.

SF-RA 2. Geschicklichkeitsspiele korreliert mit:	p
PF9 Finanzieller Optimismus (T)	0.24*

SF-RA 3. Maßhaltung korreliert mit:	p
PF2. Sparsamkeit (T)	0.42**
PF14. Sparsamkeit/Hart arbeiten (R)	0.40**
PF49. Sparsamkeit (Q)	0.37**
PF39. Hart arbeiten/Sparsamkeit (L)	0.36**
PF4. Sportrisiken eingehen (T)	-0.24*
PF30. Abenteuerlust (H)	-0.24*

SF-RA 4. Risikolust (Sport-Freizeit) korreliert mit:	p
PF31. Spekulationslust (H)	0.41**
PF15. Spekulationslust (R)	0.30**
PF30. Abenteuerlust (H)	0.29**
PF2. Sparsamkeit (T)	-0.25*
PF29. Sparsamkeit (H)	-0.23*

SF-RA 5. Geldspiele korreliert mit:	p
PF7. Wohlstand anstreben (T)	0.30**
PF23. Wohlstand anstreben (R)	0.30**
PF21. Glücklicher Gewinn (R)	0.28**
PF41. Vorliebe für Luxus (L)	0.28**

SF-RA 6. Sparsamkeit korreliert mit:	p
PF40. Geldrisiken eingehen (L)	0.23*

SF-RA 7. Konsumlust korreliert mit:	p
PF5. Vorliebe für Luxus (T)	0.33**
PF33. Vorliebe für Luxus (H)	0.31**
PF20. Vorliebe für Luxus (R)	0.30**
PF44. Wohlstand anstreben (L)	0.26*

Tab.29: **Signifikante Korrelationen zwischen den Sekundärfaktoren der Risikolust-Aktivitäten (SF-RA) und den primären Geldfaktoren (PF)**

1.2. Beziehungen zu den sekundären Geldfaktoren

Die Tabelle 30 zeigt die Korrelationskoeffizienten mit dem jeweiligen Signifikanzniveau, in der die sekundären Skalen zur besseren Übersicht bereits
den Tertiärfaktoren zugeordnet sind.

Die beiden Sekundärfaktoren Kultur (SF-RA1) und Geschicklichkeitsspiele
(SF-RA2) der Risikolust-Aktivitäten weisen mit keinem der elf sekundären
Geldfaktoren signifikante Korrelationen auf. SF4 Geldgeschäfte verheimlichen zeigt die stärkste und zugleich negative Beziehung zu Kultur, die aber
nur in der Tendenz auf dem 10% Niveau signifikant ist.

Der Faktor Geschicklichkeitsspiele (SF-RA2) korreliert am höchsten mit dem
sekundären Geldfaktor Finanzieller Optimismus (SF1). Aber auch diese Korrelation ist nur in der Tendenz auf dem 10% Niveau signifikant. Wohl aber
gibt es einen Zusammenhang mit Geldspiele (SF-RA5), und vor allem zeigen
sich gleichermaßen enge Beziehungen mit den Konsum- und Risikolust-
Faktoren (SF-RA7 und SF-RA4). Finanzieller Optimismus beinhaltet demnach eine starke Lustkomponente und steht dem Spielen, vor allem um Geld,
positiv gegenüber.

Ein gleichartiges Beziehungsmuster zeigt der SF3 Luxus und Wohlstand auf,
allerdings belegt der höhere Korrelationskoeffizient mit Konsumlust (SF-
RA7), daß die Konsumorientierung stärker im Vordergrund steht.

Die höchste Korrelation überhaupt zeigt sich zwischen SF2 Sparsamkeit und
Maßhaltung (SF-RA3). Eine weitere wichtige Information zum Verständnis
der Sparsamkeit im Umgang mit Geld liefert die Korrelation mit Geldspiele
(SF-RA5). Aufgrund der Tatsache, daß der Zuwachs an Vermögen im Faktor
Geldspiele stark im Vordergrund steht, ist diese Beziehung nicht so verwun-
derlich, wie sie es auf den ersten Blick zu sein scheint. Sparsamkeit (SF2) ist
kein Faktor, der dem Riskieren generell negativ gegenübersteht. Auch in dem
Faktor Sparsamkeit (SF2) findet sich, wenn auch nicht sehr stark ausgeprägt,

Risikolust-Aktivitäten / Sekundäre Geldfaktoren	Spiellust		Risikolust		Maßhaltung		
	Geschicklichkeit	Spiel: Geld	Risikolust	Konsum-	Sparsamkeit	Kultur	Maßhaltung
SF1. Finanzieller Optimismus	0.15	*0.21*	0.25*	0.22*	0.09	0.11	0.06
SF2. Sparsamkeit	-0.07	0.22*	-0.13	-0.05	0.12	0.07	0.41**
SF3. Luxus und Wohlstand	0.07	*0.21*	0.22*	0.31**	0.05	0.04	0.04
SF4. Geldgeschäfte verheimlichen	-0.01	-0.02	0.12	-0.00	-0.08	-0.16	-0.14
SF5. Strenge Geldkontrolle	-0.12	0.09	-0.15	-0.08	0.05	0.05	*0.20*
SF6. Sportrisiken eingehen	0.07	0.07	*0.21*	0.13	0.05	-0.11	*-0.19*
SF7. Nicht spekulieren	0.02	-0.13	-0.02	-0.00	0.08	0.07	0.16
SF8. Sicher investieren	0.09	0.16	0.25*	0.10	0.06	-0.07	-0.05
SF9. Lockerer Umgang mit Geld	0.16	0.03	0.24*	0.05	0.06	0.03	-0.08
SF10. Glücklicher Gewinn/Bequem leben	0.07	0.26*	0.05	-0.01	0.07	-0.06	0.02
SF11. Verluste gelassen nehmen	0.11	0.06	0.26*	0.15	*0.19*	-0.10	-0.11

Signifikanzniveau: Fett/Kursiv = 5%, * = 1%, ** = 0.1%

Tab.30:   **Korrelation zwischen den Sekundärfaktoren der Risikolust-Aktivitäten (SF-RA) und den sekundären Geldfaktoren (SF)** (** < .01%; * < 1%; *kursiv* < 5%)

eine leichte Lust zum Spekulieren in der Beziehung zu Geldspielen (SF-RA5). Sparsamkeit korreliert negativ mit Risikolust (SF-RA4). Diese Beziehung ist jedoch nicht signifikant.

SF5 Strenge Geldkontrolle korreliert auf dem 5% Niveau mit Maßhaltung (SF-RA3) und zeigt negative Tendenzen mit den Lust-Faktoren.

SF7 Nicht spekulieren erweist sich als unabhängig von den Aktivitäten, die eine Risikolustkomponente beinhalten und zeigt einen tendenziellen Zusammenhang zu Maßhaltung (SF-RA3).

SF8 Sicher investieren, SF9 Lockerer Umgang mit Geld und SF11 Verluste gelassen nehmen haben gleichermaßen hohe Korrelationen mit Risikolust (SF-RA4). Dieser Zusammenhang mit SF8 Sicher investieren deutet möglicherweise daraufhin, daß es sich bei diesem Verhalten im Umgang mit Geld um kontrolliertes Riskieren handelt.

Die Inhalte von SF10 Glücklicher Gewinn/Bequem leben werden durch den Zusammenhang mit Geldspiele (SF-RA5) gestützt. Es geht eindeutig um leichten Vermögenszuwachs.

1.3. Beziehung der sekundären Geldkfaktoren zu den drei Risikotypen

Die zahlreichen Untersuchungen der Risikolust-Aktivitäten ergeben ständig wiederzufindende Hauptformen des Umgangs mit Aktivitäten des täglichen Lebens, nämlich das

    o   Maßhalten (Sparen)

    o   Riskieren

    o   Spielen.

Diese drei Hauptformen (Tertiärfaktoren) bezeichnet BRENGELMANN als die drei Risikotypen (BRENGELMANN 1989b). Der Maßhalter setzt sich aus den drei

Sekundärfaktoren Maßhaltung, Kultur und Sparsamkeit zusammen. Der Riskierer besteht aus den beiden Sekundärfaktoren Konsum- und Risikolust,
und der Spieler wird aufgrund der beiden Sekundärfaktoren Geldspiele und
Geschicklichkeitsspiele bestimmt. Die Korrelationsanalyse wird im folgenden
zeigen, wie die Sparer, Riskierer und Spieler mit Geld umgehen. Hierfür wurden die sekundären Geldfaktoren verwendet. In Tabelle 31 sind die Korrelationswerte und ihre Signifikanz aufgeführt.

Der Maßhalter zeichnet sich durch Sparsamkeit (SF2) aus, was die positiv
signifkante Korrelation bestätigt und korreliert auf dem 5% Niveau negativ mit
Geldgeschäfte verheimlichen (SF4). Weitere signifikante Beziehungen bestehen jedoch nicht. Tendenziell läßt sich noch hinzufügen, daß Maßhaltung
in einem negativen Zusammenhang mit Sportrisiken eingehen und Sicher investieren steht.

Sekundäre Geldfaktoren	Risikotypen		
	Maßhalter	Riskierer	Spieler
SF1. Finanzieller Optimismus	0.08	**0.28***	**0.24***
SF2. Sparsamkeit	**0.26***	-0.08	0.10
SF3. Luxus und Wohlstand	0.10	**0.34****	*0.20*
SF4. Geldgeschäfte verheimlichen	*-0.19*	0.07	-0.03
SF5. Strenge Geldkontrolle	0.09	-0.13	-0.01
SF6. Sportrisiken eingehen	-0.17	*0.17*	0.11
SF7. Nicht spekulieren	0.07	-0.01	-0.08
SF8. Sicher investieren	-0.11	*0.20*	*0.20*
SF9. Lockerer Umgang mit Geld	-0.03	0.13	0.13
SF10. Glücklicher Gewinn/Bequem leben	-0.01	0.03	**0.23***
SF11. Verluste gelassen nehmen	-0.02	*0.22*	0.12

Signifikanzniveau: Fett/Kursiv = 5%, * = 1%, ** = 0,1%

Tab.31:   **Korrelation zwischen den Risikotypen und den sekundären
Geldfaktoren (SF)**

Der Riskierer steht in einem engen Zusammenhang (hoch signifkant) mit Luxus und Wohlstand (SF3). Für ihn ist der Optimismus in finanziellen Dingen
(SF1) von großer Bedeutung. Auf dem 5% Niveau korreliert der Riskierer positiv mit Verluste gelassen nehmen (SF11), Sicher investieren (SF8) und
Sportrisiken eingehen (SF6). Die stärkste negative Tendenz des Riskierers
besteht zu Strenge Geldkontrolle (SF5). Verluste gelassen nehmen ist für
den Riskierer sicherlich eine wichtige Eigenschaft, was der Maßhalter nicht
von sich behaupten kann und tendenziell eher negativ zu Verluste gelassen
nehmen steht.

Der Spieler weist im Vergleich zum Riskierer ein schwäreres Profil auf. Der
herausragende Bestandteil ist die Beziehung zu Glücklicher Gewinn/Bequem
leben (SF10). Für den Spieler ist der Gewinn ein emotional wichtiger Bestandteil seines Spielens. Das Gewinnen ist für ihn von herausragender Bedeutung. Der Spieler zeichnet sich auch durch eine positive Einstellung in finanziellen Dingen (SF1) aus. Er investiert gerne in sichere Anlagen (SF8).
Eine negative Tendenz besteht wie beim Riskieren gegenüber dem Sekundärfaktor Strenge Geldkontrolle (SF5).

Diese Beschreibung soll Hinweise geben, daß die erfaßten Verhaltensweisen
im Umgang mit Geld den drei Risikotypen zuordenbar sind und einen ersten
Ansatzpunkt für eine mögliche Typologie im Umgang mit Geld darstellen
könnten.

2. Beziehungen zwischen den Geldfaktoren und den Dispositionen der Risikolust

Eine Beschreibung dessen, was unter Dispositionen der Risikolust zu verstehen ist, erfolgte in Teil I. Kapitel 2 und Teil II Kapitel 4.2. (vgl. auch BREN-GELMANN 1988/1989a, 1989b). Risikolust ist demnach keine besondere Reaktionsform, sondern als ein System von Reaktionen in risikoreichen Situationen zu verstehen, wobei alle Reaktionsformen einen ihnen eigenen bestimmenden Einfluß auf die jeweiligen Risikoaktivitäten nehmen können. Insbesondere kommt es auf die Kombination verschiedener Dispositionen an, wenn der Umgang mit Geld erfolgreich geführt werden soll. Die Kombination mit mitreißender Involvierung, vorsichtiger Kontrolle und intensiver Gewinnorientierung erzielt sicherlich bessere Effekte als die Kombination intensiver Gewinnorientierung, mangelnder Kontrolle und negativer Reaktion in Form von Hilflosigkeit der Entscheidungen.

In diesem Kapitel werden die 55 Primärfaktoren aus Umgang mit Geld, dann die elf sekundären Faktoren in Beziehung zu den dreizehn Sekundärfaktoren der Risikolust-Dispositionen gesetzt.

2.1. Beziehungen zu den primären Geldfaktoren

Aus Gründen der Vereinfachung wird bei der Beschreibung der Zusammenhänge auf jene Primärfaktoren verzichtet, die über die Bedingungen hinweg identisch ermittelt wurden und sich auf sekundärem Niveau zusammentun. Hierunter fallen die Faktoren mit Namen wie Finanzieller Optimismus, Sparsamkeit, Geldgeschäfte verheimlichen, Strenge Geldkontrolle, Sportrisiken eingehen, Nicht spekulieren und Verluste gelassen nehmen. Eine Tabelle mit allen Korrelationen zwischen den 55 primären Geldfaktoren und den sekundären Risikolust-Dispostionen findet sich in Tabelle A8 im Anhang. Die höchsten Korrelationen der primären Geldfaktoren auf die dreizehn Dispositionen sind als Auszug dem Text in Tabelle 32 zu entnehmen.

Der Primärfaktor Spekulationslust, wie er in den Bedingungen Typisch (PF1), Rolle (PF15) und Häufigkeit (PF31) ermittelt wurde, korreliert am höchsten mit SF-RD11 Spekulationslust der Risikolust-Dispositionen und bestätigt damit seine Benennung. Der Faktor Spekulationslust im Umgang mit Geld definiert das Spekulieren als eine Art Sensations- und Risikolust im Geldbereich. Auch in SF-RD3 Risikobereitschaft kommt eine generelle Lust zum Risiko zum Ausdruck, die hoch mit den Faktoren der Spekulationslust korreliert. Die Tatsache, daß Spekulationslust im Geldverhalten sehr stark in Verbindung zu Gewinne maximieren steht, verdeutlicht die hohe Korrelation mit dem SF-RD5 Gewinne maximieren. SF-RD13, Positive Emotionen beinhaltet die beiden Primärfaktoren Intensive positive Emotionen und Spekulationslust im Risiko und korreliert hoch mit den primären Geldfaktoren der Spekulationslust. Der Faktor Spekulationslust (PF1) aus der Bedingung Typisch korreliert mit neun der elf Faktoren der Risikolust-Dispositionen signifikant positiv, was deutlich mehr signifikante Korrelate sind als PF15 und PF31. Signifikant negative Zusammenhänge zu einem der dreizehn Faktoren bestehen nicht.

Der Geldfaktor Vorliebe für Luxus, der auf sekundärer Ebene mit Wohlstand anstreben zusammenfällt, wird an dieser Stelle getrennt von Wohlstand anstreben behandelt, um die Korrelationen auf sekundärer Ebene des Faktors Luxus und Wohlstand (SF3) deutlicher erklären zu können. Vorliebe für Luxus wurde in den Bedingungen Typisch (PF5), Rolle (PF20), Häufigkeit (PF33) und Qualität (PF51) ermittelt. Keiner der dreizehn Faktoren der Risikolust-Dispositionen hat einen signifikanten Zusammenhang mit Vorliebe für Luxus aus der Bedingung Qualität (PF51). Vorliebe für Luxus aus den anderen Bedingungen korreliert hoch mit Gewinne maximieren (SF-RD5), Risikobereitschaft (SF-RD3), Gewinner (SF-RD8) und Positive Emotionen (SF-RD13). Diese Sekundärfaktoren der Risikolust-Dispositionen, die signifikant mit Vorliebe für Luxus korrelieren, stehen dem Risiko positiv gegenüber und bezeichnen möglicherweise Gefühlserregungen, was die positive Beziehung erklären würde.

Auch Wohlstand anstreben, wie er in den Bedingungen Typisch (PF7), Rolle (PF23) und Lebensqualität (PF44) ermittelt wurde, korreliert am höchsten mit den Risikolust-Dispositionen Gewinne maximieren (SF-RD5) und Gewinner (SF-RD8). Die drei Faktoren von Wohlstand anstreben korrelieren nicht signifikant mit Risikobereitschaft (SF-RD3), wie Vorliebe für Luxus, aber mit Ärger (SF-RD2), der mit Vorliebe für Luxus nicht signifikant korreliert.

Wohlstand zum obersten Ziel haben steht demzufolge in einem engen Zusammenhang mit Ärger, der sich nur dann negativ auswirkt, wenn er mit starken Streßreaktionen verbunden ist. Dieser Zusammenhang wird in dem folgenden Kapitel 3 nachgegangen.

Bequem leben ist ein primärer Geldfaktor, der in den Bedingungen Typisch (PF10) und Häufigkeit (PF35) ermittelt wurde. Beide Faktoren haben keine signifikante Beziehung zu einem der dreizehn Faktoren der Risikolust-Dispositionen. Eine präzisere Fassung des Faktors Bequem leben ist aufgrund der Beziehungen zu den Risikolust-Dispositionen nicht möglich.

PF13 und PF25, mit den Namen Sicher investieren, vereinen im wesentlichen zwei Aspekte, das Spekulieren und das Vermehren von Geld. Sicher investieren korreliert mit den beiden Faktoren Spekulationslust (SF-RD10) und Gewinne maximieren (SF-RD5) der Risikolust-Dispositionen.

In der Bedingung Rolle (PF21) und Qualität (PF51) wurde der Faktor mit dem Namen Glücklicher Gewinn ermittelt. Die Korrelationsanalyse mit den Risikolust-Dispositionen ergibt sieben signifikante Beziehungen zu PF21 und keine zu PF51. PF21 hat die stärksten Zusammenhänge mit Gewinne maximieren (SF-RD5), Spekulationslust (SF-RD10) und Positive Emotionen (SF-RD13). In diesem Primärfaktor zeigt sich deutlich der Unterschied hinsichtlich der Abfragekategorien.

Geld borgen (PF28) ist ein primärer Geldfaktor, der nur in der Bedingung Häufigkeit ermittelt wurde und keine signifikante Korrelation in einem der dreizehn Risikolust-Dispositionen aufweist. Geld borgen steht tendenziell in einem positiven Zusammenhang mit Risikobereitschaft (SF-RD3) oder Spekulationslust (SF-RD10).

Die beiden primären Geldfaktoren Abenteuerlust (PF30) aus der Bedingung Häufigkeit und Abenteuerlust/Feilschen (PF53) weisen im wesentlichen die gleichen signifikanten Korrelationen mit den Faktoren der Risikolust-Dispositionen auf, wie die primären Geldfaktoren der Spekulationslust. Abenteuerlust korreliert signifikant mit Risikobereitschaft (SF-RD3), Spekulationslust (SF-RD10), aber auch mit Gewinne maximieren (SF-RD5). Gewinne maximieren ist eine Art emotionsgeladene Risikoorientierung.

Geldrisiken eingehen lautet Primärfaktor 40 und ist in seiner Konstellation einmalig. Das Eingehen von Geldrisiken steht in einem engen Zusammenhang mit SF-RD3 Risikobereitschaft.

Das besondere an SF-RD3 Risikobereitschaft ist die Aufrechterhaltung positiver Emotionalität oder Lustbereitschaft nach eingetretenem Verlust. Dies bedeutet hohe Stabilität in schwierigen Situationen und weist auf einen stabilen Persönlichkeitsbezug hin. Auch Spekulationslust (SF-RD10), ein emotionaler Faktor, hat einen signifikanten Zusammenhang mit Geldrisiken eingehen. Geldrisiken eingehen zielt eindeutig auf Gewinne ab und korreliert mit SF-RD5 Gewinne maximieren.

Auffallend bei der Gesamtbetrachtung aller signifikanten Korrelationen ist, daß sehr wenige Zusammenhänge zwischen den Primärfaktoren hinsichtlich der Beurteilung, wie gut man in diesem Verhalten ist (Bedingung Qualität), und den Dispositionen der Risikolust gibt. Fast alle signifikanten Korrelationen zwischen den 55 Primärfaktoren und den Risikolust-Dispositionen sind positiv.

SF-RD1. Vorsicht korreliert mit:		p
PF14.	Sparsamkeit/Hart arbeiten (R)	0.30**
PF39.	Hart arbeiten/Sparsamkeit (L)	0.28**
PF29.	Sparsamkeit (H)	0.25**
PF16.	Finanzieller Optimismus (R)	0.25**
SF-RD2. Ärger korreliert mit:		**p**
PF34.	Verluste gelassen nehmen (H)	0.26**
PF7.	Wohlstand anstreben (T)	0.24**
PF44.	Wohlstand anstreben (L)	0.23*
PF40.	Geldrisiken eingehen (L)	0.19*
SF-RD3. Risikobereitschaft korreliert mit:		**p**
PF1.	Spekulationslust (T)	0.43**
PF15.	Spekulationslust (T)	0.42**
PF31.	Spekulationslust (H)	0.35**
PF38.	Finanzieller Optimismus (L)	0.32**
SF-RD4. Positive Emotionsmischung korreliert mit:		**p**
PF1.	Spekulationslust (T)	0.28**
PF44.	Wohlstand anstreben (L)	0.24**
PF9.	Finanzieller Optimismus (T)	0.22*
PF23.	Wohlstand anstreben (R)	0.19*
SF-RD5. Gewinne maximieren korreliert mit:		**p**
PF1.	Spekulationslust (T)	0.48**
PF15.	Spekulationslust (R)	0.41**
PF38.	Finanzieller Optimismus/	
	Spekulationslust (L)	0.39**
PF23.	Wohlstand anstreben (R)	0.38**
PF11.	Nicht spekulieren (T)	-0.19*
SF-RD6. Involvierung korreliert mit:		**p**
PF16.	Finanzieller Optimismus (R)	0.27**
PF26.	Optimismus/Hart arbeiten (H)	0.26**
PF9.	Finanzieller Optimismus (T)	0.26**
PF44.	Wohlstand anstreben (L)	0.25**

Signifikanzniveau:* 0.01 ** 0.001

Tab.32: Signifikante Korrelationen zwischen den Sekundärfaktoren der Risikolust-Dispositionen (SF-RD) und den primären Geldfaktoren (PF)

SF-RD7. Halt suchen korreliert mit:		p
PF49.	Sparsamkeit (Q)	0.22*

SF-RD8. Gewinner korreliert mit:		p
PF1.	Spekulationslust (T)	0.31**
PF20.	Vorliebe für Luxus (R)	0.29**
PF23.	Wohlstand anstreben (R)	0.28**
PF15.	Spekulationslust (R)	0.27**

SF-RD9. Gelassenheit korreliert mit:		p
PF1.	Spekulationslust (T)	0.22*
PF16.	Finanzieller Optimismus (R)	0.21*

SF-RD10. Spekulationslust korreliert mit:		p
PF1.	Spekulationslust (T)	0.53**
PF15.	Spekulationslust (R)	0.44**
PF31.	Spekulationslust (H)	0.41**
PF38.	Finanzieller Optimismus/ Spekulationslust (L)	0.33**

SF-RD11. Entlastung korreliert mit:		p
PF23.	Wohlstand anstreben (R)	0.26**
PF44.	Wohlstand anstreben (L)	0.26**
PF7.	Wohlstand anstreben (T)	0.22*
PF3.	Hart arbeiten (T)	0.22*

SF-RD12. Hilflosigkeit korreliert mit:		p
PF34.	Verluste gelassen nehmen (H)	0.23*
PF42.	Strenge Geldkontrolle (L)	0.19*

SF-RD13. Positive Emotionen (Risiko) korreliert mit:		p
PF15.	Spekulationslust (R)	0.44**
PF31.	Spekulationslust (H)	0.31*
PF20.	Vorliebe für Luxus (R)	0.29**
PF30.	Abenteuerlust (H)	0.27**

Signifikanzniveau:* 0.01 ** 0.001

Tab.32: Fortsetzung

2.2. Beziehungen zu den sekundären Geldfaktoren

Die dreizehn sekundären Risikolust-Dispositionen, die im vorangegangenen Abschnitt 3.1. in Beziehung zu den primären Geldfaktoren gesetzt wurden, werden im folgenden in Beziehung zu den elf sekundären Geldfaktoren gesetzt.

Zwei der dreizehn Risikolust-Dispositionen haben keine auf dem 0.1% oder 1% Niveau signifikanten Zusammenhänge zu einem der elf Geldfaktoren. Dies sind: Positive Emotionsmischung (SF-RD4) und Gelassenheit (SF-RD9) und deshalb nicht in Tabelle 33 im Text enthalten. Die vollständige Korrelationstabelle findet sich als Tabelle A9 im Anhang.

Der erste Geldfaktor Finanzieller Optimismus hat auf dem 0.01% Niveau die höchsten Korrelationen mit SF-RD5 Gewinne maximieren, SF-RD10 Spekulationlust, SF-RD6 Involvierung, SF-RD3 Risikobereitschaft und SF-RD8 Gewinner. Diese Beziehungen bestätigen, daß der Sekundärfaktor Finanzieller Optimismus ein positiver Emotionsfaktor im Umgang mit Geld ist. Gewinne maximieren ist eine Art emotionsgeladene Risikoorientierung, ähnlich der Spekulationslust, der auch ein emotionaler Faktor ist und eine Art Sensations- und Risikolust darstellt. Involvierung bedeutet eine starke innere Beteiligung am Risikogeschehen, angetrieben von der Hoffnung auf Erfolg. Das besondere an dem Faktor Risikobereitschaft ist die Aufrechterhaltung positiver Emotionalität oder Lustbereitschaft, selbst nach eingetretenem großen Verlust. Finanzieller Optimismus unterstützt nicht nur das Spekulieren oder Riskieren positiv, sondern auch Vorsicht. SF-RD1 Vorsicht bedeutet in seiner Zusammensetzung, ständige Kontrolle der Ausgaben, gekoppelt mit Begrenzung der Ausgaben.

Ein sekundärer Geldfaktor, der hoch mit Vorsicht (SF-RD1) korreliert, ist Sparsamkeit (SF2). Weitere signifikante Beziehungen mit dem Faktor Sparsamkeit bestehen nicht. Die Untersuchungen der Risikolust-Dispositionen haben ergeben, daß die Fähigkeit zur Vorsicht in risikoreichen Unternehmungen ein wichtiges (hoher Mittelwert) und beständiges (über alle Situationen bestätigt) Merkmal ist. Die Mittelwertsanalysen der Geldfaktoren haben gezeigt, daß Sparsamkeit im Umgang mit Geld ein wichtiges und stabiles Merkmal ist und möglicherweise ein Äquivalent von Vorsicht ist. Sparsamkeit wäre demzufolge eine Art Kontrolle des Vermögens, gekoppelt mit dem Streben nach Sicherheit. Sparsamkeit kann nicht als risikofeindlich interpretiert werden, aufgrund fehlender negativer signifikanter Korrelate mit Risikobereitschaft (SF-RD3) oder Spekulationslust (SF-RD10). Sparsamkeit scheint eine alles beherrschende Einstellung zur Kontrolle der Sicherheit in Geldangelegenheiten zu sein.

Der dritte Sekundärfaktor Luxus und Wohlstand, der sich aus den Primärfaktoren Vorliebe für Luxus und Wohlstand anstreben zusammensetzt, die getrennt unter 2.1. behandelt wurden, hat die stärksten Beziehungen zu Gewinne maximieren (SF-RD5) und Gewinner (SF-RD8) aus den Dispositionen der Risikolust. Stets so viel wie möglich auf jede Art zu gewinnen und der Wunsch in der Öffentlichkeit als Gewinner dazustehen, sind in engem Zusammenhang mit Luxus und Wohlstand zu sehen.

Aufgrund der Tatsache, daß Luxus und Wohlstand mit Gewinne maximieren korreliert, ist es eine logische Folgerung, daß Risikobereitschaft (SF-RD3) und Spekulationslust (SF-RD10) signifikant mit Luxus und Wohlstand korrelieren. Luxus und Wohlstand geht häufig mit einer starken Involvierung einher, was die signifikant positive Beziehung zu Involvierung (SF-RD6) andeutet. Involvierte Personen versuchen, bestimmte Initiativen zu entwickeln und sachliche Belange voranzutreiben.

Der folgende sekundäre Geldfaktor Geldgeschäfte verheimlichen korreliert mit keinem der dreizehn Risikolust-Dispositionen signifikant. Tendezielle Bindungen bestehen zu den beiden Dispositionen Spekulationslust (SF-RD10) und Risikobereitschaft (SF-RD3).

Sekundäre Geldfaktoren	Vorsicht SF-RD 1	Ärger SF-RD 2	Risikobereitschaft SF-RD 3	Gewinne maximieren SF-RD 5	Involvierung SF-RD 6	Halt suchen SF-RD 7	Gewinner SF-RD 8	Spekulationslust SF-RD 10	Entlastung SF-RD 11	Hilflosigkeit SF-RD 12	Positive Emotionen SF-RD 13
SF1. Finanzieller Optimismus	0.20*	0.06	0.28**	0.37**	0.29**	0.06	0.24**	0.35**	0.20*	0.00	0.23*
SF2. Sparsamkeit	0.31**	0.03	-0.09	0.07	0.01	0.22*	0.01	0.01	0.18	0.11	-0.04
SF3. Luxus und Wohlstand	0.08	0.18	0.25**	0.36**	0.24*	0.07	0.28**	0.25**	0.17	0.02	0.25**
SF4. Geldgeschäfte verheimlichen	0.07	-0.10	0.17	0.15	-0.06	0.08	0.09	0.18	-0.05	-0.02	0.10
SF5. Strenge Geldkontrolle	0.06	0.08	-0.03	0.01	-0.05	0.14	-0.01	-0.05	0.06	0.20*	-0.05
SF6. Sportrisiken eingehen	-0.08	-0.06	0.11	0.05	-0.04	-0.05	0.15	0.18	0.14	-0.03	0.08
SF7. Nicht spekulieren	0.16	0.08	-0.16	-0.09	-0.02	0.07	-0.01	-0.13	0.01	0.08	-0.07
SF8. Sicher investieren	0.06	0.04	0.36**	0.38**	0.09	-0.03	0.27**	0.39**	0.13	-0.01	0.32**
SF9. Lockerer Umgang mit Geld	-0.00	0.23*	0.17	0.16	0.09	0.07	0.12	0.15	0.09	0.19*	0.12
SF10. Glücklicher Gewinn/Bequem leben	0.06	0.11	0.13	0.15	0.06	0.13	0.10	0.12	0.09	0.12	0.16
SF11. Verluste gelassen nehmen	-0.03	0.17	0.39**	0.30**	0.09	0.08	0.22*	0.25**	0.21*	0.14	0.21*

Signifikanzniveau: Fett/Kursiv = 5%, * = 1%, ** = 0.1%

Tab.33:   Korrelation zwischen den Sekundärfaktoren der Risikolust-Dispositionen (SF-RD) und den sekundären Geldfaktoren (SF)

Strenge Geldkontrolle (SF5) hat nur eine signifikante Beziehung zu der Disposition Hilflosigkeit (SF-RD12). Sein Geld streng zu kontrollieren, steht in einem engen Zusammenhang mit Hilflosigkeit. Möglicherweise steht Strenge Geldkontrolle in einem engen Zusammenhang mit der Bewältigung von schweren Problemen.

Die beiden sekundären Geldfaktoren Sportrisiken eingehen (SF6) und Nicht spekulieren (SF7) korrelieren nicht signifikant auf dem 1% Niveau mit einer der dreizehn Dispositionen. Tendenziell geht Sportrisiken eingehen positiv einher mit Risikobereitschaft (SF-RD3) und Spekulationslust (SF-RD10) bzw. Nicht spekulieren zeigt eine negative Tendenz mit Risikobereitschaft (SF-RD3) und Spekulationslust (SF-RD10).

Der sekundäre Geldfaktor Sicher investieren (SF8) setzt sich aus den primären Geldfaktoren Sicher investieren und Spekulationslust zusammen. Sicher investieren (SF8) korreliert positiv mit den Risikolust-Dispositionen, die positiv dem Riskieren gegenüber stehen oder positiv auf Risiko reagieren. Es bestehen signifikante Beziehungen zu Spekulationslust (SF-RD10), Gewinne maximieren (SF-RD5), Risikobereitschaft (SDFl3), Positive Emotionen (SF-RD13) und Gewinner (SF-RD8).

Sicher investieren steht dem Spekulieren und Riskieren positiv gegenüber, wobei das Geld und als Gewinner darstehen wollen, eine wichtige Rolle spielen. Die Disposition Gelassenheit (SF-RD9) verleiht dem Risikoverhalten eine gewisse Stabilität und Sorgenfreiheit. Es bedeutet Aufrechterhaltung stabilen, unbesorgten Verhaltens in allen Situationen. Gelassenheit korreliert positiv mit Sicher investieren, jedoch nicht signifikant auf dem 1% Niveau, was den Faktor hinsichtlich seiner positiven Ausrichtung deutlich verstärkt hätte.

SF9 Lockerer Umgang mit Geld beinhaltet Verhaltensweisen, wie Kredit aufnehmen, Geld von Freunden borgen und Verluste gelassen nehmen. Dieser Faktor korreliert am höchsten mit der Disposition Ärger (SF-RD2). Der Faktor Ärger hat primär etwas mit Verlust zu tun und wirkt sich nur dann negativ aus, wenn starke Streßreaktionen damit verbunden sind. Geld borgen ist möglicherweise ein Verhalten, über das man sich häufig ärgert.

Interessant ist, daß der Faktor Lockerer Umgang mit Geld nicht signifikant positiv mit den Dispositionen Risikobereitschaft oder Spekulationslust korreliert. Spekulieren und Riskieren steht demzufolge nicht in enger Beziehung zu den Verhaltensweisen des Lockeren Umgangs mit Geld.

Der zehnte sekundäre Geldfaktor Glücklicher Gewinn/Bequem leben (SF10) geht auf jeden der dreizehn Dispositionen positiv. Keine der Beziehungen ist auf dem 1% Niveau signifikant und trägt demzufolge nicht zur weiteren Klärung dieses Geldfaktors bei.

Der letzte sekundäre Geldfaktor lautet Verluste gelassen nehmen und korreliert mit sechs der dreizehn Risikolust-Dispositionen signifikant positiv. Verluste gelassen nehmen steht dem Riskieren positiv gegenüber was die Beziehungen zu den beiden Dispositionen Risikobereitschaft (SF-RD3) und Spekulationlsust (SF-RD10) bestätigen. Verluste gelassen nehmen korreliert auch positiv mit Gewinne maximieren.

Alle mindestens auf dem 1% Niveau signifikanten Korrelationen zwischen den sekundären Geldfaktoren und den dreizehn Sekundärfaktoren der Risikolust-Dispositonen sind positiv. Sekundäre Geldfaktoren, wie Finanzieller Optimismus (SF1), Luxus und Wohlstand (SF3), Sicher investieren (SF8), Verluste gelassen nehmen (SF11), die positiv mit Risikobereitschaft (SF-RD3) korrelieren, haben gleichzeitig signifikant positive Beziehungen zu den Dispositionen Gewinne maximieren (SF-RD5), Gewinner (SF-RD8), Spekulationslust (SF-RD10) und Positive Emotionen (SF-RD13).

Vier sekundäre Geldfaktoren (Geldgeschäfte verheimlichen, SF4, Sportrisiken eingehen, SF6, Nicht spekulieren, SF7, Glücklicher Gewinn/Bequem leben, SF10) korrelieren mit keiner der dreizehn Risikolust-Dispositionen mindestens auf dem 1% Niveau signifikant.

3. Beziehungen zwischen den Geldfaktoren und den Erfolg-/Streßdimensionen des SCOPE

Im Teil II. Kapitel 4.3. wurde der SCOPE als ein Verfahren beschrieben, mit dessen Hilfe persönliche Kompetenz und Inkompetenz in verschiedenartiger Ausprägung erfaßt werden. Persönliche Kompetenz ist der Eigenanteil an der Verhaltenskompetenz, die in der Interaktion mit anderen Personen zu leisten ist. Sie wird auch als Selbststeuerung bezeichnet. Die Frage, der im folgenden nachgegangen wird, lautet, welche Art der Selbstkompetenz mit welchem Verhalten im Umgang mit Geld in Verbindung steht. Die Beziehungen der zehn SCOPE-Sekundärskalen mit den Geldfaktoren wurden wieder auf der Basis der Pearson'schen Produkt-Moment Korrelation berechnet. Die zehn SCOPE-Skalen erhalten die Abkürzungen von SF-SC1 bis SF-SC10. In einem ersten Schritt werden die 55 primären Geldfaktoren in Beziehung zu den zehn SCOPE-Skalen gesetzt und in einem zweiten Schritt die elf sekundären Geldfaktoren.

3.1. Beziehung zu den primären Geldfaktoren

Eine Tabelle aller Korrelationen findet sich in Tabelle A10 im Anhang. Einen Auszug aus dieser Tabelle ist in Tabelle 34 dem Text folgend zu entnehmen. In ihr werden die stärksten Korrelationen der 55 primären Geldfaktoren auf die zehn SCOPE-Skalen aufgeführt.

Der primäre Geldfaktor Spekulationlust, wie er in den Bedingungen Typisch, Rolle und Häufigkeit ermittelt wurde, hat nur aus der Bedingung Typisch signifikante Korrelate zu den zehn SCOPE-Skalen. Spekulationslust korreliert positiv mit den beiden positiven Verhaltensskalen Erfolgsstreben (SF-SC1) und Soziale Kompetenz (SF-SC4). Erfolgsstreben beschreibt Verhaltensmerkmale, die zum Erreichen von Erfolg erforderlich sind und im Umgang mit Geld positiv mit Spekulationslust einhergeht. Das Spekulieren ist möglicherweise erforderlich, um in Geldangelegenheiten erfolgreich zu sein.

SF-SC1	Erfolgsstreben korreliert mit:	p
PF48	Finanzieller Optimismus/ Hart arbeiten (Q)	0.47**
PF23	Wohlstand anstreben (R)	0.46**
PF16	Finanzieller Optimismus (R)	0.40**
PF3	Hart arbeiten (T)	0.40**
PF5.	Vorliebe für Luxus (T)	0.18*

SF-SC2	Besonnenheit korreliert mit:	p
PF3	Hart arbeiten (T)	0.21*
PF48	Finanzieller Optimismus/ Hart arbeiten (Q)	0.21*

SF-SC3	Selbstbestimmung korreliert mit:	p
PF48	Finanzieller Optimismus/ Hart arbeiten (Q)	0.23**
PF14	Sparsamkeit/Hart arbeiten (R)	0.19*

SF-SC4	Soziale Kompetenz korreliert mit:	p
PF16	Fianzieller Optimismus (R)	0.27**
PF30	Abenteuerlust (H)	0.26**
PF48	Finanzieller Optimismus/ Hart arbeiten (Q)	0.26**
PF38	Finanzieller Optimismus/ Spekulationslust	0.21*

SF-SC6	Streßreaktionen korreliert mit:	p
PF23	Wohlstand anstreben (R)	0.27**
PF7	Wohlstand anstreben (T)	0.26**
PF34	Verluste gelassen nehmen (H)	0.21*
PF42	Strenge Geldkontrolle (L)	0.20*

SF-SC7	Negative Lebensbewertung korreliert mit:	p
PF19	Strenge Geldkontrolle (R)	0.22*
PF7	Wohlstand anstreben (T)	0.22*
PF34	Wohlstand anstreben (H)	0.21*
PF23	Wohlstand anstreben (R)	0.19*

Signifikanzniveau:* 0.01 ** 0.001

Tab.34: **Signifikante Korrelationen zwischen den sekundären SCOPE-Skalen (SF-SC) und den primären Geldfaktoren (PF)**

SF-SC8	Soziales Desinteresse korreliert mit:	p
PF19	Strenge Geldkontrolle (R)	0.18*

SF-SC9	Soziale Inkompetenz korreliert mit:	p
PF32	Strenge Gedlkontrolle (H)	0.28**
PF19	Strenge Geldkontrolle (R)	0.25**
PF6	Strenge Gedlkontrolle (T)	0.21*
PF54	Strenge Gedlkontrolle (Q)	0.19*

Signifikanzniveau:* 0.01 ** 0.001

Tab.34:　Fortsetzung

Die Geldfaktoren Sparsamkeit aus den Bedingungen Typisch (PF2), Häufigkeit (PF29) und Qualität (PF49) haben keine signifikante Beziehung zu einem der zehn SCOPE-Faktoren. Sparsamkeit steht in keinem Zusammenhang mit Streß, effektiven oder ineffektiven Verhalten. Im Umgang mit Geld bildet Sparsamkeit sehr wahrscheinlich eine sichere Basis, von der ausgehend erfolgsversprechende Investitionen mit kalkulierbarem Risiko (siehe voriges Kap.2.) unternommen werden. Insofern als der SCOPE so etwas wie "Selbstverwirklichung" mißt, scheint Sparsamkeit in dieser Hinsicht irrelevant zu sein. Oder sie besitzt keine generelle Bedeutsamkeit in dieser Hinsicht und vertritt bestenfalls das Ideal eines besonderen Anteils der Population.

Hingegen stehen die Geldfaktoren, in denen Sparsamkeit und Hart arbeiten in einem Faktor zusammengeht (PF14, PF39) in einem hoch signifikanten Zusammenhang mit Erfolgsstreben (SF-SC1) (r = 0.27** bzw. 0.32**).

Sparsamkeit/Hart arbeiten aus der Bedingung Rolle hat zusätzlich eine positive Korrelation mit der Skala Selbstbestimmung.

Speziell Hart arbeiten (PF3) steht in einem engen Zusammenhang mit Erfolgsstreben und wird durch eine hoch signifikante Korrelation bestätigt. Hart arbeiten korreliert auch positiv mit der Skala Besonnenheit (SF-SC2), die Verhaltensbereiche erfaßt, in denen es darauf ankommt, sich sorgfältig, aufmerksam und genau den gestellten Anforderungen zu widmen.

Das Eingehen von Sportrisiken (PF4, PF18, PF27, PF43) steht weder in einem positiven, noch negativen Zusammenhang mit Erfolgsstreben oder Streßreaktionen. Keine der zehn SCOPE-Skalen korreliert signifikant mit Sportrisiken eingehen. Die Verhältnisse scheinen hier denen der Sparsamkeit zu ähneln. Die einfachste Erklärung dieses Befundes ist. daß auch Sportrisiken kein Gegenstand genereller Lust an der Selbstverwirklichung ist und deshalb als eine unabhängige, individuell gebundene Aktivität zu sehen ist.

Vorliebe für Luxus ist ein Primärfaktor, der in den Bedingungen Typisch (PF5), Rolle (PF20), Häufigkeit (PF33) und Qualität (PF51) ermittelt wurde, korreliert signifikant, außer in der Bedingung Rolle, mit der Skala Erfolgsstreben (SF-SC1). Vorliebe für Luxus wäre demzufolge als ein positiver Verhaltensfaktor anzusehen.

SCOPE-Skala 9, Soziale Inkompetenz, beschreibt das Fehlen von sozialen Fertigkeiten, aufgezeigt durch Hemmungen und Verlegenheit im Umgang mit anderen. Soziale Inkompetenz korreliert eindeutig positiv mit den Primärfaktoren Strenge Geldkontrolle aus allen fünf Bedingungen (PF6, PF19, PF32, PF42, PF54). Möglicherweise besitzen Verknappung von großzügiger Geldausgabe und sozialer Teilnahme eine gemeinsame Wurzel oder der erste dieser beiden Aspekte bedingt den anderen.

Ein negativer Verhaltensfaktor im Sinne des SCOPE ist im Geldbereich der Faktor Strenge Geldkontrolle. Probanden, für die Strenge Geldkontrolle eine wichtige Rolle im Leben spielt, zeichnen sich auch durch ein soziales Desinteresse aus. Soziales Desinteresse beschreibt Verhaltensmerkmale, wie das fehlende Interesse an geselligen, bzw. sozialen Veranstaltungen teilzunehmen sowie den Wunsch, alleine zu bleiben.

Der primäre Geldfaktor Wohlstand anstreben aus der Bedingung Typisch
(PF7) und Rolle (PF23) korreliert signifikant positiv mit Erfolgsstreben (SF-
SC1) und den beiden Streßskalen Streßreaktionen (SF-SC6) und Negative
Lebensbewertung (SF-SC7). Der Faktor Wohlstand anstreben beinhaltet
Aspekte des Erfolgsstrebens und der Streßreaktionen. Der Faktor Wohlstand
anstreben aus der Bedingung Qualität (PF44) hat nur zur Skala Erfolgsstre-
ben eine signifikant positive Beziehung. Möglicherweise bezieht sich die
Qaulität nur auf den Leistungsaspekt.

Verluste gelassen nehmen ist ein Primärfaktor, aus den Bedingungen Typisch (PF8), Rolle (PF17) und Häufigkeit (PF34). Signifikante Korrelate mit
den sekundären SCOPE-Skalen, hat nur der Primärfaktor aus der Bedingung
Häufigkeit. Probanden, die häufig Verluste gelassen nehmen, gehen einher
mit Streßreaktionen und Negativer Lebensbewertung. Auch Verluste gelassen nehmen aus der Bedingung Typisch geht tendenziell am stärksten mit
den beiden Streßfaktoren (SF-SC6 und SF-SC7) zusammen. Verluste gelassen nehmen aus der Bedingung Typisch geht tendenziell mit Negative
Lebensbewertung (SF-SC7) zusammen. Der Vergleich, aufgrund korrelativer
Beziehungen der SCOPE-Skalen mit den primären Geldfaktoren, ermöglicht
die feinen Unterschiede hinsichtlich der Abfrage sichtbar zu machen. Verluste gelassen nehmen ist ein Primärfaktor, der über die Bedingungen hinweg
als negativer Faktor bezeichnet werden kann, da er in einem engen
Zusammenhang mit Streß steht.

Finanzieller Optimismus ist ein Emotionsfaktor, der in der Primäranalyse mit
unterschiedlichen Aspekten in den fünf Bedingungen einhergeht. Als allein-
stehender Faktor wurde er in den Bedingungen Typisch (PF8) und Rolle
(PF16) ermittelt und korreliert signifikant positiv mit der SCOPE-Skala Erfolgsstreben (SF-SC1). Unter der Bedingung Rolle korreliert Finanzieller Optimismus signifikant positiv mit Soziale Kompetenz (SF-SC16), was auch
tendenziell für den Faktor in der Bedingung Typisch zutrifft.

Finanzieller Optimismus in Verbindung mit Hart arbeiten aus den beiden Bedingungen Häufigkeit (PF26) und Qualität (PF48) haben gleichfalls signifikante Beziehungen zu den beiden SCOPE-Skalen Erfolgsstreben (SF-SC1) und Soziale Kompetenz (SF-SC4). Vier der fünf sekundären SCOPE-Skalen, die den Tertiärfaktor Erfolgsorientierung bilden, haben einen signifikanten Zusammenhang mit dem Primärfaktor Finanzieller Optimismus/Hart arbeiten aus der Bedingung Qualität. Finanzieller Optimismus, mit und ohne Hart arbeiten, kann als ein positiver Faktor beurteilt werden. Finanzieller Optimismus in Verbindung mit Spekulationslust, wie in der Bedingung Lebensqualität (PF38) ermittelt wurde, hat neben den signifikant positiven Beziehungen zu Erfolgsstreben und Soziale Kompetenz eine signifikant positive Beziehung zu Streßreaktionen. In keiner anderen der übrigen Bedingungen hat der Faktor Finanzieller Optimismus und Spekulationslust eine positive Beziehung zu Streßreaktionen.

Bequem leben aus den Bedingungen Typisch (PF10) und Häufigkeit (PF35) korreliert mit keiner der zehn sekundären SCOPE-Skalen. Nicht spekulieren ist ein primärer Geldfaktor, wie er in allen fünf Bedingungen ermittelt wurde. Auf dem 1 % Niveau besteht bei keinem der Faktoren eine signifikante Beziehung zu einer der zehn SCOPE-Skalen. Unter Ausschluß der Bedingung Qualität besteht eine Tendenz zur SCOPE-Skala 7 (Negative Lebensbewertung). So läßt sich tendenziell Nicht spekulieren mit Negative Lebensbewertung in Verbindung bringen. Demgegenüber steht Nicht spekulieren aus der Bedingung Qualität (PF-SC5) auf dem 5% Niveau signifikant negativ gegenüber Streßreaktionen (SF-SC6).

Geldgeschäfte verheimlichen ist wiederum ein Faktor, der in allen fünf Bedingungen ermittelt wurde und keine auf dem 1% Niveau signifikante Beziehung zu den zehn SCOPE-Skalen besitzt. Die Tendenzen der einzelnen Geldfaktoren gegenüber den SCOPE-Skalen sind weitgehend gleich. Die stärkste besteht gegenüber der SCOPE-Skala 2 (Besonnenheit) und ist negativ. Besonnenheit erfaßt Verhaltensbereiche, in denen es darauf ankommt, sich sorgfältig, aufmerksam und genau den gestellten Anforderungen zu widmen, welche tendenziell negativ dem Verheimlichen von Geldgeschäften gegenübersteht.

Aufgrund der bisherigen Analysen wäre zu erwarten gewesen, daß der Faktor Sicher investieren positiv auf die SCOPE-Skala 1 Erfolgsstreben auswirkt. Sicher investieren aus den Bedingungen Typisch (PF13) und Rolle (PF25) korrelieren mit keiner der SCOPE-Skalen signifikant.

Probanden, für die Glücklicher Gewinn (PF21) eine Rolle im Leben spielt, zeichnen sich auch durch Erfolgsstreben (SF-SC1) aus, wie die signifikant positive Beziehung bestätigt. Glücklicher Gewinn aus der Bedingung Qualität (PF52) korreliert nicht signifikant mit Erfolgsstreben oder einer anderen SCOPE-Skala.

Geld borgen (PF28) ist ein Primärfaktor, der nur in der Bedingung Häufigkeit ermittelt wurde und mit keiner SCOPE-Skala signifikant korreliert. Tendenziell geht Geld borgen positiv auf Erfolgsstreben (SF-SC1), Soziale Kompetenz (SF-SC4) und negativ auf Soziales Desinteresse (SF-SC8), die den Faktor weitgehend positiv bestimmen.

Probanden, die häufig Lust auf Neues haben, können leicht mit anderen Menschen umgehen. Dies bestätigt die signifikant positive Korrelation zwischen dem Geldfaktor Abenteuerlust (PF30) und der SCOPE-Skala Soziale Kompetenz (SF-SC4). Der Geldfaktor Abenteuerlust/Feilschen (PF53) aus der Bedingung Qualität hat seinen höchsten Wert mit dieser Skala, ist jedoch auf dem 1% Niveau nicht signifikant.

Die beiden primären Geldfaktoren Geldrisiken eingehen (PF40) und Glücklicher Gewinn/Bequem leben aus der Bedingung Lebensqualität haben keine signifikanten Beziehungen zu den zehn SCOPE-Skalen. Tendenziell am stärksten gehen beide Faktoren auf die Skalen Erfolgsstreben (SF-SC1) und Soziale Kompetenz (SF-SC4).

Der zuletzt zu besprechende primäre Geldfaktor ist PF47, Sportrisiken eingehen/Verluste gelassen nehmen/Spekulationslust, aus der Bedingung Qualität, der möglicherweise aufgrund seiner vielfältigen Inhalte keine singifikante Beziehung zu den SCOPE-Skalen hat.

Zusammenfassend läßt sich feststellen, daß keine der beiden SCOPE-Skalen Ärgerkontrolle (SF-SC5) und Emotionale Zurückhaltung signifikant mit einem der 55 primären Geldfaktoren korreliert. Einige der primären Geldfaktoren erhielten durch die Korrelation mit den SCOPE-Skalen eine präzisere Definition. Inwieweit diese Zusammenhänge im Hinblick auf die Theorie zu interpretieren sind, wird in Teil VII Kapitel 7 behandelt. Die Primärfaktoren aus der Bedingung Qualität erweisen sich bei der Analyse des Verhaltens im Umgang mit Geld als wenig hilfreich. Die Abfrage hinsichtlich, wie gut man in der Ausübung des Verhaltens ist, trägt sehr wenig zur Klärung des Verhaltens im Umgang mit Geld bei.

3.2. Beziehung zu den sekundären Geldfaktoren

Die unterschiedlichen Korrelationen gleicher Primärfaktoren aus den fünf Bedingungen erklären möglicherweise die schwachen Korrelationen der sekundären Geldfaktoren mit den sekundären SCOPE-Skalen. In Tabelle 35 sind die Korrelationskoeffizienten mit Angabe des Signifikanzniveaus abgebildet. Der Zusammenhang zwischen Finanzieller Optimismus (SF1) und Erfolgsstreben (SF-SC1) bestätigt sich auch auf sekundärer Ebene. Soziale Kompetenz (SF-SC4) korreliert gleichfalls hoch signifikant positiv mit Finanzieller Optimismus.

SCOPE-Skalen / Sekundäre Geldfaktoren	Kompetenz					Inkompetenz				
	Erfolgsstreben	Besonnenheit	Selbstbestimmung	Soziale Kompetenz	Ärgerkontrolle	Streßreaktionen	Negative Lebensbewertung	Soziales Desinteresse	Soziale Inkompetenz	Emotionale Zurückhaltung
SF1. Finanzieller Optimismus	0.41**	0.13	0.13	0.24*	0.15	0.07	0.08	-0.06	-0.02	0.03
SF2. Sparsamkeit	0.27**	0.14	0.14	0.03	0.01	0.06	0.15	0.07	0.06	0.06
SF3. Luxus und Wohlstand	0.39**	0.05	0.05	0.12	0.10	0.16	0.11	0.08	-0.01	-0.03
SF4. Geldgeschäfte verheimlichen	0.02	-0.07	-0.08	0.09	-0.08	0.06	0.09	0.00	0.08	0.06
SF5. Strenge Geldkontrolle	0.02	-0.03	-0.10	-0.09	-0.10	0.17	0.19*	0.18	0.26*	-0.01
SF6. Sportrisiken eingehen	-0.01	0.02	-0.03	0.08	-0.03	0.04	0.08	0.03	0.03	0.09
SF7. Nicht spekulieren	0.05	0.05	0.08	0.04	0.08	-0.03	0.04	0.05	0.07	0.09
SF8. Sicher investieren	0.17	0.07	0.11	0.17	0.11	0.04	0.10	0.03	-0.00	-0.08
SF9. Lockerer Umgang mit Geld	0.09	0.06	-0.04	0.06	-0.04	0.16	0.16	-0.05	0.04	-0.01
SF10. Glücklicher Gewinn/Bequem leben	0.13	0.10	0.09	0.14	0.09	0.12	0.13	-0.02	0.05	0.10
SF11. Verluste gelassen nehmen	0.18	0.05	0.03	0.13	0.03	0.11	0.14	0.02	0.05	0.03

Signifikanzniveau: Fett/Kursiv = 5%, * = 1%, ** = 0.1%

Tab.35: Korrelation zwischen den sekundären SCOPE-Skalen (SF-SC) und den sekundären Geldfaktoren (SF)

Der zweite sekundäre Geldfaktor - Sparsamkeit - und Erfolgsstreben (SF-SC1) haben einen signifikant positiven Zusammenhang. Tendenziell besteht auch ein Zusammenhang zu Selbstbestimmung (SF-SC3) und Negative Lebensbewertung (SF-SC7). Auch der Faktor Luxus und Wohlstand (SF3) korreliert am höchsten mit Erfolgsstreben (SF-SC1). Nicht signifikant, aber trotzdem beachtenswert besteht ein Zusammenhang zu Streßreaktionen.

Sparsamkeit (SF2) und Luxus und Wohlstand können beide nicht als rein positive Faktoren interpretiert werden, aufgrund ihrer negativen Tendenzen zu den Streßskalen (SF-SC6 und SF-SC7), die in einer folgenden Studie überprüft werden müssen.

Geldgeschäfte verheimlichen (SF4) hat keinen signifikanten Zusammenhang mit den SCOPE-Skalen. Auch tendenziell lassen sich keine Aussagen treffen. Geldgeschäfte verheimlichen hat überhaupt nichts mit Soziales Desinteresse (SF-SC8) zu tun, was die Nullkorrelation verdeutlicht.

Ein sekundärer Geldfaktor, der aufgrund der Korrelationen zu den SCOPE-Skalen als negativ interpretiert werden kann, ist Strenge Geldkontrolle (SF5). SF4 hat signifikant positive Beziehungen zu den negativen Verhaltensweisen Soziale Inkompetenz (SF-SC4) und Negative Lebensbewertung (SF-SC7).

Die sekundären Geldfaktoren von 6 bis 11 haben keine auf dem 1% Niveau signifikante Korrelate in den zehn SCOPE-Skalen. Für die Geldfaktoren 8 bis 11 ergeben sich Tendenzen. Ein sekundärer Geldfaktor mit positiven Tendenzen zu den beiden SCOPE-Skalen Soziale Kompetenz (SF-SC4) und Erfolgsstreben (SF-SC1) ist Sicher investieren. Lockerer Umgang mit Geld (SF9) läßt sich tendenziell als ein negativer Faktor in Richtung Streß aufgrund seiner positiven Beziehung zu Streßreaktionen (SF-SC6) und Negative Lebensbewertung (SF-SC7) auslegen.

Die beiden sekundären Geldfaktoren Glücklicher Gewinn (SF10) und Verluste gelassen nehmen (SF11) gehen tendenziell auf die beiden positiven Skalen Erfolgsstreben (SF-SC1) und Soziale Kompetenz (SF-SC4) positiv und auf die beiden negativen Skalen Negative Lebensbewertung (SF-SC7) und Streßreaktionen (SF-SC6) auch positiv. Signifikant negative Beziehungen bestehen nicht.

3.3. Verteilung der Geldfaktoren auf die SCOPE-Typen

Der SCOPE-Test ergibt auf tertiärer Ebene die drei Skalen Erfolgsorientierung, Streß und Zurückhaltung. Zahlreiche Untersuchungen von BRENGEL-MANN (vgl. zusammenfassend 1990) ergaben, daß Erfolgsorientierung und Streß zwei voneinander unabhängig variierende Dimensionen sind, es sei denn, daß interaktive Bedingungen auftreten. Eine solche Bedingung ist zum Beispiel durch die biologischen Konstitution gegeben, die verschiedene Menschen unterschiedlich reagieren läßt. Mit dem SCOPE entstehen solche Reaktionstypen durch die Kombination von Erfolgsorientierung und Streß. Die vier Reaktionstypen lassen sich wie folgt beschreiben:

Typ 1: Erfolgstyp = Ist gekennzeichnet durch eine hohe Erfolgsorientierung (E), gekoppelt mit niedrigem Streß (S) und demzufolge gesund.

Typ 2: Streßtyp = Seine Streßwerte (S) sind hoch und seine Erfolgsorientierung (E) ist gedämpft. Er leidet unter funktionellen psychovegetativen Störungen.

Typ 3: Überreaktion = Eine hohe Erfolgsorientierung gekoppelt mit hohen Streßwerten. Solche Personen neigen unter anderem zu organischen Störungen mit psychovegetativer Symptomatik, sie zeigen ein dem Typ-A-Verhalten entsprechendes Erscheinungsbild.

Typ 4: Unterreaktion = Erfolgsorientierung und Streßreaktionen sind beide gering ausgeprägt. Dieser Reaktionstyp findet sich unter anderem bei Hauterkrankungen, die nicht durch das psychovegetative Nervensystem gesteuert werden.

Diese Reaktionstypen gelten für Gesunde und für Kranke, was in zahlreichen Untersuchungen (vgl. BRENGELMANN 1990) nachgewiesen werden konnte. Die beiden Typen 1 und 2 lassen sich als funktionelle und Typ 3 und 4 als organische Typen bezeichnen.

Die Einteilung in die vier Typen erfolgt durch Median-Split-Analyse und ergibt in dieser Untersuchung eine annähernd gleiche Zellenbesetzung. Typ 1 wird durch 51 Probanden repräsentiert, Typ 2 durch 41 Probanden, Typ 3 durch 49 Probanden und Typ 4 durch 48 Probanden.

Aufgrund der schwachen Korrelationen zwischen den sekundären Geldfaktoren und den zehn SCOPE-Skalen, werden im folgenden nur die primären Geldfaktoren in Verbindung mit den SCOPE-Typen gebracht. Die folgende Tabelle 36 zeigt die Mittelwerte der primären Geldfaktoren bezüglich der SCOPE-Typen. Eine Verteilung aller Mittelwerte der primären und sekundären Geldfaktoren ist in Tabelle A12 im Anhang abgebildet.

Primärfaktor	Typ 1 X /Rang	Typ 2 X /Rang	Typ 3 X /Rang	Typ 4 X /Rang
PF3 Hart arbeiten	3.04 / 1	2.76 / 2	3.17 / 1	2.73 / 1
PF48 Finanzieller Optimis- mus/Hart arbeiten	3.01 / 2	2.64 / 4	3.10 / 3	2.66 / 4
PF14 Sparsamkeit/Hart arbeiten	2.97 / 3	2.88 / 1	3.11 / 2	2.73 / 1
PF26 Optimismus/Hart arbeiten	2.95 / 4	2.72 / 3	3.08 / 4	2.73 / 1
PF16 Finanzieller Optimis- mus	2.88 / 5	2.60 / 5	3.07 / 5	2.58 / 5
PF30 Abenteuerlust	2.45 / 6	2.24 / 7	2.47 / 7	2.03 / 7
PF38 Finanzieller Optimis- mus/Spekulations- lust	2.37 / 7	2.25 / 6	2.54 / 6	2.09 / 6
PF5 Vorliebe für Luxus	2.14 / 8	2.10 / 8	2.04 / 10	1.84 / 9
PF7 Wohlstand anstre- ben	2.13 / 9	2.00 / 9	2.38 / 8	1.63 / 11
PF1 Spekulationslust	2.06 / 10	1.89 / 11	2.03 / 11	1.90 / 8
PF19 Strenge Geldkon trolle	1.69 / 11	1.93 / 10	2.09 / 9	1.82 / 10
PF34 Verluste gelassen nehmen	1.26 / 12	1.53 / 12	1.51 / 12	1.22 / 12

Tab. 36: Mittelwertverteilung und Rangplatz der primären Geldfaktoren auf die
vier SCOPE-Typen

Hinsichtlich der Bedeutung, inwieweit Spekulationslust etwas Typisches für
jemanden ist, unterscheiden sich hinsichtlich der Mittelwerte am stärksten
Typ 1 (Erfolgstyp) von Typ 2 (Streßtyp). Die Mittelwerte sind für alle vier Typen niedrig ausgeprägt und finden sich am unteren Ende der Mittelwert-
Rangfolge.

Hart arbeiten (PF1) ist für die erfolgsorientierten Typen (Typ 1 und Typ 3)
deutlich wichtiger als für die weniger erfolgsorientierten Typen. Dieser Faktor
nimmt bei allen Typen einen sehr hohen Rangwert hinsichtlich der Mittelwerte ein.

Vorliebe für Luxus (PF5) aus der Bedingung Typisch hat bei Typ 4 den mit Abstand geringsten Mittelwert und Typ 1 den höchsten. Innerhalb der einzelnen Typen findet sich Vorliebe für Luxus am unteren Ende der hierarchischen Rangfolge zwischen Platz 9 und 10. In der Rangfolge zwischen Platz 8 und 11 liegt auch der Primärfaktor Wohlstand anstreben (PF7) für den Typ 3 (Überreaktion), der den höchsten Mittelwert hat. Sparsamkeit/Hart arbeiten spielt für alle Typen eine größere Rolle im Leben, wobei Typ 4 (Unterreaktion) den geringsten Mittelwert verzeichnet.

Der Mittelwert für den Primärfaktor Finanzieller Optimismus (PF16) ist für Typ 3 (Überreaktion) am höchsten und am niedrigsten für Typ 4 (Unterreaktion). Finanzieller Optimismus liegt hinsichtlich der Mittelwerte bei den einzelnen Typen auf dem fünften Rangplatz.

Der Typ mit einer hohen Erfolgsorientierung gekoppelt mit hohem Streß (Typ 3: Überreaktion) hat bei Strenge Geldkontrolle (PF14) den höchsten Mittelwert. Der Erfolgstyp (Typ 1) hat den niedrigsten Mittelwert.

Probanden, mit hohen Werten im Faktor Hart arbeiten und Optimistisch sein (PF26 H), entsprechen stärker den beiden erfolgsorientierten Typen (Typ 3 und Typ 1) und weniger den anderen beiden Typen. Optimismus/Hart arbeiten ist für alle Typen sehr wichtig, innerhalb der Typen variieren die Rangplätze von 1 für Typ 4 bis 4 für Typ 1.

Lust auf Abenteuer verspüren die Typen mit einer hohen Erfolgsorientierung am stärksten. Der Erfolgstyp (Typ 1) mit niedrigen Streß hat einen deutlich höheren Mittelwert. Über alle vier Typen hat der Primärfaktor Verluste gelassen nehmen (PF34) den niedrigsten Mittelwert und ist am höchsten bei den Typen mit starken Streßreaktionen (Typ 2, Typ 3) ausgeprägt.

Finanzieller Optimismus in Verbindung mit Spekulationslust trägt für Typ 3 (Überreaktion) am meisten zur Steigerung der Lebensqualität bei und am wenigsten für Typ 4 (Unterreaktion).

Typ 3 (Überreaktion) beurteilt sich in Hart arbeiten/Finanzieller Optimismus (PF48) am besten und hat den höchsten Mittelwert der vier Typen. Der Streßtyp (Typ 2) beurteilt sich am schlechtesten.

Um die Ausprägung der 55 Pirmärfaktoren auf die vier Reaktionstypen fest-zustellen, wurde eine univariate Varianzanalyse gerechnet. Signifikante Er-gebnisse wurden mit Hilfe des Tukey-Test ermittelt.

Primärfaktor/Typenkombination	Typ 1-2	Typ 1-3	Typ 1-4	Typ 2-3	Typ 2-4	Typ 3-4	p
PF3 Hart arbeiten	ja	nein	ja	ja	nein	ja	.0000
PF6 Strenge Geldkontrolle	nein	nein	nein	nein	nein	ja	.0184
PF7 Wohlstand anstreben	nein	ja	ja	nein	nein	nein	.0034
PF9 Finanzieller Optimismus	nein	nein	nein	ja	nein	nein	.0283
PF14 Sparsamkeit/Hart arbeiten	nein	nein	nein	nein	nein	ja	.0081
PF16 Finanzieller Optimismus	ja	nein	ja	ja	nein	ja	.0000
PF19 Strenge Geldkontrolle	nein	nein	nein	nein	nein	ja	.0073
PF23 Wohlstand anstreben	nein	nein	nein	ja	nein	ja	.0000
PF26 Optimismus/Hart arbeiten	nein	nein	nein	ja	ja	nein	.0010
PF30 Abenteuerlust	nein	nein	ja	nein	nein	ja	.0074
PF34 Verluste gelassen nehmen	nein	nein	nein	ja	nein	ja	.0068
PF38 Finanzieller Optmismus/							
Spekulationslust	nein	nein	ja	ja	nein	ja	.0003
PF42 Strenge Geldkontrolle	nein	ja	nein	nein	nein	nein	.0158
PF44 Wohlstand anstreben	nein	nein	nein	nein	nein	ja	.0328
PF48 Finanzieller Optimismus/							
Hart arbeiten	ja	nein	ja	ja	nein	ja	.0000
PF55 Nicht spekulieren	ja	ja	nein	nein	nein	nein	.0070

Tab. 37: **Univariate Varianzanalyse der primären Geldfaktoren mit den vier SCOPE-Typen**

Erläuterung der Schreibweise in Tabelle 37:

Typ
1-2: bedeutet: Signifikante Unterschiede in der Ausprägung der Geldfaktoren zwischen Typ 1, Erfolgstyp und Typ 2, Streßtyp.

ja: es besteht ein signifikanter Unterschied zwischen den oben genannten Typen
nein: es besteht kein signifikanter Unterschied zwischen den oben genannten Typen

Die geringste Anzahl von signifikanten Unterschieden hinsichtlich der Ausprägung dieser Faktoren im Umgang mit Geld zeigen sich zwischen Typ 2 und Typ 4, d. h. zwischen dem Streßtyp und dem Typ Unterreaktion. Die häufigsten Unterschiede finden sich zwischen Typ 3, Überreaktion, und Typ 4, Unterreaktion. Bei den anderen Vergleichen ergeben sich ähnlich häufige Differenzen, die jedoch zumeist verschiedene Faktoren betreffen. Im folgenden werden die wichtigsten Ergebnisse kurz erläutert.

Der Erfolgstyp unterscheidet sich vom Streßtyp (Typ 1-2) signifikant in vier Faktoren. In diesen Bereichen Hart arbeiten, finanzieller Optimismus und Nicht spekulieren zeigen sich für den Erfolgstyp wesentlich höhere Werte. Die Unterschiede zwischen dem Erfolgstyp (Typ 1) und dem Typ 4 - Unterreaktion entsprechen mit wenigen Ausnahmen denen zwischen Erfolgstyp und Streßtyp. Auch hier haben Personen, die dem Erfolgstyp zugeordnet werden können, höhere Werte in den Faktoren Wohlstand anstreben und Abenteuerlust.

Im Vergleich zu Typ 3, d. h. Überreaktion oder Typ-A-Verhalten, ergeben sich für den Erfolgstyp signifikant niedrigere Werte in den differierenden Faktoren, Wohlstand anstreben, Strenge Geldkontrolle und Nicht spekulieren. Offensichtlich entspricht es dem Typ-A-Verhalten in größerem Umfang, Wohlstand und Ansehen zu erringen, wobei kontrollierendes Verhalten im Zusammenhang mit eigenen Streßreaktionen ebenfalls einen größeren Stellenwert erhält.

Der Vergleich zwischen Streßtyp (Typ 2) und Typ 3, Überreaktion verdeutlicht, daß bei letztgenanntem der Faktor Hart arbeiten und Finanzieller Optimismus eine besonders hohe Ausprägung hat.

Wie bereits erwähnt, unterscheiden sich der Streßtyp und der Typ 4, Unterreaktion, nur in zwei Faktoren. So gelingt es dem Streßtyp eher, Verluste gelassen zu nehmen.

Im Gegensatz dazu unterscheiden sich Typ 3, Überreaktion und Typ 4, Unterreaktion, in fast allen Faktoren, die den Umgang mit Geld betreffen. Generell gilt, daß Personen mit hohen Werten in Erfolgsorientierung sowie Streßreaktionen, wesentlich höhere Ausprägungen in den Geldfaktoren aufweisen.

denen sich die fünf Bedingungen nicht synchron auf ein und denselben Primärfaktor beziehen.

Der Faktor Hart arbeiten geht zum Beispiel über die Bedingungen hinweg mit verschiedenen Verhaltensaspekten zusammen, da er mit Sparsamkeit (Rolle und Häufigkeit) und Finanzieller Optimismus (Häufigkeit und Qualität) in einem Faktor wiederzufinden ist. Im Falle von Finanzieller Optimismus gehen Hart arbeiten (Häufigkeit und Qualität) und Spekulationslust (Lebensqualität) in einem Faktor zusammen.

Es ist müßig darüber zu spekulieren, warum sich diese besonderen Bedingungen derartig assoziieren, während andere es nicht tun. Aber die Variation der Bedingungen in der Beantwortung wichtiger Persönlichkeitsmerkmale oder Lebensaspekte empfiehlt sich zur weiteren Ausarbeitung. Man erhält so eine wesentlich differenziertere und lebhaftere Aussage darüber, wie unterschiedliche Personen ihre Welt sehen, in der sie leben oder die sie sich wünschen.

Entscheidend für unsere Untersuchung ist, daß die Primärfaktoren trotz der eben beschriebenen Beobachtungen ihre Identität bewahren und mit hohen Zuverlässigkeiten ausgestattet sind.

2. Interkorrelation der Geldfaktoren

Interessant ist es zu sehen, daß die Interkorrelationen der Primärfaktoren fast durchgängig positiv sind, obwohl Dinge wie Spekulationslust und Sparsamkeit oder Vorliebe für Luxus und Strenge Geldkontrolle einen relativ unterschiedlichen, wenn nicht gar gegenläufigen Eindruck machen. Offensichtlich sind die Variablen noch zu komplex und müßten genauer differenziert werden. Zum Beispiel könnte es sein, daß jemand spekuliert, um sich ein besseres Polster für den Ruhestand zu verschaffen. Und das ein anderer eisern anspart, um für eine besondere Anlage oder Spekulation liquide zu sein. Diese Frage könnte vielleicht durch spezifische Erforschung der Motive

für die unterschiedlichen Umgangsformen mit Geld und Gut beantwortet werden. In Teil I. Kapitel 2.1.1. dieser Arbeit wurden bereits erste theoretische
Überlegungen über das Verhältnis von Motivation und Motiven angestellt. So
lassen sich gleichartig erscheinende Verhaltensweisen auch im Umgang mit
Geld nur dann genauer differenzieren, wenn die Ziele mitberücksichtigt werden.

Möglicherweise deuten diese positiven Beziehungen der Geldfaktoren darauf
hin, daß eine generelle positive Einstellung zu Geld und Gut vorhanden ist,
die bedeutsam konträre Beziehungen verhindert. Dies gilt für das Gesamter-
gebniß dieser Versuchsgruppe. Natürlich kann es Subgruppen in der Bevölkerung geben, die in dieser Hinsicht differenzieren, was einer gesonderten
Untersuchung bedarf.

Wichtig für die Korrelationsanalyse der primären Geldfaktoren ist, daß eine
gut gegliederte Matrix bedeutsamer und unbedeutsamer Koeffizienten zur
Verfügung steht, mit der in sinnvoller Weise weiter gearbeitet werden kann.

Die primären Geldfaktoren wurden einer Faktorenanalyse zweiter Ordnung
unterzogen, um festzustellen, inwieweit die Faktoren gleicher Bezeichnung
auf sekundärer Ebene zusammenfallen. Das Ergebnis ist eine Struktur von
elf sehr gut bestimmten Faktoren, die das Ergebnis der Korrelationsanalyse
auf primärer Ebene bestätigten. Somit kann die Struktur auf eine leicht zu
handhabende Form gebracht werden. Die sekundären Faktoren sind einer
Analyse dritter Ordnung unterzogen worden. Das Ziel war es herauszufinden,
ob noch eine sinnvolle kürzere faktorielle Struktur existiert. Das Ergebnis waren drei Faktoren, deren inhaltliche Benennung aufgrund ihrer Komplexität
nicht sehr einfach ist. Es zeichnet sich jedoch ab, daß sich die Faktoren im
Umgang mit Geld den drei klassischen Grunddimensionen menschlichen
Verhaltens, nämlich der Emotion, Aktivierung und Kontrolle zuordnen lassen.
Würde sich diese Zuordnung in weiteren Untersuchungen bestätigen, wäre
sicherlich ein großer Fortschritt bei der Analyse des Verhaltens im Umgang
mit Geld erreicht. Da die Konsistenz der Tertiärfaktoren noch nicht zufriedenstellend belegt ist, konzentrierte sich die Darstellung der Ergebnisse auf die

Insgesamt läßt sich die These halten, daß die Probanden der vorliegenden Studie der etwas gehobeneren Mittelklasse zwar eine optimistische Grundeinstellung zu finanziellen Unternehmungen aufweisen, aber ihr Verhalten weitgehend von Sparsamkeit und vorsichtigem Umgang mit Geld geprägt ist.

Im Rückblick auf den theoretischen Teil zum Umgang mit Geld aus psychologischer Sicht ergeben sich mit dieser Strukturanalyse erste Anhaltspunkte wie sich das Verhalten im Umgang mit Geld möglicherweise gliedern lassen könnte. Die Frage inwieweit diese Strukturen mit psychologischen Theorien im Einklang stehen wird später aufgegriffen. Im nächsten Schritt wird ein Resümée über den Zusammenhang zwischen den Geldfaktoren und den persönlich genutzten Geldanlagen gezogen.

4. Geldfaktoren und Formen der Geldanlage

Neben den Verhaltensweisen im Umgang mit Geld wurden die Probanden auch danach gefragt, in welchem Ausmaß sie verschiedene Geldanlagemöglichkeiten nutzen. Zusätzlich wurden sie gebeten, die verschiedenen Anlageformen nach den drei Kriterien Sicherheit, Verfügbarkeit und Rentabilität zu beurteilen. Das Ergebnis erzielte annähernd die gleichen Beurteilungen wie von Experten (Anlageberater) bei der Entwicklung des Fragebogens. Dies zeigt, daß die Probanden gute Kenntnisse über die verschiedenen Anlageformen besitzen. Die Probanden legen pro Jahr durchaus beachtliche Beträge an. Sie geben an, daß sie ihr Vermögen zum größten Teil erarbeitet haben. Der Anteil an Vermögen, der geerbt wurde, ist bei einigen Probanden nicht unerheblich. Dies entspricht einem tendenziellen Trend in der Bevölkerung, der in den nächsten Jahren noch stärker aufzufinden sein wird.

Es zeigte sich, daß der größte Anteil des Vermögens sicher angelegt wird, wie zum Beispiel als Sparformen oder Lebensversicherung. Hoch spekulative Geldanlagen, wie zum Beispiel Termingeschäfte oder Optionsscheine, werden nur von sehr wenigen getätigt. Probanden, die spekulative Geldanlagen nutzen, tun dies nur mit einem geringen Anteil am Gesamtvermögen. Diese

Ergebnisse mögen für den ein oder anderen sicherlich klar gewesen sein, da sie im wesentlichen auch denen anderer Marktanalysen (vgl. Soll und Haben 1989) entsprechen. Die Ergebnisse bestätigen, daß es sich bei der Stichprobe um "normale" Bankkunden gehandelt hat.

Es ist nicht Ziel dieser Studie, die individuellen Portfolios der Probanden zu ermitteln, sondern Zusammenhänge zu den Geldfaktoren zu analysieren. Hierbei kann festgestellt werden, daß die Geldfaktoren wie Sparsamkeit und Hart arbeiten nicht signifikant mit Sparformen, sondern vielmehr mit festverzinslichen Wertpapieren korrelieren. Der Grund dafür, daß viele Probanden trotz schlechter Zinsen dennoch einen hohen Anteil ihres Vermögens in Sparformen anlegen liegt möglicherweise in der guten Verfügbarkeit und hat wenig mit dem persönlichen Umgang mit Geld zu tun.

Die Geldfaktoren auf sekundärem Niveau ergeben nur noch sehr wenige signifikante Korrelationen mit den Anlageformen. Möglicherweise beinhalten die sekundären Geldfaktoren zu viele verschiedene Aspekte im Umgang mit Geld. Die Übersicht (Abb.8) zeigt eine vereinfachte Darstellung der Beziehungen.

Interessant wäre es in weiteren Folgeuntersuchungen zu erfahren, welche Ausprägung der Geldfaktoren Probanden zeigen, die einen hohen Anteil ihres Vermögens in spekulative Geldgeschäfte anlegen, im Gegensatz zu Probanden, die ihr Geld nur sicher anlegen. Dies gilt auch für den Gesamtbereich der Anlageformen, der in dieser Studie nur wenig zur Strukturanalyse des Verhaltens im Umgang mit Geld beigetragen hat.

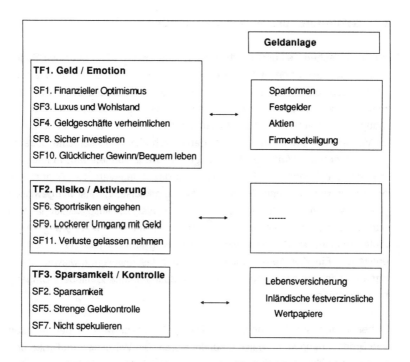

Abb.8: **Geldverhalten und die damit verbundenen Geldanlageformen**

Die Interpretation der Ergebnisse konzentrierte sich bisher auf die interne Konsistenz der Analysemethode. In den nun folgenden Punkten werden entsprechend den Hypothesen mit heuristischem Charakter (Teil I. Kapitel 3.) die Zusammenhänge zwischen dem individuellen Geldverhalten und dem Risikoverhalten (Teil I. Kapitel 2.2.) betrachtet. Desweiteren wird versucht aufzuzeigen, welche Geldfaktoren Kontrollfunktionen übernehmen (Teil I. Kapitel 2.3.) und welche in einem engen Zusammenhang mit der Erfolgsorientierung und Streßreaktionen stehen (Teil I. Kapitel 2.4.).

5. Geldfaktoren und Risikolust-Aktivitäten

Im theoretischen Teil dieser Arbeit wurde unter Kapitel 2.2. über den Begriff Risiko ausführlich berichtet. Es existieren nur wenige Modelle, die das Risikoverhalten als Persönlichkeits- oder Verhaltensdimension betrachten. Einen persönlichkeitsorientierten Ansatz bieten die Arbeiten von Brengelmann (siehe Teil I Kapitel 2.2.5.), in denen das Risikoverhalten von Personen im Vordergrund steht: Menschen begeben sich aktiv in risikoreiche Situationen, und nehmen Verluste, Verletzungen, Zielverfehlungen usw. in kauf. So läßt sich der Begriff des Risikos auch auf das Anlageverhalten übertragen, denn auch der Kauf und Verkauf von Bankmarktleistungen ist mit gewissen Risiken verbunden. Der Anleger kann nur Wahrscheinlichkeitsannahmen darüber anstellen, inwieweit die Anlagemöglichkeit zur Realisierung seiner Ziele geeignet ist. Bei einer Nicht-Realisierung können finanzielle Verluste entstehen. Ein Ziel dieser Studie war es nun festzustellen, inwieweit risikoarme und risikoreiche Aktivitäten in einem Zusammenhang mit dem Umgang mit Geld stehen.

Dabei versteht sich Risiko/Lust als Hilfsbegriff, dessen Natur in den Arbeiten von Brengelmann schrittweise erkundet wurde. Die Willigkeit zum Risiko und die Lust am Risiko werden mit zahlreichen Aktivitäten sowie den Dispositionen (siehe folgendes Kapitel 6.) variiert. Die folgende Abbildung zeigt eine Matrix der Beziehungen, wobei die Verhaltensweisen im Umgang mit Geld ihrer teritären Struktur entsprechend geordnet sind.

Die Ergebnisse zeigen, daß Verhaltensweisen im Umgang mit Geld wie Sparsamkeit, Strenge Geldkontrolle und Nicht spekulieren signifikant mit risikoarmen Aktivitäten korrelieren und tendenziell negativ mit risikoreichen Aktivitäten. Anders verhält es sich mit den Geldfaktoren Luxus und Wohlstand, Finanzieller Optimismus, Sicher investieren, die den riskoreicheren Aktivitäten positiv und den risikoarmen Aktivitäten ambivalent gegenüber stehen.

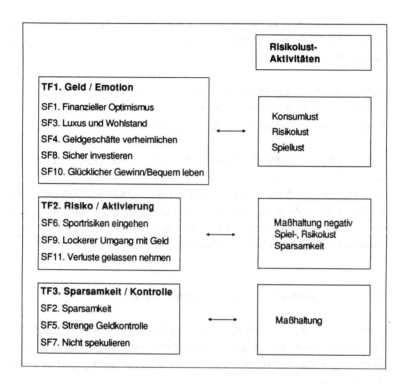

Abb.9:   Geldverhalten und die damit verbundenen Risikolust-Aktivitäten

Aufgrund der Tatsache, daß Sicher investieren positiv den Aktivitäten der Risikolust gegenüber steht, läßt sich die Vermutung aufstellen, daß speziell im
Geldbereich die Tendenz Risiken einzugehen sehr niedrig ist, aber dennoch
für erfolgreiches Investieren wichtig ist. Führt man diesen Gedankengang
weiter, dann stellt sich die Frage, wie die Individuen Geldrisiken steuern und
einschätzen. Interessant wäre es in weiteren Untersuchungen zu erfahren,
durch welche Art der Kontrolle sich Individuen hinsichtlich der Neigung gegenüber Risiken auszeichnen. Auch dazu werden Extremgruppenanalysen
notwendig sein, will man den Umgang mit Geld valide und reliabel erfassen.
Dabei spielt sicherlich das Konzept der Selbstkontrolle, über das in Kapitel

2.3. Teil I. berichtet wurde, eine Rolle. Der Zusammenhang zwischen den Geldfaktoren und dem Konzept der Selbstkontrolle wird bei den Dispositionen der Risikolust diskutiert.

Ein ebenso interessantes Ergebnis ist, daß sich die Faktoren Kultur und Geschicklichkeitsspiele aus dem Fragebogen zu den Risikolust-Aktivitäten vom Geldverhalten weitgehend als unabhängig erweisen.

Die Ergebnisse unterstützen die von BRENGELMANN (1988b) postulierte Grundaufteilung in risikoreiche und risikoarme Aktivitäten. Der Umgang mit Geld läßt sich ebenfalls dieser Klassifizierung zuordnen, wodurch der Gültigkeitskreis dieser Aufteilung erweitert bzw. stärker spezifiziert wird. Dieser Erkenntnisgewinn ist wichtig, weil sich die Konturen der Risikolust-Aktivitäten nach und nach festigen und ausdifferenzieren.

6. Geldfaktoren und Risikolust-Dispositionen

Diese Diskussion greift den Punkt über die Ausprägungen der Geldfaktoren (Mittelwertanalyse) auf, indem jetzt die Zusammenhänge zwischen diesen Geldfaktoren und den Risikolust-Dispositionen zusammenfassend analysiert werden.

Der korrelative Vergleich zwischen den Faktoren des Geldverhaltens aus dieser Studie mit den früher erhaltenen Risikolust-Dispositionen von BRENGELMANN (1989a, 1989b) läßt sich entsprechend der folgenden vier übergeordneten Dispositionen durchführen:

- Vorsicht/Kontrolle
- Positive emotionelle Reaktionen
- Risikobereitschaft
- Negative emotionelle Reaktionen

Vorsicht/Kontrolle: Diese Disposition wird als generalisiertes Persönlichkeitsmerkmal verstanden, das auch bei Personen, die gerne hohe Risiken eingehen, in hohem Maße vorgefunden wird. Dies entspricht dem Konzept der Selbstkontrolle, das sich bei Verhaltensweisen im Umgang mit Geld in einigen Bereichen wiederfindet. So hat der Geldfaktor Sparsamkeit wie die Disposition Vorsicht/Kontrolle den höchsten Mittelwert und steht erwartungsgemäß in engem Zusammenhang. Der Geldfaktor Nicht spekulieren kann ebenfalls als Kontrollfaktor verstanden werden, da es sich dabei um ein konkretes Verhalten handelt, daß keine emotionalen Komponenten beinhaltet und unabhängig von Spekulationslust ist. Es wäre zu erwarten, daß der Faktor Strenge Geldkontrolle ebenfalls mit Vorsicht/Kontrolle einhergeht. Es scheint sich jedoch dabei nicht um positive Selbstkontrolle zu handeln, sondern er hat deutliche negative Tendenzen zu inkompetentem Verhalten, wie es in Absatz 7 deutlich wird.

Positive emotionale Reaktionen: Diese Disposition aus der Risikoforschung beinhaltet zahlreiche positive Emotionen, wie z.b. Hochstimmung, Hoffnung auf Erfolg nach Verlusten. Der Geldfaktor Finanzieller Optimismus beinhaltet ebenfalls nur positive Emotionen, wie z.b. Glaube an Glück im Risiko, Vertrauen auf Gewinn. Man könnte ihn als treibende Kraft verstehen, analog zur Leistungsmotivation als Erfolgsmotiv, in dem sich subjektive Erwartungsparameter, Anreizwerte der Situation sowie das individuelle Anspruchsniveau verbinden. Ähnliches gilt für den Geldfaktor Wohlstand anstreben, der ebenfalls eine deutliche Zielkomponente des Verhaltens beinhaltet.

Risikobereitschaft: In vielen Geldfaktoren, z.b. Verluste gelassen nehmen, Finanzieller Optimismus und Sicher Investieren, kommt diese Disposition der Risikobereitschaft zum Ausdruck. Verhalten im Umgang mit Geld beinhaltet offensichtlich gleichzeitig ein gewisses Maß an Risikobereitschaft. Dieses Persönlichkeitsmerkmal ist möglicherweise notwendig, um neuartige Situationen als Anreiz und Herausforderung zu bewerten. Es spiegelt sich darin die Lustkomponente wieder, wobei es nicht darum geht, besonders hohe Risiken einzugehen. Nach BRENGELMANN (1991 im Druck) geht es vielmehr darum, risikoreiche Entscheidungen korrekt zu erkennen und zu bewältigen, bzw. nach Verlust kontrolliert zu bleiben und flexibel zu reagieren. Der erfolgreiche Umgang mit Geld hat dementsprechend sicherlich nichts damit zu tun, hohe bzw. keine Risiken einzugehen, sondern mit dem Erkennen und Reagieren auf Risiken, gekoppelt mit einer gewissen Anreizkomponente.

Negative emotionale Reaktionen: Hier gibt es einige interessante Zusammenhänge, speziell die folgenden zwei. Strenge Geldkontrolle auf der Seite der Geldfaktoren entspricht der Hilflosigkeit auf seiten der Dispositionen und wird damit als inkompetentes Verhalten klassifizierbar (siehe Teil I Kapitel 2.4. "persönliche Verhaltenseffektivität"). Somit beinhaltet dieser Faktor eher die Angst vor Kontrollverlust, bzw. den bereits wahrgenommenen Kontrollverlust. Damit erklärt sich auch die Tatsache, daß er keinen Zusammmenhang mit der Disposition Vorsicht/Kontrolle aufweist. Nicht jeder wird mit dieser Interpretation einverstanden sein und es empfiehlt sich die Motive oder Bedingungen für eine solche strenge Kontrolle konkreter zu untersuchen. Der zweite Aspekt besagt, daß Lockerer Umgang mit Geld bedeutsam mit den negativen Dispositionen Ärger und Hilflosigkeit einhergeht. Man könnte kausal im Sinne des Reaktanzphänomens interpretieren: Lockerer Umgang mit Geld kann Anzeichen von Ärger und Hilflosigkeit sein angesichts eingeschränkter Handlungsmöglichkeiten.

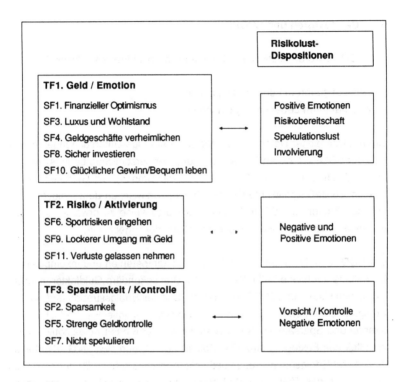

Abb.10:   Geldverhalten und die damit verbundenen Risikolust-Dispositionen

Diese Zusammenstellung zeigt, daß es einige grundlegende Beziehungen zwischen allgemeinen Dispositionen der Risiko/Lust und dem spezifischen Verhalten im Umgang mit Geld gibt. Eine Klassifizierung der bisher darge-legten Beziehungen in effektive und ineffektive Verhaltensweisen im Sinne einer Bewertung, könnten möglicherweise die Beziehungen zu den Verhal-tensfaktoren des SCOPE leisten.

7.   Geldfaktoren und SCOPE

Der SCOPE wurde letztlich auf Grundlage von zwei Fragen entwickelt.

- Was hat zu Ihrem Lebenserfolg beigetragen?
- Was hat Ihren Lebenserfolg behindert?

Die Analyse dieser Daten und der Vielzahl der Folge-Untersuchungen ergab, daß der SCOPE eine Art Selbstbeurteilung der persönlichen Lebensverwirklichung darstellt. In diesem Rahmen sollte der Umgang mit Geld keine Rolle spielen, so daß signifikante Querverbindungen zwischen dem Geldverhalten und den Skalen des SCOPE nicht notwendigerweise zu erwarten sind. Die folgende Grafik zeigt eine Zusammenstellung der Ergebnisse:

Der SCOPE weist je fünf Sekundärfaktoren kompetenten und inkompetenten Verhaltens auf (siehe Teil I. Kapitel 2.4.). Drei sekundäre Geldfaktoren korrelieren signifikant mit SCOPE-Kompetenz. Speziell Erfolgsstreben und Soziale Kompetenz sind eng verbunden mit Finanzieller Optimismus, Wohlstand anstreben und Sparsamkeit. Somit bestätigt sich, daß das Erfolgsmotiv ein Bestandteil des Faktors Finanzieller Optimismus ist, und sich im Geldverhalten in einer Art Erfolgsorientierung ausdrückt. Ähnliches scheint für den Faktor zu gelten, der das Ziel nach Wohlstand und Luxus beinhaltet. Der Begriff Sparsamkeit, der für manchen einen negativen Beigeschmack hat, stellt sich eher als wichtige Grundlage erfolgreichen Verhaltens im Umgang mit Geld dar.

Zwei Geldfaktoren korrelieren signifikant mit SCOPE-Inkompetenz, nämlich Strenge Geldkontrolle und Lockerer Umgang mit Geld. Diese Beziehungen ergänzen die bisherige Interpretation dieser Geldfaktoren in Abschnitt 6. Es verstärkt sich der Eindruck, daß bei diesen Verhaltensweisen im Umgang mit Geld, Streßreaktionen, Negative Lebensbewertung und Soziale Inkompetenz eine Rolle spielen. Diese Faktoren der persönlichen Inkompetenz sind stark geprägt von mangelnder Selbstkontrolle und -steuerung.

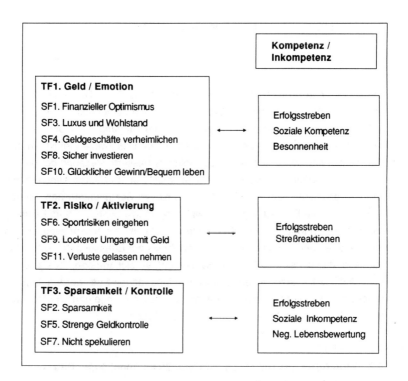

Abb.11:   Geldverhalten und die damit verbundene Verhaltenseffektivität

Insgesamt kann man sagen, daß die allgemeine Selbstverwirklichung (im Sinne von Brengelmann) und Umgang mit Geld trotz einiger passender Überlappungen als unterschiedliche Verhaltensbereiche anzusehen sind. Anders gesehen: Geld steht nicht im Zentrum dieser Art Selbstverwirklichung. Diese Ergebnisse stehen durchaus im Einklang mit dem Motiv der Selbstverwirklichung nach Maslow, das in diesem Modell erst nach Befriedigung der materiellen Bedürfnisse zum Tragen kommt.

8.   Forschungserkenntnisse und -vorschläge

8.1. Ziele

Die vorliegende Arbeit verfolgt im wesentlichen zwei Ziele. Das erste Ziel besteht darin, mit den gegenwärtigen zur Verfügung stehenden Informationen
auf experimenteller Basis Verhaltensweisen im Umgang mit Geld differenzierter und zuverlässiger als bisher zu erkennen. Das zweite Ziel ist ein me-
thodisches, nämlich Erkenntnisse über eine verbesserte Messung der bereits
in den Vorstudien entdeckten Verhaltenstrukturen bezüglich Umgang mit
Geld zu gewinnen. Ein Fernziel, das sich diesen Bemühungen anschließen
würde, wäre die Entdeckung von Anwendungsmöglichkeiten, die im Einklang
mit den gewonnenen Erkenntnissen stehen. Dies ist der Nutzenaspekt eines
strukturierten und operationalisierten Verfahrens zur Erfassung des Umgangs
mit Geld, das in der Industrie, bei Banken und Versicherungen, im Marketing
oder auch zur persönlichen Selbstbewertung angewandt werden könnte.
Dieses Fernziel kann in der vorliegenden Arbeit nur angeführt werden, weil
zunächst die beiden ersten Aufgaben gelöst werden müssen.

8.2. Strukturen des Umgangs mit Geld: Zusammenhänge, Differenzie-
rungen, Abgrenzungen

Unter "Struktur" werden sehr unterschiedliche Dinge verstanden. Im gegenwärtigen Zusammenhang ist damit eine deutlich gegliederte, relativ stabile
Konfiguration gemessener Verhaltensweisen im Umgang mit Geld gemeint.
Dieses Ziel wurde erreicht, indem 55 diesbezügliche primäre, 11 sekundäre
und 3 tertiäre Faktoren mit Hilfe der Hauptkomponentenanalyse mit anschließender Varimax-Rotation (vgl. Teil IV) gefunden wurden, und dies mit
akzeptabler Zuverlässigkeit.

Mit Hilfe der Mittelwertanalyse wurden erhebliche Unterschiede der Ausprägung dieser Strukturen ermittelt. Dies ist eine entscheidende Voraussetzung
für die Messung individueller Differenzen, besonders wenn es um die prak-

tische Verwendung der ermittelten Skalen geht, etwa bei einer möglichen Klassifizierung zwischen kompetentem und inkompetentem Verhaltensweisen im Umgang mit Geld.

Den Umgang mit Geld experimentell zu untersuchen, ist ein ziemlich neuartiges Unternehmen. Wenn man den üblichen Definitionen von Persönlichkeit folgt, dürfte kein Zweifel daran bestehen, daß der Umgang mit Geld eine Persönlichkeitsvariable ist. Es liegt nahe zu vermuten, dies sei eine Sache der Persönlichkeit, anstatt etwa der Intelligenz oder spezifischer Fertigkeiten. Wenn dem so ist, muß man die Frage beantworten, ob Umgang mit Geld sich in bekannte Strukturen der Persönlichkeit eingliedert, oder ob er einen separaten Bereich bildet. Die zwei am häufigsten beachteten Persönlichkeitsareale sind einmal der Umgang mit sich selbst (zum Beispiel Stabilität und Labilität) und einmal der Umgang mit anderen (zum Beispiel Extraversion und Introversion).

Ein dritter Bereich ist der der Risikolust (Risk-taking). Er ist weniger systematisch untersucht worden, so daß die Bedeutungsgrenzen der Risikolust und seiner Beziehungen zu anderen Persönlichkeitsbereichen nur unvollkommen bekannt sind (vgl. Teil I Kapitel 2.2.). In diesem Zusammenhang spielt das Sensation-Seeking von ZUCKERMAN (1978) eine besondere Rolle (vgl. Teil I Kapitel 2.4.). Hierunter wird eine Dimension verstanden, welche die individuell unterschiedliche Lust auf neue Erlebnisse und Abenteuer repräsentiert. BRENGELMANN (1991 im Druck) hat in anderen jüngeren Arbeiten die Struktur der Reizsuche oder Erlebnissuche untersucht und mit der Risikolust in Verbindung gebracht. Das kurzgefaßte Ergebnis ist, daß die genannten Konstrukte verwandt genug sind, um einem übergeordneten Bereich zugeordnet zu werden. Der wichtigste Unterschied scheint in der Intensität der Lust zu liegen. Differenzen der Erlebnisintensität sind einer besonderen Beachtung wert.

Die vorliegende Arbeit hat weiter bestätigt, daß Umgang mit Geld in den Bereich Risikolust paßt. Zur Abgrenzung solcher Bereiche gehört auch die Feststellung exklusiver Variablen. Dies geschah in der vorliegenden Arbeit anhand des SCOPE, der als Fragebogen zur Bestimmung der Selbstverwirklichung gilt. Einige wenige Teilergebnisse zeigen zwar, daß Kompetenz in einem Geldbereich auch Kompetenz in einem anderen Bereich bedeutet und daß dasselbe für Inkompetenz gilt. Im großen und ganzen hat aber Selbstverwirklichung im Leben wenig mit den untersuchten Geldaspekten zu tun. Der Kernaspekt der Selbstverwirklichung ist der Wunsch, frei und unbeschwert seine persönlichen und beruflichen Ziele realisieren zu können. Es gibt viele solcher Ziele. Geld und Gut werden dabei positiv bewertet, doch auch nachrangig.

8.3. Meßtechnische Verbesserungen

Es werden jährlich zahlreiche Fragebögen in Einzelarbeiten veröffentlicht, die niemals als Test veröffentlicht werden. Die Konstruktion eines technisch einwandfreien Tests mit differenzierter Aussagekraft ist ein aufwendiges Unterfangen. Dies allein erklärt schon, daß nicht noch mehr Tests produziert werden. Dies ist nicht der Ort, um die Testkonstruktion per se zu diskutieren, doch wurden mehrere Kritiken hinsichtlich der Unzulänglichkeiten des vorliegenden Fragebogens über den Umgang mit Geld geäußert. Es sind insbesondere drei Aspekte, die in der zukünftigen Testentwicklung berücksichtigt werden sollten.

Der **erste** Aspekt betrifft die Auflösung begrifflicher Komplexitäten wie im Falle des Faktors Luxus und Wohlstand, der heterogene Korrelate aufwies. Um zum Beispiel Luxus und Wohlstand richtig zu verstehen, müssen wir herausfinden, warum dieser Faktor einmal mit kompetentem und das andere mal mit inkompetentem Verhalten einhergeht. Diese Problem ließe sich lösen, indem man die Motive und persönlichen Bedeutungen von Luxus und Wohlstand analysiert oder die Mittel und Wege, die man zu deren Erreichung einzusetzen bereit ist. Analysen dieser Art sind zeitraubend und es bedarf mehrfacher oder gar vielfacher Neu-Editierung eines Fragebogens, bevor man einer klaren Aussage auch in unterschiedlichen Stichproben sicher sein kann.

Der **zweite** Aspekt betrifft die Antwortbedingungen des Aussageformats. Wir
haben diesen Punkt bereits ziemlich detailliert besprochen. Der Geldfragebo-
gen vertritt zwei Aspekte der Persönlichkeitstheorie. Auf der einen Seite mißt
er unterschiedliche Merkmale (Items/Primärfaktoren). Die Merkmalstheoreti-
ker (analog EYSENCK 1969) gehen davon aus, daß die Persönlichkeit eine Art
von Kompendium von Merkmalen sei, welche die besonderen Arten des Verhaltens, Denkens, Fühlens oder Reagierens charakterisieren. Auf der anderen Seite wurden fünf Bedingungen abgefragt. Sie variieren nach der gewohnten Art des Reagierens in Bezug auf unterschiedliche Situationen. Die
Situationstheoretiker (analog DOHRENWEND 1981) argumentieren, daß die Be-
ständigkeit des Verhaltens im wesentlichen durch die Eigenart der Situation
bestimmt wird und nicht durch den Persönlichkeitstyp oder die Merkmale der
Person. Es gibt auch Interaktionstheoretiker (analog LAZARUS 1981), die der
Meinung sind, daß Prädispositionen und situationale Einflüsse die Verhaltensweisen bestimmen. Diese Theorie ist flexibler und bietet mehr Möglichkeiten. Man weiß zum Beispiel, daß bestimmte Merkmale wie Extraversion
außerordentlich schwer zu ändern sind, während extraversive Fertigkeiten,
wie zum Beispiel als Verkäufer erfolgreich auftreten, durchaus trainierbar
sind (vgl. BRENGELMANN 1991c im Druck). Bezüglich der Weiterentwicklung
des Geldfragebogens bedeutet dies, daß man die Antwortbedingungen stärker differenzieren bzw. untersuchen sollte, um der Rolle unterschiedlicher
situativer Effekte, die das tägliche Verhalten und Erlebens mitbestimmen, ge-
recht zu werden. Damit ließen sich die oben diskutierten Effekte der Reakti-
onskomplexität besser messen und interpretieren.

Der **dritte** Aspekt betrifft die Itemselektion. Eine Überprüfung des Geldfragebogens zeigt, daß die Mehrzahl der Primärfaktoren positiver Art ist. In den
Korrelationsanalysen haben positive Koeffizienten stark überwogen. Hieraus
entsteht eine Konstruktion oder Verzerrung des Gesamtkonzeptes Umgang
mit Geld. Es wird empfohlen stärkere Kontraste durch Einführung zusätzli-
cher negativer Items herzustellen.

8.4. Entwicklung eines Gesamtkonzeptes "Umgang mit Geld"

BRENGELMANN (1991b im Druck) hat kürzlich den Versuch unternommen, auf empirischer Basis ein übergreifendes Konzept der Risikolust zu formulieren. Dieses Konzept gliedert sich wie folgt:

A **Aktivierung** von Aktivitäten; dies entspricht dem Grundgerüst des Verhaltens. Es betrifft alle aufgabenspezifischen Entscheidungsprozesse.

K **Kontrolle**, die der Steuerung von Aktivitäten dient. Dies betrifft die zur Realisierung der Entscheidungsprozesse benötigten Steuerungskontrollen.

E **Emotionen** betrifft die Variation des für jede Entscheidung benötigten Informationsvolumens, repräsentiert durch die das Risikoverhalten begleitenden positiven und negativen Erregungskapazitäten.

Hierbei kann positives wie negatives Verhalten aktiviert werden oder effektiv oder ineffektiv kontrolliert werden oder es können positive wie negative Emotionen entstehen, so daß alle drei Prozesse positiven und negativen Charakter haben können. Dies ist besonders für die Unterscheidung effektiver und ineffektiver Prozesse wichtig (vgl. BRENGELMANN 1991b).

Wenn auch nicht so deutlich, so ergab die Faktorenanalyse dritter Ordnung im Umgang mit Geld eine ähnliche Struktur die sich möglicherweise in diesem Sinne interpretieren ließe. Übertragen auf das Verhalten im Umgang mit Geld, zeigen die folgenden Grafiken eine Zusammenstellung der vielfältigen Beziehungen zu anderen Persönlichkeits- und Verhaltensbereichen. Demzufolge wäre eine Komponente der Aktivierung zum Beispiel der Faktor Lockerer Umgang mit Geld. Die Zusammenhänge stehen im Einklang mit der Theorie von Brengelmann, da im Hinblick auf die allgemeine Verhaltenskompetenz sowohl effektive als auch ineffektive Merkmale bei dieser Facette des Verhaltens im Umgang mit Geld identifiziert wurden. Vor allem der Faktor Verluste gelassen nehmen erweist sich als positives Merkmal, da er in Verbindung mit Erfolgsstreben und anhaltender Risikobereitschaft zu sehen ist. Eine Gesamtübersicht bietet die Abbildung 12 auf der folgenden Seite.

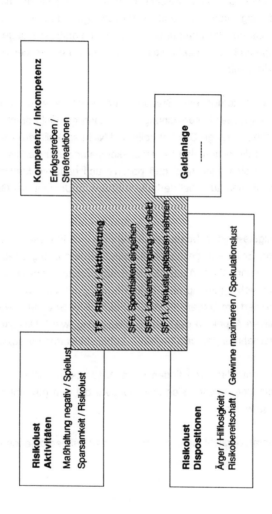

Abb.12:   Risiko / Aktivierung und die damit verbundenen Verhaltens- und
Persönlichkeitsmerkmale

Die Tatsache, daß sich zwischen dem Aktivierungsfaktor und den Formen der Geldanlage keine eindeutigen Beziehungen ergeben, weist darauf hin, daß Skepsis bei der Interpretation dieser Tertiärstruktur angebracht ist. Erwartungsgemäß sollten sehr viele verschiedene Formen der Geldanlage damit assoziiert sein.

Die Verhaltenskomponente Steuerung und Kontrolle wird entsprechend den Ergebnissen dieser Untersuchung im Umgang mit Geld durch drei Faktoren (Sparsamkeit, Strenge Geldkontrolle und Nicht spekulieren) repräsentiert. Im Hinblick auf die allgemeine Verhaltenskompetenz und die Risikolust Dispositionen zeigt sich auch hier, daß positive und negative Merkmale der Kontrollmechanismen auch bei Verhaltensweisen im Umgang mit Geld eine Rolle spielen.

Der wichtigste Faktor, Sparsamkeit, versteht sich in diesem Sinne als positiver Faktor. Er ist eng gekoppelt mit persönlichem Erfolgsstreben bei gleichzeitiger Besonnenheit. Auch das Merkmal, Vorsicht, der Risikolust-Dispositionen hat sich innerhalb der Risikoforschung als positive Eigenschaft herauskristallisiert. Im Gegensatz dazu ist der Faktor Strenge Geldkontrolle eher mit negativen Aspekten der Lebensbewältigung, wie Hilflosigkeit in risikoreichen Unternehmungen und Negativer Lebensbewertung assoziiert.

Alle drei Kontrollfaktoren finden ihren Ausdruck in risikoarmen Aktivitäten. Diese Tatsache spiegelt sich insbesondere bei den gewählten Formen der Geldanlage wider.

Eine Gesamtübersicht bietet die Abbildung 13 auf der folgenden Seite.

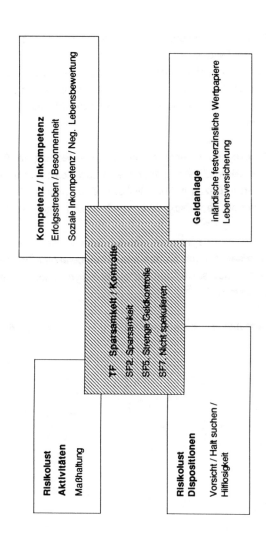

Abb.13: Sparsamkeit / Kontrolle und die damit verbundenen Verhaltens- und Persönlichkeitsmerkmale

Im Hinblick auf die emotionalen Komponenten im Umgang mit Geld zeigt sich eine generelle Tendenz zu positiven Faktoren aller untersuchter Persönlichkeits- und Verhaltensmerkmale. Dies betrifft alle Geldfaktoren, die sich zu diesem Tertiärfaktor Geld / Emotion zusammenfinden. Auch dieser Faktor bietet, analog zu dem Geld-Kontroll-Faktor bereits eine Basis für mögliche Interpretationen.

Die emotionale Komponente äußert sich in Anbetracht der Risikolust-Aktivitäten an den Aktivitätsbereichen, die eine Lust-Komponente beinhalten. Dies setzt sich fort in Bezug auf die Risikolust-Dispositionen, bei denen in erster Linie risikoorientierte Persönlichkeitsmerkmale im Vordergrund stehen.

Die Tatsache, daß es sich um eine emotionale Komponente handelt, zeigt sich unter anderem auch an den tatsächlich getätigten Formen der Geldanlage, die einen Querschnitt durch unterschiedlich risikobehaftete Anlagemöglichkeiten darstellen.

Eine Gesamtübersicht bietet die Abbildung 14 auf der folgenden Seite.

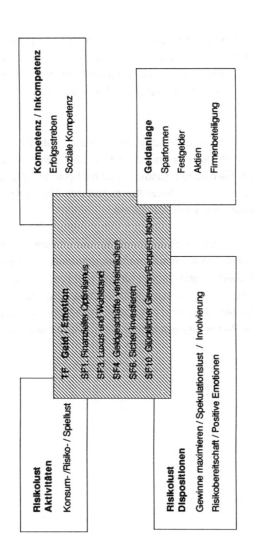

Abb. 14: Geld / Emotion und die damit verbundenen Verhaltens- und Persönlichkeitsmerkmale

Die Forschung im Geldbereich befindet sich im Anfangsstadium, so daß es weiteren Untersuchungen übertragen wird, diese drei Kategorien zu bestätigen. Dieses Schema dient als vorläufiges Modell zur weiterführenden Testkonstruktion und zur umfassenden Erklärung des Verhaltenssystems im Umgang mit Geld.

Ein wichtiger Punkt scheint sich jedoch abzuzeichnen: Die emotionale Komponente des Verhaltens im Umgang mit Geld hat nichts mit allgemeinen risikoarmen Aktivitäten zu tun, sondern steht mit Spiel- und Risikolust in Verbindung. Hingegen erweist sich der Kontrollfaktor im Umgang mit Geld als konkreter Ausdruck risikoarmen Verhaltens.

Selbstkontrolle ist sicherlich notwendig für den effektiven Umgang mit Geld. Aber auch die Kombination aus positiven Emotionen und den damit verbundenen Geldrisiken ist grundlegend für den effektiven Umgang mit Geld. Individuell unterschiedlich ausgeprägt ist die Mischung dieser beiden Verhaltenskomponenten. Dies ist die Aufgabe weiterführender Studien, in denen verschiedene Personengruppen unter diesem Aspekt untersucht werden.

Anhang

Anhang

	PFT1	PFT2	PFT3	PFT4	PFT5	PFT6
PFT1	1.0000**	-.1814*	.0693	.2940**	.3619**	-.0712
PFT2	-.1814*	1.0000**	.4411**	-.0879	-.1008	.3086**
PFT3	.0693	.4411**	1.0000**	-.0267	.1032	.2144*
PFT4	.2940**	-.0879	-.0267	1.0000**	.0606	.0039
PFT5	.3619**	-.1008	.1032	.0606	1.0000**	-.1956*
PFT6	-.0712	.3086**	.2144*	.0039	-.1956*	1.0000**
PFT7	.2466**	.1068	.2283**	.0150	.3401**	.0338
PFT8	.2496**	-.2059*	-.0295	.2638**	.1081	-.0955
PFT9	.3390**	.0109	.2889**	-.0292	.2168*	.0390
PFT10	.1317	-.0291	-.0049	.0507	.1051	-.0076
PFT11	-.2287**	.1587	.0964	-.1043	-.1436	.1216
PFT12	.2305**	-.0119	-.0216	.1946*	.1727	-.1421
PFT13	.3064**	.0849	.1500	.1320	.2293**	.0807
PFR14	-.0234	.7358**	.6472**	-.0052	.0013	.3107**
PFR15	.6897**	-.1125	.1087	.1936*	.1329	.0723
PFR16	.3230**	.0280	.3659**	.0356	.1643	.0345
PFR17	.2385**	-.0069	.0696	.1297	.0434	.0449
PFR18	.1596	-.0267	-.0318	.6368**	.0417	.0272
PFR19	-.1062	.3900**	.2810**	.0711	-.1402	.7739**
PFR20	.4346**	-.1627	.0096	.0671	.7566**	-.1629
PFR21	.5093**	-.1356	.0001	.1759	.2643**	-.1281
PFR22	.1143	-.0123	-.0969	.0560	.0700	-.1200
PFR23	.2891**	.1320	.4165**	-.0109	.4131**	.0045
PFR24	-.0799	.1277	.1335	-.0978	-.0880	.1875*
PFR25	.3092**	.1078	.1482	.0591	.1549	.0693
PFH26	.1789	.2064*	.7118**	-.0038	.1059	.1418
PFH27	.2271*	-.0880	-.0547	.6559**	.0244	-.0748
PFH28	.1738	-.0784	.0135	.1376	.0711	-.0366
PFH29	-.1013	.7600**	.4456**	-.1173	-.1507	.3240**
PFH30	.4801**	-.1883*	.0524	.1610	.3070**	-.1333
PFH31	.5968**	-.0656	.1504	.2363**	.0889	.0865
PFH32	-.0978	.2625**	.2245*	.0469	-.1042	.6952**
PFH33	.3033**	-.0268	.1899*	-.0199	.6667**	-.1683
PFH34	.1993*	-.0440	.0354	.1368	.0904	.0235
PFH35	-.0060	.0222	-.0250	.0058	-.0418	-.0593
PFH36	-.0899	.0904	.1370	-.1392	-.0622	.2057*
PFH37	.1566	-.0939	-.1260	.0628	.0573	-.1089
PFL38	.4248**	.0390	.3810**	.0999	.1708	.1208
PFL39	-.1001	.6320**	.5374**	-.0268	-.1073	.2741**
PFL40	.4353**	-.0372	.1052	.2411**	.0890	.0609
PFL41	.3440**	-.0661	.0286	.1131	.2185*	-.0826
PFL42	-.1282	.2646**	.2224*	.0195	-.1236	.6166**
PFL43	.2791**	-.0945	-.0179	.8185**	.0636	-.0060
PFL44	.3580**	-.0492	.1565	-.0169	.5875**	-.1753
PFL45	.1118	-.0425	-.0851	.1491	.0252	-.0669
PFL46	-.0094	.1284	.1819*	-.0588	-.1328	.2610**
PFQ47	.1888*	-.0416	.0029	.2446**	-.0597	.1497
PFQ48	.1182	.2006*	.6994**	-.0274	.0876	.1510
PFQ49	-.1412	.7000*	.4168**	-.1282	-.1746	.4358**
PFQ50	.1815*	-.0408	-.0103	.0129	.0317	-.1139
PFQ51	.2732**	-.0213	.1318	.0311	.5427**	-.0458
PFQ52	.2065*	-.1225	-.0372	.0867	.0122	.0227
PFQ53	.4697**	-.0905	.0084	.2289**	.1822*	.0449
PFQ54	-.1806*	.3813**	.3084**	-.0506	-.1712	.6004**
PFQ55	-.1561	.1752	.2237*	-.2210*	-.0622	.1233

Signifikanzniveau: * 0.01 ** 0,001

Tab. A1: Interkorrelation der 55 primären Geldfaktoren

	PFT7	PFT8	PFT9	PFT10	PFT11	PFT12
PFT1	.2466**	.2496**	.3390**	.1317	-.2287**	.2305**
PFT2	.1068	-.2059*	.0109	-.0291	.1587	-.0119
PFT3	.2283**	-.0295	.2889**	-.0049	.0964	-.0216
PFT4	.0150	.2638**	-.0292	.0507	-.1043	.1946*
PFT5	.3401**	.1081	.2168*	.1051	-.1436	.1727
PFT6	.0338	-.0955	.0390	-.0076	.1216	-.1421
PFT7	1.0000**	.1132	.2059*	.0945	-.1335	.1524
PFT8	.1132	1.0000**	.0268	-.0315	-.1690	.0251
PFT9	.2059*	.0268	1.0000**	-.0964	.0191	.0411
PFT10	.0945	-.0315	-.0964	1.0000**	-.0367	.1121
PFT11	-.1335	-.1690	.0191	-.0367	1.0000**	-.1014
PFT12	.1524	.0251	.0411	.1121	-.1014	1.0000**
PFT13	.1368	.1071	.1269	.0623	-.1895*	.1441
PFR14	.2695**	-.1856*	.1678	-.0116	.0822	.0488
PFR15	.1022	.2619**	.2051*	.0390	-.1616	.1716
PFR16	.2631**	.1045	.6199**	-.0761	-.0508	.0575
PFR17	.0954	.2274**	.1280	.0208	-.1103	.0035
PFR18	-.0393	.1580	-.0538	.0472	-.0611	.1058
PFR19	.0744	-.0364	.0580	-.0272	.1992*	-.1223F
PFR20	.2296**	.0380	.1349	.1161	-.1711	.2492**
PFR21	.2135*	.0637	.2197*	.1897*	-.1293	.2259*
PFR22	.0935	.0207	-.0157	.0903	-.1049	.6990**
PFR23	.6442**	.1211	.2437**	-.0045	-.1321	.0950
PFR24	.0056	-.0983	.1196	.0379	.6275**	.0211
PFR25	.1078	.0529	.0894	.0419	-.1835*	.1358
PFH26	.2426**	.0283	.5490**	-.1026	.0904	.0007
PFH27	-.0469	.2481**	-.0232	.0337	-.1276	.1198
PFH28	.0890	.1600	.0590	-.0030	-.1274	.0649
PFH29	.1388	-.2148*	.1017	-.0226	.0498	.0435
PFH30	.0656	.0890	.2024*	.0573	-.0601	.2581**
PFH31	.1609	.2854**	.2791**	-.0353	-.2313**	.1618
PFH32	.0438	-.0861	.0312	-.0588	.1341	-.1316
PFH33	.4443**	.0258	.2158*	.0324	-.1271	.1828*
PFH34	.1217	.5008**	.0481	.0240	-.0917	.0005
PFH35	.0712	.0188	-.0501	.5279**	-.0961	.1237
PFH36	.0191	-.0428	.0138	.0022	.4726**	.0220
PFH37	.0384	.0441	.0431	.0777	-.0294	.6887**
PFL38	.2727**	.0865	.4278**	.0328	-.0328	.1672
PFL39	.2105*	-.2234*	.1261	.0298	.0611	-.0506
PFL40	.1270	.2540**	.1023	.1020	-.1951*	.0427
PFL41	.1960*	.0031	.1438	.5328**	-.1587	.2463**
PFL42	.1133	-.0643	.0672	.0415	.1506	-.1209
PFL43	-.0399	.2333**	-.0706	.0851	-.1379	.1363
PFL44	.5067**	.0545	.2360**	.1219	-.1109	.1723
PFL45	.0961	.0171	-.0084	.0308	-.1012	.5587**
PFL46	.0736	-.0425	.1476	-.0203	.4060**	.1312
PFQ47	-.0014	.2050*	.0554	.0657	-.1309	.0390
PFQ48	.2454**	.0251	.4613**	-.0485	.0353	0011
PFQ49	.0864	-.2437**	.1031	-.0278	.0755	-.0097
PFQ50	.0329	.0213	.0572	.1778	-.0633	.5402**
PFQ51	.4250**	.0324	.2479**	.0114	-.1062	.1425
PFQ52	.0745	.0840	.2005*	.2674**	-.0585	.0911
PFQ53	.1248	.1841*	.1387	.0385	-.1414	.1811*
PFQ54	.0767	-.1342	.0012	.0225	.0859	-.0736
PFQ55	.0051	-.1710	.0625	-.0201	.4216**	.0767

Signifikanzniveau: * 0.01   ** 0,001

Tab. A1:   **Fortsetzung**

	PFT13	PFR14	PFR15	PFR16	PFR17	PFR18
PFT1	.3064**	-.0234	.6897**	.3230**	.2385**	.1596
PFT2	.0849	.7358**	-.1125	.0280	-.0069	-.0267
PFT3	.1500	.6472**	.1087	.3659**	.0696	-.0318
PFT4	.1320	-.0052	.1936*	.0356	.1297	.6368**
PFT5	.2293**	.0013	.1329	.1643	.0434	.0417
PFT6	.0807	.3107**	.0723	.0345	.0449	.0272
PFT7	.1368	.2695**	.1022	.2631**	.0954	-.0393
PFT8	.1071	-.1856*	.2619**	.1045	.2274**	.1580
PFT9	.1269	.1678	.2051*	.6199**	.1280	-.0538
PFT10	.0623	-.0116	.0390	-.0761	.0208	.0472
PFT11	-.1895*	.0822	-.1616	-.0508	-.1103	-.0611
PFT12	.1441	.0488	.1716	.0575	.0035	.1058
PFT13	1.0000**	.1393	.2759**	.1764	.1186	.0429
PFR14	.1393	1.0000**	.0225	.2987**	.0796	.0245
PFR15	.2759**	.0225	1.0000**	.4123**	.2976**	.2003*
PFR16	.1764	.2987**	.4123**	1.0000**	.2433**	-.0471
PFR17	.1186	.0796	.2976**	.2433**	1.0000**	.3804**
PFR18	.0429	.0245	.2003*	-.0471	.3804**	1.0000**
PFR19	.0831	.4222**	.0871	.1154	.0793	.0611
PFR20	.1856*	-.0311	.2596**	.1210	.1142	.1024
PFR21	.2386**	.0494	.2926**	.2612**	.2143*	.1693
PFR22	.1290	.0100	.0010**	.1007	-.0002	.0020
PFR23	.1778	.3226**	.2793**	.4225**	.1046	-.0415
PFR24	-.0650	.1972*	-.0337	.0316	-.0177	-.0366
PFR25	.7848**	.2198*	.3779**	.2312**	.1666	.0367
PFH26	.1406	.5467**	.2818**	.6825**	.1647	.0040
PFH27	.0874	-.0735	.2799**	.0561	.1538	.5630**
PFH28	.1049	-.0345	.2445**	.1998*	.2563**	.0678
PFH29	.2168*	.7637**	-.0130	.1680	.0225	-.1042
PFH30	.2887**	-.0454	.5107**	.3317**	.1020	.0903
PFH31	.2866**	.0530	.7487**	.4475**	.2417**	.1439
PFH32	.1147	.3171**	.0788	.0984	.0192	.0193
PFH33	.1477	.1327	.1479	.2896**	.0637	-.0634
PFH34	.1261	-.0470	.2746**	.1476	.2523**	.0373
PFH35	-.0672	.0415	-.0472	.0337	-.0078	-.0676
PFH36	-.0013	.1113	-.0129	-.0462	-.1584	-.0872
PFH37	.1345	-.0522	.2830**	.1016	.0835	.0736
PFL38	.2219*	.3243**	.5848**	.6252**	.2334**	.1088
PFL39	.0732	.7915**	-.1006	.2285*	.0829	.0141
PFL40	.1636	.0414	.4951**	.2484**	.6091**	.3496**
PFL41	.1531	.1069	.1783	.1871*	.0468	.0297
PFL42	.0604	.3505**	.1059	.1749	.0644	.0323
PFL43	.1068	-.0138	.2630**	.0407	.1781	.7196**
PFL44	.1380	.1313	.1825*	.3157**	.1204	.0036
PFL45	.1202	.0523	.2057*	.1764	.0587	.1008
PFL46	.0333	.2204*	.1170	.1193	-.0610	-.0378
PFQ47	.1765	-.0446	.3574**	.2216*	.2705**	.1660
PFQ48	.1434	.5041**	.2543**	.6278**	.1568	-.0152
PFQ49	.1987*	.6962**	-.0445	.1380	-.0269	-.0778
PFQ50	.1345	.0711	.2779**	.1373	.1104	.0243
PFQ51	.2165*	.0761	.2456**	.3324**	.1056	-.0166
PFQ52	.2234*	.0135	.2266*	.2670**	.1056	-.0391
PFQ53	.2321**	.0325	.6013**	.3780**	.2259*	.1402
PFQ54	.1270	.4001**	.0448	.0690	.0761	.0204
PFQ55	-.0500	.2093*	-.0915	.0512	-.0817	-.0964

Signifikanzniveau: * 0.01 ** 0,001

Tab. A1:   Fortsetzung

	PFR19	PFR20	PFR21	PFR22	PFR23	PFR24
PFT1	-.1062	.4346**	.5093**	.1143	.2891**	-.0799
PFT2	.3900**	-.1627	-.1356	-.0123	.1320	.1277
PFT3	.2810**	.0096	.0001	-.0969	.4165**	.1335
PFT4	.0711	.0671	.1759	.0560	-.0109	-.0978
PFT5	-.1402	.7566**	.2643**	.0700	.4131**	-.0880
PFT6	.7739**	-.1629	-.1281	-.1200	.0045	.1875*
PFT7	.0744	.2296**	.2135*	.0935	.6442**	.0056
PFT8	-.0364	.0380	.0637	.0207	.1211	-.0983
PFT9	.0580	.1349	.2197*	-.0157	.2437**	.1196
PFT10	-.0272	.1161	.1897*	.0903	-.0045	.0379
PFT11	.1992*	-.1711	-.1293	-.1049	-.1321	.6275**
PFT12	-.1223	.2492**	.2259*	.6990**	.0950	.0211
PFT13	.0831	.1856*	.2386**	.1289	.1778	-.0650
PFR14	.4222**	-.0311	.0494	.0189	.3226**	.1972*
PFR15	.0871	.2596**	.2926**	.2919**	.2793**	-.0337
PFR16	.1154	.1210	.2612**	.1587	.4225**	.0316
PFR17	.0793	.1142	.2143*	-.0062	.1046	-.0177
PFR18	.0611	.1024	.1693	.0328	-.0415	-.0366
PFR19	1.0000**	-.1605	-.0746	-.0538	.1165	.2278*
PFR20	-.1605	1.0000**	.4518**	.1121	.3059**	-.1148
PFR21	-.0746	.4518**	1.0000**	.1715	.3052**	-.0385
PFR22	-.0538	.1121	.1715	1.0000**	.1815*	.0311
PFR23	.1165	.3059**	.3052**	.1815*	1.0000**	-.0122
PFR24	.2278*	-.1148	-.0385	.0311	-.0122	1.0000**
PFR25	.1260	.1963*	.3528**	.2274*	.2559**	-.0470
PFH26	.2356**	.0924	.1567	.0355	.4945**	.1392
PFH27	.0685	.0731	.1252	.1880*	.0172	-.0903
PFH28	.0901	.1457	.1674	.1600	.1631	-.0838
PFH29	.4166**	-.1394	-.0570	.0792	.1707	.1417
PFH30	-.1032	.3111**	.2174*	.2828**	.1689	.0808
PFH31	.0753	.1732	.2693**	.2152*	.2658**	-.0949
PFH32	.7584**	-.1336	-.1033	.0137	.1169	.1572
PFH33	-.0955	.6503**	.2709**	.1053	.5465**	-.0752
PFH34	.1035	.0753	.0402	.1218	.1252	.0213
PFH35	.0049	.0263	.2776**	.1628	.0066	-.0967
PFH36	.2059*	-.1131	-.0832	-.0295	-.0064	.6420**
PFH37	-.0482	.1246	.1309	.7502**	.1150	.0818
PFL38	.1636	.2200*	.2666**	.2448**	.4987**	.0895
PFL39	.4291**	-.1260	.0388	-.0008	.2361**	.1438
PFL40	.0544	.2281**	.3118**	.0364	.1407	-.0560
PFL41	-.0396	.3086**	.6512**	.1968*	.2453**	-.0343
PFL42	.7805**	-.0958	-.0184	.0521	.1932*	.2226*
PFL43	.0547	.1301	.1650	.0921	-.0270	-.0770
PFL44	-.0963	.6408**	.4195**	.0842	.5623**	-.0145
PFL45	-.0358	.0628	.1163	.7142**	.1206	.0076
PFL46	.2809**	-.0735	-.0003	.1983*	.0843	.6794**
PFQ47	.1579	-.0691	.0087	.2185*	.0678	.0003
PFQ48	.1808	.0417	.0671	.0427	.4629**	.1048
PFQ49	.4188**	-.2270*	-.1181	.0119	.1210	.1714
PFQ50	-.0599	.0780	.1672	.6601**	.1503	.0602
PFQ51	-.0015	.4991**	.2159*	.1957*	.5070**	.0224
PFQ52	.0764	.0027	.3446**	.2263*	.0640	.1393
PFQ53	.1018	.2407**	.1669	.2583**	.3038**	-.0827
PFQ54	.6159**	-.1495	-.1065	.0158	.1202	.1415
PFQ55	.1399	-.0869	-.1141	.0591	-.0090	.5081**

Signifikanzniveau: * 0.01 ** 0,001

Tab. A1:   **Fortsetzung**

	PFR25	PFL38	PFL39	PFL40	PFL41	PFL42
PFT1	.3092**	.4248**	-.1001	.4353**	.3440**	-.1282
PFT2	.1078	.0390	.6320**	-.0372	-.0661	.2646**
PFT3	.1482	.3810**	.5374**	.1052	.0286	.2224*
PFT4	.0591	.0999	-.0268	.2411**	.1131	.0195
PFT5	.1549	.1708	-.1073	.0890	.2185*	-.1236
PFT6	.0693	.1208	.2741**	.0609	-.0826	.6166**
PFT7	.1078	.2727**	.2105*	.1270	.1960*	.1133
PFT8	.0529	.0865	-.2234*	.2540**	.0031	-.0643
PFT9	.0894	.4278**	.1261	.1023	.1438	.0672
PFT10	.0419	.0328	.0298	.1020	.5328**	.0415
PFT11	-.1835*	-.0328	.0611	-.1951*	-.1587	.1506
PFT12	.1358	.1672	-.0506	.0427	.2463**	-.1209
PFT13	.7848**	.2219*	.0732	.1636	.1531	.0604
PFR14	.2198*	.3243**	.7915**	.0414	.1069	.3505**
PFR15	.3779**	.5848**	-.1006	.4951**	.1783	.1059
PFR16	.2312**	.6252**	.2285*	.2484**	.1871*	.1749
PFR17	.1666	.2334**	.0829	.6091**	.0468	.0644
PFR18	.0367	.1088	.0141	.3496**	.0297	.0323
PFR19	.1260	.1636	.4291**	.0544	-.0396	.7805**
PFR20	.1963*	.2200*	-.1260	.2281**	.3086**	-.0958
PFR21	.3528**	.2666**	.0388	.3118**	.6512**	-.0184
PFR22	.2274*	.2448**	-.0008	.0364	.1968*	.0521
PFR23	.2559**	.4987**	.2361**	.1407	.2453**	.1932*
PFR24	-.0470	.0895	.1438	-.0560	-.0343	.2226*
PFR25	1.0000**	.3044**	.1374	.2493**	.2321**	.1162
PFH26	.2023*	.6874**	.4478**	.1712	.0996	.3082**
PFH27	.0774	.2168*	.0269	.2931**	.1030	.1038
PFH28	.1220	.2958**	.0966	.3347**	.1120	.1602
PFH29	.2786**	.2074*	.6727**	-.0083	-.0156	.3713**
PFH30	.2965**	.5152**	-.1041	.1513	.2048*	-.0103
PFH31	.3202**	.6083**	-.0017	.5101**	.1583	.1439
PFH32	.1363	.1807*	.3410**	.0393	-.0949	.7651**
PFH33	.1640	.3462**	.0964	.1847*	.2639**	-.0061
PFH34	.1202	.2161*	.0213	.3673**	.0998	.1678
PFH35	.0080	.0963	.1589	.0854	.5238**	.1112
PFH36	-.0508	-.0295	.0526	-.1172	-.0476	.1489
PFH37	.2075*	.2656**	-.0750	.1099	.1769	.0298
PFL38	.3044**	1.0000**	.2761**	.3317**	.2462**	.3446**
PFL39	.1374	.2761**	1.0000**	.0400	.0982	.4941**
PFL40	.2493**	.3317**	.0400	1.0000**	.2310**	.0974
PFL41	.2321**	.2462**	.0982	.2310**	1.0000**	.0231
PFL42	.1162	.3446**	.4941**	.0974	.0231	1.0000**
PFL43	.0995	.1752	.0226	.4187**	.1626	.0615
PFL44	.2097*	.3246**	.0977	.2840**	.4483**	-.0054
PFL45	.1999*	.3671**	.0925	.1198	.1704	.1061
PFL46	.0816	.3439**	.2471**	-.0286	-.0310	.3604**
PFQ47	.1642	.2833**	.0614	.3204**	.0220	.2170*
PFQ48	.1887*	.5965**	.4166**	.1752	.0455	.2569**
PFQ49	.2577**	.1410	.5767**	-.0449	-.0718	.3650**
PFQ50	.2256*	.2304**	-.0159	.0822	.1891*	-.0104
PFQ51	.2753**	.4019**	.0328	.2599**	.1796	.0909
PFQ52	.2038*	.2439**	.0710	.1467	.3621**	.1555
PFQ53	.2883**	.5272**	-.0338	.3397**	.1528	.2419**
PFQ54	.1542	.1184	.4003**	.1028	-.0551	.5750**
PFQ55	-.0181	.0191	.1876*	-.0715	-.0494	.0879

Signifikanzniveau: * 0.01 ** 0,001

Tab. A1: Fortsetzung

	PFL43	PFL44	PFL45	PFL46	PFH26	PFH27
PFT1	.2791**	.3580**	.1118	-.0094	.1789	.2271*
PFT2	-.0945	-.0492	-.0425	.1284	.2064*	-.0880
PFT3	-.0179	.1565	-.0851	.1819*	.7118**	-.0547
PFT4	.8185**	-.0169	.1491	-.0588	-.0038	.6559**
PFT5	.0636	.5875**	.0252	-.1328	.1059	.0244
PFT6	-.0060	-.1753	-.0669	.2610**	.1418	-.0748
PFT7	-.0399	.5067**	.0961	.0736	.2426**	-.0469
PFT8	.2333**	.0545	.0171	-.0425	.0283	.2481**
PFT9	-.0706	.2360**	-.0084	.1476	.5490**	-.0232
PFT10	.0851	.1219	.0308	-.0203	-.1026	.0337
PFT11	-.1379	-.1109	-.1012	.4060**	.0904	-.1276
PFT12	.1363	.1723	.5587**	.1312	.0007	.1198
PFT13	.1068	.1380	.1202	.0333	.1406	.0874
PFR14	-.0138	.1313	.0523	.2204*	.5467**	-.0735
PFR15	.2630**	.1825*	.2057*	.1170	.2818**	.2799**
PFR16	.0407	.3157**	.1764	.1193	.6825**	.0561
PFR17	.1781	.1204	.0587	-.0610	.1647	.1538
PFR18	.7196**	.0036	.1008	-.0378	.0040	.5630**
PFR19	.0547	-.0963	-.0358	.2809**	.2356**	.0685
PFR20	.1301	.6408**	.0628	-.0735	.0924	.0731
PFR21	.1650	.4195**	.1163	-.0003	.1567	.1252
PFR22	.0921	.0842	.7142**	.1983*	.0355	.1880*
PFR23	-.0270	.5623**	.1206	.0843	.4945**	.0172
PFR24	-.0770	-.0145	.0076	.6794**	.1392	-.0903
PFR25	.0995	.2097*	.1999*	.0816	.2023*	.0774
PFH26	.0240	.2900**	.1188	.2803**	1.0000**	.0500
PFH27	.6811**	.0038	.1766	.0149	.0500	1.0000**
PFH28	.1469	.1838*	.1819*	.0903	.1887*	.5448**
PFH29	-.1197	-.0050	.0548	.2050*	.3482**	-.0624
PFH30	.1576	.2303**	.2895**	.1352	.2337**	.2591**
PFH31	.2785**	.1789	.3101**	.1400	.3713**	.3712**
PFH32	.0230	-.0643	.0057	.1939*	.2410**	.1000
PFH33	.0104	.7298**	.1708	-.0018	.3074**	.0963
PFH34	.1930*	.1302	.1721	.1222	.1172	.4534**
PFH35	.0205	.1514	.2171*	-.0854	.0128	.1122
PFH36	-.1100	-.0437	-.1067	.5316**	.1005	-.0892
PFH37	.0784	.1027	.6711**	.1332	.0667	.2206*
PFL38	.1752	.3246**	.3671**	.3439**	.6874**	.2168*
PFL39	.0226	.0977	.0925	.2471**	.4478**	.0269
PFL40	.4187**	.2840**	.1198	-.0286	.1712	.2931**
PFL41	.1626	.4483**	.1704	-.0310	.0996	.1030
PFL42	.0615	-.0054	.1061	.3604**	.3082**	.1038
PFL43	1.0000**	.0579	.1932*	-.0149	.0240	.6811**
PFL44	.0579	1.0000**	.0878	-.0099	.2900**	.0038
PFL45	.1932*	.0878	1.0000**	.2358**	.1188	.1766
PFL46	-.0149	-.0099	.2358**	1.0000**	.2803**	.0149
PFQ47	.2919**	-.0814	.2208*	.1487	.1535	.4307**
PFQ48	.0153	.2106*	.1307	.2335**	.8389**	-.0247
PFQ49	-.1005	-.0855	.0025	.2283*	.2866**	-.1062
PFQ50	.0464	.0746	.5457**	.0996	.1465	.0985
PFQ51	.0790	.5270**	.2413**	.0716	.3172**	.1108
PFQ52	.0817	.0416	.1975*	.1219	.1612	.1952*
PFQ53	.2509**	.2193*	.2228*	.0293	.3051**	.2751**
PFQ54	.0082	-.0191	-.0155	.2184*	.2039*	-.0181
PFQ55	-.1382	.0149	.0086	.5080**	.1997*	-.1289

Signifikanzniveau: * 0.01 ** 0,001

Tab. A1:   Fortsetzung

	PFH28	PFH29	PFH30	PFH31	PFH32	PFH33
PFT1	.1738	-.1013	.4801**	.5968**	-.0978	.3033**
PFT2	-.0784	.7600**	-.1883*	-.0656	.2625**	-.0268
PFT3	.0135	.4456**	.0524	.1504	.2245*	.1899*
PFT4	.1376	-.1173	.1610	.2363**	.0469	-.0199
PFT5	.0711	-.1507	.3070**	.0889	-.1042	.6667**
PFT6	-.0366	.3240**	-.1333	.0865	.6952**	-.1683
PFT7	.0890	.1388	.0656	.1609	.0438	.4443**
PFT8	.1600	-.2148*	.0890	.2854**	-.0861	.0258
PFT9	.0590	.1017	.2024*	.2791**	.0312	.2158*
PFT10	-.0030	-.0226	.0573	-.0353	-.0588	.0324
PFT11	-.1274	.0498	-.0601	-.2313**	.1341	-.1271
PFT12	.0649	.0435	.2581**	.1618	-.1316	.1828*
PFT13	.1049	.2168*	.2887**	.2866**	.1147	.1477
PFR14	-.0345	.7637**	-.0454	.0530	.3171**	.1327
PFR15	.2445**	-.0130	.5107**	.7487**	.0788	.1479
PFR16	.1998*	.1680	.3317**	.4475**	.0984	.2896**
PFR17	.2563**	.0225	.1020	.2417**	.0192	.0637
PFR18	.0678	-.1042	.0903	.1439	.0193	-.0634
PFR19	.0901	.4166**	-.1032	.0753	.7584**	-.0955
PFR20	.1457	-.1394	.3111**	.1732	-.1336	.6503**
PFR21	.1674	-.0570	.2174*	.2693**	-.1033	.2709**
PFR22	.1600	.0792	.2828**	.2152*	.0137	.1053
PFR23	.1631	.1707	.1689	.2658**	.1169	.5465**
PFR24	-.0838	.1417	.0808	-.0949	.1572	-.0752
PFR25	.1220	.2786**	.2965**	.3202**	.1363	.1640
PFH26	.1887*	.3482**	.2337**	.3713**	.2410**	.3074**
PFH27	.5448**	-.0624	.2591**	.3712**	.1000	.0963
PFH28	1.0000**	-.0474	.1958*	.4387**	.1436	.2299**
PFH29	-.0474	1.0000**	-.0827	.0441	.3370**	.0348
PFH30	.1958*	-.0827	1.0000**	.4568**	-.0449	.2924**
PFH31	.4387**	.0441	.4568**	1.0000**	.1453	.2389**
PFH32	.1436	.3370**	-.0449	.1453	1.0000**	-.0451
PFH33	.2299**	.0348	.2924**	.2389**	-.0451	1.0000**
PFH34	.5536**	.0229	.1538	.4270**	.1327	.2286*
PFH35	.1713	.1269	.0703	.0976	.0296	.1360
PFH36	-.0560	.0759	.0735	-.0387	.1766	-.0318
PFH37	.2272*	.0144	.3629**	.2985**	.0592	.1646
PFL38	.2958**	.2074*	.5152**	.6083**	.1807*	.3462**
PFL39	.0966	.6727**	-.1041	-.0017	.3410**	.0964
PFL40	.3347**	-.0083	.1513	.5101**	.0393	.1847*
PFL41	.1120	-.0156	.2048*	.1583	-.0949	.2639**
PFL42	.1602	.3713**	-.0103	.1439	.7651**	-.0061
PFL43	.1469	-.1197	.1576	.2785**	.0230	.0104
PFL44	.1838*	-.0050	.2303**	.1789	-.0643	.7298**
PFL45	.1819*	.0548	.2895**	.3101**	.0057	.1708
PFL46	.0903	.2050*	.1352	.1400	.1939*	-.0018
PFQ47	.3831**	.0252	.2157*	.3875**	.1658	.0093
PFQ48	.0737	.3120**	.2151*	.3150**	.2014*	.2637**
PFQ49	-.1286	.8072**	-.1523	.0425	.4037**	-.0804
PFQ50	.0968	.0916	.2959**	.2486**	.0000	.1106
PFQ51	.2013*	.0198	.3615**	.3123**	.0821	.6987**
PFQ52	.1720	.0284	.2263*	.2997**	.0743	.0662
PFQ53	.3149**	-.0271	.5517**	.5463**	.2753**	.2221*
PFQ54	.0208	.4607**	-.1242	.0764	.6706**	-.0568
PFQ55	-.0939	.1887*	.0442	-.1038	.1212	.0312

Signifikanzniveau: * 0.01 ** 0.001

Tab. A1: Fortsetzung

	PFH34	PFH35	PFH36	PFH37	PFQ47	PFQ48
PFT1	.1993*	-.0060	-.0899	.1566	.1888*	.1182
PFT2	-.0440	.0222	.0904	-.0939	-.0416	.2006*
PFT3	.0354	-.0250	.1370	-.1260	.0029	.6994**
PFT4	.1368	.0058	-.1392	.0628	.2446**	-.0274
PFT5	.0904	-.0418	-.0622	.0573	-.0597	.0876
PFT6	.0235	-.0593	.2057*	-.1089	.1497	.1510
PFT7	.1217	.0712	.0191	.0384	-.0014	.2454**
PFT8	.5008**	.0188	-.0428	.0441	.2050*	.0251
PFT9	.0481	-.0501	.0138	.0431	.0554	.4613**
PFT10	.0240	.5279**	.0022	.0777	.0657	-.0485
PFT11	-.0917	-.0961	.4726**	-.0294	-.1309	.0353
PFT12	.0005	.1237	.0220	.6887**	.0390	-.0011
PFT13	.1261	-.0672	-.0013	.1345	.1765	.1434
PFR14	-.0470	.0415	.1113	-.0522	-.0446	.5041**
PFR15	.2746**	-.0472	-.0129	.2830**	.3574**	.2543**
PFR16	.1476	.0337	-.0462	.1016	.2216*	.6278**
PFR17	.2523**	-.0078	-.1584	.0835	.2705**	.1568
PFR18	.0373	-.0676	-.0872	.0736	.1660	-.0152
PFR19	.1035	.0049	.2059*	-.0482	.1579	.1808
PFR20	.0753	.0263	-.1131	.1246	-.0691	.0417
PFR21	.0402	.2776**	-.0832	.1309	.0087	.0671
PFR22	.1218	.1628	-.0295	.7502**	.2185*	.0427
PFR23	.1252	.0066	-.0064	.1150	.0678	.4629**
PFR24	.0213	-.0967	.6420**	.0818	.0003	.1048
PFR25	.1202	.0080	-.0508	.2075*	.1642	.1887*
PFH26	.1172	.0128	.1005	.0667	.1535	.8389**
PFH27	.4534**	.1122	-.0892	.2206*	.4307**	-.0247
PFH28	.5536**	.1713	-.0560	.2272*	.3831**	.0737
PFH29	.0229	.1269	.0759	.0144	.0252	.3120**
PFH30	.1538	.0703	.0735	.3629**	.2157*	.2151*
PFH31	.4270**	.0976	-.0387	.2985**	.3875**	.3150**
PFH32	.1327	.0296	.1766	.0592	.1658	.2014*
PFH33	.2286*	.1360	-.0318	.1646	.0093	.2637**
PFH34	1.0000**	.1343	.0066	.1602	.4051**	.0454
PFH35	.1343	1.0000**	-.0814	.1834*	.0837	.0272
PFH36	.0066	-.0814	1.0000**	.0086	.0240	.0867
PFH37	.1602	.1834*	.0086	1.0000**	.2086*	.0414
PFL38	.2161*	.0963	-.0295	.2656**	.2833**	.5965**
PFL39	.0213	.1589	.0526	-.0750	.0614	.4166**
PFL40	.3673**	.0854	-.1172	.1099	.3204**	.1752
PFL41	.0998	.5238**	-.0476	.1769	.0220	.0455
PFL42	.1678	.1112	.1489	.0298	.2170*	.2569**
PFL43	.1930*	.0205	-.1100	.0784	.2919**	.0153
PFL44	.1302	.1514	-.0437	.1027	-.0814	.2106*
PFL45	.1721	.2171*	-.1067	.6711**	.2208*	.1307
PFL46	.1222	-.0854	.5316**	.1332	.1487	.2335**
PFQ47	.4051**	.0837	.0240	.2086*	1.0000**	.2198*
PFQ48	.0454	.0272	.0867	.0414	.2198*	1.0000**
PFQ49	-.0369	.0557	.1613	-.0468	.1319	.3828**
PFQ50	.0634	.1265	.0025	.6404**	.2766**	.1717
PFQ51	.1691	.0972	-.0174	.2375**	.3451**	.3797**
PFQ52	.1851*	.3971**	.0741	.2226*	.5434**	.1979*
PFQ53	.2677**	-.0032	-.0974	.3047**	.4131**	.3407**
PFQ54	.0610	.0696	.1521	-.0074	.2021*	.2989**
PFQ55	-.0773	-.0403	.6463**	.0941	.0935	.2385**

Signifikanzniveau: * 0.01 ** 0,001

Tab. A1:   **Fortsetzung**

	PFQ49	PFQ50	PFQ51	PFQ52	PFQ53	PFQ54	PFQ55
PFT1	-.1412	.1815*	.2732**	.2065*	.4697**	-.1806*	.1561
PFT2	.7000**	-.0408	-.0213	-.1225	-.0905	.3813**	.1752
PFT3	.4168**	-.0103	.1318	-.0372	.0844	.3084**	.2237*
PFT4	-.1282	.0129	.0311	.0867	.2289**	-.0506	-.2210*
PFT5	-.1746	.0317	.5427**	.0122	.1822*	-.1712	-.0622
PFT6	.4358**	-.1139	-.0458	.0227	.0449	.6004**	.1233
PFT7	.0864	.0329	.4250**	.0745	.1248	.0767	.0051
PFT8	-.2437**	.0213	.0324	.0840	.1841*	-.1342	-.1710
PFT9	.1031	.0572	.2479**	.2005*	.1387	.0012	.0625
PFT10	-.0278	.1778	.0114	.2674**	.0385	.0225	-.0201
PFT11	.0755	-.0633	-.1062	-.0585	-.1414	.0859	.4216**
PFT12	-.0097	.5402**	.1425	.0911	.1811*	-.0736	.0767
PFT13	.1987*	.1345	.2165*	.2234*	.2321**	.1270	-.0500
PFR14	.6962**	.0711	.0761	.0135	.0325	.4001**	.2093*
PFR15	-.0445	.2779**	.2456**	.2266*	.6013**	.0448	-.0915
PFR16	.1380	.1373	.3324**	.2670**	.3780**	.0690	.0512
PFR17	-.0269	.1104	.1056	.1056	.2259*	.0761	-.0817
PFR18	-.0778	.0243	-.0166	-.0391	.1402	.0204	-.0964
PFR19	.4188**	-.0599	-.0015	.0764	.1018	.6159**	.1399
PFR20	-.2270*	.0780	.4991**	.0027	.2407**	-.1495	-.0869
PFR21	-.1181	.1672	.2159*	.3446**	.1669	-.1065	-.1141
PFR22	.0119	.6601**	.1957*	.2263*	.2583**	.0158	.0591
PFR23	.1210	.1503	.5070**	.0640	.3038**	.1202	-.0090
PFR24	.1714	.0602	.0224	.1393	-.0827	.1415	.5081**
PFR25	.2577**	.2256*	.2753**	.2038*	.2883**	.1542	-.0181
PFH26	.2866**	.1465	.3172**	.1612	.3051**	.2039*	.1997*
PFH27	-.1062	.0985	.1108	.1952*	.2751**	-.0181	-.1289
PFH28	-.1286	.0968	.2013*	.1720	.3149**	.0208	-.0939
PFH29	.8072**	.0916	.0198	.0284	-.0271	.4607**	.1887*
PFH30	-.1523	.2959**	.3615**	.2263*	.5517**	-.1242	.0442
PFH31	.0425	.2486**	.3123**	.2997**	.5463**	.0764	-.1038
PFH32	.4037**	.0000	.0821	.0743	.2753**	.6706**	.1212
PFH33	-.0804	.1106	.6987**	.0662	.2221*	-.0568	.0312
PFH34	-.0369	.0634	.1691	.1851*	.2677**	.0610	-.0773
PFH35	.0557	.1265	.0972	.3971**	-.0032	.0696	-.0403
PFH36	.1613	.0025	-.0174	.0741	-.0974	.1521	.6463**
PFH37	-.0468	.6404**	.2375**	.2226*	.3047**	-.0074	.0941
PFL38	.1410	.2304**	.4019**	.2439**	.5272**	.1184	.0191
PFL39	.5767**	-.0159	.0328	.0710	-.0338	.4003**	.1876*
PFL40	-.0449	.0822	.2599**	.1467	.3397**	.1028	-.0715
PFL41	-.0718	.1891*	.1796	.3621**	.1528	-.0551	-.0494
PFL42	.3650**	-.0104	.0909	.1555	.2419**	.5750**	.0879
PFL43	-.1005	.0464	.0790	.0817	.2509**	.0082	-.1382
PFL44	-.0855	.0746	.5270**	.0416	.2193*	-.0191	.0149
PFL45	.0025	.5457**	.2413**	.1975*	.2228*	-.0155	.0086
PFL46	.2283*	.0996	.0716	.1219	.0293	.2184*	.5080**
PFQ47	.1319	.2766**	.3451**	.5434**	.4131**	.2021*	.0935
PFQ48	.3828**	.1717	.3797**	.1979*	.3407**	.2989**	.2385**
PFQ49	1.0000**	.0688	.0643	.1175	-.0187	.6005**	.2698**
PFQ50	.0688	1.0000**	.2557**	.3081**	.3636**	.0808	.1319
PFQ51	.0643	.2557**	1.0000**	.3389**	.4183**	.1506	.1188
PFQ52	.1175	.3081**	.3389**	1.0000**	.2251*	.1166	.0835
PFQ53	-.0187	.3636**	.4183**	.2251*	1.0000**	.1815*	-.0769
PFQ54	.6005**	.0808	.1506	.1166	.1815*	1.0000**	.2470**
PFQ55	.2698**	.1319	.1188	.0835	-.0769	.2470**	1.0000**

Signifikanzniveau: * 0.01 ** 0,001

Tab. A1: Fortsetzung

	T	R	L	H	Q
1. Qualitätsbewußt kaufen	3.41	3.13	3.04	3.27	3.10
2. Vorliebe für Luxusartikel haben	1.88	1.87	2.09	2.06	2.18
3. Spaß am Sparen haben	2.58	2.52	2.36	2.59	2.63
4. Diszipliniert Geld ausgeben	3.16	3.11	2.81	3.15	3.05
5. Geld von Freunden borgen	1.05	1.13	1.10	1.10	1.55
6. Freizügig Geschenke machen	1.95	1.93	1.94	2.09	2.18
7. Alle jetzigen Probleme mit Geld lösen können	1.88	1.95	2.00	1.79	1.99
8. Wohlstand zum obersten Ziel haben	2.36	2.44	2.37	2.43	2.47
9. Große Geldverluste gelassen hinnehmen	1.45	1.69	1.57	1.47	1.68
10. Große Geldverluste verharmlosen	1.28	1.52	1.40	1.30	1.54
11. Sport als Nervenkitzel betreiben / schätzen	1.48	1.39	1.39	1.43	1.64
12. Sportarten waghalsig betreiben / schätzen	1.21	1.27	1.24	1.28	1.51
13. Sinn für leicht verdientes Geld haben	2.06	2.05	1.93	2.04	2.19
14. Sinn für besonderen Luxus haben	1.82	1.87	2.02	2.05	2.22
15. Einen hohen Lebensstandard besitzen	2.35	2.49	2.67	2.43	2.56
16. Große Geldbeträge auf Kredit nehmen	1.55	1.64	1.42	1.64	1.92
17. Sich eiserne Sparreserven anlegen	3.00	2.87	2.69	2.73	2.72
18. Sich ein Vermögen hart erarbeiten	3.20	3.09	2.82	3.09	3.00
19. Sich im Betrieb hocharbeiten	3.10	3.04	2.79	2.99	2.91
20. Vom guten Gehalt bequem leben	2.51	2.58	2.62	2.38	2.44
21. Gut erben und angenehm davon leben	1.53	1.49	1.78	1.40	1.59
22. Geld in sicheren Aktien anlegen	2.07	1.99	2.01	1.84	1.94
23. Sich an gutgehenden Firmen beteiligen	1.89	1.81	1.84	1.57	1.75
24. Geld risikoreich anlegen	1.31	1.37	1.30	1.36	1.62
25. Vermögen durch Spekulation vergrößern	1.53	1.58	1.57	1.53	1.77
26. Einfach verdienen und ohne Hast leben	1.98	2.12	2.22	1.92	2.09
27. Spaß am größeren Geldgewinn haben	2.86	2.57	2.50	2.25	2.43
28. Spaß am Wetten/Glücksspiel haben	1.54	1.53	1.49	1.56	1.73
29. Gern hohe Risiken im Sport eingehen	1.19	1.24	1.19	1.23	1.45
30. Viel Geld oder Gut verloren haben	1.13	1.34	1.16	1.17	1.44

Tab. A2:   **Mittelwerte der Items Umgang mit Geld**

	T	R	L	H	Q
31. Beim Einkaufen um den Preis feilschen	2.12	1.91	1.80	2.20	2.27
32. Ein Haushaltsbuch führen	1.47	1.39	1.38	1.51	1.59
33. Vorsichtige Geldhaushaltung	2.65	2.56	2.42	2.78	2.76
34. Vor dem Einkaufen, das Geld begrenzen	1.89	1.95	1.81	1.98	2.16
35. Jede Mark dreimal umdrehen	1.48	1.58	1.49	1.56	1.82
36. Geld vollständig ausgeben	1.28	1.57	1.50	1.33	1.79
37. Dinge selbst reparieren	2.61	2.51	2.34	2.63	2.60
38. Geld als Einflußinstrument	1.85	1.90	1.86	1.79	1.84
39. Geschäftstüchtig sein	3.06	3.15	3.03	3.07	2.99
40. Sparen zur Sicherheit	2.88	2.94	2.80	2.93	2.81
41. Wohltätige Zwecke unterstützen	2.31	2.25	2.02	2.26	2.18
42. Diskreter Umgang mit Geld	3.00	2.94	2.66	3.05	2.97
43. Nicht alles bei der Steuer angeben	2.06	2.03	1.85	2.03	2.12
44. Verheimlichung von Geldgeschäften	1.96	1.81	1.72	2.00	2.13
45. Offen über Geld sprechen	2.39	2.17	1.97	2.33	2.41
46. Konjunktureller Optimismus	2.89	2.81	2.64	2.76	2.71
47. Glaube an finanziellen Erfolg	3.01	3.01	2.89	2.97	2.94
48. Hoffen auf Gewinn	2.76	2.74	2.51	2.64	2.59
49. Glaube an Glück im Risiko	1.85	1.80	1.74	1.84	1.92
50. Wagnisse eingehen	1.82	1.83	1.74	1.87	1.97
51. Lust auf ausergewöhnliches	2.13	2.06	2.08	2.10	2.19
52. Anregungen durch neues	2.59	2.58	2.50	2.50	2.56
53. Cool beim riskanten spekulieren	1.60	1.64	1.58	1.59	1.72
54. Mein Einkommen spiegelt sich in der Arbeit wieder	3.00	3.00	2.85	2.95	2.94
55. Finanziellen Rat suchen	2.15	2.18	1.95	2.10	2.24
56. Fremde Gelder verwalten	2.06	1.93	1.80	2.10	2.38
57. Die Karriere beherrscht mein Leben	2.17	2.33	2.18	2.34	2.45
58. Kontrolliert Risiken eingehen	2.54	2.43	2.28	2.28	2.56
59. Spekulative Geldgeschäfte vermeiden	2.85	2.70	2.48	2.89	3.02
60. Nicht um Geld wetten	3.02	2.57	2.31	2.88	3.19

Tab. A2:   Fortsetzung

	T	R	L	H	Q
1. Qualitätsbewußt kaufen	0.57	0.74	0.76	0.69	0.64
2. Vorliebe für Luxusartikel haben	0.80	0.78	0.87	0.76	0.86
3. Spaß am Sparen haben	0.89	0.88	0.93	0.85	0.88
4. Diszipliniert Geld ausgeben	0.72	0.75	0.91	0.71	0.75
5. Geld von Freunden borgen	0.23	0.52	0.47	0.44	1.11
6. Freizügig Geschenke machen	0.75	0.77	0.81	0.67	0.80
7. Alle jetzigen Probleme mit Geld lösen können	0.96	0.93	0.99	0.83	0.95
8. Wohlstand zum obersten Ziel haben	0.92	0.91	0.91	0.92	0.85
9. Große Geldverluste gelassen hinnehmen	0.69	0.92	0.82	0.66	0.86
10. Große Geldverluste verharmlosen	0.54	0.84	0.72	0.58	0.85
11. Sport als Nervenkitzel betreiben / schätzen	0.74	0.68	0.67	0.73	0.91
12. Sportarten waghalsig betreiben / schätzen	0.54	0.62	0.52	0.62	0.87
13. Sinn für leicht verdientes Geld haben	0.83	0.90	0.94	0.82	0.87
14. Sinn für besonderen Luxus haben	0.83	0.81	0.91	0.80	0.88
15. Einen hohen Lebensstandard besitzen	0.83	0.86	0.85	0.84	0.74
16. Große Geldbeträge auf Kredit nehmen	0.82	0.89	0.70	0.77	1.02
17. Sich eiserne Sparreserven anlegen	0.92	0.92	1.01	0.88	0.88
18. Sich ein Vermögen hart erarbeiten	0.78	0.83	0.97	0.85	0.78
19. Sich im Betrieb hocharbeiten	0.92	0.95	1.00	0.95	0.84
20. Vom guten Gehalt bequem leben	0.93	0.90	0.97	0.91	0.86
21. Gut erben und angenehm davon leben	0.83	0.77	0.98	0.67	0.86
22. Geld in sicheren Aktien anlegen	0.92	0.88	0.88	0.81	0.87
23. Sich an gutgehenden Firmen beteiligen	1.01	0.94	0.93	0.85	1.00
24. Geld risikoreich anlegen	0.56	0.69	0.56	0.61	0.90
25. Vermögen durch Spekulation vergrößern	0.71	0.80	0.74	0.70	0.92
26. Einfach verdienen und ohne Hast leben	0.93	0.95	1.03	0.82	0.95
27. Spaß am größeren Geldgewinn haben	0.96	1.00	1.00	0.92	0.94
28. Spaß am Wetten/Glücksspiel haben	0.76	0.76	0.77	0.71	0.90
29. Gern hohe Risiken im Sport eingehen	0.51	0.61	0.51	0.51	0.83
30. Viel Geld oder Gut verloren haben	0.42	0.77	0.54	0.45	0.88

Tab. A3:   Standardabweichung der Items Umgang mit Geld

	T	R	L	H	Q
31. Beim Einkaufen um den Preis feilschen	0.91	0.85	0.88	0.85	1.02
32. Ein Haushaltsbuch führen	0.88	0.71	0.74	0.92	1.00
33. Vorsichtige Geldhaushaltung	0.82	0.84	0.93	0.83	0.79
34. Vor dem Einkaufen, das Geld begrenzen	0.85	0.84	0.90	0.90	0.92
35. Jede Mark dreimal umdrehen	0.72	0.80	0.76	0.75	0.93
36. Geld vollständig ausgeben	0.59	0.85	0.78	0.61	1.05
37. Dinge selbst reparieren	0.87	0.89	0.92	0.83	0.91
38. Geld als Einflußinstrument	0.93	0.84	0.90	0.79	0.84
39. Geschäftstüchtig sein	0.72	0.76	0.81	0.72	0.71
40. Sparen zur Sicherheit	0.84	0.82	0.85	0.79	0.79
41. Wohltätige Zwecke unterstützen	0.72	0.71	0.81	0.66	0.77
42. Diskreter Umgang mit Geld	0.73	0.79	0.91	0.74	0.77
43. Nicht alles bei der Steuer angeben	0.86	0.87	0.85	0.82	0.92
44. Verheimlichung von Geldgeschäften	0.89	0.83	0.83	0.81	0.95
45. Offen über Geld sprechen	0.91	0.84	0.87	0.81	0.84
46. Konjunktureller Optimismus	0.79	0.79	0.89	0.77	0.76
47. Glaube an finanziellen Erfolg	0.67	0.72	0.81	0.70	0.71
48. Hoffen auf Gewinn	0.88	0.86	0.94	0.84	0.84
49. Glaube an Glück im Risiko	0.82	0.80	0.86	0.83	0.85
50. Wagnisse eingehen	0.77	0.78	0.82	0.74	0.83
51. Lust auf ausergewöhnliches	0.85	0.87	0.93	0.79	0.85
52. Anregungen durch neues	0.75	0.79	0.88	0.79	0.80
53. Cool beim riskanten spekulieren	0.76	0.78	0.79	0.74	0.88
54. Mein Einkommen spiegelt sich in der Arbeit wieder	0.89	0.80	0.88	0.76	0.76
55. Finanziellen Rat suchen	0.82	0.84	0.80	0.70	0.81
56. Fremde Gelder verwalten	1.08	1.08	1.02	1.10	1.12
57. Die Karriere beherrscht mein Leben	0.90	0.95	0.97	0.93	0.92
58. Kontrolliert Risiken eingehen	0.82	0.86	0.90	0.76	0.87
59. Spekulative Geldgeschäfte vermeiden	1.03	1.04	1.11	1.10	1.04
60. Nicht um Geld wetten	1.16	1.27	1.27	1.26	1.11

Tab. A3:   **Fortsetzung**

	PFT1	PFT2	PFT3	PFT4	PFT5	PFT6
ANLAGE1	-.0889	.0135	-.1127	.0892	-.1710	-.0173
ANLAGE2	-.1390	-.0476	-.0833	-.0093	-.0564	-.0277
ANLAGE3	.2124*	-.2507**	-.1299	.0134	.1628	-.1939*
ANLAGE4	-.0806	.0663	.1113	-.0836	.1423	.0634
ANLAGE5	.0848	.0239	.0340	.0770	.0858	-.0187
ANLAGE6	-.1093	.2484**	.1244	.0394	-.0769	.1678
ANLAGE7	.0453	.1652	.0931	.0031	-.0087	-.0173
ANLAGE8	.0245	.0246	-.1069	.0976	-.0432	.0192
ANLAGE9	.1542	.0813	.0369	.0691	-.1119	.2321**
ANLAGE10	-.0030	.0838	-.0622	.1311	-.0612	.1273
ANLAGE11	.1137	.0029	-.0804	.1260	.0573	-.0972
ANLAGE12	.0301	.0730	.0969	.0107	.0318	-.0129
ANLAGE13	-.0294	-.1091	.0437	-.1222	-.0281	.0202
ANLAGE14	.0169	.0844	.0841	-.0734	.1550	-.0955
ANLAGE15	-.0798	.0119	.0500	-.0786	.0008	-.0179
ANLAGE16	.0102	.0260	.0371	-.0503	.0359	-.0658

Signifikanzniveau: * 0.01 ** 0,001

	PFT7	PFT8	PFT9	PFT10	PFT11	PFT12	PFT13
ANLAGE1	-.1441	.0033	-.1270	.1428	-.0113	-.0532	-.1321
ANLAGE2	-.1702	-.1371	-.0773	.0697	.0888	-.0017	-.1278
ANLAGE3	-.0287	-.0219	.1821	.0802	-.0067	.0187	-.0583
ANLAGE4	.1525	.0376	.0579	-.0365	-.0346	-.0058	.0159
ANLAGE5	.0670	.1503	.0410	.0123	.0127	.0217	.0404
ANLAGE6	.0725	-.0298	-.0640	.0564	.0933	.0214	.0172
ANLAGE7	.0029	.1974*	-.0316	-.0656	-.0045	.0212	.0658
ANLAGE8	.0026	-.0288	-.0920	.0289	-.0416	.1625	.0420
ANLAGE9	-.0088	.1121	.0439	.0622	-.1627	.0512	.3147**
ANLAGE10	-.0252	.0693	-.0764	.0218	.0213	.0632	.0910
ANLAGE11	.0458	-.0126	-.0386	-.0272	.0025	.0983	.0240
ANLAGE12	.0489	.0689	.0263	-.0394	-.0744	-.0240	-.0356
ANLAGE13	-.0006	.0414	.1208	-.2357**	.0985	-.0187	.0561
ANLAGE14	.1005	.0464	.0959	-.0134	-.1631	.0288	-.0512
ANLAGE15	.0345	-.0276	-.0936	-.0656	-.0192	-.1232	-.0387
ANLAGE16	-.1243	.0156	.1150	-.0281	-.0233	.0440	.0260

Signifikanzniveau: * 0.01 ** 0,001

Tab. A4:   Korrelation der primären Geldfaktoren mit den genutzten
Anlageformen

	PFR14	PFR15	PFR16	PFR17	PFR18	PFR19
ANLAGE1	-.0448	-.0664	-.1366	-.0817	.0933	.0096
ANLAGE2	-.0273	-.0914	-.0572	.0200	.1230	.0176
ANLAGE3	-.2033*	.0130	.1546	.0885	.0342	-.2146*
ANLAGE4	.1359	-.0692	.0489	-.0425	-.1113	.0345
ANLAGE5	-.0685	.0084	.0584	.0132	.0222	.0094
ANLAGE6	.2514**	-.0698	.0127	-.0304	-.0276	.2522**
ANLAGE7	.0965	.0581	.0433	-.0155	-.0208	-.0096
ANLAGE8	-.0164	.0197	-.1326	-.0389	.0231	-.0174
ANLAGE9	.0163	.1557	.0429	.0141	.0289	.0760
ANLAGE10	.0841	.1450	.1038	-.0174	.0027	.1834
ANLAGE11	.0096	.1806	.0514	-.0481	.0294	-.0895
ANLAGE12	.0543	.0703	.0713	.0489	-.0390	-.0113
ANLAGE13	-.0352	.0962	.1460	.0956	-.0385	-.0001
ANLAGE14	.0919	-.0392	.0328	.0621	.0491	-.0368
ANLAGE15	-.0251	-.0726	-.1420	-.0634	-.0709	-.0168
ANLAGE16	.0751	.0110	.1018	-.0081	-.1143	-.0250

Signifikanzniveau: * 0.01 ** 0,001

	PFR20	PFR21	PFR22	PFR23	PFR24	PFR25
ANLAGE1	-.1602	-.0915	-.0241	-.1608	.0230	-.1348
ANLAGE2	-.0305	.0113	.0126	-.0947	.0378	-.0887
ANLAGE3	.2158*	.2338**	-.1021	-.0126	.0219	-.1011
ANLAGE4	.0480	-.0874	-.0089	.0816	.0759	.0158
ANLAGE5	.0414	.0375	.0133	.0945	-.1078	.0320
ANLAGE6	-.1085	-.0570	.0490	.0828	.1277	.0459
ANLAGE7	-.0214	-.0660	.0276	.1106	-.0754	.0755
ANLAGE8	-.1040	-.0293	.1223	-.0896	-.0019	.0020
ANLAGE9	-.1140	-.0121	.0565	-.0196	-.1132	.3200**
ANLAGE10	-.0583	-.0394	.2251*	.0752	.0755	.1130
ANLAGE11	.0889	.0380	.1856*	.1072	.0242	.0293
ANLAGE12	.0702	-.0055	-.0073	-.0300	-.0544	-.0219
ANLAGE13	-.0747	-.0802	.0697	.1125	-.0173	.0700
ANLAGE14	.1792	.1065	-.0335	.0219	-.0569	.0117
ANLAGE15	.0308	-.0236	-.1208	-.0117	-.0766	-.0411
ANLAGE16	.1075	.0700	-.0267	-.0965	.0542	.0679

Signifikanzniveau: * 0.01 ** 0,001

Tab. A4:   Fortsetzung

	PFH26	PFH27	PFH28	PFH29	PFH30	PFH31
ANLAGE1	-.1964*	.0659	-.0836	-.0342	-.1165	-.1220
ANLAGE2	-.0456	-.0350	-.0718	-.0530	-.0257	-.1840
ANLAGE3	.0380	-.0119	.1351	-.2662**	.1785	.0227
ANLAGE4	.0973	-.1098	-.0301	.0560	-.0053	.0110
ANLAGE5	-.0163	.0316	.0938	-.0642	.0053	.0666
ANLAGE6	.0669	-.0315	-.1269	.3211**	-.1439	-.0223
ANLAGE7	.0748	-.0077	-.0667	.1627	-.1207	-.0020
ANLAGE8	-.2005*	.0961	.0002	.0531	.0910	-.0132
ANLAGE9	.0337	.0829	.0150	.2510**	-.0524	.2103*
ANLAGE10	.0145	.0378	-.0728	.0938	.0174	.0971
ANLAGE11	.0036	.1137	.0427	.0285	.1125	.0641
ANLAGE12	.0231	.0583	.1221	-.0051	.0464	.1069
ANLAGE13	.1560	-.0050	.0570	-.0999	.0738	.0922
ANLAGE14	.0423	.0733	.0476	-.0104	-.0240	.0242
ANLAGE15	-.0222	-.0688	-.0226	-.0406	-.1094	-.0407
ANLAGE16	.0413	-.0798	-.0711	.0688	.0007	-.0292

Signifikanzniveau: * 0.01 ** 0,001

	PFH32	PFH33	PFH34	PFH35	PFH36	PFH37
ANLAGE1	-.0243	-.1801	-.0153	.0487	-.0722	-.0377
ANLAGE2	-.0243	-.0395	-.1343	.0094	-.0238	.0000
ANLAGE3	-.2610**	.0945	-.0478	.0033	-.0415	-.0754
ANLAGE4	.1710	.1480	.0241	.0400	.1437	-.0016
ANLAGE5	.0604	.0217	.0684	.0132	-.0516	-.0104
ANLAGE6	.1538	-.0661	-.0861	.1084	.0432	-.0200
ANLAGE7	.0033	.0133	.0718	-.0181	-.1526	-.0011
ANLAGE8	-.0221	-.1052	.0585	.0613	-.0570	.1531
ANLAGE9	.0901	-.1058	.1240	.0125	-.0296	.0204
ANLAGE10	.0919	-.0463	-.0290	.0067	.0467	.1141
ANLAGE11	-.0426	.0902	.0467	-.0735	-.0804	.0925
ANLAGE12	-.0942	.0149	.1220	.0123	-.0515	-.0508
ANLAGE13	.1255	-.0149	.1273	-.1750	.0641	.0938
ANLAGE14	-.1041	.0833	.1220	.0292	-.1089	-.0150
ANLAGE15	-.0119	.0694	-.0874	-.0302	.0630	-.0957
ANLAGE16	-.0280	.0321	.0576	.0050	-.0144	.0432

Signifikanzniveau: * 0.01 ** 0,001

Tab. A4:   Fortsetzung

	PFL38	PFL39	PFL40	PFL41	PFL42	PFL43
ANLAGE1	-.1228	.0396	-.0835	-.0423	.0389	.1009
ANLAGE2	-.1000	-.0758	-.0635	-.0244	.0189	.0265
ANLAGE3	.1187	-.1363	.0835	.0860	-.1368	-.0254
ANLAGE4	-.0411	.0787	-.0081	-.0006	-.0139	-.0766
ANLAGE5	-.0501	-.0330	.0462	-.0131	.0273	.0482
ANLAGE6	-.0333	.1593	-.1010	-.0396	.1581	-.0125
ANLAGE7	.0239	.0353	.0369	-.0820	-.0247	.0224
ANLAGE8	-.0701	-.0380	-.0179	.0334	-.0671	.1312
ANLAGE9	.0549	-.0493	.0878	-.0049	.0070	.0377
ANLAGE10	.1169	-.0135	-.0388	-.0384	.0983	.0908
ANLAGE11	.1318	-.0687	.1395	.0758	-.0337	.1115
ANLAGE12	.0169	.0689	.0640	.0146	-.0680	.0446
ANLAGE13	.0838	-.0427	-.0042	-.0977	.0642	-.1118
ANLAGE14	.0659	.1405	-.0115	.1084	-.0486	-.0194
ANLAGE15	-.0476	.0281	-.0094	-.0035	-.0040	-.0717
ANLAGE16	-.0258	-.0023	-.0049	.0194	.0256	-.0498

Signifikanzniveau: * 0.01 ** 0,001

	PFL44	PFL45	PFL46
ANLAGE1	-.1852*	-.0346	-.0730
ANLAGE2	-.0342	-.0789	.0012
ANLAGE3	.0798	-.0183	.0223
ANLAGE4	.1488	-.0033	.0124
ANLAGE5	.0564	-.0097	-.0910
ANLAGE6	-.0768	-.0072	.0754
ANLAGE7	-.0230	.0149	-.1070
ANLAGE8	-.1108	.1836	-.0712
ANLAGE9	-.1113	-.0175	-.0276
ANLAGE10	-.0614	.1149	.1055
ANLAGE11	.0961	.1428	.0717
ANLAGE12	.0398	-.0280	-.0695
ANLAGE13	.0312	.0289	.0515
ANLAGE14	.0863	.0409	-.0755
ANLAGE15	.0630	-.0975	.0053
ANLAGE16	-.0243	-.0284	-.0819

Signifikanzniveau: * 0.01 ** 0,001

Tab. A4:   Fortsetzung

	PFQ47	PFQ48	PFQ49	PFQ50	PFQ51	PFQ52
ANLAGE1	-.0838	-.1716	-.0246	-.0772	-.2769**	-.1115
ANLAGE2	-.1442	-.0513	-.1092	.0238	-.1759	-.1434
ANLAGE3	.0581	-.0036	-.3014**	-.0452	.1191	.0511
ANLAGE4	-.0452	.1643	.1043	.0459	.1942*	.0033
ANLAGE5	.0373	.0287	-.0310	.0029	.0539	-.0268
ANLAGE6	-.0308	.0622	.3203**	-.0494	-.0442	.0961
ANLAGE7	.0021	.1224	.0835	.0601	-.0233	-.0442
ANLAGE8	.0193	-.1134	.0528	.1192	-.0672	.0124
ANLAGE9	.1024	.0315	.2126*	.0694	-.1035	.0282
ANLAGE10	.1375	-.0153	.0808	.1402	.1012	.1231
ANLAGE11	.1007	.0257	.0577	.1897*	.1892*	.0352
ANLAGE12	-.0090	.0760	-.0348	-.0904	.0186	-.0957
ANLAGE13	.1037	.1353	.0004	.0490	.0239	.1136
ANLAGE14	.0567	.0448	-.0125	-.0510	.1050	.0420
ANLAGE15	-.0820	-.0802	-.0514	-.0925	.0373	-.0748
ANLAGE16	.0549	.0197	.0578	-.0043	.0032	.0706

Signifikanzniveau: * 0.01 ** 0,001

	PFQ53	PFQ54	PFQ55
ANLAGE1	-.0997	-.0636	-.0653
ANLAGE2	-.0491	-.0371	.0549
ANLAGE3	.0719	-.2266*	.0065
ANLAGE4	.0088	.1508	.1479
ANLAGE5	.0754	.0482	-.0052
ANLAGE6	-.0808	.1411	.0291
ANLAGE7	.0404	.0498	-.1510
ANLAGE8	.0190	-.0207	-.0483
ANLAGE9	.0099	.1454	-.0723
ANLAGE10	.0499	.0767	-.0136
ANLAGE11	.1575	-.0100	.0326
ANLAGE12	-.0070	-.0409	-.1411
ANLAGE13	.1588	.0783	.0898
ANLAGE14	-.0849	-.0951	-.0676
ANLAGE15	-.0989	-.0151	-.0487
ANLAGE16	.0106	-.0763	.0281

Signifikanzniveau: * 0.01 ** 0,001

Tab. A4:   Fortsetzung

	SF1	SF2	SF3	SF4	SF5	SF6
ANLAGE1	-.1901*	-.0246	-.2887**	-.0719	-.0176	.1059
ANLAGE2	-.1105	-.0929	-.1213	-.0000	-.0142	.0445
ANLAGE3	.1257	-.2765**	.1221	-.0695	-.2545**	.0064
ANLAGE4	.0717	.1071	.1716	.0107	.1004	-.1078
ANLAGE5	.0169	-.0416	.0897	.0112	.0302	.0526
ANLAGE6	-.0051	.2761**	-.0465	.0031	.1999*	-.0073
ANLAGE7	.0439	.1023	.0278	.0319	-.0080	-.0064
ANLAGE8	-.1388	-.0252	-.0950	.2324*	-.0038	.1058
ANLAGE9	.0827	.0968	-.0940	-.0011	.1095	.0694
ANLAGE10	.0478	.0455	-.0075	.1194	.1238	.0788
ANLAGE11	.0512	-.0151	.1236	.1790	-.0626	.1102
ANLAGE12	.0673	.0420	.0459	-.0519	-.0540	.0199
ANLAGE13	.1606	-.0183	.0238	.0602	.0814	-.0845
ANLAGE14	.0576	.0954	.1128	-.0468	-.0722	.0106
ANLAGE15	-.0863	.0195	.0499	-.1181	-.0184	-.1002
ANLAGE16	.0495	.0579	-.0221	.0097	-.0234	-.0849

Signifikanzniveau: * 0.01 ** 0,001

	SF7	SF8	SF9	SF10	SF11
ANLAGE1	-.0448	-.1682	-.0463	.0155	-.0825
ANLAGE2	.0340	-.1086	-.1215	.0250	-.0646
ANLAGE3	-.0039	.0500	.0393	.1332	.0666
ANLAGE4	.0910	-.0256	.0009	-.0254	-.0068
ANLAGE5	-.0736	.0455	.0821	.0180	.0909
ANLAGE6	.0906	-.0548	-.1171	.0111	-.0707
ANLAGE7	-.1236	.0337	.0216	-.0698	.0819
ANLAGE8	-.0571	.0765	.0330	.0365	-.0307
ANLAGE9	-.1012	.2480**	.0809	.0302	.0965
ANLAGE10	.0599	.0957	-.0547	-.0074	.0094
ANLAGE11	.0083	.1135	.0513	.0066	.0280
ANLAGE12	-.1020	.0226	.1470	-.0004	.0713
ANLAGE13	.0677	.0808	.1123	-.2018*	.0620
ANLAGE14	-.1047	-.0564	.1236	.0754	.0232
ANLAGE15	-.0148	-.1000	-.0732	-.0402	-.0481
ANLAGE16	-.0105	.0363	.0028	.0225	.0042

Signifikanzniveau: * 0.01 ** 0,001

Tab. A5:   Korrelation der sekundären Geldfaktoren mit den genutzten Anlageformen

	SF-RA1	SF-RA2	SF-RA3	SF-RA4	SF-RA5	SF-RA6	SF-RA7
PFT1	-.0262	.1825	-.0613	.2632*	.1271	.1531	.2422*
PFT2	.0360	-.1466	.4172**	-.2467*	.1178	.1175	-.0998
PFT3	.0439	-.1278	.2153	-.0093	.0973	.0528	.0273
PFT4	-.1502	.0029	-.2411*	.1651	.1404	.0511	.1165
PFT5	.1156	.1073	.0236	.2096	.0788	-.0070	.3324**
PFT6	.0373	-.0829	.1326	-.1642	-.0266	.0281	-.1398
PFT7	-.0750	-.0191	-.0058	-.0498	.2975**	.0175	.0209
PFT8	-.0266	.0593	-.1688	.2713*	.0040	.0795	.1157
PFT9	.1501	.2395*	.0186	.0827	.1562	.0694	.1984
PFT10	-.0250	.0311	.0035	-.0628	.0901	.0665	-.1268
PFT11	.0864	-.0679	.1411	-.1931	-.1759	-.0128	-.0558
PFT12	-.1465	-.0304	-.0867	.1842	.0618	-.0660	.1048
PFT13	-.0918	.0364	-.0398	.1155	.1951	.0784	-.0377

Signifikanzniveau: * 0.01 ** 0,001

	SF-RA1	SF-RA2	SF-RA3	SF-RA4	SF-RA5	SF-RA6	SF-RA7
PFR14	.1146	-.0870	.3946**	-.1575	.2716*	.1011	-.0862
PFR15	-.0941	.0428	.0046	.2950**	.0665	.0614	.1434
PFR16	.0926	.1284	.0698	.1931	.2789*	.0681	.2366*
PFR17	-.1109	.0940	-.0405	.1584	-.0041	.1113	.1143
PFR18	.0143	.0937	-.0712	.1538	-.0878	.0296	.1400
PFR19	.0357	-.1630	.2025	-.1721	.1134	.0174	-.0706
PFR20	.0405	.1162	.0258	.2267*	.1334	.0411	.3029**
PFR21	-.0291	.2012	.0350	.1576	.2764**	.0665	.1673
PFR22	-.1963	-.0401	-.1005	.1260	.0371	-.1126	-.0256
PFR23	-.0221	-.0809	.0245	.0293	.2918**	.0028	.1146
PFR24	.1063	.0898	.1435	-.0389	-.0677	.0949	-.0003
PFR25	-.0727	-.0095	.0899	.0842	.2205*	-.0257	-.0670

Signifikanzniveau: * 0.01 ** 0,001

	SF-RA1	SF-RA2	SF-RA3	SF-RA4	SF-RA5	SF-RA6	SF-RA7
PFH26	.1047	.0477	.1235	.1194	.2028	.0620	.1241
PFH27	-.0904	.1062	-.1427	.2457*	.0614	.0493	.0776
PFH28	-.0220	.1314	-.0991	.2041	.0223	-.0663	.0151
PFH29	.0729	-.0623	.3490**	-.2261*	.2606*	.1397	-.1275
PFH30	-.0410	.1821	-.2419*	.2905**	.0066	-.0274	.2460*
PFH31	-.0447	.1594	-.0408	.4056**	.0440	.1091	.1709
PFH32	.0197	-.0847	.1138	-.0593	.0550	.0009	-.0597
PFH33	.0867	.0749	.1050	.1825	.1677	.1137	.3141**
PFH34	.0758	.1549	-.0441	.2088	.0256	.1417	.0566
PFH35	-.0748	.0039	.0724	.0458	.1355	.0923	-.0445
PFH36	-.0003	-.0213	.0969	-.0116	-.0472	.0986	-.0439
PFH37	-.1879	.0470	-.1358	.1438	-.0640	-.1251	-.0282

Signifikanzniveau: * 0.01 ** 0,001

Tab. A6:   Korrelation der primären Geldfaktoren (PF) mit den sekundären Risikolust-Aktivitäten (SF-RA)

	SF-RA1	SF-RA2	SF-RA3	SF-RA4	SF-RA5	SF-RA6	SF-RA7
PFL38	.0486	.1146	-.0116	.1866	.1472	.0187	.2071
PFL39	.0448	-.0438	.3575**	-.1481	.2952**	.0531	-.0745
PFL40	-.1082	.0887	-.0529	.1828	.1589	.2326*	.1019
PFL41	-.0550	-.0161	-.0557	.0189	.2766**	.0255	-.0180
PFL42	.0413	-.0849	.1676	-.1135	.2244*	-.0128	.0185
PFL43	-.1245	-.0023	-.2012	.1489	.1119	.1234	.0951
PFL44	.0550	.1230	.0456	.1362	.2092	.0863	.2551*
PFL45	-.1405	.0018	-.1495	.1229	-.0209	-.0801	.0196
PFL46	.0518	.1090	.1225	.1212	-.0685	.0571	.0666

Signifikanzniveau: * 0.01 ** 0,001

	SF-RA1	SF-RA2	SF-RA3	SF-RA4	SF-RA5	SF-RA6	SF-RA7
PFQ47	-.0686	.1555-	.1536	.3112**	-.0643	.0662	.0670
PFQ48	.0924	-.0087	.1564	.1266	.1563	.0648	.0956
PFQ49	.1258	-.1138	.3694**	-.1555	.1106	.1328	-.1648
PFQ50	-.1366	-.0490	.1569	.2026	.0050	-.0000	.0403
PFQ51	.0092	.0554	.0210	.2227*	.1247	.0140	.1909
PFQ52	-.0907	.0632	-.0343	.1973	.0842	.0215	-.0118
PFQ53	-.1409	-.0699	-.1588	.2164	.1059	.0381	.1452
PFQ54	.0794	-.1572	.2546*	-.1747	.0415	.1763	-.1529
PFQ55	.0645	-.0869	.1303	-.0358	-.1774	.0657	-.0318

Signifikanzniveau: * 0.01 ** 0,001

Tab. A6:   Fortsetzung

	SF-RA1	SF-RA2	SF-RA3	SF-RA4	SF-RA5	SF-RA6	SF-RA7
SF1	.1066	.1517	.0596	.2537*	.2060	.0906	.2227*
SF2	.0736	-.0727	.4075**	-.1248	.2227*	.1202	-.0460
SF3	.0370	.0697	.0433	.2238*	.2081	.0487	.3057**
SF4	-.1573	-.0144	-.1350	.1208	-.0257	-.0826	-.0034
SF5	.0511	-.1247	.2034	-.1520	.0935	.0482	-.0803
SF6	-.1048	.0660	-.1924	.2114	.0696	.0457	.1320
SF7	.0666	.0161	.1634	-.0227	-.1276	.0775	-.0014
SF8	-.0698	.0943	-.0529	.2457*	.1615	.0551	.1035
SF9	.0286	.1584	-.0788	.2347*	.0271	.0558	.0468
SF10	-.0580	.0713	.0164	.0489	.2585*	.0728	-.0116
SF11	-.1012	.1113-	.1062	.2564*	.0562	.1888	.1498

Signifikanzniveau: * 0.01 ** 0,001

Tab. A7:   **Korrelation der sekundären Geldfaktoren (SF) mit den sekundären Risikolust-Aktivitäten (SF-RA)**

	SF-RD1	SF-RD2	SF-RD3	SF-RD4	SF-RD5	SF-RD6
PFT1	.0988	.1805	.4318**	.2836**	.4750**	.2013*
PFT2	.1995*	.0683	-.1174	-.0163	-.0380	-.0597
PFT3	.1384	-.0011	.0257	-.0426	.1686	.1858*
PFT4	-.0556	-.0463	.1354	-.0273	.0746	-.0308
PFT5	.0209	.1161	.1926*	.1535	.2637**	.2167*
PFT6	.0409	.0949	-.0502	-.0511	.0121	.0247
PFT7	.1111	.2394**	.1429	.1699	.3453**	.1940*
PFT8	-.1400	.0796	.2558**	.0786	.2247*	-.0307
PFT9	.1290	.1277	.1417	.2240*	.2410**	.2581**
PFT10	-.0422	.0504	.0362	-.0262	-.0382	-.0494
PFT11	.1001	.0736	-.1762	-.0247	-.1856*	-.0300
PFT12	.1793	-.0228	.1220	.0766	.2475**	.1114
PFT13	.0591	.0507	.1720	-.0016	.1893*	.0210

Signifikanzniveau: * 0.01 ** 0,001

	SF-RD7	SF-RD8	SF-RD9	SF-RD10	SF-RD11	SF-RD12	SF-RD13
PFT1	.0791	.3136**	.2153*	.5260**	.2028*	-.0388	.5210**
PFT2	.1138	-.0308	.0212	-.0601	.1150	.0686	-.0513
PFT3	.1252	.0996	.1222	.1325	.2157*	.0210	.0749
PFT4	-.0431	.1574	.0703	.1787	.1280	.0085	.1196
PFT5	.0137	.2720**	.0138	.1875*	.1089	-.0413.	.2285*
PFT6	.1501	-.0517	-.0244	-.0379	.0504	.1367	.0029
PFT7	.0934	.2281*	-.0267	.2015*	.2205*	.1035	.2508**
PFT8	-.0756	.1735	.0470	.1966*	.1496	.0679	.1813
PFT9	-.0380	.1958*	.1345	.2532**	.0283	-.0090	.2023*
PFT10	.0822	.0122	.0583	-.0427	.0278	.0556	.0811
PFT11	-.0415	-.0702	.0370	-.2287*	-.0207	.0292	-.1412
PFT12	.0942	.1509	.0966	.2004*	.0640	-.0465	.1598
PFT13	-.0421	.1560	.0269	.1876*	.0453	.0606	.1036

Signifikanzniveau: * 0.01 ** 0,001

Tab. A8:   Korrelation der primären Geldfaktoren (PF) mit den sekundären Risikolust-Dispositionen (SF-RD)

	SF-RD1	SF-RD2	SF-RD3	SF-RD4	SF-RD5	SF-RD6
PFR14	.3011**	.0448	-.0342	.0180	.1016	.1188
PFR15	-.0110	.0312	.4191**	.1414	.4142**	.1468
PFR16	.2467**	-.0152	.1982*	.1740	.3041**	.2653**
PFR17	.0415	.1092	.3103**	.0877	.2123*	.0800
PFR18	-.0098	-.0757	.0993	-.0180	.0387	.0011
PFR19	.1181	.1152	-.0651	-.0545	.0250	-.0059
PFR20	.0948	.1317	.2972**	.1705	.3042**	.2276*
PFR21	.2372**	.1382	.2057*	.1695	.2992**	.1924*
PFR22	.0530	-.1243	.0793	.0350	.1109	-.0376
PFR23	.1091	.1883*	.2277*	.1935*	.3770**	.1985*
PFR24	.1277	.0501	-.1231	-.0996	-.0712	-.0480
PFR25	.0525	.0050	.1535	.0265	.2090*	-.0102

Signifikanzniveau: * 0.01 ** 0,001

	SF-RD7	SF-RD8	SF-RD9	SF-RD10	SF-RD11	SF-RD12	SF-RD13
PFR14	.1749	.0962	.0466	.0483	.2118*	.0925	.0203
PFR15	.0567	.2743**	.1339	.4386**	.1682	-.0220	.4352**
PFR16	.0155	.2180*	.2101*	.2967**	.2000*	-.0370	.1472
PFR17	.0949	.1250	.1387	.1155	.1252	.1374	.0887
PFR18	.0055	.0699	.0843	.0992	.1154	-.0827	.0137
PFR19	.1129	.0267	-.0707	-.0307	.1087	.1622	-.0174
PFR20	.0511	.2852**	.0861	.2703**	.1698	-.0630	.2894**
PFR21	.0823	.1904*	.1473	.2760**	.1719	.0422	.2375**
PFR22	.0174	.0343	-.0142	.1455	-.0732	-.0684	.0650
PFR23	.0831	.2804**	.0097	.2791**	.2601**	.0500	.2020*
PFR24	.1212	-.0426	.0931	-.1229	-.0283	.1099	-.0698
PFR25	-.0118	.1462	.0173	.1869*	.1138	.0263	.1084

Signifikanzniveau: * 0.01 ** 0,001

	SF-RD1	SF-RD2	SF-RD3	SF-RD4	SF-RD5	SF-RD6
PFH26	.1974*	.0252	.1171	.0818	.2286*	.2591**
PFH27	-.0902	-.0124	.0543	-.0427	.0574	-.0788
PFH28	.0176	.1304	.1278	.0474	.1287	.0639
PFH29	.2507**	.0604	-.0489	.0478	.0657	-.0066
PFH30	-.0007	-.0017	.2634**	.0954	.2816**	.0471
PFH31	-.0273	.1358	.3456**	.1392	.3403**	.1448
PFH32	-.0207	.0628	-.0352	-.1306	-.0123	-.1098
PFH33	.0436	.1562	.2012*	.1930*	.3324**	.1870
PFH34	-.0136	.2556**	.1729	.0693	.1475	.0415
PFH35	.0018	.0100	.0250	-.0406	.0452	-.1398
PFH36	.1517	.0893	-.1673	.0519	-.0210	.0641
PFH37	-.0142	-.0288	.1326	-.0099	.1246	-.0962

Signifikanzniveau: * 0.01 ** 0,001

Tab. A8: **Fortsetzung**

	SF-RD7	SF-RD8	SF-RD9	SF-RD10	SF-RD11	SF-RD12	SF-RD13
PFH26	.0212	.1590	.1161	.1870	-.0026	.1019	.1952*
PFH27	-.0311	.1178	-.0417	.1382	.0931	-.0036	.0437
PFH28	.0381	.1193	-.0322	.1304	.0913	.0820	.0698
PFH29	.1615	-.0452	.0343	.0116	.0612	.1056	-.0265
PFH30	-.0739	.2015*	.1721	.2726**	.0644	-.0385	.2740**
PFH31	.1130	.2049*	.0173	.4047**	.1300	.0239	.3142**
PFH32	.0437	-.0284	-.0752	-.0488	-.0274	.1793	-.0613
PFH33	.0551	.1906*	-.0026	.1972*	.1123	.0214	.2581**
PFH34	.0842	.1039	.0011	.1346	.0641	.2286*	.1252
PFH35	.1087	-.0694	-.0463	-.0138	-.0235	.1109	.0146
PFH36	.0643	.0801	-.0319	-.0499	.0703	.0802	-.0132
PFH37	.0402	.0979	-.0011	.1139	-.0576	.0293	.0801

Signifikanzniveau: * 0.01 ** 0,001

	SF-RD1	SF-RD2	SF-RD3	SF-RD4	SF-RD5	SF-RD6
PFL38	.1264	.1038	.3212**	.1595	.3886**	.1906*
PFL39	.2781**	.0442	-.1161	-.0312	-.0186	.0440
PFL40	.0092	.1909*	.3205**	.1309	.2557**	.0980
PFL41	.1135	.1748	.1287	.1474	.1971*	.1537
PFL42	.0811	.1323	.0020	-.0908	.0357	-.0340
PFL43	-.0908	-.0553	.1275	-.0130	.0190	-.0055
PFL44	.1115	.2323*	.1920*	.2392**	.2967**	.2543**
PFL45	.0471	-.0695	.1665	-.0170	.1170	-.1050
PFL46	.1740	.0918	-.0056	-.0299	-.0151	.0281

Signifikanzniveau: * 0.01 ** 0,001

	SF-RD7	SF-RD8	SF-RD9	SF-RD10	SF-RD11	SF-RD12	SF-RD13
PFL38	.0602	.2005*	.0892	.3306**	.1950*	.0324	.2464**
PFL39	.1302	-.0300	.0387	-.0425	.1704	.1453	-.0814
PFL40	.1356	.1964*	.1015	.2659**	.1999*	.0872	.2310*
PFL41	.1656	.1720	.0180	.1884*	.1455	.1709	.1760
PFL42	.1234	-.0150	-.0803	-.0322	.0578	.1941*	-.0296
PFL43	-.0591	.1246	.0175	.1709	.1943*	-.0333	.0934
PFL44	.0977	.2575**	.0440	.2003*	.2547**	.1335	.2393**
PFL45	.1124	.0243	-.0091	.1382	.0292	.0253	.0722
PFL46	.0606	-.0405	.0552	-.0647	-.0023	.0997	-.0416

Signifikanzniveau: * 0.01 ** 0,001

Tab. A8:   Fortsetzung

	SF-RD1	SF-RD2	SF-RD3	SF-RD4	SF-RD5	SF-RD6
PFQ47	-.0830	.0664	.1095	-.0833	.0032	-.1005
PFQ48	.1644	-.1038	.1246	-.0598	.1931*	.1511
PFQ49	.2054*	.0196	-.1321	-.1010	-.0336	-.1102
PFQ50	.0314	-.0814	.1500	.1161	.1419	-.0542
PFQ51	-.1404	.0347	.1626	-.0052	.1444	.0088
PFQ52	.0034	.0389	.0816	-.0320	.0572	-.0884
PFQ53	-.0792	.0683	.3192**	.0546	.2386**	.0543
PFQ54	.0389	.0024	.0173	-.1222	-.0506	-.0710
PFQ55	.0988	-.0558	-.1389	-.0438	-.1026	-.1044

Signifikanzniveau: * 0.01 ** 0,001

	SF-RD7	SF-RD8	SF-RD9	SF-RD10	SF-RD11	SF-Rd12	SF-RD13
PFQ47	.0855	.0102	-.0295	.0909	.0374	.0801	.0323
PFQ48	-.0060	.1270	.1307	.1615	.1298	-.0112	.0610
PFQ49	.2228*	-.0650	.0202	-.0729	.0268	.1121	-.1425
PFQ50	.0317	.0804	-.1013	.2084*	-.0735	-.0815	.1656
PFQ51	.0308	.1680	-.0796	.1519	.0493	.0485	.1680
PFQ52	.1123	.0506	-.0069	.0930	-.0544	.1169	.0419
PFQ53	-.0398	.1803	-.0008	.2448**	.0433	-.0059	.2706**
PFQ54	.1162	.0048	-.0549	-.0844	.0380	.1450	-.0995
PFQ55	.0224	.0110	.0089	-.1082	-.0407	-.0319	-.0807

Signifikanzniveau: * 0.01 ** 0,001

Tab. A8: **Fortsetzung**

	SF-RD1	SF-RD2	SF-RD3	SF-RD4	SF-RD5	SF-RD6
SF1	.1959*	.0621	.2746**	.1580	.3735**	.2857**
SF2	.3139**	.0327	-.0899	-.0333	.0669	.0117
SF3	.0828	.1820	.2530**	.1767	.3585**	.2375*
SF4	.0650	-.0972	.1700	.0243	.1510	-.0559
SF5	.0627	.0808	-.0265	-.1147	.0114	-.0508
SF6	-.0817	-.0550	.1118	-.0267	.0453	-.0444
SF7	.1630	.0784	-.1555	-.0225	-.0873	-.0239
SF8	.0606	.0418	.3611**	.1088	.3831**	.0940
SF9	-.0005	.2283*	.1733	.0676	.1570	.0574
SF10	.0568	.1100	.1251	.0733	.1485	.0361
SF11	-.0313	.1733	.3854**	.1386	.3033**	.0854

Signifikanzniveau: * 0.01 ** 0,001

	SF-RD7	SF-RD8	SF-RD9	SF-RD10	SF-RD11	SF-RD12	SF-RD13
SFG1	.0557	.2436**	.1591	.3524**	.1954*	.0033	.2316*
SFG2	.2154*	.0086	.0800	.0087	.1782	.1109	-.0397
SFG3	.0649	.2764**	.0483	.2493**	.1741	.0215	.2495**
SFG4	.0749	.0939	-.0009	.1777	-.0482	-.0243	.1027
SFG5	.1374	-.0114	-.0782	-.0529	.0627	.2015*	-.0459
SFG6	-.0505	.1489	.0271	.1748	.1360	-.0258	.0766
SFG7	.0659	-.0048	.0330	-.1331	.0067	.0755	-.0694
SFG8	-.0279	.2742**	.1522	.3917**	.1327	-.0038	.3221**
SFG9	.0727	.1243	-.0146	.1496	.0848	.1873*	.1151
SFG10	.1252	.1034	.0460	.1191	.0905	.1202	.1594
SFG11	.0816	.2227*	.1258	.2512**	.2118*	.1352	.2140*

Signifikanzniveau: * 0.01 ** 0,001

Tab. A9:   Korrelation der sekundären Geldfaktoren (SF) mit den sekundären Risikolust-Dispositionen (SF-RD)

	SF-SC1	SF-SC2	SF-SC3	SF-SC4	SF-SC5	SF-SC6	SF-SC7	SF-SC8	SF-SC9	SF-SC10
PFT1	.2007*	.0405	.0320	.2092*	.1429-	-.0027				
PFT2	.1753	.0647	.1544	-.0273	-.0141	-.0081	.1101	.0817	.0901	.0513
PFT3	.4001**	.2125	.1775	.0912	*.0895	-.0009	.0547	.0448	.0475	.0828
PFT4	-.0064	.0081	.0110	.0525	-.047	7.0804	.1087	.0378	.0415	.0547
PFT5	.1815*	.0203	.0943	.0952	.0518	.1207	.0774	.0511	-.0175	-.0131
PFT6	-.0672	-.0095	.0253	-.1042	-.0702	.0963	.1525	.1729	.2139*	.0024
PFT7	.3802**	.0254	.0932	.0988	.0438	.2629**	.2155*	.1172	.0921	.0625
PFT8	.0727	.0384	.0032	.0648	.1188	.1282	.1271	.0144	.0533	.0593
PFT9	.2426**	.0759	.0417	.1756	.1541	-.0335	.0633	-.1244	-.0264	.0044
PFT10	.0145	.0987	.0945	.0921	.0752	.0609	.1280	.0091	.0960	.1505
PFT11	-.0203	-.0054	-.0394	.0190	.0733-	-.0045	-.0409	.0210	.0711	.1129
PFT12	.0567	-.0487	.0352	.1375	.0195	.0169	.0460	-.0682	-.0637	.0287
PFT13	.0901	.0562	.1041	-.0067	.0279	.0581	.1258	.0806	.0946	-.0675

Signifikanzniveau: * 0.01 ** 0.001

	SF-SC1	SF-SC2	SF-SC3	SF-SC4	SF-SC5	SF-SC6	SF-SC7	SF-SC8	SF-SC9	SF-SC10
PFR14	.2696**	.1572	.1920*	.0713	.0129	.1200	.1625	.0771	.0731	.0176
PFR15	.0723	-.0439	.0465	.1519	.0674	.0718	.0778	-.0339	.0068	-.0148
PFR16	.4015**	.1646	.1209	.2649**	.1584	.0845	.0608	-.0730	-.0289	.0160
PFR17	.1683	.0634	.0886	.0924	-.0003	.0821	.1681	.0598	.0565	.0039
PFR18	.0617	.0322	.1130	.0771	.0613	-.0580	.0193	.0435	.0435	.0959
PFR19	-.0088	-.0550	.0158	-.1082	-.0817	.1909*	.2156*	.1828*	.2533**	.0226*
PFR20	.1118	-.0290	.0783	.0843	.0805	.0572	.0432	.0589-	-.0421	-.0714
PFR21	.2242*	.0562	.0589	.1733	.1184	.0444	.0671	-.0682	-.0328	-.0148
PFR22	.0211	-.1047	.0673	.0691	-.0882	.0411	.0909	-.0378	.0442	.0518
PFR23	.4598**	.0837	.1433	.0625	.0725	.2667**	.1902*	.0509.	.1172	.0418
PFR24	.0416	.0622	.0617	.0830	.0656	.0149	.1204	.0788.	.0349	.0974
PFR25	.1048	-.0116	.0155	.0068	.0261	.0348	.0953	.0672.	.0462	-.1119

Signifikanzniveau: * 0.01 ** 0.001

	SF-SC1	SF-SC2	SF-SC3	SF-SC4	SF-SC5	SF-SC6	SF-SC7	SF-SC8	SF-SC9	SF-SC10
PFH26	.4078**	.1599	.1022	.1891*	.0953	.0676	.0433	.0012.	.0007	.0201
PFH27	-.0368	-.0139	-.0224	.0657	-.0823	.0516	.0591	-.0233	.0338	.0412
PFH28	.1331	.0183	.0262	.1032	-.0463	.0553	.0476	-.1401	-.0017	-.0405
PFH29	.1552	.0945	.1336	-.0256	-.0488	.0374	.1028	.0400.	.0636	-.0274
PFH30	.1273	.0821	.1534	.2580**	.1342	.0366	.0578	.0443.	-.0708	.0333
PFH31	.1012	-.0716	.0183	.0334	-.0253	.0694	.0878	-.0246	.0411	.0062
PFH32	.0365	-.0554	.0075	-.1014	-.0860	.1368	.1761	.1458.	.2837**	-.0227
PFH33	.3487**	.0016	.0547	.1143	.0022	.1068	.0695	-.0403	-.0576	-.0439
PFH34	.0370	.0693	-.0067	.0202	-.0385	.2071*	.2110*	.0187-	-.0581	.0096
PFH35	.0743	.0505	.0275	.0603	.0049	.0973	.1168	.0503-	.0735	.0833
PFH36	-.0133	.0916	.0311	-.0054	.0410	.0268	.0384	.0220.	.1020	.0286
PFH37	-.0323	-.1314	-.0474	.0813	-.1267	.0747	.0916	-.0041	.0657	.1042

Signifikanzniveau: * 0.01 ** 0.001

Tab. A10: Korrelation der primären Geldfaktoren (PF) mit den sekundären SCOPE-Skalen (SF-SC)

	SF-SC1	SF-SC2	SF-SC3	SF-SC4	SF-SC5	SF-SC6	SF-SC7	SF-SC8	SF-SC9	SF-SC10
PFL38	.2877**	.0718	.1083	.2056*	.0811	.1872*	.1258	.0045.	.0263	.0829
PFL39	.3213**	.1341	.0982	.0535	.0019	.0528	.1217	.0679.	.0427	.0526
PFL40	.1313	-.0070	.0426	.1302	-.0310	.0351	-.0035	-.0132	-.0205	-.0110
PFL41	.1450	.0932	.0026	.1432	.0469	.1671	.1323	-.0063	.0232	.0782
PFL42	.0983	-.0510	.0491	-.0225	-.0936	.2028*	.1869*	.1552.	.1841*	.0708
PFL43	-.0300	-.0024	.0383	.0942	-.0565	.0195	.0327	.0471.	-.0265	.0480
PFL44	.3659**	.0604	.0581	.1076	.1057	.1462	.1089	.0266.	.0096	.0002
PFL45	.0149	-.1090	.0381	.0269	-.0922	.1374	.1205	.0956.	.1008	.0611
PFL46	.0743	.0310	.0943	.0331	.1283	-.0190	.1078	.0571-	.0435	.0736

Signifikanzniveau: * 0.01 ** 0.001

	SF-SC1	SF-SC2	SF-SC3	SF-SC4	SF-SC5	SF-SC6	SF-SC7	SF-SC8	SF-SC9	SF-SC10
PFQ47	.0306	-.0648	.0890	.0235	-.0511	.0480	.1360	.0276-	.0513	.0997
PFQ48	.4686**	.2090	.2324**	.2557**	*.1344	.0015	.0193	-.0311	-.0790	-.0108
PFQ49	.0833	.1319	.1563	-.0445	.0235	.0028	.0792	.0518.	.0829	-.0538
PFQ50	-.0079	-.1056	.0073	.0267	-.0958	-.0319	.0451	-.0655	.0988	-.0219
PFQ51	.2105*	-.1156	.0681	.0887	-.0196	.0415	.0584	.0317.	-.0207	-.0994
PFQ52	-.0041	-.0731	.0355	.0894	-.0076	.0026	.0598	-.0697	.0526	.0778
PFQ53	.1232	-.0584	.1111	.1752	.0074	.1002	.0701	.0083	.0142	-.0788
PFQ54	.0167	.0741	.1037	-.1061	-.0684	.0793	.0557	.1291	.1975*	-.0551
PFQ55	.1281	.1043	.1307	.0564	.0067	-.1779	-.0939	-.0057	-.0343	.0182

Signifikanzniveau: * 0.01 ** 0.001

Tab. A10:   Fortsetzung

	SF-SC1	SF-SC2	SF-SC3	SF-SC4	SF-SC5	SF-SC6	SF-SC7	SF-SC8	SF-SC9	SF-SC10
SF1	.4133**	.1335	.1375	.2433**	.1452	.0729	.0773	-.0555	-.0153	.0285
SF2	.2716**	.1373	.1586	.0261	.0099	.0582	.1482	.0686	.0631	.0609
SF3	.3882**	.0453	.1402	.1225	.0985	.1562	.1076	.0786	-.0105	-.0272
SF4	.0187	-.0666	.0428	.0879	-.0796	.0643	.0886	.0003	.0768	.0574
SF5	.0150	-.0259	.0515	-.0883	-.1019	.1721	.1872*	.1779	.2579**	-.0082
SF6	-.0126	.0218	.0240	.0760	-.0341	.0383	.0749	.0296	.0247	.0845
SF7	.0459	.0527	.0602	.0426	.0789	-.0298	.0442	.0506	.0658	.0944
SF8	.1657	.0699	.1321	.1670	.1048	.0364	.0961	.0305	-.0032	-.0776
SF9	.0929	.0545	.0226	.0644	-.0405	.1612	.1640	-.0529	.0362	-.0133
SF10	.1346	.1002	.0515	.1429	.0898	.1170	.1288	-.0169	.0466	.0980
SF11	.1753	.0540	.0546	.1326	.0315	.1128	.1356	.0244	.0481	.0259

Signifikanzniveau: * 0.01 ** 0.001

Tab. A11:   Korrelation der sekundären Geldfaktoren (SF) mit den sekundären
            SCOPE-Skalen (SF-SC)

		Typ 1 E+,S-	Typ 2 E-,S+	Typ 3 E+,S+	Typ 4 E-,S-
PF1	Spekulationslust	2.06	1.89	2.03	1.90
PF2	Sparsamkeit	3.03	2.95	3.21	2.94
PF3	Hart arbeiten	3.04	2.76	3.17	2.73
PF4	Sportrisiken eingehen	1.26	1.40	1.26	1.17
PF5	Vorliebe für Luxus	2.14	2.10	2.04	1.84
PF6	Strenge Geldkontrolle	1.69	1.90	2.04	1.77
PF7	Wohlstand anstreben	2.13	2.00	2.38	1.63
PF8	Verluste gelassen nehmen	1.26	1.39	1.51	1.30
PF9	Finanzieller Optimismus	2.90	2.74	3.08	2.82
PF10	Bequem leben	2.28	2.30	2.29	2.05
PF11	Nicht Spekulieren	2.95	2.86	2.91	2.89
PF12	Geldgeschäfte verheimlichen	2.08	1.94	2.05	1.93
PF13	Sicher investieren	1.94	2.03	2.24	1.86
PF14	Sparsamkeit/				
	Hart arbeiten	2.97	2.88	3.11	2.73
PF15	Spekulationslust	1.83	1.71	1.97	1.70
PF16	Finanzieller Optimismus	2.88	2.60	3.07	2.58
PF17	Verluste gelassen nehmen	1.54	1.53	1.73	1.47
PF18	Sportrisiken eingehen	1.43	1.31	1.26	1.17
PF19	Strenge Geldkontrolle	1.69	1.93	2.09	1.82
PF20	Vorliebe für Luxus	2.00	1.97	1.89	1.72
PF21	Glücklicher Gewinn	2.04	1.91	1.89	1.73
PF22	Geldgeschäfte verheimlichen	2.00	1.91	1.95	1.85
PF23	Wohlstand anstreben	2.32	2.28	2.63	2.04
PF24	Nicht Spekulieren	2.72	2.61	2.71	2.50
PF25	Sicher investieren	1.85	1.90	2.13	1.78
PF26	Optimismus/Hart arbeiten	2.95	2.72	3.08	2.73
PF27	Sportrisiken eingehen	1.26	1.41	1.32	1.24
PF28	Geld borgen	1.31	1.34	1.33	1.24
PF29	Sparsamkeit	2.70	2.60	2.79	2.51
PF30	Abenteuerlust	2.45	2.24	2.47	2.03
PF31	Spekulationslust	1.75	1.77	1.82	1.69
PF32	Strenge Geldkontrolle	1.85	2.12	2.10	1.91
PF33	Vorliebe für Luxus	2.27	2.31	2.41	2.11
PF34	Verluste gelassen nehmen	1.26	1.53	1.51	1.22
PF35	Bequem leben	1.83	2.02	1.89	1.73
PF36	Nicht Spekulieren	2.93	2.91	2.94	2.81
PF37	Geldgeschäfte verheimlichen	2.03	2.03	2.05	1.97
PF38	Finanzieller Optimismus/				
	Spekulationslust	2.37	2.25	2.54	2.09
PF39	Hart arbeiten/Sparsamkeit	2.74	2.66	2.89	2.53
PF40	Geldrisiken eingehen	1.48	1.45	1.50	1.40

Tab. A12: **Mittelwerte der primären Geldfaktoren bezüglich der SCOPE-Typen**

	Typ 1 E+,S-	Typ 2 E-,S+	Typ 3 E+,S+	Typ 4 E-,S-
PF41 Glücklicher Gewinn/				
Bequem Leben	2.12	2.20	2.20	1.92
PF42 Strenge Geldkontrolle	1.60	1.82	1.97	1.68
PF43 Sportrisiken eingehen	1.29	1.31	1.23	1.22
PF44 Wohlstand anstreben	2.26	2.31	2.40	2.02
PF45 Gelgeschäfte verheimlichen	1.83	1.91	1.79	1.59
PF46 Nicht Spekulieren	2.48	2.34	2.37	2.24
PF47 Sportrisikeneingehen/				
Verluste gelassen nehmen/				
Spekulationslust	1.64	1.56	1.67	1.59
PF48 Finanzieller Optimismus/				
Hart arbeiten	3.01	2.64	3.10	2.66
PF49 Sparsamkeit	2.82	2.69	2.91	2.67
PF50 Geldgeschäfte verheimlichen	2.14	2.15	2.08	2.20
PF51 Vorliebe für Luxus	3.91	3.72	3.87	3.64
PF52 Glücklicher Gewinn	1.92	1.92	1.92	2.01
PF53 Abenteuerlust/Feilschen	2.15	2.10	2.29	1.99
PF54 Strenge Geldkontrolle	2.14	2.20	2.47	2.11
PF55 Nicht Spekulieren	3.52	2.89	2.98	3.13

Tab. A12: Fortsetzung

	Typ 1 E+,S-	Typ 2 E-,S+	Typ 3 E+,S+	Typ 4 E-,S-
SF1 Fianzieller Optimismus	2.65	2.45	2.79	2.42
SF2 Sparsamkeit	2.87	2.77	3.00	2.69
SF3 Luxus und Wohlstand	2.45	2.36	2.52	2.18
SF4 Geldgeschäfte verheimlichen	2.02	1.96	2.02	1.88
SF5 Strenge Geldkontrolle	1.80	1.99	2.13	1.85
SF6 Sportrisiken eingehen	1.29	1.36	1.27	1.20
SF7 Nicht spekulieren	2.92	2.75	2.78	2.72
SF8 Sicher investieren	2.03	1.92	2.17	1.85
SF9 Lockerer Umgang mit Geld	1.28	1.44	1.43	1.23
SF10 Glücklicher Gewinn/				
Bequem Leben	2.06	2.11	2.04	1.87
SF11 Verluste gelassen nehmen	1.43	1.45	1.58	1.38

Tab. A13: Mittelwerte der sekundären Geldfaktoren bezüglich der SCOPE-Typen

Angaben zur Person und zum Unternehmen

01. Alter der eigenen Person ▢

02. Geschlecht: Männlich .... ▢
Weiblich .... ▢

03. (Höchster) Schulabschluß

kein Schulabschluß .... ▢
Hauptschulabschluß .... ▢
Mittlere Reife .... ▢
Fachhochschulreife .... ▢
Abitur .... ▢
Fachhochschulabschluß .... ▢
Universitätsabschluß .... ▢

04. Familienstand

ledig .... ▢
fester Partner .... ▢
verheiratet .... ▢
verwitwet .... ▢
geschieden/getrennt .... ▢

05. Leben Sie in einer (einem)

Mietwohnung/-haus .... ▢
Eigentumswohnung/-haus .... ▢

06. Derzeit (bzw. zuletzt) ausgeübter Beruf

ungelernter Arbeiter .... ▢
Facharbeiter .... ▢
Angestellter .... ▢
-leitender Angestellter .... ▢
Geschäftsführer .... ▢
Selbständiger Unternehmer .... ▢
keinen Beruf ausgeübt .... ▢

07. Ich habe mein Vermögen
(in Prozent angegeben, Summe=100%)

... erarbeitet .... ▭
... durch Spekulation erworben .... ▭
... gewonnen .... ▭
... geschenkt bekommen .... ▭
... geerbt .... ▭

08. Derzeitige Tätigkeit

berufstätig .... ▢
arbeitslos .... ▢
Rentner/Pensionär .... ▢

09. Jetziges Nettoeinkommen Ihres Haushalts pro Monat

Unter 2500 DM .... ▢
2501 - 3500 DM .... ▢
3501 - 4000 DM .... ▢
4001 - 5000 DM .... ▢
über 5000 DM .... ▢

10. Wieviele Mitarbeiter unterstehen Ihnen?

▢ Anzahl

11. Welcher Branche gehört Ihr Betrieb überwiegend an

Industrie .... ▢
Handel .... ▢
Dienstleistungen .... ▢
Öffentlicher Dienst .... ▢
Landwirtschaft .... ▢
Handwerk .... ▢
Baugewerbe .... ▢

12. Für welchen Jahresetat (Budget) sind Sie verantwortlich?

▢ DM

13. Wieviele Beschäftigte hat Ihr Betrieb?

01 - 10   Beschäftigte .... ▢
bis 50   Beschäftigte .... ▢
bis 100   Beschäftigte .... ▢
bis 500   Beschäftigte .... ▢
über 500   Beschäftigte .... ▢

14. Mein Einkommen setzt sich zusammen aus:
(in Prozent angegeben, Summe=100%)

Gehalt, Lohn .... ▭
Kapitalgewinn .... ▭
Rente/Pension/Lebensversicherung ...... ▭
Honorar aus selbständiger Tätigkeit ... ▭

Abb. A1:   Fragebogen: Angaben zur Person und Unternehmen

Angaben zur finanziellen Situation

15. Es gibt eine Vielzahl von Möglichkeiten sein Geld anzulegen.
Beurteilen Sie bitte alle Aussagen nach folgenden Fragen.

P - Welche der folgenden Geldanlageformen besitzen Sie persönlich?
(in ungefähren Prozentzahlen angeben, Summe = 100%)

A - Welche der folgenden Anlageformen benutzen Sie zur Sicherung des Alters?
(in ungefähren Prozentzahlen angeben, Summe = 100%)

S - Wenn Sie an die Sicherheit denken, welche Noten würden Sie vergeben?
(1 = schlecht, 2 = befriedigend, 3 = gut, 4 = sehr gut)

V - Wenn Sie an die Verfügbarkeit denken, welche Noten würden Sie vergeben?
(1 = schlecht, 2 = befriedigend, 3 = gut, 4 = sehr gut)

Z - Wenn Sie an die Rentabilität denken, welche Noten würden Sie vergeben?
(1 = schlecht, 2 = befriedigend, 3 = gut, 4 = sehr gut)

U - Welche der folgenden Geldanlageformen benutzen Sie für Ihr Unternehmen?
(in ungefähren Prozentzahlen angeben, Summe = 100%)

Bitte tragen Sie in jedem Kästchen die entsprechende Kennzahl ein, arbeiten Sie bitte von oben nach unten Säule für Säule.

	P	A	S	V	Z	U
Sparformen (Sparbuch, -vertrag, -brief)						
Bausparvertrag						
Lebensversicherung						
Anteile an Immobilienfonds						
Termingeschäfte, Optionen, Optionsgeschäft						
inländische festverzinsliche Wertpapiere						
ausländische festverzinsliche Wertpapiere						
Festgelder						
Aktien, Optionsscheine						
Anteile an inländischen Investmentfonds						
Anteile an ausländischen Investmentfonds						
Gold, andere Edelmetalle						
Firmenbeteiligung						
Schmuck						
Sachwerte						
Antiquitäten						

Abb. A2:   Fragebogen: Angaben zur finanziellen Situation

16. Wieviele Kreditkarten besitzen Sie?

Anzahl [ ]

17. Welche der folgenden Spiele spielen Sie gelegentlich?

Zahlenlotto oder 6 aus 49 [ ]
Fußballtoto Ergebniswette 11er-Wette [ ]
Fußballtoto Auswahlwette 6 aus 45 [ ]
Pferdetoto, -lotto, Rennquintett [ ]
Klassenlotterie [ ]
Mittwochslotto [ ]
Fernsehlotterie [ ]

18. Welche dieser Konten haben Sie bei Ihrer Hausbank, Post

laufendes Konto, Girokonto [ ]
Postgirokonto [ ]
normales Sparkonto [ ]
Wertpapierdepot [ ]
Terminkonto [ ]
Baufinanzierung [ ]
Umsatzfinanzierung [ ]
Investitionsfinanzierung [ ]

19. Zahlungsgewohnheiten

(1=stimmt gar nicht, 2=stimmt ein wenig, 3=stimmt weitgehend, 4=stimmt vollkommen)
(Mehrfachnennungen möglich)

Ich zahle immer ...

bar [ ]
wo ich nur kann bargeldlos [ ]
vielfach auf Raten [ ]
mit Kreditkarten [ ]
mit Eurocheck [ ]
auf Rechnung [ ]
grundsätzlich nur einmal im Monat [ ]
unter Ausnutzung aller Skonti [ ]
erst nach Mahnung [ ]
immer am Monatsanfang [ ]

20. Ich habe folgende eiserne Bargeld-reserven zu Hause

keine [ ]
mindestens 500 DM [ ]
mindestens 1.000 DM [ ]
mindestens 1.500 DM [ ]
mindestens 2.000 DM [ ]
mindestens 5.000 DM [ ]
über 10.000 DM [ ]

21. Welche Rolle spielen die folgenden Motive bei Ihrer Geldanlage?

(1=keine, 2=geringe, 3=große, 4=sehr große)
(Mehrfachnennungen möglich)

Sicherheit [ ]
Substanz [ ]
Steuervorteil [ ]
Sachwerte [ ]
Sichere Rendite [ ]
Solide Altersversorgung [ ]
Sorgenfrei investieren [ ]
Seriöse Partner [ ]
Spekulation [ ]

22. Woher kam im wesentlichen der Anstoß oder auch die Empfehlung zur Geldanlage?

(Mehrfachnennungen möglich)

von mir selbst [ ]
von Berater der Bank [ ]
von Berater einer Versicherung [ ]
von der Firma wo ich arbeite [ ]
von Familienmitgliedern [ ]
von Freunden, Bekannten [ ]
war ein Geschenk
vom Steuerberater [ ]
vom Vermögensberater [ ]
von schriftlichen Informationen [ ]
durch Werbung [ ]

23. Welche der folgenden Verbindlichkeiten nehmen Sie zur Zeit in Anspruch?

Ratenzahlungsvertrag [ ]
Bank-/ Betriebsdarlehen [ ]
Grundschuld/ Hypothek [ ]
Privates Darlehen [ ]
Unterhaltszahlungen [ ]

24. Wieviel Geld legen Sie insgesamt in einem Jahr an?

nichts [ ]
unter 500 DM [ ]
501 - 1.000 DM [ ]
1.001 - 5.000 DM [ ]
5.001 - 10.000 DM [ ]
10.001 - 30.000 DM [ ]
über 30.000 DM [ ]

Abb. A2:   Fragebogen: Fortsetzung

Mit dieser Skala sollen überdauernde Merkmale Ihres Verhaltens zum **Umgang mit Geld** untersucht werden.
Beurteilen Sie bitte alle Aussagen nach folgenden Fragen.

T - Wie sehr ist diese Aussage für Sie typisch oder zutreffend?
1 = stimmt gar nicht   2 = stimmt ein wenig   3 = stimmt weitgehend   4 = stimmt vollkommen

R - Welche bestimmende Rolle spielt diese Aussage in Ihrem Leben?
1 = keine   2 = geringe   3 = große   4 = sehr große

L - Welchen Beitrag leistet diese Aussage zur Steigerung Ihrer Lebensqualität?
1 = keine   2= geringe   3 = große   4 = sehr große

H - Wie häufig wenden Sie dieses Verhalten tatsächlich an?
1 = nie   2 = manchmal   3 = häufig   4 = sehr häufig

Q - Wie gut sind Sie in der Ausübung dieses Verhaltens?
1 = schlecht   2 = mittelmäßig   3 = gut   4 = sehr gut

Bitte tragen Sie in jedem Kästchen die entsprechende Kennziffer ein, a u c h dann, wenn die Aussage nicht genau auf Sie zuzutreffen scheint! Arbeiten Sie bitte von oben nach unten, Säule für Säule.

	T	R	L	H	Q
Qualitätsbewußt kaufen	☐	☐	☐	☐	☐
Vorliebe für Luxusartikel haben	☐	☐	☐	☐	☐
Spaß am Sparen haben	☐	☐	☐	☐	☐
Diszipliniert Geld ausgeben	☐	☐	☐	☐	☐
Geld von Freunden borgen	☐	☐	☐	☐	☐
Freizügig Geschenke machen	☐	☐	☐	☐	☐
Alle jetzigen Probleme mit Geld lösen können	☐	☐	☐	☐	☐
Wohlstand zum obersten Ziel haben	☐	☐	☐	☐	☐
Große Geldverluste gelassen hinnehmen	☐	☐	☐	☐	☐
Große Geldverluste verharmlosen	☐	☐	☐	☐	☐
Sport als Nervenkitzel betreiben / schätzen	☐	☐	☐	☐	☐
Sportarten waghalsig betreiben / schätzen	☐	☐	☐	☐	☐
Sinn für leicht verdientes Geld haben	☐	☐	☐	☐	☐
Sinn für besonderen Luxus haben	☐	☐	☐	☐	☐
Einen hohen Lebensstandard besitzen	☐	☐	☐	☐	☐
Große Geldbeträge auf Kredit nehmen	☐	☐	☐	☐	☐
Sich eiserne Sparreserven anlegen	☐	☐	☐	☐	☐
Sich ein Vermögen hart erarbeiten	☐	☐	☐	☐	☐
Sich im Betrieb hocharbeiten	☐	☐	☐	☐	☐
Vom guten Gehalt bequem leben	☐	☐	☐	☐	☐
Gut erben und angenehm davon leben	☐	☐	☐	☐	☐
Geld in sicheren Aktien anlegen	☐	☐	☐	☐	☐
Sich an gutgehenden Firmen beteiligen	☐	☐	☐	☐	☐
Geld risikoreich anlegen	☐	☐	☐	☐	☐
Vermögen durch Spekulation vergrößern	☐	☐	☐	☐	☐
Einfach verdienen und ohne Hast leben	☐	☐	☐	☐	☐
Spaß am größeren Geldgewinn haben	☐	☐	☐	☐	☐
Spaß am Wetten/Glücksspiel haben	☐	☐	☐	☐	☐
Gern hohe Risiken im Sport eingehen	☐	☐	☐	☐	☐
Viel Geld oder Gut verloren haben	☐	☐	☐	☐	☐

Abb. A3:   Fragebogen: Umgang mit Geld

T - Wie sehr ist diese Aussage für Sie typisch oder zutreffend?
1 = stimmt gar nicht   2 = stimmt ein wenig   3 = stimmt weitgehend   4 = stimmt vollkommen
R - Welche bestimmende Rolle spielt diese Aussage in Ihrem Leben?
1 = keine   2 = geringe   3 = große   4 = sehr große
L - Welchen Beitrag leistet diese Aussage zur Steigerung Ihrer Lebensqualität?
1 = keine   2= geringe   3 = große   4 = sehr große
H - Wie häufig wenden Sie dieses Verhalten tatsächlich an?
1 = nie   2 = manchmal   3 = häufig   4 = sehr häufig
Q - Wie gut sind Sie in der Ausübung dieses Verhaltens?
1 = schlecht   2 = mittelmäßig   3 = gut   4 = sehr gut

T   R   L   H   Q

Beim Einkaufen um den Preis feilschen
Ein Haushaltsbuch führen
Vorsichtige Geldhaushaltung
Vor dem Einkaufen, das Geld begrenzen
Jede Mark dreimal umdrehen
Geld vollständig ausgeben
Dinge selbst reparieren
Geld als Einflußinstrument
Geschäftstüchtig sein
Sparen zur Sicherheit
Wohltätige Zwecke unterstützen
Diskreter Umgang mit Geld
Nicht alles bei der Steuer angeben
Verheimlichung von Geldgeschäften
Offen über Geld sprechen
Konjunktureller Optimismus
Glaube an finanziellen Erfolg
Hoffen auf Gewinn
Glaube an Glück im Risiko
Wagnisse eingehen
Lust auf ausergewöhnliches
Anregungen durch neues
Cool beim riskanten spekulieren
Mein Einkommen spiegelt sich in der Arbeit wieder
Finanziellen Rat suchen
Fremde Gelder verwalten
Die Karriere beherrscht mein Leben
Kontrolliert Risiken eingehen
Spekulative Geldgeschäfte vermeiden
Nicht um Geld wetten

Abb. A3:   Fragebogen: Fortsetzung

Fragen zu Lebensrisiken

Kreuzen Sie bitte bei jedem Kästchen die für Sie persönlich zutreffende Alternative an.

Häufigkeit:	Ob und welche Aktivität, in welcher Häufigkeit sie auftritt 1 = nie 2 = selten 3 = ziemlich oft 4 = sehr oft
Eigeninitiative:	Ob Sie die Initiative von sich aus ergreifen(statt mitzumachen) 1 = nein 2 = manchmal 3 = meistens 4 = immer
Wertung:	1 = nein 2 = manchmal 3 = meistens 4 = immer

Aktivitäten	Häufigkeit	Eigeninitiative	WERTUNG: langweilig	WERTUNG: wertvoll	WERTUNG: anregend	WERTUNG: wertlos
Freizeit/Sport	1 2 3 4	1 2 3 4	1 2 3 4	1 2 3 4	1 2 3 4	1 2 3 4
risikoreiche Aktivitäten	☐☐☐☐	☐☐☐☐	☐☐☐☐	☐☐☐☐	☐☐☐☐	☐☐☐☐
risikoarme Aktivitäten	☐☐☐☐	☐☐☐☐	☐☐☐☐	☐☐☐☐	☐☐☐☐	☐☐☐☐
Spiel um Geld						
Kasinospiele	☐☐☐☐	☐☐☐☐	☐☐☐☐	☐☐☐☐	☐☐☐☐	☐☐☐☐
Geldspielautomaten	☐☐☐☐	☐☐☐☐	☐☐☐☐	☐☐☐☐	☐☐☐☐	☐☐☐☐
Kulturangebote						
schöngeistige	☐☐☐☐	☐☐☐☐	☐☐☐☐	☐☐☐☐	☐☐☐☐	☐☐☐☐
populäre	☐☐☐☐	☐☐☐☐	☐☐☐☐	☐☐☐☐	☐☐☐☐	☐☐☐☐
weiterbildende	☐☐☐☐	☐☐☐☐	☐☐☐☐	☐☐☐☐	☐☐☐☐	☐☐☐☐
Investment						
risikoreiches Spekulieren	☐☐☐☐	☐☐☐☐	☐☐☐☐	☐☐☐☐	☐☐☐☐	☐☐☐☐
risikoarmes Sparen	☐☐☐☐	☐☐☐☐	☐☐☐☐	☐☐☐☐	☐☐☐☐	☐☐☐☐
Essen / Trinken						
anspruchsvolles Niveau	☐☐☐☐	☐☐☐☐	☐☐☐☐	☐☐☐☐	☐☐☐☐	☐☐☐☐
gutbürgerliches Niveau	☐☐☐☐	☐☐☐☐	☐☐☐☐	☐☐☐☐	☐☐☐☐	☐☐☐☐
einfaches Niveau	☐☐☐☐	☐☐☐☐	☐☐☐☐	☐☐☐☐	☐☐☐☐	☐☐☐☐
Geschicklichkeitsspiele						
konzentrative	☐☐☐☐	☐☐☐☐	☐☐☐☐	☐☐☐☐	☐☐☐☐	☐☐☐☐
entspannende	☐☐☐☐	☐☐☐☐	☐☐☐☐	☐☐☐☐	☐☐☐☐	☐☐☐☐

Abb. A4: Fragebogen: Risikolust-Aktivitäten

Mit dieser Skala sollen die gewohnheitsmäßigen Dispositionen des Verhaltens bestimmt werden. Wie sind Ihre typischen Erlebnisse und Reaktionen in den folgenden Situationen?

Tägliches Leben:	Persönlicher Bereich (L)
Besonders risikoreiche	Während risikoreicher Unternehmungen (R)
Situationen:	Nach hohem Gewinn (G)
	Nach hohem Verlust (V)

Bitte, tragen Sie in die Kästchen jeweils die Häufigkeit ein, in der Ihre Erlebnisse und Reaktionen in den vorgegebenen Situationen auftreten

Häufigkeit: 1 = nie   2 = manchmal   3 = häufig   4 = sehr häufig

Dispositionen:
Erleben und reagieren

Tägliches Leben — L

Besonders risikoreiche Situationen — R G V

Intensive negative Emotionen
Niedergeschlagenheit, Sorgen, Ängste

Intensive positive Emotionen
Jubelnde Hochstimmung, Lust, Unterhaltung

Intensive Aufregung
Abenteuerreiz, positive Spannung und Anregung

Gelassenheit
Ereignisse ruhig, gelassen, sorglos nehmen

Überlegenheit, oben bleiben
Probleme besser als andere meistern

Einflußlosigkeit, Angewiesen sein
auf andere oder das Schicksal angewiesen sein

Ärger, Wut, Zorn
unbeherrscht reagieren

Intensive Involvierung
innerlich stark engagiert, beteiligt

Hilflosigkeit
Probleme nicht bewältigen können

Rückzug
sich bei Schwierigkeiten taktisch zurückziehen

Spekulationslust
auf große, lohnende Unternehmungen aus sein

Entlastung nach Problemlösung
tief und befreit aufatmen, Angst ist weg

Nach festem Halt suchen
nicht den Boden unter den Füßen verlieren

Vorsicht: stetig kontrollieren
alle Geschäfte selbst in der Hand behalten

Ausgaben begrenzen: Geld kontrollieren
jeden möglichen Schaden dadurch minimieren

Gewinne maximieren (Geld, Besitz)
stets soviel wie möglich auf jede Art gewinnen

Gewinnen wollen (Selbsteinschätzung)
stets besser sein und andere überwinden wollen

Als Gewinner dastehen (Öffentlichkeit)
von anderen als Gewinner anerkannt werden

Risikobereit sein
stetige Risikobereitschaft unter allen Umständen

Zusatzrisiken eingehen
nach Bedarf stets neue Einsätze nachschieben

Abb. A5:   Fragebogen: Risikolust-Dispositionen

Fragen zu Streßreaktionen und Streßbewältigung

Sie finden im folgenden eine Reihe von Aussagen über Verhaltensweisen, Reaktionen und Einstellungen zum Themenbereich Streß und Streßbewältigung. Geben Sie bitte bei jeder Aussage an, wie sehr diese auf Sie persönlich zutrifft. Dazu stehen Ihnen sechs Antwortmöglichkeiten, von "stimmt gar nicht" (1) bis "stimmt vollkommen" (6) zur Verfügung. Denken Sie bitte nicht lange über eine Antwort nach, sondern kreuzen Sie die Antwort an, die Ihnen unmittelbar in den Sinn kommt. Es gibt keine richtigen oder falschen Antworten. Beantworten Sie die Aussagen so, wie es für Sie persönlich zutrifft.

	stimmt gar nicht					stimmt vollkommen
	1	2	3	4	5	6

01. In Gruppen und auf Einladungen trete ich so sicher und gewandt auf, daß es mir leicht fällt, selbst in schwierigen Situationen mein Selbstbewußtsein zu bewahren

02. Zutreffende und richtige Entschlüsse gehen bei mir zügig über die Bühne. Ich entscheide mich schnell und ohne lange nachzugrübeln

03. Wenn hohe Anforderungen an mich gestellt werden und ich viel Verantwortung tragen muß, fällt meine Leistungsfähigkeit beträchtlich herab und ich mache of Fehler. Unter starkem Druck versage ich leicht

04. Wenn ich plötzlich angesprochen werde, bringe ich oft keinen Ton hervor. Bei Gesprächen, Diskussionen und im Umgang mit wichtigen Personen fühle ich mich stark gehemmt zu sprechen und komme leicht ins stocken

05. Ärger, Wut und Aufregung führen bei mir zu körperlichen Beschwerden und ich bekomme Schmerzen. Je mehr ich unter Druck gerate, umso stärker nehmen meine unangenehmen Körpergefühle zu

06. Ich finde Parties und gesellige Veranstaltungen stumpfsinnig und halte mich davon fern. Ich bin lieber für mich allein als auf Geselligkeiten, weil ich dort meist lustlos und gleichgültig herumsitze

07. Ich allein bestimme Ablauf und Richtung meines Lebens. Für das Kommando über mein Leben bin ich selbst verantwortlich

08. Ich konnte vieles in meinem Leben nur unter Schwierigkeiten und mit großer Anstrengung erreichen. Ich wurde immer mit Aufgaben konfrontiert, die ich nur mit Mühe und Not lösen konnte

09. Bei Diskussionen höre ich mir alle Argumente aufmerksam an, bevor ich urteile. Ich bin ernsthaft bei der Sache und lasse meinen jeweiligen Gesprächspartner ausreden. Ich bin als guter Zuhörer bekannt

10. Es fällt mir oft schwer, abends einzuschlafen. Ich liege wach und wälze mich noch lange im Bett herum. In der Nacht habe ich einen leichten, unruhigen Schlaf und wache häufig auf

11. Wenn ich gereizt und zornig bin, kann ich mich besser beherrschen als andere. Selbst starke Erregung und Groll kann ich nach außen gut verbergen

12. In der Arbeit bin ich sehr ehrgeizig, genau und schaffe mehr als andere. Wenn andere etwas verzögern, werde ich leicht ärgerlich. Ich rede nach oder mache die Arbeit lieber gleich selbst

13. Ich habe alle Freiheit die ich brauche, um mein Leben so zu gestalten wie ich will. Ich habe sehr viel Freiraum und verfolge meine Interessen nach Belieben

14. Bei bestimmten Menschen kommen mir leicht aggressive Gefühle. Sie gehen mir wirklich so auf die Nerven, daß ich mich einfach nicht mit ihnen vertragen kann und es leicht zu Reibereien kommt

15. Abends fühle ich mich immer wohlig und entspannt. Auch nach getaner Arbeit und in anderen Situationen bleibe ich völlig locker

16. Ich werde nicht so leicht ärgerlich und lasse mich nie in Wut bringen. Es kommt selten vor, daß ich mich über etwas schnell aufrege

17. Morgens stehe ich oft schon erschöpft auf, fühle mich völlig kaputt und wie zerschlagen. Noch lange nach dem Aufstehen fehlt mir die nötige Energie

18. An Vereinbarungen und Absprachen halte ich mich stets genau. Wichtige Dinge und Unternehmungen plane ich gewissenhaft und voller Sorgfalt

19. Oft bin ich zum Erzählen aufgelegt und suche geradezu das Gespräch mit anderen. Ich bin sehr redefreudig und unterhalte mich gerne

20. Für die Zukunft sehe ich schwarz, sie wird mir wenig Freude und nichts Gutes bringen. Ich sehe viele Dinge auf mich zukommen, die mir jetzt schon Angst bereiten

21. In Diskussionen überlege ich oft zu lange oder verpasse den richtigen Augenblick, um meine Ideen vorzubringen. Gute Argumente fallen mir erst dann ein, wenn sich das Gespräch schon um ein anderes Thema dreht

22. Große Leistungen und Erfolg sind für mich das Wichtigste. Zu den Erfolgreichsten zu gehören, bedeutet mir sehr viel und mehr als anderen

23. Es fällt mir leicht, mit Personen des anderen Geschlechts Kontakt aufzunehmen. Bei Geselligkeiten macht es mir Spaß, diese in ein interessantes Gespräch zu verwickeln

Abb. A6:   **Fragebogen: SCOPE**

<table>
<tr><td></td><td>stimmt
gar
nicht</td><td></td><td></td><td></td><td>stimmt
voll-
kommen</td></tr>
<tr><td>1</td><td>2</td><td>3</td><td>4</td><td>5</td><td>6</td></tr>
</table>

24. In Gesprächen fehlt mir die Fähigkeit andere zu überzeugen und ich finde nicht die Beachtung, die ich mir wünsche

25. Über persönliche Dinge und Gefühle rede ich nie. Mein Privatleben klammere ich in Gesprächen immer aus und rede mit niemandem darüber

26. Es fällt mir schwer mich innerlich zu entspannen und ich fühle mich häufig seelisch stark belastet. Ich stehe oft unter seelischem Druck

27. Ich bin es gewohnt, meine Meinung offen auszusprechen und nenne die Dinge bei ihrem Namen. Ich sage alles was ich meine und lege meine Ansichten offen auf den Tisch

28. Ich amüsiere mich gern mit anderen und bin stets für Späße zu haben. Bei Geselligkeiten stürze ich mich schwungvoll ins Vergnügen und fühle mich dabei so richtig wohl

29. Ich bin stets bereit gemeinsame Aktivitäten und Geselligkeiten zu organisieren und übernehme dabei gern die führende Rolle. Als geborener Organisator stelle ich immer wieder gesellige Abende auf die Beine

30. In schwierigen Situationen finde ich immer wieder anteilnehmende Personen, die mich und meine Probleme ernst nehmen, mir Zeit und Gehör schenken und mir Mut zusprechen

31. Selbst bei der Bewältigung schwierigster Aufgaben vertraue ich auf mein gesundes Selbstbewußtsein und meine eigene Leistungsfähigkeit. Ich bin voller Selbstvertrauen

32. Es fällt mir leicht, wildfremde Menschen anzusprechen und mich mit ihnen zu unterhalten. Ich spreche gern mit Unbekannten und ergreife oft die Gelegenheit dazu

33. Ich erwarte in der Zukunft viel Freude und schöne Erlebnisse. Wenn ich daran denke, überkommt mich ein behagliches Gefühl und ich fühle mich richtig wohl

34. In Gesprächen ziehe ich gern die Aufmerksamkeit von Zuhörern auf mich und es fällt mir leicht, sie zu fesseln. Es gelingt mir oft, meine Gesprächspartner völlig auf mich zu konzentrieren

35. Ich lasse es mir nicht anmerken, wenn ich traurig, niedergeschlagen oder ärgerlich über andere bin. Spontane Gefühle und Empfindungen verberge ich

36. Ich verdränge Probleme und Ärger und rede nicht gerne darüber. Unangenehme Erinnerungen und negative Gefühle unterdrücke ich, anstatt sie zu zeigen und direkt anzugehen

37. Mein gutes Verhandlungsgeschick hilft mir stets, bei Konflikten, Unstimmigkeiten und Auseinandersetzungen allgemein akzeptierte Kompromisse und Lösungen zu finden. Ich bringe durch geschicktes Verhandeln streitende Parteien wieder zusammen

38. Auch wenn ich ausgeruht bin, fühlt sich meine Muskulatur noch hart und verkrampft an. Meine Muskeln sind häufig stark verspannt

39. Es fällt mir schwer, Kontakte zu anderen Menschen zu knüpfen und neue Leute kennenzulernen. Daher scheue ich den Umgang mit Fremden

40. Ich bin mir meiner attraktiven Erscheinung, Wirkung und Anziehungskraft bewußt. Oft ziehe ich die bewundernden Blicke anderer auf mich. Auch auf das andere Geschlecht wirke ich attraktiv

41. Bei mir reißen die Sorgen nicht ab und ich muß viel Kummer ertragen. Mein Leben ist von Leid geprägt

42. In Diskussionen vertrete ich meine Ansichten selbstsicher, lenke andere geschickt in meine Richtung und kann mich meist durchsetzen. Es bereitet mir keine Schwierigkeiten, Reden und Vorträge zu halten und interessante Diskussionen zu führen

43. Selbst am Feierabend im Urlaub kann ich nicht richtig abschalten und ich entspanne mich nicht genügend. Meine Gedanken kreisen dann oft noch lange um die Arbeit

44. In der letzten Zeit hat meine Ausdauer, Aufmerksamkeit und Leistungsfähigkeit bei der Arbeit stark nachgelassen, so daß ich den Anforderungen nicht mehr genügen kann. Längere Anstrengungen halte ich nicht mehr so gut aus wie früher

45. Ich trage schwer an meiner täglichen Verantwortung und habe oft das Gefühl, daß die Zeit drängt, wenn ich etwas erledigen muß. Manche Lebensaufgaben belasten mich stark

46. Viele Menschen finden mich unsympathisch und es kommt nur selten jemand von selbst freundlich auf mich zu. Ich wirke auf andere abweisend und erfahre daher immer wieder Ablehnung

47. Ich bin ein schweigsamer Mensch und halte mich in Gesprächen eher zurück. In Diskussionen überlasse ich anderen das Reden und höre lieber zu

48. Mein wichtigstes Ziel ist das Erreichen von Wohlstand und Besitz. Ich setze alles daran, mein Geld zu vermehren

49. Ich habe ständig das Gefühl, daß ich mein Leben nicht mehr in die gewünschte Bahn lenken kann. Ich habe auf mein Leben keinen Einfluß mehr

50. Bei Diskussionen und Reden fehlt mir die sprachliche Gewandtheit und Ausdrucksfähigkeit für die Formulierung von überzeugenden Argumenten. Ich sollte etwas tun, um meinen sprachlichen Ausdruck zu verbessern

Abb. A6: **Fragebogen: Fortsetzung**

JOHANNES C. BRENGELMANN

Sehr geehrte Damen und Herren,   im Mai 1990

denken Sie manchmal über Ihren Umgang mit Geld nach?

Am Max-Planck-Institut für Psychiatrie München untersuchen wir das Verhalten im
Umgang mit Geld, und benötigen dazu Ihre Unterstützung.

Was ist das Ziel unserer Untersuchung?

Unser Hauptaugenmerk richtet sich auf die Risikobereitschaft im Umgang mit Geld.
Wir sind ein Team von Diplom-Kaufleuten und Diplom-Psychologen, das zusammen mit
Prof.Dr.Dr.J.C. Brengelmann dieser Fragestellung wissenschaftlich nachgeht.

Welche Rolle spielen die Banken?

Der Genossenschaftsverband Bayern e.V. unterstützt dieses Projekt. Die Verteilung der Fragebögen übernehmen hierbei die angeschlossenen Banken, d.h. wir erhalten weder Ihren Namen noch Ihre Anschrift. Als Ergebnis erhält der Verband
und die Banken einen Kurzbericht über die statistischen Auswertungen. Aus diesen
Summen-Tabellen sind Rückschlüsse auf Ihre Identität oder Ihre Firma nicht
möglich.

Was nützt Ihnen unsere Untersuchung?

Unser Fragebogen ist so detailliert aufgeschlüsselt, daß Sie die Gelegenheit haben, Ihren persönlichen Umgang mit Geld zu überdenken. Außerdem besteht für Sie
gegen Ende des Jahres die Möglichkeit, den Ergebnisbericht bei Ihrem Kundenbe-
treuer einzusehen.

Wie wird Ihre Anonymität gewahrt?

Wie bei allen unseren Untersuchungen sichern wir Ihnen absolute Anonymität zu.
Wie Sie aus den Fragen zu Ihrer Person bzw. zu Ihrem Unternehmen ersehen können,
sind diese sehr allgemein formuliert. Für eine sinnvolle Einteilung benötigen
wir diese Informationen jedoch unbedingt.

Unsere Bitte an Sie:

Wir sind auf Ihre Mitarbeit angewiesen, denn es kommt auf Ihr Verhalten und Ihre
Einstellungen an. Bitte nehmen Sie sich die Zeit (Dauer etwa 1 Stunde) und hel-
fen Sie mit, dieses bisher wenig untersuchte Gebiet, das im täglichen Leben eine
große Bedeutung hat, in der Praxis zu erforschen.

Wir danken Ihnen für Ihr Interesse und Ihre Mitarbeit.

J. C. Brengelmann

J. C. Brengelmann

Dr. med. Diplompsychologe Dr. rer. nat. Ph. D. Professor
Emeritiertes Wissenschaftl. Mitglied, Max-Planck-Institut für Psychiatrie
Kraepelinstraße 2, 8000 München 40,
Telefon 089 / 3 06 22 - 2 40, Fax 089 / 3 06 22 - 200

Abb. A7:   Begleitschreiben zum Fragebogen

Literaturverzeichnis

ALDERFER, C. P. (1969): An empirical Test of a new Theory of human needs. In: Org. Behavoir and Human Perf., 4, S.142-175

ALDERFER, C. P. (1972): Existence, Relatedness, and Growth. In: Human needs in organizational settings. New York, London

ATKINSON, J. W. (1957): Motivational Determinants of risk-taking Behavior. In: Psychol. Rev., 64, S.359-372

ATKINSON, J. W. (1964): An introduction to motivation. Princeton, New Jersey: Van Nostrand

ATKINSON, J. W.; FEATHER N. T. (1966): A Theory of Achievement Motivation. New York, London, Sydney

BANDURA, A. (1989): Perceived Self-Efficacy in the exercise of personal agency. In: The Psychologist: Bulletin of the British Psychological Society, 10, S.411-422

BARON, R. S.; DION, K. L.; BARON, P.; MILLER, N. (1971): Group consensus an cultural values as determinates of risk-taking. In: Journal of Personality and Social Psychology, 20, S.446-455

BAUM, A.; SINGER J. E. (1985): Application of personal control. Advances in Environmental Psychology. Vol. 2, Hilsdale, New Jersey: Erlbaum

BAUDIN, L. (1954): Irrationality of Economics. In: Quarterly Journal of Economics, 68, S.549f.

BERG, H.; CASSEL, D. (1985): Theorie der Wirtschaftspolitik. In: Vahlens Kompendium der Wirtschaftstheorie und Wirtschaftspolitik. Bd. 2, 2. Auflage

von BERTALANFFY, L. (1968): Generel system theory. New York

BEUTEL, P.; KÜFFNER, R.; SCHÜBO, W. (1980): Statistik-Programm-System für die Sozialwissenschaften, SPSS 8. Stuttgart: Gustav Fischer Verlag

BLITZ, M.; ROGUSCH, M. (1976): Risiko-Nutzen, Geldnutzen und Risikoeinstellung. In: Zeitschrift für Betriebswirtschaft, 46, S.853-868

von BÖVENTER, E. (1980): Einführung in die Mikroökonomie. München, Wien

BORTZ, J. (1984): Lehrbuch der empirischen Forschung. Heidelberg, New York: Springer Verlag

BREHM, S. S. (1980): Anwondung der Sozialpsychologie in der klinischen Praxis. Bern: Huber

BRENGELMANN, J. C. (1967): Bedingte Reaktionen, Lerntheorie und Psychiatrie. In: Grühle H.W. (Hrsg.): Psychiatrie der Gegenwart, Forschung und Praxis, Bd. I/1A. Heidelberg: Springer Verlag

BRENGELMANN, J. C. (1979): Selbstkontrolle als wirksamste und wirtschaftlichste Methode der Raucherentwöhnung. In: Suchtgefahren. Forschung Therapie, Prophylaxe. Jahrg. 25, Heft 5

BRENGELMANN, J. C. (1986): Persönliche Verhaltenseffektivität. In Resch A. (Hrsg.): Psyche und Geist: Fühlen, Denken und Weisheit. Innsbruck: Resch Verlag, S.395-423

BRENGELMANN, J. C. (1987): Streßreaktion und -bewältigung. In: Brengelmann, J. C. (Hrsg.). Verhaltensmanagement in Organisationen. Frankfurt a. M., New York: Peter Lang Verlag

BRENGELMANN, J. C. (1988a): Erfolg und Streß im Managementverhalten. München

BRENGELMANN, J. C. (1988b): Risikolust-Aktivitäten. Vaduz: Bild- und Verlagsanstalt

BRENGELMANN, J. C. (1989a): Risikolust-Dispositionen. Vaduz: Bild- und Verlagsanstalt

BRENGELMANN, J. C. (1989b): Unternehmerverhalten und Unternehmensqualität. Zürich: Varia Press

BRENGELMANN, J. C. (1989c): Aktivitäten und Dispositionen der Risikolust. Vaduz: Bild- und Verlagsanstalt

BRENGELMANN, J. C. (1990): Vorträge zur Verhaltenskompetenz und -inkompetenz. Frankfurt a. M., New York: Peter Lang Verlag

BRENGELMANN, J. C. (1991): Risikolust - Spiellust. München. Im Druck

BRENGLEMANN, J. C. (1991b): Unternehmerverhalten und Unternehmensqualität. München. Im Druck

BRENGLEMANN, J.C. (1991c): Verhaltensmedizinische Behandlung der Alkohol- und Medikamentenabhägigkeit am Beispiel der Fachklinik Furth im Wald. München. Im Druck

BROWN, J. S. (1961): The motivation of behavior. New York: McGraw Hill

BROWN, R. (1965): Social Psychology. New York, London

BRUNER J.; GOODNOW, J.; AUSTIN, G. (1956): A study of thinking. New York

BUCK, R. (1976): Human motivation an emotion. New York, Toronto

BUNGARD, W. (1990): Überlegungen zum Verhalten von Börsenakteuren aus kontrolltheoretischer Sicht. In: Maas, P.; Weibler, J. (Hrsg.). Börse und Psychologie. Plädoyer für eine neue Perspektive. Köln

CAMERON, B.; MYERS, J. L. (1966): Some personality correlates of risk-taking. In: Journal of General Psychology. S.51-60

CAMPBELL, J. P.; PRITCHARD, R. D. (1976): Motivation theory in indurstrial and organizational psychology. In: M. D. Dunnette (Hrsg.). Handbook of industrial and organizational psychology. Chicago, S.63-130

CECIL, E. A.; CHERTKOPF, J. M; CUMMINGS, L. L. (1970): Risk taking in groups as a function of group pressure. In: The Journal of Social Psychology, 81, S.273-274

COFER, C. N.; APPLEY, M. H. (1964): Motivation: Theory an research. New York: Willey

COHEN, R. J.; MONTGUE, P.; NATHANSON, I. S.; SWERDLIK, M. E. (1988): Psychological testing. Moutanview: Mayfield Publishing Company

von CRAMER, J. E. (1985): Privatkunden jenseits vom Mengengeschäft. In: Bank und Markt, Heft 6, S.5-11

von CRAMER, J. E. (1970): Neue Dienstleistungen im Bankbetrieb, Frankfurt

DALTON, H. (1948): Principles of Public Finance. 17. Auflage, London

DAVISON, G. C.; NEALE, J. M. (1984): Klinische Psychologie. München: Urban und Schwarzenberg

De CHARME, R. (1968): Personal causations. New York

DOHRENWEND, B.; DOHRENWEND, B. (Hrsg.) (1981): Stressful Life Events and their contexts. Monographs in Psychological Epidemiology, Vol.2. New York

ERTL, B. (1982): Aktionär. In: Management Enzyklopädie. Bd. 1, Landsberg, S.172-178

EYSENCK, H. J.; EYSENCK, S. (1969): Personality structure an measurement. London: Methuen

FEATHER, N. T. (1967): Valence of outcome expectation of success in relation to task difficulty and perceived locus of control. In: Journal of Personality. S.372-386

FELDHEGE, F. J. (1975): Ein ambulantes Therapieprogramm zur Rehabilitation jugendlicher Drogenabhängiger. In: Rehabiltation, 28, S.1-2, S.24-31

FELDHEGE, F. J. (1977): Entstehungsbedingungen und Behandlungsmöglichkeiten der Rauschgiftabhängigkeit aus verhaltentherapeutischer Sicht. Vortrag, gehalten auf der 1. Verhaltenstherapiewoche in Lugano

FESTLINGER, L. (1957): A theory of cognitive dissonance. Evanston (III)

FORSTER, F. (1977): Rasch: An item analysis programm. Portland Oregon: Portland Public Schools

GÄFGEN, G. (1968): Theorie der wirtschaftlichen Entscheidung. Tübingen

GEBHART, H. (1949): Numismatik und Geldgeschichte. Heidelberg

GERLOFF, W. (1948): Die Entstehung des Geldes und die Anfänge des Geldwesens. Frankfurt a. M.

GOLDFRIED, M. R.; MEHRBAUM, M. (1973): Behavior change through self-control. New York: Holt; Rinehart; Winston

GRAUMANN, C. F. (1969): Einführung in die Psychologie. Frankfurt

GUERRA, J.; REIG, A.; BRENGELMANN, J. C. (1983): Dimensionen der Persönlichkeit und des Streßverhaltens. In: Brengelmann, J. C.; Bühringer, G. (Hrsg.). Therapieforschung für die Praxis 3. München: Röttger Verlag, S.241-254

GUILFORD, J. P. (1967): The nature of human intelligence. New York: MacGraw-Hill

GUTTENTAG, M.; FREED, B. (1971): The effect on risk-taking of sex of group members, group homogeneity and problem content. In: The Journal of Social Psychology, 83, S.305f.

HAHN, O. (1982): Die Bedeutung der menschlichen Qualität innerhalb der Bankleistung. In: Die Bank. 2/82, S.56-60

HAWTREY, R. G. (1926): Währung und Kredit. Deutsch von Oppenheimer. Jena, S. 1

HECKHAUSEN, H. (1963): Hoffnung und Furcht in der Leistungsmotivation. Meisenheim a. G.

HECKHAUSEN, H. (1965): Leistungsmotivation. In: Thomae, H. (Hrsg.). Handbuch der Psychologie. Bd. II, Allgemeine Psychologie, 2. Motivation. Göttingen, S.602-702,

HECKHAUSEN, H. (1968): Archivement motive research: Current problems and some contributions toward a general theory of motivation. In: Arnold, W. J. (Hrsg.). Nebraska Symposium on Motivation. Lincoln, S.103-174

HECKHAUSEN, H. (1980): Motivation und Handeln: Lehrbuch der Motivationspsychologie. Berlin, Heidelberg, New York

HENTSCHEL, R. (1984): Kennen die Banken ihre Kunden wirklich?. In: Die Bank, 4/84, S.179-182

HERZBERG, F.; MAUSNER, B.; SNYDERMAN, B. (1959): The motivation to work. New York, London

HÖRMANN (1960): Konflikt und Entscheidung. Göttingen

HOLT, E. B. (1931): Animal drive and the learning process. An essay toward a radical empiricism. New York: Holt

HOYOS, C. G. (1980): Gefahrenkognition und Risikoverhalten. In: Hoyos, C. G.; Kröber-Riel, W.; Rosenstiel, L. V.; Strümbel, B. (Hrsg.). Grundbegriffe der Wirtschaftspsychologie. S.533-541

HOYOS, C. G.; KELLER, H.; KANNHEISER, W. (1977): Risikobezogene Entscheidungen in Mensch-Maschine-Systemen: Arbeitssananlysen in Industriebetrieben. Berichte aus dem Institut für Psychologie und Erziehungswissenschaft der Technischen Universität München, Lehrstuhl für Psychologie, Nr.3

JACOB, L. (1976): Bernoulli Prinzip und rationale Entscheidung bei Unsicherheit. In: ZfB, 46, S.177-203

JARCHOW, H.-H. (1983): Geldmarkt und geldpolitische Instrumente. In: Theorie und Politik des Geldes, Bd.1, 4. Auflage, Göttingen

JARCHOW, H.-J. (1984): Geldtheorie. In: Theorie und Politik des Geldes, Bd. 2, 6. Auflage, Göttingen

JONES, E. E.; HERARD, H. B. (1967): Foundations of social psychology. New York, S.505ff

KANFER, F. H. (1970): Self-regulation. Research issues and speculation. In: Neuringer, C; Michael, J. L. (Hrsg.). Behavior modification in clinical psychology. New York, S.178-220

KANFER, F. H. (1971): The maintenance of behavior by self-generated stimuli and reinforcement. In: Jacobs, A.; Sachs, L. B. (Hrsg.). Psychology of private events. New York

KANFER, F. H. (1979): Personal control, social control and altruism or can society survive the age of individualism. In: American Psychologist

KANFER, F. H.; PHILLIPS, J. S. (1970): Learning foundations of Behavior Therapy. New York

KATONA, G. (1960): Das Verhalten der Verbraucher und Unternehmer. Tübingen

KATONA, G. (1975): Psychological Economics. New York: Elsevier

KIRSCH, W. (1977): Entscheidungsprozesse, Bd. 1, 2. Auflage. Wiesbaden

KIRSCH, W. (1988): Die Handhabung von Entscheidungsproblemen. Einführung in die Theorie der Entscheidungsprozesse, 3. Auflage. München

KLUWE, R. H. (1990): Kontrolle und Steuerung risikoreicher Systeme durch Menschen. In: Frey, D. (Hrsg.). Bericht über den 37. Kongreß der Deutschen Gesellschaft für Psychologie in Kiel, Bd. 1, S.198f

KOGAN, N.; WALLACH, M. A. (1964): Risk-taking, a study in cognition and personality. New York, Toronto, London

KOGAN, N.; WALLACH, M. A. (1967): Risk-taking as a function of the situation, the person and the group. In: Mandler, G.; Mussen, P. (Hrsg.). New Directions in Psychology III. New York, S.111-278

KRAMPEN, G. (1982): Differentialpsychologie der Kontrollüberzeugungen: "locus of control". Göttingen

KROEBER-RIEL, W. (1975): Konsumentenverhalten. München

KUHN, W. (1985): Genossenschaftsbanken, schärferes Profil durch mehr Mitgliederorientierung. In: Bank und Markt, 14 Jahrg., 1/85, S.37

KUPSCH, P. V. (1973): Das Risiko im Entscheidungsprozeß. In: Gabler, Th. (Hrsg.). Betriebwirtschaftslehre, Wiesbaden

LANGER, E. J. (1975): The illusion of control. In: Journal of Personality an Social Psychology, 32, S.311-328

LAUM, B. (1924): Heiliges Geld. Tübingen

LAUX, L.; VOSSEL, G. (1982): Theoretical and Methodological Issues in Achievementrelated Stress and Anxiety Research. In: Krohne, H.; Lux, L. (Hrsg.): Achievement, Stress and Anxiety. Washington, London, S.3-18

LAZARUS, R. (1981): Streß und Streßbewältigung-Ein Paradigma. In: Filipp, H. S. (Hrsg.): Kritische Lebensereignisse. München, Wien, Baltiomre

LAZARUS, R.; FOLKMAN, S. (1986): Kognitive theorys of stress and issue of circularity. In: Apply, M. H.; Trumbull, R. (Hrsg.): Dynamics of Stress. New York: Plenum Press, S.63-80

LEE, W. (1977): Psychologische Entscheidungstheorie. Weilheim

LEARY, M. R.; MILLER, R. S. (1986): Social psychology an dysfunctional behavior. New York: Springer Verlag

LEFCOURT, H. M. (1973): The function of the illusions of freedom and control. In: American Psychologist, 28, S.417-425

LEWIN, K.; DEMBO, T.; FESTINGER, L.; LEARS, P. S. (1944): Level of aspiration. In: Hunt, J. (Hrsg.). Personality and the behavior disorders. Bd. 1, New York, S.333-378

LIENERT, G. A. (1969): Testaufbau und Testanalyse, 3. Auflage. Weinheim: Beltz Verlag

LIERZ, H. (1959): Psyche und Eigentum. Dissertation Köln

LINHARDT, H. (1963): Vertragspflege der Banken und Versicherungen. In: Hintner, O.; Linhardt, W. (Hrsg.). Kritik der Währungs- und Bankpolitik, Bankwirtschaftliche Schriftenreihe. Bd. VII., Köln, Opladen, S.194-202

LUCE, R. (1957): Games and decision. Introduction and critical survey. New York, London, Sydney

LÜCKERT (1957): Konflikt-Psychologie. München, Basel

MAAS, P.; WEIBLER, J. (1990): Börse und Psychologie: Plädoyer für eine neue Perspektive. Maas, P.; Weibler, J. (Hrsg.). Köln

MADSEN, K. B. (1968): Theories of motivation. Copenhagen: Munskgaard

MADSEN, K. B. (1974): Modern theories of motivation. Copenhagen: Munksgaard

MAHONEY, M. J. (1972): Research issues in self-management. In: Behavior Therapy, 3, S.45-63

MAHONEY, M. J.; THORESEN, S. E. (1974): Self-control: Power to the person. Brooks, Cole Pub. Monterey

MARCH, J.; SIMON, H. A. (1958): Organizations. New York

MASLOW, A. H. (1943): A theory of human motivation. In: Psych. Rev., 50, S.370-396

MASLOW, A. H. (1954): Motivation and personality. New York

MASLOW, A. H. (1977): Motivation und Persönlichkeit. Olten

MCCLELLAND, D. C. (1965): Toward a theory of motive acquisition. In: American Psychology, 20, S.321-333

MCMAHAN, I. D. (1973): Relationships between causal attributions and expectancy of success. In: Journal of Personality and Social Psychology, 28, S.108-114

MEHLER, H. A.; HAIBLE, E. (1989): Geld 1990. München

MEYER, W. U. (1973): Leistungsmotiv und Ursachenerklärung von Erfolg und Mißerfolg. Stuttgart: Klett

MEYER, W. U.; HALLERMANN, B. (1974): Anstrengungsintention bei einer leichten und schweren Aufgabe in Abhängigkeit von der wahrgenommenen eigenen Begabung. In: Archiv für Psychologie, 126, S.85-89

MIELKE, R. (1982): Interne, externe Kontrollüberzeugungen. Bern

MILLER, G. A.; GALANTER, E.; PRIBRAM, K. H. (1970): Plans and the structure of behavior. London, New York

MILLER, N. (1944): Experimental studies of conflict. In: McHunt J. (Hrsg.). Personality and the behavior disorders. New York, S.431ff.

MOULTON, R. (1966): Effects of success and failure on level of aspiration as related to achievement motives. In: Atkinson, J. W.; Feather, N. T. (Hrsg.). A theory of achievement motivation. New York, London, Sydney, S.147ff

MÜHLBAUER, H. (1988): Gestaltung von Bankmarktleistungen. München: GBI Verlag

NEUBERGER, O. (1969): Zielsetzung und Entscheidung. In: Problem und Entscheidung, Arbeiten zur Organisationspsychologie aus der Abteilung für angewandte Psychologie der Universität München. Heft 2, München, S.1-63

NEUBERGER, O. (1974): Theorien der Arbeitszufriedenheit. Stuttgart

NIE, N. H.; HULL. C. H.; JENKINS, J. C.; STEINBRENNER, K.; BENT, D. H. (1975): SPSS: Statistical package for the social sciences. New York: MacGraw-Hill

NISBETT, R. E.; VALINS, S. (1972): Perceiving the causes of one's own behavior. In: Jones, E. E.; Kanouse, P. E.; Kelley, H. H.; Nisbett, R. E.; Valins, S.; Weiner, B. (Hrsg.). Attribution: Perceiving the causes of behavior. Morristown: General Learning Press

NITSCH, J. (1981): Zur Gegenstandsbestimmung der Streßforschung. In: Nitsch, J. (Hrsg.): Streß, Theorien, Untersuchungen, Maßnahmen. Bern, Stuttgart, Wien, S.29-51

ORESMIUS, N. (1937): De mutatione monetarum tractatus. Traktat über Geldabwertung. Schorer, E. (Hrsg.). Jena, S.37

OSNABRÜGGE, G. (1985): Die Theorie der kognizitierten Kontrolle. In: Frey, P.; Irle, M. (Hrsg.). Theorien der Sozialpsychologie. Bd. 3, Bern, S.127-172

PERROW, C. (1989): Normale Katastrophen: Die unvermeidbaren Risiken der Großtechnik. Frankfurt a. M., New York

POPPER, K. R.; ECCLES, J. C. (1982): Das Ich und sein Gehirn. München

von QUAST, C.; BRENGELMANN, J. C. (1987): Spielen, Risikolust und Kontrolle. Kiel

RAHE, R. (1981): Developments in Life Change Measurements: Subjektive life change unit scaling. In: Dohrenwend, B. (Hrsg.): Stressful Life Events and their Contexts. Monographs in Psychological Epidemiology, Vol.2. New York, S.63-84

RASCH, G. (1980): Probabilistics models for some intelligence and attainment tests. Chicago: University of Chicago Press

RECKTENWALD, H. C. (1983): Lexikon der Staats- und Geldwirtschaft. München: Vahlen Verlag

REMPTEIN, H. (1954): Psychologie der Persönlichkeit. Die Lehre von der individuellen und typischen Eigenart des Menschen. München, Basel, S.158

ROHRMANN, B. (1990): Psychologische Risikoforschung. In: Frey, D. (Hrsg.). Bericht über den 37. Kongreß der Deutschen Gesellschaft für Psychologie in Kiel 1990. Bd. 1, S.219

ROID, G. H. (1982): A technology for test-item writing. New York: Academic Press

von ROSENSTIEL, L. (1975): Die motivationalen Grundlagen des Verhaltens in Organisationen - Leistungen und Zufriedenheit. Berlin

von ROSENSTIEL, L. (1980): Grundlagen der Organisationspsychologie. Stuttgart

von ROSENSTIEL, L.; SCHULER, H. (1970): Motivationspsychologische Aspekte der Gruppenentscheidung unter Risiko. In: Problem und Entscheidung, Bd. 4, S.39-71

ROTHBAUM, F.; WEISZ, J. R.; SNYDER, S. S. (1982): Changing the world and changing the self: A Two-Process model of perceives control. In: Journal of Personality and Social Psychology, 42, S.5-37

ROTTER, J. (1966): Generalized Expectancies for internal versus external control of reinforcement. In: Psychological Monographs, 80

ROTTER, J. B.; CHANCE, J. E.; PHARES, E. J. (1972): Applications of a social learning theory of personality. New York: Holt; Reinehart; Winston

RÜTTINGER, B.; von ROSENSTIEL, L.; MOLT, W. (1974): Motivation des wirtschaftlichen Verhaltens. Stuttgart

SCHIEFELE, H. (1974): Lernmotivation und Motivlernen. München

SCHMALT, H. D. (1979): Leistungsthematische Kognitionen II.: Kausalattribuierungen, Erfolgserwartungen und Affekte. In: Zeitschrift für experimentelle und angewandte Psychologie, 26, S.509-531

SCHMÖLDERS, G. (1962): Volkswirtschaftslehre und Psychologie. Berlin

SCHMÖLDERS, G. (1966): Psychologie des Geldes. Hamburg: Rowohlt Verlag

SCHNEEWIND, K. A. (1976): Entwicklung eines Fragebogens zur Erfassung internaler versus externaler Kontrollüberzeugungen bei Erwachsenen (LOC-E). In: Arbeitsbericht 15 aus dem EKB-Projekt an der Universität Trier

SCHROEDER, H. E. (1973): The risky shift as a general choice shift. In: Journal of Personality and Social Psychology, 28, S.297-300

SCHWENDNER, R. (1986): Erfolgsorientierung, Soziale Kompetenz und Streßreaktionen. München: Hieronymus

SCODEL, A.; RATOOSH, P.; MINAS, J. S. (1959): Some personality correlates of decision making under conditions of risk

SELIGMAN, M. E. P. (1974): Depression and learning helplessness. In: Friedman, R. J.; Katz, M. M. (Hrsg.). The Psychology of depression. Washington

SELIGMAN, M. E. P. (1975): Helplessness. On Depression, Development an death. San Francisco: Freemann

SELYE, H. (1981): Geschichte und Grundzüge des Streßkonzepts. In: Nitsch, J. (Hrsg.): Streß, Theorien, Untersuchungen, Maßnahmen. Bern, Stuttgart, Wien, S.163-187

SEUß, W. (1979): Alles über Geld. In: Bundeverband deutscher Banken e.V. Köln (Hrsg.). Vom Aktiensparen bis zur Zahlungsbilanz. Freiburg, Basel, Wien

SIEBKE, J.; THIEME, J. (1984): Einkommen, Beschäftigung, Preisniveau. In: Vahlens Kompendium der Wirtschaftstheorie und Wirtschaftspolitik, Bd. 1, 2. Auflage, München, S.85-172

SIMMEL, G. (1989): Philosophie des Geldes. Ottheim Rammstedt (Hrsg.). Frankfurt, Gesamtausgabe Bd. 6

SIMON, H. A. (1957): Models of Man. New York

SKINNER, B. F. (1953): Science and human behavior. New York: McMillan

SLOVIK (1962): convergent validation of risk-taking measures. In: Journal of Abnormal und Social Psychology. S.68-71

SPANIER, H. D. (1987): Grundlagen für die Zukunft des Privatkundengeschäfts. In: Bank und Markt, 16. Jahrg., Heft 2, S.7-11

SPIEGEL DOKUMENTATION (1985): Soll und Haben 2. Hamburg: Spiegel Verlag

SPIELBERGER, C. (1975): Anxiety: State-trait-Process. In: Spielberger, C.; Sarason, J. (Hrsg.): Stress and Anxiety, Vol.1. Washington, London

STAHR, C.; STAHR, A. (1860): Aristoteles Politik. Übersetzt und erleichtert von Stahr, C.; Stahr, A.. Stuttgart

STONERS, J. A. (1961): A comparison of individual and group deciscion involving risk. Massachusetts

SZYPERSKI, N.; WIELAND, U. (1974): Entscheidungstheorie. Stuttgart

THEIß, H. (1969): Zur Bildung und Variation des Zielausmaßes in der Unternehmung. Dissertation München

THOMAE, H. (1960): Der Mensch in der Entscheidung. München

THOMAE, H. (1965): Allgemeine Psychologie II.: Motivation. In: Thomae, H. (Hrsg.). Handbuch der Psychologie, Bd. 2, Göttingen

TOMAN, W. (1954): Dynamik der Motive. Frankfurt, Wien

TOMKINS, S. S. (1971): A theory of risk-taking behavior. In: Carney, R. E. (Hrsg.). Risk-Taking Behavior. Springfield, S.19-24

VONTOBEL, J. (1970): Leistungsbedürfnis und soziale Umwelt zur soziokulturellen Determination der Leistungsmotivation. Bern, Stuttgart, Wien

VROOM, V. H. (1964): Work and motivation. New York, London

WAADT, S. M.; BRENGELMANN, J. C. (1988): Spielverhalten und Spielstruktur. Frankfurt a. M.: Peter Lang Verlag

WALLACH, M. A. KOGAN, N.; BERN, D. J. (1962): Group influence on individual risk-taking. In: Journal of abnormal Social Psychology, 65, S.75-86

WEINER, B. (1972): Theories of motivation. Chicago: Markham

WEINER, B.; KUKLA, A. (1970): An attributional analysis of achievement motivation. In: Journal of Personality and Social Psychology, 15, S.1-10

WEINER, B.; HECKHAUSEN, H.; MEYER, W. U.; COOK, R. E. (1972): Causal ascriptions and achievement behavior: A concept analysis of effect and reanalysis of locus of control. In: Journal of Personality and Social Psychology, 21, S.239-248

WEINER, B.; NIERENBERG, R.; GOLDSTEIN, M. (1976): Social learning (locus of control) versus attributional (causal stability) interpretations of expectancy of success. In: Journal of Personality and Social Psychology, 44, S.52-68

WEINSTEIN, E.; MARTIN, J. (1969): Generality of willingness to take risks

WHITE, R. W. (1959): Motivation reconsidered. The concept of competence. In: Psychological Review, 66, S.297-333

WISWEDE, G. (1991): Einführung in die Wirtschaftspsychologie. München, Basel: Reinhardt UTB

WITTE, E. H. (1971): Das Risky-Shift-Phänomen, eine kritische Untersuchung der bestehenden Hypothesen. In: Psychologie und Praxis, 15, S.22-26, S.104-117

WÖHE, G. (1981): Einführung in die allgemeine Betriebswirtschaftslehre. 14. Auflage, München: Vahlen

ZUCKERMANN, M. (1978): Sensation seeking. In: London, H.; Exner, J. (Hrsg.) Dimension of Personality. New York: Wiley

KÖLNER ARBEITEN ZUR WIRTSCHAFTSPSYCHOLOGIE

Herausgegeben von Gerd Wiendieck